U0134187

中央文史研究馆馆员文丛

陈高华 著

元代文献研究

中华书局

图书在版编目(CIP)数据

元代文献研究/陈高华著. —北京:中华书局,2023.1
(中央文史研究馆馆员文丛)
ISBN 978-7-101-16004-8

Ⅰ.元… Ⅱ.陈… Ⅲ.古文献学–研究–中国–元代
Ⅳ.G256.1

中国版本图书馆 CIP 数据核字(2022)第 226318 号

书　　　名	元代文献研究	
著　　　者	陈高华	
丛　书　名	中央文史研究馆馆员文丛	
责任编辑	胡　珂	
责任印制	陈丽娜	
出版发行	中华书局	
	（北京市丰台区太平桥西里 38 号　100073）	
	http://www.zhbc.com.cn	
	E-mail:zhbc@zhbc.com.cn	
印　　　刷	三河市中晟雅豪印务有限公司	
版　　　次	2023 年 1 月第 1 版	
	2023 年 1 月第 1 次印刷	
规　　　格	开本/920×1250 毫米　1/32	
	印张 18⅛　插页 2　字数 363 千字	
国际书号	ISBN 978-7-101-16004-8	
定　　　价	108.00 元	

目　录

读钱大昕《元史艺文志》

钱大昕是清朝乾嘉时代最有成就的学者之一。他有志重修《元史》，因故未能成书，只留下《元史氏族表》、《元史艺文志》和一些札记、论文。这些著作历来受到研究者的重视。钱氏《元史艺文志》（或称《补元史艺文志》，下称钱《志》）是一部很有价值的目录学著作，但迄今没有得到充分的研究。近年我研习元代文化史，经常翻阅此书，略有所得。现在写出来，希望得到指正。

一

汉、隋、唐、宋四朝正史都有《艺文志》或《经籍志》，著录当代官府藏书（包括前代和当代的书籍），是研究古代书籍流传的珍贵文献。明朝初年修《元史》，由于时间匆促，加上资料不足，没有修《艺文志》，留下了很大的遗憾。清朝修《明史》，其中《艺文志》专记有明一代的著作，既有官府庋藏,也收民间收贮的书籍,与前代诸史《艺文志》相比,在体例上发生了很大的改变。也正是在清代,为前代史书补作《艺文志》成为史学界的一种风气。钱大昕的《元史艺文志》是比较突出的一种①。

钱大昕为《元史艺文志》刊行所写的"前记"中说:

> 《元史》不立《艺文志》,国朝晋江黄氏、上元倪氏因承修《明史》,并搜访宋、元载籍,欲裨前代之阙。终格于限断,不得附正史以行。大昕向在馆阁,留心旧典,以洪武所葺《元史》冗杂漏落潦草尤甚,拟仿范蔚宗、欧阳永叔之例,别为编次,更定目录,或删或补。次第属草,未及就绪。归田以后,此事遂废,唯《世系表》、《艺文志》二稿尚留箧中。吴门黄君荛圃家多藏书,每有善本,辄共赏析,见此志而善之,并为纠其踳驳,证其同异,且将刻以问世。

从以上所述可知,钱大昕"在馆阁"即在翰林院时,已有志重修《元史》,其中便有《艺文志》。乾隆四十年(1775)钱大昕因父丧回家,自此不复入都供职。"归田"即指此而言。"归田以后,此事遂废",应指放弃了重修《元史》的打算。但是《元史世系表》和《元史艺文志》则先后单独成书。另据钱氏自述,《元史艺文志》定稿于乾

隆五十六年(1791)①,但以后陆续仍有补充②。稿本曾请著名目录学家黄丕烈校正。嘉庆六年(1801),黄丕烈为之刊行③。嘉庆十一年(1806),钱氏家刻本《潜研堂全书》问世,收入了《元史艺文志》四卷。后来多次翻印,内容没有变动。

在《十驾斋养新录》中,钱大昕对《元史艺文志》的编纂工作有如下说明:

> 予补撰《元艺文志》,所见元、明诸家文集、志乘、小说,无虑数百种。而于焦氏《经籍志》、黄氏《千顷堂书目》、倪氏《补金元艺文》、陆氏《续经籍考》、朱氏《经义考》采获颇多。其中亦多讹踬不可据者,略举数事,以例其余,非敢指前人之瑕疵,或者别裁苦心,偶有一得耳。④

由这段话可知,钱《志》的编纂,既参考利用了前人同类作品的成果,又根据本人的见闻作了修订和补充。钱大昕列举参考利用的前人同类著作,有焦竑的《国史经籍志》,黄虞稷的《千顷堂书目》,倪灿的《补金元艺文志》,陆元辅的《续经籍考》和朱彝尊的《经义考》。焦竑的《国史

---

① 《钱辛楣先生年谱》,《嘉定钱大昕全集》第1册,江苏古籍出版社,1997年,第37页。

② 例如,《跋长春真人西游记》作于乾隆五十九年,《跋元统元年进士题名录》作于乾隆六十年,钱《志》收入了这两种书。

③ 《竹汀居士年谱续编》,《嘉定钱大昕全集》第1册,第43页。

④ 《十驾斋养新录》卷一四《元艺文志》,《嘉定钱大昕全集》第7册。

经籍志》成书于明朝末年（1602），"其书丛钞旧目，无所考核，不论存亡，率尔滥载，古来目录，惟是书最不足凭"①。以钱氏治学之精审，显然不会于此书多作采获。朱彝尊的《经义考》和陆元辅的《续经籍考》，限于经部著作。钱《志》的"经部"，采用朱氏《经义考》甚多②。但总的来说，钱《志》受黄虞稷的《千顷堂书目》和倪燦的《补金元艺文志》影响最大。

黄虞稷（1629—1691）是清初著名藏书家、目录学家，著有《千顷堂书目》，"所录皆前明一代之书……每类之末，各附以宋、金、元人之书"③。他曾应召入明史馆，分工修撰《明史艺文志》。一般认为黄氏的《明史艺文志稿》，即以《千顷堂书目》为基础加工而成的，其体例亦是以明代著作为主，附以宋辽金元著作。黄氏的《明史艺文志稿》，后来经王鸿绪等加工，删去了辽宋金元部分，只保留明人著作，就成了清代官修《明史》中的《艺文志》。著名藏书家、目录学家卢文弨看到了黄虞稷的《明史艺文志稿》（下称《志稿》），为之作题记。他认为"《志稿》自南宋及辽、金、元之书，俱搜辑殆遍，此即晋、隋史志兼补五代之遗则，而今以断代为限，亦俱削之已。安得有力者将此四代书目别梓之而传，亦学者之幸也"。他又说：《千顷堂书目》"与此《志》大致相同，而亦间有移易"。他的这两点看

---

① 《四库全书总目》卷八七《史部·目录类存目》"国史经籍志"条。
② 何佑森《元史艺文志补注》，《新亚学报》（香港）第2卷第2期。
③ 《四库全书总目》卷八五《史部·目录类一》"千顷堂书目"条。

法都很重要。前者指出黄氏《志》稿中所收宋辽金元书目的价值，主张"别梓之而传"。后者指出黄氏《志》稿与《千顷堂书目》有密切关系。卢氏后来又在这篇题记结尾加注说，"此《志稿》乃康熙时史官倪燦闇公所著，非黄氏也"①。这就把《志稿》的著作权归于倪燦。既然《书目》与《志稿》"大致相同"，便足以说明《志稿》应是（或主要是）黄氏所作，怎么能归于倪氏呢？此后，卢文弨自己动手，将《志》稿中宋、辽、金、元部分略作订正，分成《宋史艺文志补》和《补辽金元艺文志》两种，收在《群书拾补》内。在《宋史艺文志补序》中，他又说："本朝康熙年间，议修《明史》，时史官有欲仿《隋书》兼五代史志之例而为之补者，余得其底稿，乃上元倪燦闇公所纂辑也。今俗间传有温陵黄虞稷俞邰《千顷堂书目》本，搜采虽富，而体例似不及倪本之正。"②卢氏无法回避《志稿》与《书目》的密切关系，但又要将著作权归于倪燦，只好用"体例不正"之类言语来搪塞。钱大昕在《十驾斋养新录》说"倪氏《补金元艺文》"，显然认同卢氏的看法，即以为《志稿》为倪氏所作。而前引《元史艺文志》"前记"所说一段话，则显然以《明史艺文志稿》为黄、倪两人共同的作品。可见，《志稿》的作者，已成为清代学术史上的一个有争议的问题。王重民先生说："黄氏《艺文志》的序文是倪燦分撰的，就是说，倪燦在史馆里只分撰序文，并没有撰《艺文志》。"倪氏是《志

① 《题明史艺文志稿》，《抱经堂文集》卷七，中华书局，1990年。
② 《二十五史补编》本。

稿》序文的作者,因此被误会成《志稿》的作者①。这应是比较合理的解释。今天《志稿》已不可得见。但卢氏订正的《补辽金元艺文志》与黄虞稷的《千顷堂书目》均存,比较两书的框架和著录的书目,关系之密切是显而易见的(见下),将卢氏订正的《补辽金元艺文志》称为倪作显然是不合适的。后人或以《补辽金元艺文志》为倪、卢共同的作品,也是不妥的。王重民先生称之为"卢刻",本文为说明方便,亦姑称之为卢《志》。为行文方面起见,以下涉及《千顷堂书目》时,则称为《书目》。

卢文弨是当时有名的藏书家、学者,与钱大昕有很好的友谊。钱大昕曾为卢氏的《群书拾补》作序,称赞卢氏"精研经训,博极群书",作了很高的评价。序中还说:"自念四十年来,仕隐踪迹,辄步先生后尘,而嗜古颛僻之性,谬为先生所许。"②卢氏校订的《续辽金元艺文志》即在《群书拾补》之内。在另一篇为四明卢氏写的文章中,钱大昕说:"曩予在京师,与君家召弓学士游,学士性狷介,与俗多忤,而于予独有水乳之投。"③可见两人关系密切,在学术上互相切磋。但是,在《元史艺文志》编纂过程中,除了钱氏自称参考倪《志》(即卢《志》)以外,没有看到两人曾就此事进行过更多的讨论。钱《志》成书,著名藏书

① 《〈千顷堂书目〉考》,《中国目录学史论丛》,第185—212页。

② 《卢氏群书拾补序》,《潜研堂文集》卷二五,《嘉定钱大昕全集》第9册。

③ 《抱经楼记》,《潜研堂文集》卷二一。

家黄丕烈(字荛圃,苏州人)的帮助最大。上面所引"前记"中,钱大昕特别提到黄丕烈的作用。一则黄氏是著名藏书家,其藏书多有罕见之本,钱大昕经常向黄丕烈借读各种元人著作,见于记载的即有《金华黄先生文集》、《秘书监志》、《元统元年进士录》、《石田先生文集》、《运使复斋郭公言行录》、《运使复斋郭公敏行录》等①。二则黄氏是很有水平的版本学家。《元史艺文志》成书后,黄氏认真校读,提出自己的意见,有些已被钱大昕接受,补充到书内,如经部的"李恕《毛诗音训》四卷"、"王元杰《春秋谳义》十二卷"等条。《元史艺文志》的初次问世,也是黄氏刊刻的。钱大昕和黄丕烈的友谊,是清代学术史上的一段佳话。

二

　　钱《志》成书,参考了以前几种书目,特别是《书目》和卢《志》,有如上述。但和以前各种同类著作相比,钱《志》的进步是很明显的,表现在以下几个方面。

　　一是分类的变化。钱《志》的分类,仍然采用传统的经、史、子、集四部分类法。在每一部下,又划分若干类。将钱《志》和《书目》、卢《志》比较,可以清楚看出三者分类的因袭和变化。

---

　　① 《竹汀先生日记钞》,收在《嘉定钱大昕全集》第8册内。

书名	经部	史部	子部	集部
《书目》	12 类	15 类	13 类	8 类
卢《志》	11 类	16 类	13 类	8 类
钱《志》	12 类	14 类	14 类	8 类

　　《书目》四部共48类,卢《志》四部亦48类,绝大多数类别名称是相同的,只有个别调整。《书目》经部有"四书"类,卢《志》无,有关书目都并入"经解"类。卢《志》"史部"比《书目》史部多出"簿录"类(仅收书一种)①。《书目》有"别史"类,卢《志》则是"杂史"类。两书"子部"分类几乎完全相同,只有《书目》子部的"艺术"类,卢《志》则称"杂艺术"类。《书目》集部有"制诰"类,卢《志》则作"制诏"类,两书集部各类前后排列有较大变动。从分类来看,《书目》和卢《志》的关系密切,是很清楚的。

　　钱《志》和《书目》、卢《志》比较,分类有较多的不同:

　　(1)《书目》和卢《志》"经部"都有"礼乐"类,既收各种祭祀典礼著作,又收各种音乐著作。钱《志》改为"乐"类,只收音乐著作,将各种祭祀典礼著作调整到"史部仪注"类。和卢《志》一样,钱《志》不立"四书"类。钱《志》"经部"下增设"译语"类,这是《书目》和卢《志》没有的。

---

　　① 《四库全书总目》"千顷堂书目"条称:"史部共分十八门,其'簿录'一门用尤袤《遂初堂书目》之例,以收《钱谱》、《蟹录》之属古来无类可归者,最为允协。"按,《书目》"簿录"类所收是明代各种书目,未收元人作品(上海古籍本据"别本"补入元人作品一种)。

辽、金、元三朝是少数民族建立的王朝，契丹、女真、蒙古语言文字和汉语言文字同时行用。与之相应，产生了不少译语课本和翻译著作。钱《志》中专门设"译语"类，便是收录译成契丹、女真、蒙古文字的中原传统文化作品，以及汉人学习契丹、女真、蒙古语言文字的入门书，内属于辽朝的4种，属于金朝的19种，属于元朝的13种。

（2）《书目》"史部"共15类，卢《志》为16类。钱《志》将两书的"国史"类改为"实录"类。《书目》和卢《志》"史部"都有"食货"类，均著录18种（内有一种不同）。中国古代正史均设《食货志》，叙述各代的经济问题，如户籍、田制、货币、赋税等。而卢《志》和《书目》两书的"食货"类，著录的却是工艺美术、饮食、兽医、药方等著作，与史学意义上的"食货"相去甚远。钱《志》"史部"取消了"食货"类，将两书著录的书目分别归入"子部"的"杂艺术"类和"医书"类。《书目》和卢《志》的"史部"均有"史学"类。钱《志》不设"史学"类，前二书"史学"类著录的书目，分别归入"编年"类和"史钞"类。

（3）钱《志》"子部"设"经济"类，这是《书目》和卢《志》没有的。"经济"类共收辽、金、元三朝各类经国济民的著作42种，内辽、金5种，元37种。在《书目》和卢《志》中，大多分别见于"史部"的"典故"类（"故事"类）和"集部"的"表奏"类。在钱《志》中，不设"表奏"类，"典故"则改为"故事"类，著录的书目有很大的调整。《书目》与卢《志》的"子部"均有"释家"类和"道家"类。钱《志》

则设"道家"类和"释道"类。"道家"类著录阐发道教经典(老子、庄子等)学说的作品,"释道"类则收佛、道二教的教史、传记、语录等。

以上是较大的几项变动。此外,有些"类"的名称作了改动。例如"霸史"改为"古史","典故"改为"故事"。"子部"的"历数"改成"历算"①,"类书"改成"类事"。"集部"的"制举"改为"科举"。

清末名学者文廷式说:"钱氏补《元史艺文志》,特立'译语'类,列'小学'之末,体例最善,深得《隋志》之意。"②在以上几处变动中,"译语"类的设立是很值得重视的,在中国目录学史上有重要的意义。钱《志》将"经部礼乐"类作适当调整,改为"乐"类,是合理的。《书目》和卢《志》设"食货"类和"史学"类,"食货"类著录的书目名不副实,"史学"类著录的书目与其他类交叉,钱《志》取消这两类亦是妥当的。《书目》和卢《志》在"集部"列"表奏"类,钱《志》不立,另在"子部"立"经济"类,是合适的,但"经济"类似归于"史部"更妥。但钱《志》在"子部"立"道家"类和"释道"类,过于牵强,不如分立"释家"、"道家"较妥。

总之,钱《志》的分类,比起《书目》和卢《志》来,有不少改动,多数改动是合理的。

二是改正错讹和补充说明。有的研究者认为,"钱大

---

① 这可能与增加了几种算术著作有关。
② 《纯常子枝语》卷四,广陵书社,1990 年。

昕的《元史艺文志》是根据各家书目辑成的，但对其中的错误并未加考证和纠谬"①。这是不准确的。钱氏指出，他编纂此书时，对前人和同时代人有关元代艺文的著作加以认真的考订，发现"其中亦多讹踬不可据者，略举数事，以例其余，非敢指前人之瑕疵，或者别裁苦心，偶有一得耳"。他举出了 30 多个例子，有断代不当（以宋人、明人为元人，或以元人为宋人、明人），作者姓名或书名错误，同一作者异名，同一著作重出，以及分类不妥，等等②。事实上，钱氏纠正前人的错讹或补充其不足，还有很多，下面再举数例。

实录。《千顷堂书目》"史部·国史"类著录："《世祖实录》姚燧修"、"《成宗实录》畅师文修"、"《武宗实录》至顺元年苏天爵修"、"王恽《世祖圣训》六卷"。卢《志》同。而钱《志》的"史部"则专立"实录"类，著录自《太祖实录》至《宁宗实录》共十五种，也就是明初修《元史》时依据的十三朝实录（十五种内睿宗拖雷、顺宗生前未称帝，故称十三朝）。还著录了与世祖、成宗、武宗、仁宗、英宗诸朝《实录》同时编纂的《事目》、《圣训》、《制诰录》，并注明成书年代和编者。这是很大的进步③。

《千顷堂书目》"史部·国史"类有"《元朝秘史》十二卷"。没有任何说明。卢《志》"史部·国史"类记："无名

① 李永忠《正史艺文志补撰初探》，《文献》1996 年第 2 期。
② 《十驾斋养新录》卷一四《元艺文志》。
③ 金门诏《补三史艺文志》也著录了各朝实录，但错讹甚多。

氏《元朝秘史》十二卷",下注云:"其纪年称鼠儿、羊儿等,不以干支,盖其国人所录。"钱《志》则在"史部·杂史"类著录:"《元秘史》十卷,《续秘史》二卷。"下注云:"不著撰人,记太祖初起及太宗灭金事,皆国语旁译,疑即《脱必赤颜》也。"钱氏不但概括说明了此书内容,而且指出此书可能即是《元史》所说《脱必赤颜》,这是很重要的发现。后来,王国维专门就此作了考证①。《大元圣政国朝典章》是一部元朝法律文书的汇编,具有极高的价值。《千顷堂书目》"史部·政刑"类著录"《大元圣政国朝典章》一册",没有任何说明。卢《志》"史部·政刑"类同,下注:"失名"。钱《志》则在"史部·故事"类著录"《大元圣政国朝典章》六十卷",下注:"始中统至延祐。"又著录"《新集至治条例》",下注:"不分卷,至治二年集。"说明两书的时代,也比《书目》和卢《志》有所进步。

　　《书目》和卢《志》的"子部·道家"类载:"邱长春《磻溪集》五卷,又《语录》一卷,又《西游记》二卷。"以为《西游记》是邱处机(邱长春)的作品。钱大昕说:"《长春真人西游记》二卷,其弟子李志常所述,于西域道里风俗,颇足资考证。而世鲜传本,予始于《道藏》钞得之。"②他了解这部书的内容,因此,在编纂《艺文志》时将它列入"史部·地理"类,并将此书作者正名为李志常。《史学指南》是一种法律辞书,对研究元代社会、政治有重要价值。《千顷

---

① 《蒙文元朝秘史跋》。
② 《跋长春真人西游记》,《潜研堂文集》卷二九。

堂书目》将此书列为明代著作。卢《志》史部"政刑类"收
"《吏学指南》八卷",下注:"失名。"钱《志》子部"经济类"
收"徐元瑞《吏学指南》八卷",下注:"字君祥,吴人。"对
作者姓名、籍贯都作了说明。

　　三是书目的增补。卢《志》和《书目》著录的元代著作
数目,大体相当,略有变化。而钱《志》则有大量的增加,
请看下表:

	经部	史部	子部	集部	总计
《书目》	652	255	397	642	1946
卢《志》	573	279	407	643	1902
钱《志》	772	423	670	1056	2921

　　王重民先生说钱氏"补的能比黄虞稷要多三分之
一"①。钱《志》辽金部分比《书目》增加不多,可略而不
论。根据上表统计,《书目》元代部分为 1946 种,如按王
说,钱《志》元代部分补的应比《书目》多六百余种。这显
然是不够准确的。钱《志》元代部分为 2921 种,要比《书
目》多千种左右。也就是说,钱《志》所收书目有三分之一
左右是新增加的。

　　四部之中,"集部"增补最多,多出四百种左右。其
次是"子部",多出二百七十种左右。增补部分,固然
有不少来自其他目录学著作,如经部主要据朱彝尊《经

---

① 《中国目录学史论丛》,第 211—212 页。

义考》①,但有相当多是钱氏自行搜集的资料。这是钱氏
一大贡献。上面所引《十驾斋养新录》文字中钱氏讲得很
清楚,为了补撰《元史艺文志》,他看过数百种元、明诸家
文集、志乘、小说。这并不夸大,传世的《竹汀先生日记
钞》,记录了钱大昕晚年任苏州紫阳书院山长(1788—
1804)期间看过的各种典籍,其中便有多种元人著作。他
先后为元人著作写下了不少读书札记,例如,《潜研堂文
集》中有"跋大金国志"、"跋元名臣事略"、"跋元秘史"、
"跋元圣政典章"、"跋元统元年进士题名录"(以上见卷二
八),"跋元大一统志残本"、"跋元混一方舆胜览"、"跋至
元嘉禾志"、"跋齐乘"、"跋杨譓昆山郡志"、"跋长春真人
西游记"(以上见卷二九),"跋太乙统宗宝鉴"、"跋艺圃
搜奇"、"跋山房随笔"、"跋南村辍耕录"(以上见卷
三○),"跋遗山集"、"跋雪楼集"、"跋清容居士集"、"跋
汉泉漫稿"、"跋道园类稿"、"跋金华黄先生集"、"跋倪云
林诗集"、"跋元诗前后集"(以上见卷三一)。《十驾斋养
新录》中有"孔氏祖庭广记"、"东平王世家"、"圣武亲征
录"、"平宋录"、"复斋郭公言行录及敏行录"(以上见卷
一三),"金陵新志"、"癸辛杂识"、"梦粱录"、"辍耕录"、
"测圆海镜细草"、"革象新书"、"太乙统宗宝鉴"、"陵阳
先生文集"、"石田集"、"金华黄先生集"(以上见卷一
四)。以上各书大多是罕见的珍本、钞本,具有很高的文

---

① 何佑森《元史艺文志补注》卷一。

献价值。正因为他广泛涉猎元人著作，因而所作《元史艺文志》既能改正前人的错误，又能作大量的增补。比起以前的同类作品来，有明显的进步。

钱《志》新增的如《庙学典礼》、《庚申外史》、《汝南遗事》、《秘书监志》等，都是元代的重要文献。例如，钱《志》"史部·职官"类收"《秘书监志》十一卷"。元朝的秘书监主管图籍和天文历数，《秘书监志》保存了元代典籍收藏和《大元一统志》纂修经过等重要资料，《千顷堂书目》和卢《志》都没有著录，钱大昕是从黄丕烈处借阅此书的①。又如，王鹗撰《汝南遗事》，是金朝亡国的重要文献。"卢绍弓《补辽金元三史艺文志》未收王鹗书，钱辛楣《补元史艺文志》'杂史'类并录之。"②《庙学典礼》是研究元代教育制度的重要文献。《庚申外史》记录了顺帝一朝政治和社会生活，可补《元史·顺帝纪》之不足。

我们还可以"集部·科举"类为例。过去的书目一般不收科举类书籍。《书目》的"集部"立"制举"类，卢《志》同。《四库全书总目》认为此类书籍为数众多，"其生其灭，如烟云之变现，泡沫之聚散"，没有什么价值，对此加以非议③。《书目》的"集部·制举"类收书 7 种。卢《志》"集部·制举"类收书 8 种，比《书目》多出 1 种。两书所

---

① 《竹汀先生日记钞》。

② 《纯常子枝语》卷八。"并录之"指钱《志》将记载金末史事诸书均加收录。

③ 《四库全书总目》卷八五《史部·目录类一》"千顷堂书目"条。

收都是科举应试文章的写作指南,有的讲述作文要领,有的则是作文示范。钱《志》将"制举"类改为"科举"类,而且扩大范围,收书21种,新增诸书中有《元赋青云梯》、《江浙延祐首科程文》、《大科三场文选》、《历举三场文选》等,都是科举考试程文的辑录,对于研究元朝科举制度具有重要价值①。此外还有《元统元年进士题名录》,亦是前人未曾著录的科举文献,却被收在"史部·职官"类。由于元代科举这些重要文献的发现,钱大昕曾有意对有元一代科举制度作全面系统的研究,可惜未能完成,但为此辑录的资料则保存了下来②。

元人著作数量问题需要作一些讨论。1981年,李致忠先生发表《元代刻书述略》,对元代刻书作了全面系统的论述,很有价值。其中说:"据清钱大昕《补元史艺文志》的统计,元代刻印、流通的图书,经部为804种,史部为477种,子部为763种,集部为1098种,凡3142种。前后历史不到百年的元朝,有如此众多的图书传播于社会上,不能不说是可观的盛况。"③后来,在《古代版印通论》中,李先生又作了同样的论述④。近年元代版本的研究引起了学术界的重视,接连出版了几种著作。在讨论元代著

---

① 请参看我写的《两种〈三场文选〉中所见元代科举人物名录》,《中国社会科学院历史研究所学刊》第一集,社科文献出版社,2001年。

② 《元进士考》(稿本),收在《嘉定钱大昕全集》第5册。

③ 李致忠《元代刻书述略》,《文献》第10辑(1981年)。

④ 李致忠《古代版印通论》,紫禁城出版社,2000年,第191—192页。

作的数量问题时,这些著作无例外地都引用了李先生的上述统计数字,但都没有注明出处,如潘国允、赵坤娟的《蒙元版刻综录》①,陈红彦的《中国版本文化丛书·元本》②、田建平的《元代出版史》③。这个论断其实是可以商榷的。

(1)据李先生所述,则钱《志》著录的元代图书为3142 种。而据我们上面的统计,钱《志》著录的元人著作为2921 种,相差 221 种。为什么有这样大的差异?比较合理的解释应是,钱《志》中的辽、金人著作,李先生都算作元人著作了。据我们统计,钱《志》中著录辽、金人著作共302 种,加上元人著作2921 种,为3223 种,与3142 种只相差81 种。这81 种应是统计标准不同造成的误差④。(2)李先生和上述几种著作都把钱《志》中著录的元人著作说成是"元代刻印、流通的图书","传播于社会上",这是不妥的。事实上,钱《志》著录的有相当多是手稿、钞本,并未刻印,更谈不上流通。例如,史部著录的元朝历代皇帝《实录》,官修的政书《经世大典》,修成后只有稿本,

---

① 潘国允、赵坤娟《蒙元版刻综录》,内蒙古大学出版社,1996 年,第12 页。

② 陈红彦《中国版本文化丛书·元本》,江苏古籍出版社,2002 年,第8 页。

③ 田建平《元代出版史》,河北人民出版社,2003 年,第69 页。

④ 钱《志》以及《书目》、卢《志》著录的作品,如何统计,值得认真研究。例如,集部著录的作品,常有"补遗"、"附录"等名目,是否都作为独立的著作,便需斟酌。我们统计时,将"补遗"作为独立的著作,但"附录"则不收。

没有刻本，也不可能在社会上流通。又如，"史部·杂史"类载"危素《宋史稿》五十卷"，据宋濂说，稿本"藏于家"，没有人见过，当然不会有刻本传世①。同是"杂史"类的《圣武开天记》、《元秘史》，在元代也都是不曾刻印、流通的。集部"别集"类数量之多，为各类之冠，但在元代刻印、流通的为数不多。其中相当一部分只是在人物传记（神道碑、墓志铭、传）或其他文献中提到，是否真正成书都是问题。总之，钱《志》所载，是见于各种文献的元人著述，不是元代出版的元人著述。（3）元人并无刻印图书的统计资料。有一种意见认为，"元人姚燧记载道，有元一代，刻印、流通图书计三千一百四十二种"，根据是姚燧所作《姚文献公神道碑》②。按，姚文献公即姚枢是忽必烈时代的名臣，死于至元十七年（1280），他不可能涉及"有元一代"刻印图书之事，这篇碑文中也找不到与此有关的记载。"三千一百四十二种"正是上述钱《志》的一种统计数字，不知为何又归于姚燧所为。

三

上面主要谈钱《志》的优点。不可否认，钱《志》亦有一些不足之处。

首先，中国古代的书目，一般只著录书名、卷数和作者

① 《危侍讲新墓碑铭》，《宋文宪公全集》卷二七。
② 田建平《元代出版史》，第69页。

的名字。《千顷堂书目》和卢《志》部分条目则对作者和著作的情况有简单的说明。钱《志》亦有部分条目作了说明，有的沿袭上述两书，有的作了改动，亦有钱氏新增，改动和新增的内容多数很有价值，上面亦已提及。但总的来说，还有许多条目没有说明，有说明的也过于简略。因此，从总体来说，钱《志》只能说明元代曾有多少人撰写过若干种著作，却不能提供这些著作是否已完稿、是否印行等重要情况的信息。这是很大的缺陷。也就是说，钱《志》虽然较以往书目有所进步，但并没有能够跳出传统书目的窠臼。

其次，钱《志》著录的书目，有若干重出。例如理学家许衡的著作，钱《志》"经部"有"许衡《读易私言》一卷"，"许衡《中庸说》"，"许衡《大学要略直说》一卷"，"许衡《孝经直说》一卷"，"许衡《孟子标题》"。"子部·儒家"类有"许衡《小学大义》、《四箴说》、《语录》、《鲁斋先生遗书》六卷、《鲁斋先生心法》一卷"。而"集部·别集"类又有"许衡《鲁斋遗书》六卷、《重辑鲁斋遗书》十四卷、《文正公大全集》三十卷"。"子部"的"《鲁斋先生遗书》六卷"与"集部"的"《鲁斋遗书》六卷"无疑为一书①。而《读易私言》、《小学大义》、《语录》、《大学要略直说》（疑应作

①　在《千顷堂书目》和倪《志》中，"子部儒家"类均著录"《鲁斋遗书》六卷"，无"先生"二字。

《大学要略》、《大学直解》)①、《中庸说》(应即《中庸直解》)都收在《鲁斋全书》内。这种情况至少应作说明。既在"集部"收作者的文集,又在其他各部著录已收入该作者文集中的单篇文章,不加说明,容易使人误会是独立的著作。许衡的著作是比较突出的例子。此类重出的情况还有一些。例如,王恽的作品,见于"史部·职官"类的有"《玉堂嘉话》八卷,《中堂事记》三卷,《乌台笔补》十卷"。见于"子部·经济"类的有"《守成事鉴》十五篇,《承华事略》六卷,《相鉴》五十卷"。"集部·别集"类有"《秋涧大全集》一百卷"。史部、子部著录的 6 种著作,除《相鉴》外,都收在《秋涧大全集》内。此外,袁桷、吴莱、吴澄等人的作品都有类似的现象。

　　重出最明显的例子是关于《宪台通纪》和《南台备要》的记载。这是两种元代官修的政书,汇集了元代御史台和南御史台的文献。两书均佚,但《永乐大典》卷 2609 收《宪台通纪》部分条目,同书卷 2609、2611 收《南台备要》。据《宪台通纪》前序(作者佚名),此书二十四卷,同书后序(作者潘迪)说,此书编者赵承禧。又据《南台备要》序(索元岱作),此书原名《南台类纪》,由刘孟琛主编。明人焦竑《国史经籍志》"史部"载,"《宪台通纪》二十三卷。元

---

　　① 按,《千顷堂书目》和倪《志》著录"许衡《大学要略》一卷,《大学鲁斋直解》一卷"。《经义考》卷一五七有"许衡《大学要略直说》一卷。存。又《鲁斋大学直解》一卷。未见。"钱《志》所据应是《经义考》。见《元史艺文志补注》。

潘迪"。"《南台备纪》二十九卷。元索元岱"。将序的作者误作书的编者，《宪台通纪》卷数亦有异。黄虞稷《千顷堂书目》"史部·职官"类载，"潘迪《宪台通纪》二十三卷"，"索元岱《南台备纪》二十九卷"，显然沿袭了焦竑的错误。卢《志》与《千顷堂书目》同。钱《志》"史部·职官"类载："赵承禧《宪台通纪》一卷。潘迪《宪台通纪》二十三卷。唐惟明《宪台通纪续集》一卷。索元岱《南台备纪》二十九卷。刘孟琛《南台备要》二卷"。显然，他已经察觉赵承禧、刘孟琛与两书有关，但未能改正前人的错误，一书成了两书。陈垣先生讨论《南台备要》卷数时指出，"钱氏所载，系一据千顷堂等书目，一据《永乐大典》摘录，故卷帙不同。犹之《宪台通纪》，系宪属赵承禧所撰，而监察御史潘迪为之序，故钱氏《元史艺文志》既载潘迪《宪台通纪》二十三卷，又载赵承禧《宪台通纪》一卷，卷帙悬绝，非有二书，《南台备要》亦犹是耳"[①]。按，垣老所说，似尚有商榷余地。钱氏如读过《永乐大典》中所收上述两书，就不应有此重出的错误。

　　第三，漏收。前面说过，钱《志》比起《书目》、卢《志》来，增加很多，但仍有漏收。文廷式在肯定钱《志》立"译语"类"体例最善"时指出，"惟《辽史》耶律倍曾译《阴符经》，见本传。《元史世祖纪》：'至元十九年四月己酉，刊行蒙古畏吾字所书《通鉴》。'二书当入此门（指"译语"

---

　　① 《书傅藏永乐大典本南台备要后》，《陈垣学术论文集》第二集，中华书局，1982年，第368页。

门——引者），钱氏失载。"①沈曾植说："钱氏《元史艺文
志》'春秋类'不录赵汸诸书，殆犹《寰宇访碑录》遗孔宙碑
阴也。"②按，赵汸"於《春秋》用力至深"，是元代在《春秋》
学方面有代表性的人物③，著作甚多。但《千顷堂书目》未
收赵氏的《春秋》著作。卢《志》"经部·春秋"类著录了
赵汸的"《春秋集传》十五卷，《春秋师说》三卷，《春秋属
辞》十五卷，《春秋左氏传补注》十卷，《春秋金锁匙》一
卷"。而钱《志》没有著录赵汸有关《春秋》的著作，令人
不解。

　　钱《志》"子部·小说"类著录"乔吉《青楼集》一卷"，
下注："字梦符，太原人。"《千顷堂书目》、卢《志》都未著
录。《录鬼簿》是记载元代曲家生平最重要的文献，其卷
下"乔吉甫"条说："吉甫字梦符，太原人。"没有提到他有
《青楼集》。不知钱氏何据。而传世的《青楼集》不分卷，
作者夏庭芝，主要生活在元朝末年。明初成书的《录鬼簿
续编》记夏伯和（庭芝字伯和）"有《青楼集》行于世"④。
夏氏《青楼集》，有明《说郛》本、明《古今说海》本，并非罕
见。不知钱氏何故漏录。

　　第四，时代的错乱。钱氏批评前人书目时，曾说："黄

---

①　《纯常子枝语》卷四。
②　《海日楼札丛》，中华书局，1962 年，第 138 页。
③　《四库全书总目》卷二八《经部·春秋类三·春秋属辞》。按赵氏五
种有关《春秋》的著作，都收入《四库全书》。
④　本文所引《青楼集》、《青楼集续编》，均为《中国古典戏曲论著集成》本。

氏、倪氏'史类'有尹起莘《纲目发明》五十卷。按,赵希弁《读书附志》载此书云:'建康布衣尹起莘所著。别之杰帅金陵,进其书于朝。魏了翁为之序。'则非元人矣。赵志云'建康布衣'而黄以为遂安人,当考。"①然而,钱《志》"史部·编年"类仍收"尹起莘《通鉴纲目发明》五十九卷",下注:"遂昌人",与前说自相矛盾。又,钱《志》"集部·总集"类有"《名公书判清明集》十七卷"。按,《书目》"史部·政刑"类有"《清明集》十四卷",卢《志》"史部·政刑"类同,但下注:"失名"。钱氏在日记中记有:"读宋刻《名公书判清明集》,止'户婚'一门。"②此书既是宋刻,当然不可能是元代著作。不知何故仍收入。而且就分类而言,此书是宋代官员判牍文字的汇编,《书目》、卢《志》列于"政刑"类是合适的,钱《志》列于"总集"那就不妥了。

　　第五,史实方面,亦有一些错讹。例如:(1)"经部·孝经"类收"林起宗《孝经图解》一卷",下注:"字始伯,内邱人"。按,《书目》、卢《志》均未收此书。苏天爵《内丘林先生墓碣铭》云:"君讳起宗,字伯始。""始伯"正好颠倒了③。(2)"子部·杂家"类有"郭翼《履雪斋笔记》一卷"。按,《书目》、卢《志》均未收此书。《四库全书总目》云:"翼字羲仲,昆山人,自号东郭生。因以东郭先生故事名

---

① 《十驾斋养新录》卷一四《元艺文志》。
② 《竹汀先生日记钞》卷一。
③ 《滋溪文稿》卷一四。

其斋曰雪履。"故书名应作《雪履斋笔记》①。今存各本均同。"履雪斋"误。（3）"集部·别集"类著录"韩谔《五云书屋稿》六卷"，下注："字致用，性从兄，建宁路录事。"按，据徐一夔《韩君墓志铭》，韩谔的祖父韩亢"与其从弟庄节先生性自相师友，先后师表当世"②，则韩谔是韩性的从孙。"性从兄"之说完全弄错了辈分。《书目》、卢《志》著录"韩谔《五云书屋稿》六卷"，注中已说他是"韩性从兄"，钱大昕显然沿袭了他们的错误。（4）"集部·别集"类有"刘岳申《中斋集》十五卷"，下注："字高仲，吉水人。"按，刘岳申的文集名《申斋集》，传世有《四库全书》本，有钞本③。（5）"集部·总集"类著录"《甘棠集》一卷"，下注："至元间浦江人为县宰廉阿作。"《书目》、卢《志》均未收此书。按，"至元"应作后至元，浦江县宰以廉为姓者是畏兀儿人廉阿年八哈。邑人胡助云："婺之支县曰浦江，自入国朝以来，凡所更长官二十余人，求其德政爱民与古之鲁卓并称无愧者，今惟见廉侯一人而已。"④可知"廉阿"乃廉阿年八哈之误，脱三字。

　　钱《志》还有一些不妥之处。例如，"子部·释道"类收《净发须知》二卷。下注："不详撰人。"按，此书记录理发行业行规，与释道无关，已佚，但收在《永乐大典》卷

---

① 《四库全书总目》卷一二二《子部·杂家类六》"雪履斋笔记"条。

② 《始丰稿》卷九，《四库全书》本。

③ 《四库全书总目》卷一六七《集部·别集类二〇》。

④ 《廉侯遗爱传》，《纯白斋类稿》卷一八，《金华丛书》本。

14125中。《书目》的"子部·释家"类收"《净发须知》二卷",卢《志》同。钱大昕应是沿袭两书之误。又如,《千顷堂书目》"史部·史钞"类有"曾先之《十九代史略》,下注:"一作十卷。"卢《志》同,但无注。钱《志》与卢《志》同。按,此书原名《十八史略》,元刻有十卷本、二卷本两种。明初,有人别为《元史略》,与《十八史略》合并而成《十九史略》①。《四库全书总目》即将《十八史略》收入"存目"②。钱大昕不察,沿袭《书目》和卢《志》,不收《十八史略》而收《十九代史略》,是不准确的。

上面列举了钱《志》存在的一些讹误。这些问题,有些是沿袭《书目》和卢《志》未加查考所致,还有一些则应是没有认真校对的疏忽。以钱氏治学之谨严,似不应有此。其原因还有待探索。

四

钱大昕的《元史艺文志》在嘉庆六年刊行,钱氏去世后,收入《潜研堂全书》。此后曾多次翻印,但各本文字没有什么改动。20世纪下半期,先后有两种整理本。一种是商务印书馆在1958年出版的《辽金元艺文志》,此书收录了清人编纂的多种辽、金、元三代艺文志,按朝代分列。为了照顾到"断代分明"的原则,"有些原书三朝合在一起

---

① 乔治忠《〈十八史略〉及其在日本的影响》,《南开学报》2001年第1期。
② 《四库全书总目》卷五〇《史部·别史类存目》。

的,或辽、金附见于元朝的",都"分归各朝"①。钱大昕的
《元史艺文志》就被分析开来,成为三部分。此书收录的
各种艺文志都加简单的标点。没有作进一步的整理。就
钱《志》而言,所作标点(人名、地名、年号均加边号,文字
断句)总的来说是比较认真的。但也有一些可以商榷之
处。例如,"经部·译语"类著录"鲍完泽朵目《贯通集》、
《联珠集》、《选玉集》"②。"鲍完泽朵目"旁打上边号,意
是人名。这是不对的。此人名鲍完泽,字信卿,杭州人,精
通八思巴文,"乃擸摭史传中故事及时务切要者二百十余
条译以为书,曰《都目》,反复应对,曲折论难,最为详密"。
可知"朵目"(都目)是书名,不是人名。和以下几种书一
样,都是鲍完泽撰写的介绍八思巴文的著作。又如,"史
部·杂史"类有"《和林广记》",下注:"至正直记所载有
《和林志》。""至正"旁打上边号,意为年号。其实,"至正
直记"是书名,今存,此书卷一"国朝文典"条提到《和林
志》。又如,"史部·传记"类有"《海堤录》一卷",下注:
"至元己卯,余姚州判叶恒敬常筑石堤,子晋辑名贤述作
以褒扬之。"③"至元"、"余姚"、"叶恒敬"、"晋"均有边号。
其中"叶恒敬"的边号(意为人名)是不妥的,此人姓叶名
恒,字敬常。任余姚州(今浙江余姚)判官时修海堤,有名

---

①　见《辽金元艺文志》"出版说明"。

②　《辽金元艺文志》,第233页。

③　王祎《鲍信卿传》,《王忠文公集》卷二一,《四库全书》本。

于时①。还有其他一些问题。

另一种是点校本,是 20 世纪 90 年代问世的,收在《嘉定钱大昕全集》第 5 册中(下称《全集》本)②。这个本子名为"点校",其实只有标点,并没有校。全篇没有一条校记,没有改正钱《志》的任何错讹。相反,所作标点却有许多不应有的错误。例如,元代学者陈深,字子微,平江(今江苏苏州)人。"尝题所居曰清全斋,因以为号"。所著有《读易编》、《读春秋编》、《读诗编》③。钱《志》"经部"著录了陈深的三种书,《全集》本却分别标点成"陈深清《全斋读易编》三卷"(《全集》本第 3 页,下同)、"陈深清《全斋读诗编》"(第 9 页)、"陈全清《全斋读春秋编》十二卷"(第 15 页)。人名、书名都弄错了。类似的人名书名错位现象还有不少,例如,钱选字舜举,吴兴(今浙江湖州)人。名画家,与赵孟頫齐名,其诗集名《习嬾斋集》。《全集》本标点成"钱选习《嬾斋集》"(第 60 页)。钱选成了钱选习,《习嬾斋集》成了《嬾斋集》。袁易字通甫,平江人。作品有《静春堂诗集》、《静春词》。《全集》本作"袁易静《春堂集》四卷"(第 65 页)、"袁易静《春词》一卷"(第 82 页)。闻人梦吉字应之,金华(今浙江金华)人,有诗集。《全集》本作"闻人《梦吉诗集》二卷"(第 66 页),姓"闻人"成了姓名,而名"梦吉"则成了诗集名。等等。此外还

① 陈旅《余姚州海堤记》,《安雅堂集》卷七,《四库全书》本。
② 江苏古籍出版社,1997 年。
③ 《四库全书总目》卷二七《经部·春秋二·读春秋编》。

有一些其他明显的错误。上面提到"经部·译语"类"鲍完泽朵目"条,亦以此五字为人名,打上边号。又,钱《志》"史部·传记"类有"杨元《忠史》一卷",《忠史》是书名。在《全集》本中成了"杨元《忠史一传》"(第32页)。不但标点错,而且有错字。元代著名学者孛术鲁翀是女真人,姓孛术鲁,名翀,《元史》有传。《全集》本以孛术、鲁翀为二人(第31页)。石抹宜孙是契丹人,《元史》有传。《全集》本作"石抹、宜孙",也成了两个人(第71页)。这些错误都是不应该的。似可认为,《全集》本标点时没有参考元代文献及其他同类著作,比起在此以前问世的商务版《辽金元艺文志》来,不但没有进步,反而退步了。

此外,何佑森撰《元史艺文志补注》,卷一"经部"、卷二"史部"分别刊载于香港《新亚学报》第2卷第2、3期,卷三、卷四未见,不知是否完稿。何氏在"序言"中称,1955年起,读元明人文集,对钱《志》做校勘工作,发现钱《志》经部抄撮朱氏《经义考》而成,以及编纂工作存在不少缺点,如沿袭倪《志》的舛误,漏收、不收元曲作品等。他的补注工作主要是:补注著者的字号、时代、地名、成书年月。注出钱书的根源,以及钱书和其他书目的关系等。如前所述,钱《志》很有价值,但存在不少舛误,如能认真作注,纠正缺误,无疑是很有意义的。但从发表的卷一"经部"和卷二"史部"来看,何氏主要用其他书目作补注的材料,如《经义考》、《千顷堂书目》、倪《志》、《菉竹堂书目》、《四库提要》等,使用元明人文集并不充分,对元代文献的状况似缺乏足够的了解,因而所作注释并不理想。例如,上面我们指出钱《志》"史部"著录《宪台通纪》、《南台备要》二书的作者有误,是沿袭《千顷堂书目》和卢《志》的结果。何文已注意到钱《志》中二书的著录沿袭卢《志》(他称为"倪《志》",还指出倪《志》源自《千顷堂书目》)的舛误,但仍然用《书目》和卢《志》为之作注。又如,钱《志》"经部·译语"类收《大学衍义节文》,下注:"延祐四年翰林学士承旨忽都鲁都儿迷失等译。"《补注》未加注。此事见于《元史》卷二六《仁宗纪三》。又,同上"译语"类收察罕译《贞观政要》、《帝范》两书,《补注》无注。察罕译两书见于《元史》卷一三七《察罕传》。钱《志》"译语"类又收《皇图大训》,原注:"天历中翰林奎章阁臣译。"但《补注》亦未加注。此译本已佚,但有关情况在虞集《皇图大训序》一文中有记载①。"经部·译语"类还著录了鲍完泽的几种蒙语教材,上面已说过,在《王忠文公集》中有记载,但《补注》亦是空白。

综上所述,钱《志》无论对元史或中国目录学史来说,都具有重要价值。但本身存在一些问题,而现有的整理本尚难令人满意。希望有好的整理本出现。

原载《中国史研究》2007 年第一期

---

① 《道园学古录》卷二二,《四部丛刊》本。

《元史艺文志》(《嘉定钱大昕全集》本) 点校商榷

钱大昕是清代最杰出的学者,其"生平于元史用功最深"(段玉裁:《潜研堂文集序》)。1997年,江苏古籍出版社出版了《嘉定钱大昕全集》,将钱氏的元史著作全部收辑在内,这是一件好事。遗憾的是,整理工作比较粗疏,存在不少问题。陈得芝先生作《〈嘉定钱大昕先生全集〉元史著述部分点校勘误》(《燕京学报》新11期,2001年10月),对其中所收《廿二史考异》、《元进士考》、《潜研堂金石文跋尾》三书有关元史部分的点校提出意见。我在《两种〈三场文选〉中所见元代科举人物名录》(《中国社会科学院历史研究所学刊》第一集,2001年)也对其中《元进士考》的点校谈了一些看法。《元进士考》只有稿本,点校的问题较多,完全有必要重新整理。《全集》还收录了钱氏在元史研究方面的另一部重要著作《元史艺文志》(《全集》第5册)。原以为此书只涉及人名、书名,整理比较容易,不会有多少问题。最近因工作需要,查阅《全集》中所收《元史艺文志》,发现此书点校亦有不少问题可以商榷,现略陈管见如下,供整理者和读者参考。

《元史艺文志》点校本用边号＿表示人名、地名,用边号＿表示书名,为排印方便,表示人名、地名的边号＿保持原状,书名号改为《　》。我用来校读的《元史艺文志》是《潜研堂全书》本,下简称《全书》本。《全集》的《元史艺文志》亦用此本作底本。

(1)"陈深清《全斋读易编》三卷。字子微,吴人。"(第3页)

按,人名、书名都错。陈深,字子微,吴人。闭门著书,作有《读易编》、《读诗编》、《读春秋编》等。黄虞稷《千顷堂书目》卷二九《别集类》"陈深《宁极斋集》一卷又《东游小稿》"条下注:"字子微,吴人,元天历间以能书召,匿不出。自号清全斋。"(上海古籍出版社2001年版)。故此条应作:陈深《清全斋读易编》三卷。

(2)"陈深清《全斋读诗编》。"(第9页)

按,人名、书名都错,见上。此条应作:"陈深《清全斋读诗编》"。

(3)"敬俨续《屏山杜氏春秋遗说》八卷。"(第13页)

按,人名、书名都错。敬俨,易水人。官至中书平章政事。生平见《元史》卷一七五本传。其叔祖敬铉,长于《春秋》学,敬俨继承家学。此条应作:敬俨《续屏山杜氏春秋遗说》八卷。

　　（4）"陈深清《全斋读春秋编》十二卷。"（第15页）

　　按，人名、书名都错。"陈深清"误，见上。此条应作：陈深《清全斋读春秋编》十二卷。

　　（5）"林起宗《孝经图解》一卷。字始伯，内邱人。"（第16页）

　　按，苏天爵《内丘林先生墓碣铭》（《滋溪文稿》卷一四）云："君讳起宗，字伯始。"《全书》本原作"字伯始"。点校本改作"始伯"，误。

　　（6）"石洞《纪闻》十七卷。泰定间人，或曰宋饶鲁著。"（第16页）

　　按，《千顷堂书目》卷三"经部·论语"类有"石洞纪闻十七卷"，下注："《内阁书目》云：元泰定人，不知姓氏，释《论语》义。按，宋饶鲁斋建石洞书院，著有《语孟纪闻》，与其门人史泳自相问答，或即此书。以为元或误。"此书时代不明，但"石洞"是书名的一部分，则是无疑义的。故此条应作：《石洞纪闻》十七卷。

　　（7）"何中《葉韵补疑》一卷。"（第21页）

　　按，《全书》本作《叶韵补疑》，是。"叶"与"协"通。"叶韵"是古代音韵学的专有名词。现代简化字中，"葉"简化为"叶"，但古代两字不同，不能将书名中的"叶"改为"葉"。

　　（8）"吾衍《钟鼎韵》一卷。○《续古篆韵》一卷，《周秦刻石释音》一卷。《石鼓诅楚文音释》一卷。"（第21页）

　　按,《元史艺文志》的体例,同一作者的不同著作,中间空一格以资识别。不同作者的著作,用"○"隔开。《全书》本"《续古篆韵》一卷"前没有符号○,也就是说以下三种都是吾衍的作品。不知本书为何在此处添加符号"○"。

　　(9)"《金国语易经》。《国语书经》。……《国语》、《新唐书》。"(第21页)

　　按,"国语"指女真语文。此条应作:"《国语新唐书》"。

　　(10)"鲍完泽朵目《贯通集》、《联珠集》、《选玉集》。皆蒙古言语。字信卿,杭州人。"(第22页)

　　按,鲍完泽,字信卿,杭州人。其生平见王祎《鲍信卿传》。现将有关著作部分转引如下:"前元元贞初,以蒙古言语文字天下或不能尽习,诏所在州郡并建学立师,贵游子弟及民间俊秀皆令肄业。信卿受业其师萧氏,悉究其精奥,乃攟摭史传中故事及时务切要者二百五十余条,译以为书曰:《都目》,反复应对论难,最为详密。又记其师所授之言为书曰:《贯通集》。又采精粹微妙之言门分类别为书曰:《联珠集》。又取蒙古及辉和尔问答比譬之言为书曰:《选玉集》。……南北人为蒙古学未有出信卿右者。"(《王忠文公集》卷二一,《四库全书》本)可知"朵(都?)目"是书名,非人名的组成部分。《全书》本在"朵目"与"贯通集"之间空一格,亦是表示两者都是书名。故此条应作:鲍完泽《朵目》、《贯通集》、《联珠集》、《选玉集》。

（11）"《圣武开天记》。中书平章政事察罕译，脱必赤颜成书。"（第27页）

按，"脱必赤颜"不是人名，而是蒙古语"历史"的音译，王国维早已指出，见《蒙文元朝秘史跋》。此条应去逗号，作：中书平章政事察罕译《脱必赤颜》成书。

（12）"《元秘史》十卷。《续秘史》十卷。不著撰人。皆国语旁译，疑即脱必赤颜也。"（第27页）

按，"脱必赤颜"见上，应去人名号。

（13）"伯颜《平宋录》二卷。不知撰人，或云平庆安作。"（第27页）

按，注中明言"不知撰人"，可知"伯颜"不可能是作者名。此条应作：《伯颜平宋录》二卷。

（14）"《经史大典》八百八十卷"（第29页）

按，"史"误。《全书》本原作《经世大典》，是。这是一部规模很大的官修政书，具有重要价值。可惜原书已佚，只有部分内容因辑入他书得以保存下来。

（15）"《庙学典仪》六卷。"（第31页）

按，"仪"误。《全书》本作"《庙学典礼》六卷"，是。此书辑录元朝有关学校教育的各种文书，是研究元代文化的重要文献。传世有《四库全书》本。

（16）"《太常集礼》五十一卷。……李好文、孛术、鲁翀等撰。"（第31页）

按，"孛术、鲁翀"误，不是两人，是一人。此人姓孛术鲁，名翀，女真人，元代著名学者、教育家，其生平见苏天爵《字术鲁公神道碑》(《滋溪文稿》卷八)。此条应作:《太常集礼》五十一卷。……李好文、字术鲁翀等撰。

(17)"《泰和新定律合敕条格式》五十二卷。"(第31页)

按，"合"误。《全书》本作"《泰和新定律令敕条格式》五十二卷"。

(18)"《元永贞东平王世家》三卷。木华黎。"(第33页)

按，元永贞是作者名，不是书名的组成部分。木华黎是成吉思汗部下大将四杰之一，功勋卓著。木华黎的曾孙霸突鲁死后追封为东平王。其子孙袭封。《东平王世家》记述木华黎家族事迹。苏天爵《国朝名臣事略》卷一《太师鲁国忠武王》多处征引"太常元公撰《世家》"。此《世家》即《东平王世家》，"太常元公"即元永贞。钱大昕读过此书，见《十驾斋养新录》卷一三《东平王世家》，但今已不存。故此条应作:元永贞《东平王世家》三卷。木华黎。

(19)"《上虞志》。至正中县尹张叔温，延邑人张德润哀集。"(第35页)

按，注文中"延"是邀请的意思，"邑"是县的别称。"延邑"不是地名。"延邑人"就是邀请本县人。

(20)"郭翼履《雪斋笔记》一卷。"(第44页)

按，郭翼，字羲仲，昆山人，曾为地方学官。著有《林外野言》二卷、《雪履斋笔记》一卷，均存。《四库全书总目》云:郭翼"自号东郭生，因以东郭先生故事名其斋曰雪履。"(卷一二二《子部·杂家类六》)《全书》本著录作"郭翼《履雪斋笔记》一卷","雪履斋"误作"履雪斋",点校本未能校正,而且将人名、书名弄错。此条应作:郭翼《雪履斋笔记》一卷。

(21)"李杲《辨惑论》三卷,《兰室秘藏》六卷。一作五卷。○《脾胃论》三卷,……《医学发明》九卷。"(第50页)

按,前面已说明○的作用。《兰室秘藏》下用句号,又以○将《脾胃论》断开,意在表示《脾胃论》以下与李杲无关。但《脾胃论》至《医学发明》诸书也是李杲的著作,而《全书》本在《兰室秘藏》与《脾胃论》之间空一格,没有符号○。点校本误植。

(22)"吕复《内经或问》,……《四时变理方》,……。"(第51页)

按,"变"误,《全书》本作"燮",是。"燮理"是调理之意。

(23)"百丈《清规》八卷。"(第54页)

按,百丈是山名,在江西奉新境内。唐代怀海禅师居此山,创制禅宗丛林规式,后世称《百丈清规》。元末僧人德辉将流行各本加以整理,编成《敕修百丈清规》一书,在佛教界影响很大。此条应作:《百丈清规》八卷。

(24)"至元《法宝勘同总录》十卷。"(第54页)

按,元世祖忽必烈笃信佛教,曾组织汉、吐蕃、西天(印度)、畏兀儿各族佛学名家,对勘汉、藏佛经,其成果编成《至元法宝勘同总录》一书,现存。常见有《碛砂藏》本。

"至元"不是人名，是书名的一部分。此条应作：《至元法宝勘同总录》十卷。

（25）"王哲《全真集》十三卷，……。"（第55页）

按，"哲"，《全集》本作"嚞"，是。王嚞是道教全真派的创始人。虽然"嚞"、"哲"相通，但名字不应通假。

（26）"钱选习《嬾斋集》。字舜举，吴兴人。"（第60页）

按，钱选，吴兴人，隐居不仕，名画家、诗人，与赵孟頫齐名。其诗集名《习嬾斋集》，见《元诗选二集》甲集。此条应作：钱选《习嬾斋集》。

（27）"仇远，……字仁近，钱唐人，漂阳州学教授。"（第61页）

按，仇远，钱唐（杭州）人，曾为溧阳州学教授，方回、马臻作诗送行，见《桐江续集》卷三四、《霞外诗集》卷四。《全集》本作"漂阳州"，误，点校本失校，沿袭了《全书》本的错误。

（28）"李进《涧谷居愧稿》。字野翁，号粹斋，崇仁人。宋淳祐四年进士，福建运管。宋淳祐亡不仕。"（第62页）

按，《全书》本作"宋亡不仕"，无"淳祐"二字。"淳祐"是宋理宗的年号（1241—1252），距宋亡国尚有二十余年。此二字衍。

（29）"刘敏《中庵集》二十五卷。"（第63页）

按，人名错。《全书》本此条只有一个"中"字，但在"中"字下方有两点，以示重出。这个符号可能被忽略了，因而点校本此条只有一个"中"字，刘敏中也就成为刘敏。

刘敏中号中庵,官至翰林学士承旨,是元朝前期很有声望的文臣,不应被弄错。其生平见《元史》卷一七八本传。《中庵集》传世有《北京图书馆古籍珍本丛刊》影印钞本、《四库全书》本。此条应作:刘敏中《中庵集》二十五卷。

(30)"宋道《秬山集》十卷。"(第64页)

按,"宋道",《全书》本作"宋衟"。《元史》卷一七八有《宋衟传》,"衟"同"衜"。"衜"是古文"道"字。作为名字,不应改作"道"。

(31)"袁易静《春堂集》四卷。字通甫,长洲人,石洞书院山长。"(第65页)

按,人名、书名都错。袁易,字通甫,生平见黄溍《袁通甫墓志铭》(《金华黄先生文集》卷三三)。其作品《静春堂诗集》有《知不足斋丛书》本、《四库全书》本。此条应作:袁易《静春堂集》四卷。

(32)"闻人《梦吉诗集》二卷。"(第66页)

按,人名、书名都错。此人复姓闻人,名梦吉,金华人,曾为路、州学官。理学家。生平见宋濂《闻人公行状》(《宋文宪公全集》卷四一)。此条应作:《闻人梦吉诗集》二卷。或:闻人梦吉《诗集》二卷。

(33)"韩谔《五云书屋稿》六卷。字致用,性从兄,建宁路录事。"(第68页)

按,韩谔字致用,会稽人。徐一夔《韩君墓志铭》(《始丰稿》卷九)记韩谔生平,其中说,韩谔的祖父韩亢"与其从弟庄节先生性自相师友,先后师表当世。"可知韩亢是元朝著名学者韩性的从兄（韩性生平见《元史》卷一九〇本传）。《千顷堂书目》和倪燦、卢文弨的《补辽金元艺文志》均以韩谔为韩性从兄，钱大昕沿袭了他们的错误。点校本作"性从兄"，更令人不解。此条标点可作：性从兄。另出校记加以说明。

（34）"胡助纯《白斋类稿》二十卷，《附录》二卷。"（第70页）

按，人名、书名均错。胡助，东阳（今浙江东阳）人。曾任翰林编修、太常博士。著《纯白斋类稿》，今存，有《金华丛书》本。此条应作：胡助《纯白斋类稿》二十卷，《附录》二卷。

（35）"项皋《山中言志》前、后、续集共八卷。字彦高、龙泉人。与石抹、宜孙唱和。"（第71页）

按，石抹是姓，宜孙是名，不是二人。石抹宜孙，契丹族，元末为江浙参政，守处州，朱元璋军南下，败死。其生平见《元史》卷一八八本传。又，"彦高"下应用逗号，不应用顿号。此条应作：项皋……字彦高，龙泉人，与石抹宜孙唱和。

（36）"郑构次《夹漈余声乐府》。"（第72页）

按，人名、书名都错。郑构，字子经，莆田（今福建莆田）人。著作甚多，有《衍极》等。宋朝著名学者郑樵，亦莆田人，居夹漈山中，因以为号。此处"夹漈"指郑樵。"次"是次韵之意，即追和郑樵乐府之作。故此条应作：郑构《次夹漈余声乐府》。

(37)“程文黟《南生集》三十八卷”。(第72页)

按,人名、书名均错。程文,字以文,婺源(今江西婺源)人。号黟南生。官至监察御史,以礼部员外郎致仕。见《元史》卷一九〇。此条应作:程文《黟南生集》三十八卷。

(38)“刘岳甲《中斋集》十五卷。”(第72页)

按,“甲”、“中”两字误。此人名刘岳申,见《元史》卷一九〇。其文集名《申斋集》,有《四库全书》本、钞本(台北《元代珍本文集汇刊》影印)传世。《千顷堂书目》、《补辽金元艺文志》误作《中斋文集》(卷二九),钱大昕未能订正。点校本不仅沿袭了钱氏的错误,而且将此人的名字也弄错了,错上加错。此条应作:刘岳申《申斋集》十五卷。

(39)“江雷陶《陶翁文集》。婺源人。”(第73页)

按,人名、书名均错。“雷”,《全书》本作“靁”。“靁”是“雷”的古字,但作为人名不宜通假。江靁,字天泽,号陶陶翁,徽州人。其生平见方回《江天泽古修文集序》(《桐江续集》卷二三)。此条应作:江靁《陶陶翁文集》。

(40)“周霆震《石初集》十卷。字亨远,吉之,安成人。”(第74页)

按,“吉之”不知何意,是人名,还是地名?周霆震,安成人,安成在元代属吉州路(后改吉安路)。文中的“吉”是吉州路的简称。故此条应作:周霆震……吉之安成人。

(41)“王礼麟《原文集》二十四卷。字子让,庐陵人,元统进士。”(第74页)

按,人名、书名均错。王礼,庐陵人,元亡不仕,其生平见《新元史》卷二三八。《麟原文集》今存,有《四库全书》本。此条应作:王礼《麟原文集》二十四卷。

(42)"陆仁乾《乾居士集》。"(第75页)

按,人名、书名均错。陆仁,河南人,寓居昆山,自号乾乾居士,见《元诗选三集》辛集。此条应作:陆仁《乾乾居士集》。

(43)"元长和《智觉拟寒山诗》一卷。"(第76页)

按,人名、书名均错。"元长和"误。释元长,字无明,号千岩,萧山人。年十七从智觉本公求法。其生平见《元诗选癸集》壬集上。此条应作:元长《和智觉拟寒山诗》。

(44)"林泉孙《诗义矜式》十卷。"(第79页)

按,人名误。《全书》本作"林泉生",是。林泉生,至顺元年进士,生平见吴海《林公行状》(《闻过斋集》卷五)。

(45)"元赋《青云梯》三卷。"(第79页)

按,此书收集历科进士考试时所作的赋,作为应试士子揣摩之用。科举中选是直上青云,此书是上青云之阶梯,故名《元赋青云梯》。有《宛委别藏》本。元赋非人名。此条应作:《元赋青云梯》三卷。

(46)"吴礼部《诗话》二卷。师道。"(第80页)

按,人名、书名都错。吴礼部不是作者的姓名。吴师道,兰溪(今浙江兰溪)人。进士,以礼部郎中致仕。故此书名《吴礼部诗话》。此条应作:《吴礼部诗话》二卷。师道。

(47)"袁易静《春词》一卷。"(第82页)

按,人名、书名都错。上面(31)已说过袁易有《静春堂集》，此条应作：袁易《静春词》一卷。

（48）"胡炳文注《未子感兴诗》一卷。"（第81页）

按，"未子"误。《全书》本原作"朱子"，是。

（49）"《乐府补题》一卷。王沂孙《诸人词》。"（第82页）

按，《诸人词》不是书名。"诸人"是众人之意。《乐府补题》收录王沂孙等人的词。

此外，点校本还有一些技术性错误，如："张延文集十卷"（第69页），"赡思文集三十卷"（第70页），"文集"均应用书名号。又如，"黎仲基《瓜园集》十卷。临川人，天历中太平路儒学教授。"（第73页），应作："天历中太平路儒学教授"。等等。

这个点校本没有一条校记，给人的印象是根本没有"校"。钱氏《艺文志》有多种版本，文字上没有什么出入，这是事实。但清代以来有多种书目问世，完全可以用来校读。其实只要用最常见的《四库全书总目》来参校，上面列举的许多错误便可避免。还应指出的是，商务印书馆在1958年出版的《辽金元艺文志》，已将钱氏《元史艺文志》收入，并加标点。该书虽有一些可以商榷之处，但总的来说是认真的。这个点校本似乎也不曾加以参考，因为本文列举的很多问题，在该书中是不存在的。也就是说，这个点校本与商务本相比较，没有进步，反而退步了。这是很不应该的。

原载《古籍整理出版情况简报》2007年第1期

《元史》说略

《元史》是明朝初年官修的一部史书,《二十四史》的一种。

一、《元史》的纂修经过

12世纪末到13世纪初,蒙古族在北方草原崛起。1206年,蒙古族首领铁木真统一草原各部,建立大蒙古国,号成吉思汗。随后,蒙古国不断发动战争,一面南下攻打金、夏,一面西出略取中亚、西亚等地。1227年灭西夏。1234年灭金。紧接着又与南宋发生冲突,双方之间的战争先后延续四五十年之久。1260年,蒙古国第五代大汗忽必烈即位。他积极推行汉法,改国号为大元,建都大都(今北京)。1279年灭南宋,统一全国。统一以后,残酷的阶级压迫和民族压迫激起各族人民的不断反抗。14世纪中叶,爆发了全国规模的农民战争。群雄蜂起,互相兼并。兴起于淮西的朱元璋,渡江南下,逐步壮大自己的势力。

1368 年,朱元璋在南京建立明朝,年号洪武,出兵攻克大都,元朝灭亡。

就在洪武元年冬天,朱元璋下令修《元史》,以宋濂、王祎为总裁,从各地征起"山林遗逸之士"十六人为纂修。第二年二月,在南京天界寺置史局,开始了纂修工作。(宋濂《宋文宪公全集》卷七《吕氏采史目录序》云,洪武元年十一月下诏修史。同一作者在《元史》点校本卷末附录《目录后记》则云十二月下诏,明年二月开局。另据《明太祖实录》卷三九,洪武二年二月"诏修《元史》",接着记朱元璋对参与修史者的训谕。显然,这时修史者已集中于南京,真正启动应在前一年冬天)宋濂是婺州路浦江县(今浙江浦江)人,元末有名学者。朱元璋渡江后不久,宋濂便与刘基等人应聘入幕府,被尊称为"浙东四先生"。朱元璋的许多文告,都出于宋濂之手,后来被推崇为"开国文臣之首"。(《元史·宋濂传》)宋濂为人谨慎小心,对朱元璋的意图能忠实贯彻。王祎是婺州路义乌县(今浙江义乌)人,与宋濂关系密切,"居同郡,学同师",朱元璋曾将宋、王两人称为"江南二儒",认为各有所长。(《明史·忠义一·王祎传》)在决定编纂《元史》时,朱元璋选中宋、王两人,是长期观察的结果,决非偶然。参与修撰的十六人,都来自江南各地,以两浙(浙东、浙西)居多。这批人员的选择标准是"不仕于元"的"山林遗逸之士",朱元璋认为,只有这样才能保证"笔删之公"。(宋濂《吕氏采史目录序》)编纂工作名义上由丞相李善长监修,实际上由礼部尚书崔亮具体负责。

从洪武二年（1369）二月开始，到同年八月，完成了自元太祖到宁宗十三朝史事的编纂工作，共一百五十九卷，另有目录二卷。元朝末代皇帝顺帝时期的史事，因为资料缺乏，当时并未进行。宋濂等将已修成的部分呈送给朱元璋，史局工作告一段落。朱元璋根据编纂工作的实际情况，分遣使者十二人，分赴全国各地采访顺帝一朝史迹，仅北平（即今北京，明初改大都为北平）一地所得资料"以帙计者八十"，所拓碑文四百通；山东所得资料四十帙，所拓碑文一百通。（宋濂《吕氏采史目录序》）各地采集的资料汇集后，在洪武三年（1370）二月重开史局，宋濂、王祎仍为总裁，参与修撰者十五人，除一人曾参与上届史局外，其余十四人都是新从各地征调来的。和上届史局的组成一样，新的修撰人员也都来自江南各地，以两浙居多（其中高逊志是萧县〔今安徽萧县〕人，属河南行省。但他长期在嘉兴、平江〔今江苏苏州〕寓居，实际上亦可归入浙西之列）。除个别人外，都是"山林遗逸之士"。同年七月，将顺帝一朝史事补修完成，共五十三卷。宋濂等"合前后二书，复厘分而附丽之，共成二百一十卷"。上进以后，在这一年十月便镂版印行。（《元史》点校本卷末附录《目录后记》）

建国之初，百废待兴，特别是元朝皇帝虽然退出塞外，仍拥有强大武力，伺机反扑。在这样紧张、复杂的形势下，朱元璋急于修撰《元史》，目的是想说明元朝气数已尽，明朝天命有归，在思想上巩固自己的统治地位。因此，他对这一项文化工程是抓得很紧的。宋濂为李善长起草的《进元史表》中说:"特诏遗迹之士,欲求议论之公。文辞勿致于艰深,事迹务令于明白。苟善恶了然于目,庶劝惩有益于人。此皆天语之丁宁,足见圣心之广大。"(《元史》点校本卷末附录)参与首届史局的赵汸说过自己参与这项工作的心态:"士之在山林,与在朝廷异,其于著述亦然。""今吾人挟其山林之学,以登于朝廷之上,则其茫然若失,凛然不敢自放者,岂无所惧而然哉。尚赖天子明圣,有旨即旧志成书,凡笔削悉取睿断,不以其不能为诸生罪,蒙德至渥也。"(《送操公琬先生归番阳序》,《东山存稿》卷二)从这些记载可以看出,编纂人员的挑选,指导思想和编辑体例的确定,文字风格的要求,一切重大问题都听命于朱元璋,宋濂、王祎不过奉行朱元璋的意旨而已。因此,在一定意义上可以说,《元史》的真正总裁,应该是朱元璋。

《元史》成书后当年刻版付印,最早的版本通常称为洪武本。后来又有南监本和北监本。清代有殿(武英殿)本、乾隆四十六年本、道光四年本等。乾隆四十六年本对译名进行了错误百出的妄改,而且就在殿本的木板上剜刻,"有时所改之名不能适如原用字数,于是取上下文而损益之,灭裂支离,全失本相",(张元济《百衲本元史跋》)从而造成了很大混乱。1935年商务印书馆影印的百衲本《元史》,是以九十九卷残洪武本和南监本合配在一起影印的,在各本中最接近洪武本的原貌。1976年中华书局出版的点校本《元史》,以百衲本为底本,用其他各种版本进行校勘，此外还参考了前人对《元史》的校勘成果，并大量利用了各种原始资料，从而使许多史文的讹误得以改正。这是迄今为止最好的一个本子。当然，《元史》涉及众多的译名和特殊制度，点校的难度远在其他诸史之上，中华书局点校本亦有一些需要改正之处，已有一些学者提出意见。

二、《元史》的结构和史料来源

《元史》是一部纪传体史书，它的结构和以前的同类史书是一样的，也就是分为本纪、志、表和列传几个部分。两次开史局，最后定稿的《元史》共二百一十卷，共有"本纪"四十七卷，"志"五十八卷，"表"八卷，"列传"九十七卷。其中可以明显看到两次纂修的痕迹，如"表"中"三公表"、"宰相年表"均分为两卷，后一卷专记顺帝一朝；"志"共有十三门，内六门（"天文"、"五行"、"河渠"、"祭祀"、"百官"、"食货"）均另立卷（作"下卷"）记顺帝一朝制度，其余七门则无顺帝朝的记载。

"本纪"的前三十七卷包括太祖、太宗、定宗、宪宗、世祖、成宗、武宗、仁宗、英宗、泰定帝、文宗、明宗、宁宗共十三朝，主要是根据"实录"修成的。元世祖忽必烈即位后，积极推行"汉法"，其中之一便是建立修史制度。而修撰历朝皇帝的"实录"，则是修史制度的主要内容。忽必烈时代修撰太祖以来累朝实录，此后每朝皇帝去世，继位的皇帝便会为之修撰"实录"，成为惯例。明朝军队攻克大都时,获得元十三朝实录,运回南京。宋濂在代李善长写的《进元史表》中说:"上自太祖,下迄宁宗,据十三朝实录之文,成百余卷粗完之史。"实际上,《元史》的志、传,都另有所本(见下),但本纪部分则是以历史朝实录为据,这是可以肯定的。

元史的《顺帝本纪》,共十卷,数量之大,仅次于《世祖本纪》(十四卷)。这一方面起因为顺帝在位时间长(三十六年),另一方面也是因为有丰富的资料作为依据。顺帝一朝史事,没有实录可作参考。但是第二次开史局前,派人到各地搜集资料,吕复(字仲善)去北平,"凡诏令、章疏、拜罢奏请,布在方册者,悉辑为一。有涉于番书,则令译而成文。其不系公牍,若乘舆行幸,宫中隐讳,时政善恶,民俗歌谣,以至忠孝乱贼灾祥之属,或见于野史,或登之碑碣,或载群儒家集,莫不悉心谘访"。(宋濂《吕氏采史目录序》)"悉辑为一",应是将官方的案牍资料加以系统的整理。顺帝一朝的本纪,显然是以北平搜集到的系统整理过的资料作为基础,吸收其他地区搜集的资料编成的。元朝仿效前代中原王朝,有比较完备的修史制度,朝中设官修起居注,"书百司奏请,及帝所可否,月达省、台,付史馆,以备纂修之实"。吕复应该收集到这一类资料。

《元史》的"志"共五十八卷,分十三门。内《天文志》二卷,《五行志》二卷,《历志》六卷,《地理志》六卷,《河渠志》三卷,《礼乐志》五卷,《祭祀志》六卷,《舆服志》三卷,《选举志》四卷,《百官志》八卷,《食货志》五卷,《兵志》四卷,《刑法志》四卷。前面说过,"志"中大部分是首届史局时修成的,一部分是第二次史局修成的。对两者的史料来源,有必要分开说明。

"志"中首次修成部分,主要依据《经世大典》。《经世大典》是元文宗时官修的一部政书,始于天历二年(1329),成于至顺二年(1331)。它是按照《唐六典》和《宋会要》的体例,采辑元代的典故纂修而成的,大体上是将有关的案牍文字略加删削,没有作太多的加工润色。用编纂者的话来说,就是"质为本而文为辅"。全书共八百八十卷,分十篇,内"君事"四(帝号、帝训、帝制、帝系)。"臣事"六典(治典、赋典、礼典、政典、宪典、工典)。"臣事"六典下又分若干子目,举凡职官、赋役、礼仪、宗教、军事、刑法、造作等各个方面的制度,无不罗列其中。每一子目中的记事,一般按时间前后排列(少数例外)。《经世大典》没有刻版印行,成书以后便保存在翰林国史院。明军攻占大都以后,此书应是和十三朝实录同时运到南方的。

根据学者研究,《元史》多数志的篇目,是与《经世大典》的"臣事"六典有对应关系的。以《元史·食货志》为例,前四卷(第五卷是顺帝一朝史事)分经理、农桑、税粮、科差、海运、钞法、岁课、盐法、茶法、酒醋课、商税、市舶、额外课、岁赐、俸秩、常平义仓、惠民药局、市籴、赈恤等篇,不仅可以在《经世大典》的《赋典》("臣事"六典之一)中找到相应的子目(惟一例外是"额外课",为《经世大典》所无),而且各篇的顺序,也和《赋典》是大体相同的。《赋典》中的"海运"门，保存在现存《永乐大典》残本中（明代修《永乐大典》，将《经世大典》拆散，分别收入各字韵下。《经世大典》部分内容，赖以保存），将它和《元史·食货志》的"海运"相比较，便可发现，两者存在繁简之分，也就是说，前者内容较后者丰富，后者实际上是将前者删削而成的。因此，《元史》的《食货志》前四卷，主要是根据《经世大类》的《赋典》，是可以肯定的。其他多数"志"的情况，大体相同，但在《经世大典》之外，吸收利用其他资料的多寡，有所区别。《元史·祭祀志一》的前言中说："凡祭祀之事，其书为《太常集礼》，而《经世大典》之《礼典》篇尤备。参以《实录》与《六条政类》，序其因革，录其成制，作《祭祀志》。"说明《祭祀志》是以《经世大典·礼典》为主，参以《太常集礼》、历朝《实录》以及《六条政类》（见下）而成的。

　　《元史》诸志中，只有《天文志》在《经世大典》中没有相应的子目。这和其他各志是不一样的。《天文志》包括两部分，一部分是关于"仪象"即天文仪器的记载，另一部分是关于"日月五星之变"的记载。前者很可能是以《经世大典·礼典》的"历"门为据的，因为现存"历"门的序言中提到世祖时作各种仪器及"测景之所""凡二十有七"，正好与《天文志》所载相符。（《国朝文类》卷四一《经世大典序录·礼典·历》）后者是分目（"日薄食晕珥及日变"、"月五星凌犯及星变上"、"下"）按时间前后顺序排列的，应是从列朝《实录》中摘录有关资料编纂而成的。

第二次史局补修顺帝时期诸志共六卷,分别是《天文志二》一卷(卷四九),《五行志二》一卷(卷五一),《河渠志三》一卷(卷六六),《祭祀志六》一卷(卷七七),《百官志八》一卷(卷九二),《食货志五》一卷(卷九七)(宋濂在《目录后记》中说二次开局修"志五",不确),和《顺帝本纪》一样,这六卷专门叙述顺帝时代史事的《志》,是以二次开局前从各地搜集到的资料编纂而成的。前引文献说明,北平访史者搜集资料的一个方面是"灾祥",还有"民俗歌谣",这些无疑是卷五一《五行志二》的资料来源。在顺帝一朝的各种资料中,应该特别提出讨论的是《六条政类》一书。前引《祭祀志》序言中提到《六条政类》。此外,《食货志五》的序言中说:"食货前志,据《经世大典》为之目,凡十有九,自天历以前,载之详矣。若夫元统以后,海运之多寡,钞法之更变,盐茶之利害,其见于《六条政类》之中,及有司采访事迹,凡有足征者,具录于篇,以备参考。"说明二次开局时新补诸志,利用了《六条政类》。据《元史》记载,至正七年(1347)三月,"戊午,诏编《六条政类》"。八月三日:"壬戌,《六条政类》书成"。但此书早已散佚,无法窥其面貌。令人高兴的是,20世纪80年代整理出版的《析津志辑佚》一书,收有归旸的《中书省六条政类题名记》一文,使我们对该书情况有所了解。《六条政类》是在整理中书省收藏的公文案牍基础上编成的,"得卷五十二万一千九百七十有八宗,籍卷册合八万五千五百四十三帙,所用之条三万有奇",分量是很大的。所谓"六条",虽然是指中书六部分管的六个方面。编辑的方法是"以岁之远近","汇其因革",也就是以时间先后叙事的。《六条政类》既是对案牍的全面整理,内容应不限于顺帝一朝,也就是说,《元史》诸志中的顺帝以前部分,以《经世大典》为主,但有些参考了《六条政类》。至于二次开局补修诸志,大多是以《六条政类》为主的,特别是《河渠志三》、《食货志五》最为明显。

《元史》有《后妃表》、《宗室世系表》、《诸王表》、《诸公主表》各一卷,《三公表》、《宰相年表》各二卷。《三公表二》(卷一一一)和《宰相年表二》(卷一一三)都是开列顺帝一代人物,可以肯定是二次开局时补修的。前四种表和《三公表一》、《宰相年表一》都止于文宗时,和《经世大典》成书时间相符,正好说明主要是以《经世大典》为据修成的。具体来说,前四种表应是以《经世大典》的"君事"为基础,参以实录和其他资料(如《岁赐录》等)制成的。《三公表一》和《宰相年表一》则是以《经世大典》的《臣事》中《治典·三公、宰相年表》为主要依据的。《元史》两表的序言和《经世大典》中的"三公"、"宰相年表"的序言大体相同,显然是将后者略加删削而成的。序言如此,内容亦可想而知。

《元史》列传共九十七卷。以前正史的列传一般都是以传主的时代先后排列的。《元史》列传则是以民族和地域分类,再按时代先后编排。元朝的制度,将全国居民按民族和地域分为四等,即蒙古、色目、汉人、南人,蒙古、色目在政治上享有特殊地位,汉人、南人则受到种种歧视,其中尤以南人地位最为低下。《元史》列传中蒙古、色目人居前,汉人、南人在后,正是元朝四等人制的反映。这种编纂原则,是其他正史中没有的,可以说是《元史》列传的一大特点。

《元史》列传的资料来源是多方面的。首先是《国朝名臣事略》和《经世大典》的"臣事"门。苏天爵是元代后期著名学者,长于史学,所作《国朝文类》和《国朝名臣事略》两书,在保存文献方面有很高价值。《国朝名臣事略》所收共四十七人,都是元朝前期的名臣,辑录各人的有关资料。全书前四卷是蒙古、色目人,以后为汉人。上面所说《元史》列传的编纂特点显然是受此书影响的。《元史》中有不少列传便是以此书中辑录的资料撰写的。《经世大典》主要是记载元代各种典章制度的政书,已见前述。元文宗时修《经世大典》,曾向"宗藩大臣"、"文武百僚"征求文献,除了供"君事"诸篇使用外,还将"其人其迹之可述者"收入了"臣事"六典中《治典》篇的"臣事"目。现存残本《永乐大典》中一些出自《经世大典》的人物传记,即由此而来。《元史》列传中不少没有其他资料来源的蒙古、色目人物传记,应即出自《经世大典·治典·臣事》目。

此外,《元史》列传中的许多人物,是根据元代各家文集中的碑铭传记以及史局四出采访时收集的碑文写成的。不少文集和碑文,至今仍存,两相对照,可以清楚看出彼此之间的关系。如王恽《秋涧先生大全文集》,刘敏中《中庵集》,马祖常《石田集》,黄溍《金华黄先生文集》,姚燧《牧庵集》,吴澄《吴文正公集》、苏天爵《滋溪文稿》、虞集《道园学古录》、《道园类稿》,许有壬《至正集》等,以及苏天爵编纂的《国朝文类》,在《元史》列传的编撰中,起了不同程度的作用。

《元史》列传中的最后部分是三卷《外夷传》,记述“外夷”(海外国家和地区)的状况以及它们和元朝之间的关系。《外夷传》主要是以《经世大典·政典》的“征伐”篇中有关各目为资料来源的。现收在《国朝文类》卷四一的《经世大典·政典·征伐》,保存了原书的部分内容。此外,收在《广仓学宭丛书》中的《元高丽记事》,是《经世大典·政典·征伐》中的“高丽”目。将《国朝文类》的有关部分以及《元高丽记事》两者与《元史·外夷传》相比较,便可看出,后者是以前者为基础删削改写而成的,《元史·外夷传》中各国(地区)的记事,一般止于成宗贞元、大德时,个别止于文宗时,都没有顺帝一朝的记载,就是因为以《经世大典》为据的缘故。

关于《元史》编纂的分工问题,有关记载甚少。可以肯定的是,胡翰负责英宗本纪、睿宗、拜住、忙哥撒儿、方技等传以及《五行志》等,宋僖负责《外夷传》,高启负责《历志》、《列女传》、《孝友传》等,王祎负责《忠义传》等。前代修史,往往采取分类专人负责的办法,这样便于体例一致,而且可以发挥各人专长。《元史》的修撰则不同,对于各类(志、传、纪)都采取若干人分头执笔的办法,每个修纂人员,既要承担本纪,又要负责传、志,互相交叉。《元史》各朝本纪详略不均,列传互相之间矛盾和不一致地方众多,除了资料来源以外,与上述分工的办法是有很大关系的。

三、后代对《元史》的评价

《元史》成书仓促,纰漏甚多,"书始颁行,纷纷然已多窃议,迨后来递相考证,纰漏弥彰"。(《四库全书总目》卷四六《史部·正史类二》)但《元史》是朱元璋钦定的官书,明代学者不敢多加议论。到了清代,一则学者不再有政治上的顾忌,二则史学大盛,名家辈出,不少人对《元史》作了比较深入的研究。有这两条原因,检讨《元史》得失成为学术界的一种风气,著名学者顾炎武、朱彝尊、钱大昕、赵翼、魏源等都对此发表意见。

顾炎武指出,《元史》中有一人两传的现象;"本纪有脱漏月者,列传有重书年者";"诸志皆案牍之文,并无熔范"等。(《日知录》卷二六《元史》)朱彝尊认为《元史》一书急于成书,前后复出,"其文芜,其体散,其人重复";"至于作佛事则本纪必书,游皇城入之《礼乐志》,皆乖谬之甚者"。(《史馆上总裁第三书》,《曝书亭集》卷三二)纪晓岚主持的《四库全书总目》在评论《元史》时,引用了顾炎武、朱彝尊的批评,同时指出:"《元史》之舛驳,不在蒇事之速,而在于始事之骤。"也就是说,准备工作做得不够充分,没有认真策划,便急于上马。"今观是书,三公、宰相,分为两表,礼、乐合为一志,又分祭祀、舆服为两志,列传则先及释老,次以方技,皆不合前史遗规。而删除艺文一志,收入列传之中,遂使无传之人,所著皆不可考,尤为乖迕。又帝纪则定宗以后,宪宗以前,阙载者三年,未必实录之中竟无一事,其为漏落显然。至于姚燧传中述其论文之语,殆不可晓,证以《元文类》,则引其《送畅纯甫序》,而互易其问答之辞,殊为颠倒,此不得委诸无书可检矣。"尽管如此,《总目》也肯定了《元史》的一些优点:"若夫《历志》载许衡、郭守敬之《历经》,李谦之《历议》,而并及庚午元历之未尝颁用者,以证其异同;《地理志》附载潘昂霄《河源考》,而取朱思本所译梵字图书,分注于下;《河渠志》则北水兼及于卢沟河、御河,南水兼及于盐官海塘、龙山河道,并详其缮浚之宜,未尝不可为考古之证。读者参以诸书而节取其所长可也。"指摘诸多缺漏,但又适当肯定其可取之处,态度是比较平和的。

清代大史学家赵翼作《廿二史劄记》,对于《元史》持基本肯定的态度。他认为,"《元史》大概亦尚完整",因为元代纂修历朝《实录》多有熟于掌故之人,而明初修史诸臣即据《实录》"抄撮成书,故诸列传尚多老笔而无酿词。其《天文》、《五行》诸志,则有郭守敬所创简仪、仰仪诸说;《职官》、《兵》、《刑》诸志,又有虞集等所修《经世大典》;水利《河渠》诸志,则有郭守敬成法及欧阳玄《河防记》以为据依,故一朝制度,亦颇详赡。顺帝一朝虽无实录,而事皆明初修史诸人所目击,睹记较切,故伯颜、太平、脱脱、哈麻、孛罗、察罕、扩廓等传,功罪更为分明。……故一部全史,数月成书,亦尚首尾完具。不得概以疏略议之也"。赵翼亦指出《元史》种种不足之处,如:"惟中叶以后,大都详于文人而略于种人,则以文人各有传志之类存于世而种人无之,故无从搜括耳。"《元史》有"自相歧互处","《元史》人名不画一",等等。(《廿二史劄记》卷二九《元史》及有关诸条)与赵翼同时期的另一位大史学家钱大昕是清代最渊博的学者,他精研元代历史,对于《元史》深为不满,持否定的态度。他说:"史之芜陋,未有甚于《元史》者。"(《潜研堂文集》卷一三《答问十》)"古今史成之速,未有如《元史》者,而文之陋劣,亦无如《元史》者。……开国功臣首称四杰,而赤老温无传;尚主世胄不过数家,而郓国亦无传。丞相见于表者五十有九人,而立传者不及其半。太祖诸弟止传其一,诸子亦传其一,大宗以后皇子无一人立传者。本纪或一事而再书,列传或一人而两传,《宰相表》或有姓无名,《诸王表》或有封号无人名。此义例之显然者,且纰缪若此,固无暇论其文之工拙矣。"他还特别指出"元史不谙地理"。(《十驾斋养新录》卷九《元史》、《元史不谙地理》)在此以后,近代著名启蒙学者魏源对《元史》也有批评,其意见和钱大昕等差不多。(《拟进呈元史新编表》,见《元史新编》卷首)

　　总的说来,清代学者中对《元史》评价很不相同,有的基本肯定,有的则持否定的态度。基本肯定的意见,主要认为《元史》是部比较完整的作品,大体能够反映有元一代的历史面貌,而且收罗了一些珍贵的资料。否定的意见,则认为《元史》有不少不合正史体例的地方,大量抄录原始文献未能熔铸,不少史实有误或有遗漏。两种意见,差别很大,其他正史的评价可以说是没有这种现象的。尽管两种意见有很大的不同,但认为《元史》有许多疏漏则是一致的。

为什么《元史》有很多问题?清代学者也作过分析。除了前面已提及者之外,钱大昕的批评是比较全面的:《元史》纂修"综前后仅三百三十一日。古今史成之速,未有如《元史》者,而文之陋劣,亦无如《元史》者。盖史为传信之书,时日促迫,则考订必不审,有草创而无讨论,虽班、马难以见长,况宋、王词华之士,征辟诸子皆起自草泽,迂腐而不谙掌故者乎!"(《十驾斋养新录》卷九《元史》)钱大昕认为,《元史》的陋劣,一是因为时间过于仓促,未能认真推敲;二则因为宋濂、王祎等只会写文章,并不熟悉一代掌故。在另一处钱大昕又说:"金华、乌伤两公本非史才,所选史官,又皆草泽迂生,不谙掌故,于蒙古语言文字,素未谙习,开口便错。即假以时日,犹不免秽史之讥,况成书之期又不及一岁乎!"(《潜研堂文集》卷一三《答问十》)除了上面所说两个原因外,又加上不懂蒙古语言文字。

清代学者的这些评论,对于我们全面了解《元史》的面貌,是有参考作用的。从官修正史的角度来看,《元史》的缺陷是很明显的,前人的种种指摘都是有道理的。但是,我们今天衡量一部古代史书的价值,主要应着眼于它的史料价值。如前所述,《元史》全面记述了元代的史事,而且其本纪除顺帝一朝外,全是已失传的元代历朝实录的摘抄,志、表和部分传记都源自官修《经世大典》、《六条政类》等书,它们也已散佚。就是列传部分,所据文献很多亦已失传。《元史》对它依据的史源加工不多,保存较多的本来面目,与其说是缺点,宁可说是优点,史料价值较高。至于人物传记的重出,译名的不统一,史实的乖舛等等,确实都是存在的,但这并不影响《元史》作为研究元代历史的基本资料的地位。也就是说,在今天我们研究元代历史,必须从阅读《元史》入手,这是其他文献所无法代替的。

四、后代重修的几种《元史》

明初官修《元史》时间匆促,问题很多,受到不少批评。但在明代,人们不敢对这部钦定的史书加以改作。进入清朝以后,不少人试图用纪传体改写《元史》,成为清代史学的一个重要的内容。

《元史类编》四十二卷,邵远平作。邵远平是康熙三年进士,官至詹事府少詹事兼翰林院侍讲学士。他的祖父邵经邦撰《宏简录》,记唐宋辽金史事。邵远平志在继其祖父的事业,撰书以记元代史事,故此书又名《续宏简录》。此书只有纪、传、没有志、表,"凡天文、地理、历律制度,皆按年入纪,令人一览而尽,故于本纪独详"。(《元史类编·凡例》)全书是以《元史》为基础改作的,但已注意到利用《元典章》和其他一些罕见的资料,补写了一些《元史》没有的人物传记。书中还用正文下加注的办法,对若干史实作了考订。这些工作尽管做得很粗糙,但还是很有意义的。

《元史新编》九十五卷,作者魏源。全书分纪、传、志、表,与一般正史略同。在史料方面,他"采四库书中元代各家著述百余种,并旁搜《元秘史》、《元典章》、《元文类》各书,参订旧史"。(魏源《拟进呈元史新编表》)此书是较早用《元朝秘史》来补《元史》的一部著作。魏源是我国近代最早注意世界情况的学者,著名的启蒙思想家,著有《海国图志》综论当时的世界形势。他用元代的有关记载,"更加《海国图志》中所载英夷印度之事",来考订元代西北地理。(《元史新编·凡例》)虽然粗疏,但在这方面仍有开创之功。

《元史译文证补》三十卷,洪钧撰。洪钧是清朝的状元,光绪十五年(1889)起,出使俄、奥、荷、德等国,接触到西方有关蒙古史的著作。他以《多桑蒙古史》和俄译波斯文史籍《史集》为主,参考其他资料,撰成此书。由于《元史译文证补》的问世,中国学术界才知道,研究元史,除了中国的文献以外,还有丰富的波斯文和其他文字的史料,但洪钧本人不懂外文,主要靠译者转述,错误颇多,而且洪钧未及全部定稿即病故。现在的刊行本有十卷有目无书。

《元书》一百零二卷,曾廉撰。曾氏在政治上是顽固的守旧派。此书以《元史新编》为蓝本，主要讲究所谓"春秋之义"，在史料搜集和史实考订方面都没有什么可取之处。

以上是清人几部重修《元史》的著作。此外，还应该提到的是，著名学者钱大昕亦曾有志重修《元史》，但因种种原因，未能完成，只留下《元史氏族表》和《元史艺文志》两篇和其他一些零星作品。1997 年才公开发表的《元进士考》(收在《嘉定钱大昕全集》内)是钱氏搜集有关元代科举人物的名录，应是为重修《元史·选举志》准备的资料，可惜未能完篇。以钱氏的功力，重修《元史》，一定能有许多创见，这从以上几篇作品便可想见。这是使后人深感遗憾的。

进入民国，重修《元史》的余风未衰，又出现了两部著作，是屠寄的《蒙兀儿史记》，一百六十卷(现存一百四十六卷)。屠氏为清末进士，生平致力于元史研究，曾亲身到东北、内蒙古考察。除了广泛搜集汉文文献，证以实地调查之外，他还让儿子学习外文，翻译有关资料。《蒙兀儿史记》一书，采用正史体，分纪、传、志、表，"自为史文而自注之，其注纯属《通鉴考异》的性质而详博特甚。凡驳正一说，必博征群籍，说明所以弃彼取此之由"。他的许多考订，从现在来看仍有一定价值。但所利用西方文献有很多缺点。另一是柯劭忞的《新元史》，二百五十七卷。柯氏为清末进士，入民国后以遗老自居，从事著述。《新元史》完成出版(初刻于民国十一年，1922)后，当时北洋政府大总统徐世昌（他与柯是同年进士）下令列于正史，这就是"二十五史"的由来。日本东京帝国大学因此书授予柯氏文学博士学位。《新元史》搜罗资料相当丰富，有不少可供参证的地方，"然篇首无一字之序，无半行之凡例，令人不能得其著书宗旨及所以异于前人者在何处，篇中篇末又无一字之考异或案语，不知其改正旧史者为某部分，何故改正，所根据者何书"。《元史类编》、《元史新编》、《元史译文证补》、《蒙兀儿史记》都采取史文加注的办法，使读者便于查考，易于鉴定得失，这是一个好的传统。《新元史》改变了这一做法，全书不注出处，不仅给读者造成不便，而且降低了本身的科学价值。应该指出的是，进入 20 世纪以后，西方史学思想已传入中国，使中国史学界的观念发生根本性的变化。纪传体这种史书编纂形式已经完全落后于时代的要求。自屠、柯之后，再也没有人从事这样的工作了。

原载《二十五史说略》，北京燕山出版社，2002 年

《元史》纂修考

关于《元史》的纂修问题，近来接连发表了几篇论文，作了不少有价值的探索[①]。拜读之后，颇受启发，同时也觉得有些问题，还可以作进一步的研究。

一、《元史》的编纂班子

为了纂修《元史》，朱元璋指定宋濂、王祎为总裁，两次开史局。据李善长《进元史表》（实系宋濂作）中记，第一次入史局的有汪克宽、胡翰、宋僖、陶凯、陈基、赵壎、曾鲁、赵汸、张文海、徐尊生、黄篪、傅恕、王锜、傅著、谢徽、高启，共16人。《明太祖实录》卷三九所载同。参加第二次史局的成员，据宋濂《元史目录后记》中载，有赵壎、朱右、

[①] 邱树森《关于〈元史〉修撰的几个问题》，《元史及北方民族史研究集刊》第11期，1987年12月；叶幼泉、王慎荣《〈元史〉探源》，《文史》第27辑；王慎荣《〈元史〉修纂中的几个问题》，《内蒙古社会科学》1989年第6期。

贝琼、朱世濂、王廉、王彝、张孟兼、高逊志、李懋、李汶、张宣、张简、杜寅、俞寅、殷弼,共 15 人。其中赵埙"能终始其事",前后两次入史局①。因而,除总裁之外,参与修纂的共 30 人。但是,据《明太祖实录》卷五四记载,第二次召入史局的为 14 人,无王廉。《明史》卷二八五《文苑·赵埙传》同。宋濂为《元史》总裁,开列的名单不应有误。《实录》是官修文献,一般来说,有关人事的记载也是有所本的。出现差异的原因何在呢? 这大概与王廉在洪武三年的经历有关。

王廉,字熙阳,括苍(今浙江丽水)人。"以能文辞称"。洪武三年四月,奉命出使安南,四年二月还。回国后作《南征录》,宋濂为之作序②。《元史》的第二次纂修在三年的二月至七月之间。可以认为,王廉原来参加修史,但因奉命出使,中途退出,未能终事。因此,宋濂记录他的名字及《实录》的不载,都是有道理的。

这 30 位纂修人员的情况,《明史》中有记载的 24 人,即赵埙、汪克宽、陶凯、曾鲁、高启、赵汸、贝琼、高逊志、宋僖、陈基、张文海、徐尊生、傅恕、傅著、谢徽、朱右、朱廉(朱世濂)、王彝、张孟兼、李汶、张宣、张简、胡翰、杜寅。其中不少人有诗文传世,有的还有碑传文字可资生平考证。王廉不见于《明史》,但其事迹已见上面所述。殷弼,

---

① 《宋文宪公全集》卷一。
② 《宋文宪公全集》卷一。

华亭(今江苏松江)人,元末曾为枢密分院参谋官①。其余
4人(黄箎、王锜、李懋、俞寅)事迹不可考②。

按照什么标准组成这个班子,这是我们首先要讨论的
问题。宋濂说:"乃洪武元年十有一月,命启十三朝《实
录》,建局删修,而诏宋濂、王祎总裁其事。起山林遗逸之
士协恭共成之,以其不仕于元而得笔削之公也。"③纂修者
之一赵汸说:"圣天子既平海内,尽辇胜国图史典籍归于
京师。乃诏修《元史》,起山林遗逸之士使执笔焉。凡文
儒之在官者,无与于是。在廷之臣,各举所知以应诏。"④
可见,朱元璋在选择纂修人员时,是有明确标准的:一是
"不仕于元";二是不"在官",也就是不在明朝政府中任
职。符合这两条标准的就是"山林遗逸之士"、"岩穴之
士"。朱元璋定下这样的标准,主要用意是表示自己对元
朝历史采取客观、公平的态度,收买人心;同时,这也排斥
了元朝"遗臣"参加这一工作的可能性。从已知的二十余
人状况来看,其中绝大多数确实都是在元代和明初都不曾
出仕的文人儒生;也有几位曾在元代任地方儒学的学官,
如赵壎当过江西上饶的县学教谕,宋僖任江西繁昌的县学

---

① 　戴良《殷府君墓志铭》,《九灵山房集》卷一四。殷府君系殷德辂,殷
弼之父。

② 　高启《送王检校锜赴北平》诗(《高青丘集》卷一四)云:"半年同舍客
京华,看遍龙河寺里花。才进史书朝日下,便纡官绶去天涯。"指王锜参与修
史得官北平。但其出身、籍贯不可考。

③ 　《吕氏采史目录序》,《宋文宪公全集》卷七。

④ 　《送操公琬先生归番阳序》,《东山存稿》卷二。

教谕,而胡翰在明初曾为衢州教授,朱廉为书院山长。学官的职责是教育学生,其地位和待遇均与行政系统的官吏有很大的差别,而且他们的薪俸所得,一般来自学校田产的收入,与行政官吏由政府支付不同。因而,在人们心目中往往将学官与行政系统的官员区别开来。元初有不少"遗民"不愿出仕新朝,但却出任儒学的教官,因为在他们看来,出任行政系统的官员是为新朝服务,出任学官则是延续历代相传的文化,二者性质是不同的。因此,修《元史》时,选拔若干原来曾为学官的人参加,是很自然的。例外的是陈基与殷弼。陈基在元末曾任经筵检讨,后又入割据浙西的张士诚幕府,官学士,曾为张士诚起草过大量文檄。殷弼是华亭人,华亭在元末是张士诚的势力范围,他显然是在张士诚治下充当枢密分院参谋官职务的。朱元璋为什么破例选择这两人入史局,原因不可得知。但总的来说,《元史》编纂班子主要是由"山林隐逸之士"组成,还是讲得过去的。

有一种意见认为,朱元璋修史的目的,在于网罗前代遗臣,给予高官厚禄,使其为新王朝服务,老死于文字之间,削弱并消弭他们的反抗思想,这样不仅偃武修文,还可粉饰太平。这种看法是不符合事实的。从上面所述可以看出,《元史》编纂班子主要由"山林隐逸之士"组成,勉强够得上"遗臣"的只有个别人。而且修史前后不过二年,也谈不上"老死于文字之间";修史结束后有的遣归,有的任以官职,其中以翰林国史院系统最多(赵壎、谢徽、陶

凯、徐尊生、朱右、朱廉等），不过七八品而已，决够不上
"高官厚禄"。纂修人员中后来唯一升到较高品阶的是陶
凯，但其在修史后亦不过授翰林应奉（正七品）而已，后来
的升迁与修《元史》无关。

从已知26人的籍贯来看，其中浙东9人（胡翰、陶凯、
陈基、张文海、王廉、傅恕、朱右、朱世濂、张孟兼），浙西11
人（宋僖、徐尊生、傅著、谢徽、高启、贝琼、王彝、张宣、张
简、杜寅、殷弼），江东3人（汪克宽、赵汸、李汶），江西2
人（赵壎、曾鲁）。以上都是长江以南人。两位总裁都是
浙东人。唯一例外是高逊志，他是萧县（今安徽萧县）人。
萧县在淮河以北，元代属河南行省，因此高逊志在当时应
属"北人"。但他长期在嘉兴、"吴门"（平江，即苏州）寓
居，在那里读书，实际上也可归入浙西之列①。这就是说，
《元史》的编纂班子实际上是由江南、特别是两浙（浙东
西）的文人儒生组成的。这决不是偶然的。朱元璋兴起
于淮西，但他的发展主要在渡江以后，江东西和浙东，很早
就成为朱元璋的势力范围，随后浙西也落入他的掌握。对
于朱元璋来说，他最熟悉江东西和浙东西地区，包括这些
地区的文人儒生。事实上，三十人中的汪克宽、胡翰，早在
朱元璋进军过程中，已经和他见过面。朱元璋选择《元
史》修纂人员时，优先从这些地区考虑人选是很自然的。
何况，从当时的实际情况来看，这些地区（特别是浙西）的

---

① 《明史》卷一四三《高逊志传》；钱谦益：《列朝诗集小传》甲集《高逊
志》。

文化最为发达,有一大批知名的文人、儒生,这是其他地区所无法比拟的。还有一个不容忽视的原因是,朱元璋挑选的两位总裁都是浙东人,他们在元末已经知名,和浙东西、江东西的文人儒生有广泛的交游。参与纂修的人员中,可以考定的与他们早有联系的为数甚多。例如江东休宁的经学家赵汸早就和宋、王二人相识,他在应征后说:"汸衰病日增,非可出者,纵出亦无补于事。所幸者平生故人,重得一见于契阔之余,事固有非偶然者……盖予与宋公不相见者数载,而子充(即王祎——引者)则十有余年矣。"①朱右应征出于宋濂的推荐②。张孟兼是宋濂的同乡后学,深得宋濂赞赏③。王祎曾"客吴",自称"平生交友留吴中居多"④,第二次史局的成员张简便是他的友人⑤。他曾推荐徐一夔入史局,因徐坚辞,不曾入选⑥。凡此种种,足以说明宋、王二人在确定史局修纂人选方面,无疑是起了作用的。

　　在这里有必要说一下总裁的选定。宋濂在宋元之际以博学、善文辞著称。明朝开国功臣、大政治家刘基曾对

---

　　① 《送操公琬先生归番阳序》。

　　② 宋濂《朱府君墓铭》,《珊瑚木难》卷五。

　　③ 《明史》卷二八五《张孟兼传》;宋濂《跋张孟兼文稿序后》,《宋文宪公全集》卷二二。

　　④ 《送朱仲桓序》,《王忠文公集》卷七,《四库全书》本。

　　⑤ 《张仲简诗序》,《王忠文公集》卷五。

　　⑥ 《与王待制书》,《始丰稿》卷六。

朱元璋说,天下文章以宋濂为第一,自己第二,张孟兼第三[1]。刘基素来自负,由此不难看出当时知识分子对宋濂的推重。朱元璋渡江后不久,宋濂即与刘基、章溢、叶琛一起应聘入幕府,朱元璋尊称之为"浙东四先生"。与其余三人不同的是,宋濂的活动限于文字方面,朱元璋的许多文告,都出于他的手笔,后来被推崇为"开国文臣之首"。宋濂为人谨慎小心,对朱元璋的意图能够忠实贯彻,因而深得信任。众所周知,朱元璋急急忙忙修《元史》,是有明确政治意图的,那便是宣传元朝气数已尽,明朝的建立是"天命"所归,他自己是应天顺命的正统君主。为了这一意图得到充分的实现,他需要不仅有学识和声望,而且必须能够忠实听命的人来主持编纂工作,宋濂正是符合这些条件的最合适人选。王祎也是在朱元璋渡江后不久投奔于他的。但王祎曾长时间任职于地方,被召修《元史》时任漳州府通判,与朱元璋的关系比较疏远。王祎与宋濂"居同郡,学同师"[2],曾为宋濂作传,为宋濂的文集作序,两人的关系是十分亲密的[3]。宋濂对王祎的文才也有很高的评价[4]。很可能,王祎之得以与宋濂并列为总裁,得力于宋濂的推荐。

对于以宋濂、王祎为首的《元史》编纂班子,清代大史

---

[1]　《跋张孟兼文稿序后》。

[2]　王祎《思媺人辞后记》,《王忠文公集》卷八。

[3]　《宋景濂文集序》、《宋太史传》,见《王忠文公集》卷五、卷二一。

[4]　《华川书舍记》,《宋文宪公全集》卷三五。

学家钱大昕的评价极低。他说："金华（指宋濂——引者）、乌伤（指王袆,乌伤即义乌——引者）两公,本非史才。所选史官,又皆草泽迂生,不谙掌故,于蒙古语言文字,素非谙习,开口便错。即假以时日,犹不免秽史之讥;况成书之期又不及一岁乎!"①"修《元史》者,皆草泽腐儒,不谙掌故。一旦征入书局,涉猎前史,茫无头绪,随手捃扯,无不差谬。"②清代另一位名学者朱彝尊的看法则有所不同。他说："明修《元史》,先后三十史官,类皆宿儒才彦,且以宋濂、王袆充总裁,宜其述作高于今古,乃并三史（指元代所修辽、金、元三史——引者）之不若。无他,声名文物之不典,而又迫之以速成故也。"③"以宋濂、王袆一代之名儒,佐以汪克宽、赵汸、陈基、胡翰、贝琼、高启、王彝诸君之文学经术,宜其陵轶前人,顾反居诸史之下。无他,迫于时日故也。"④在钱大昕看来,这个班子根本不行,不具备编史的条件。朱彝尊则认为班子的人选是合适的,问题是时间太紧迫,再加上元代的"声名文物"行不同于其他时代的特殊性。两人的看法显然有很大的差别。

应该承认,编纂班子中的大多数（或者可以说绝大多数）都是当时享有一定声望的文人儒生,有的擅长辞章,有的则以经术著称。不少人著作等身,胡翰、陈基、张孟

---

① 《答问十·论史》,《潜研堂文集》卷一三。
② 《十驾斋养新录》卷九"《元史》不谙地理"。
③ 《元史类编序》,《曝书亭集》卷三五。
④ 《史馆上总裁第二书》,《曝书亭集》卷三二。

兼、朱右、宋僖、高启、贝琼、王彝、张宣、汪克宽、赵汸等人，都有诗文集流传至今。其中如汪克宽、赵汸的经学，张孟兼的辞章，高启的诗文，曾鲁的博学，在元明之际是有盛名的。当时的一位著名学者曾说："一时纂修诸公，如胡仲申（胡翰）、陶中立（陶凯）、赵伯友（赵壎）、赵子常（赵汸）、徐大年（徐尊生）辈，皆有史才史学。"①明代中期有人说："当是时修《元史》者三十有二人，皆极天下之选。"②都是有一定根据的。总之，按照朱元璋的标准，在江南地区挑选人才，被征入史局的三十人可以说是极一时之选的。朱彝尊称他们为"宿儒才彦"，并非过誉之词。但是，具体到编纂《元史》来说，这个班子确实又是有很大弱点的。首先，从现有资料来看，这些编纂人员中间大概是没有人"谙习""蒙古语言文字"的。元代流行蒙古语，如不懂蒙古语，许多典章制度就得不到正确的解释。其次，这些生长江南的"山林遗逸之士"，除个别人外，在元代均未出仕；除少数人（王祎、陈基等）外都没有到过元朝的政治中心大都（今北京）。在信息闭塞的封建社会中，他们中的绝大多数人对于元朝的典章制度以及政治、经济的全面情况，也不可能有很多的了解。他们中有的人即使有"史才"、"史学"，也不过是熟悉中国传统史学的体例、笔法而已，具体到修《元史》，并不是合适的人选。简单归纳一下，朱彝尊的看法有合理的地方，《元史》纂修班子确是由

---

① 　徐一夔《与王待制书》。
② 　都穆《王常宗集序》，《王常宗集》卷首。

一些有声望的文人、学者组成的。但从整体来看,这个班子的知识结构对于纂修《元史》来说是不理想的。《元史》存在的种种缺陷(钱大昕、朱彝尊等人都曾加以指摘),是与这个班子有很大关系的,并不完全是时间紧迫所致。

关于两位总裁,有必要多说几句。宋濂主要是一位"词华之士",这是没有问题的,当然不能说在历史学方面没有修养。王祎为宋濂早期作品《浦阳文艺录》作序时说过:"景濂(宋濂字——引者)有志史学而心存至公。"①足见他对史学是留心的。但是,他有志史学却并没有过像样的史学著作,从现有资料来看,在受命修《元史》以前他的作品中可以列入"史学"的不过是一些有关乡土人物的记述。对于主持纂修一个朝代的历史来说,这样的史学基础显然是不够的。何况由于他元末长期僻居乡间,对元朝的典章制度和政治、经济状况,都不甚了解。可以说,《元史》编纂班子在知识结构方面的弱点,集中表现在宋濂身上。相比之下,王祎在修史条件方面比宋濂要好得多。王祎为谋求做官,曾于至正七年(1347)到大都活动,但没有找到门路,在至正十年(1350)失望而归。王祎对元代历史颇为留心,他曾以苏天爵的《国朝名臣事略》为基础,扩大范围,广搜资料,编成一部《国朝名臣列传》,"总百有二十[人],辄用正史之体,仿宋《东都事略》而为之"②。此书未见流传,但王祎的文集中有《拟元列传二首(许衡、郭守敬)》和《拟元

---

① 《浦阳文艺录叙》,《王忠文公集》卷五。
② 《国朝名臣传序》,《王忠文公集》卷五。

儒林传二首（金履祥、许谦）》①，应即《国朝名臣列传》中的部分内容。他的文集中还有《代国史院进后妃功臣列传表》②。元朝翰林国史院编纂《后妃功臣列传》，几起几落，最后完成于至正八年（1348）。王祎此文应系代人作或拟作，但可说明他关心此事，很有可能还看过此书的稿本。从上面这些情况来看，他对元代历史是有比较丰富的知识的。同时，三年大都生活，使他对元朝的各种典章制度也有一定的了解，这从他写的《上京大宴诗序》③、《端本堂颂》、《日月山祀天颂》、《兴龙笙颂》④等文章中也可以看出来。可以认为在整个修纂班子中，王祎是比较具备条件的一位，把他看成为单纯的"才华之士"是不公正的。

从明初的状况来看，最适合修《元史》的是元朝的"遗臣"危素。危素在元朝末年长期任职，曾参与辽、金、宋三史的史料征集与修撰以及《后妃功臣传》的编纂。他了解元代的典章制度和政治、经济、文化状况，对顺帝一朝史事，更为熟悉。明兵入大都时，危素想自杀，但旁人劝他说："国史非公莫知，公死是死国之史也。"他才打消了自杀的念头。这也许是危素或他的友人为他没有"殉节"所

---

① 均见《王忠文公集》卷一四。

② 《王忠文公集》卷一二。有论者认为，《元史》列传部分多取材于《后妃功臣列传》。按，《元史·后妃表序》云："累朝尝诏有司修《后妃传》，而未见成书。"元代各种文献中均作《后妃功臣传》，疑系一书。修《元史》时，实际上并未利用此书。

③ 《王忠文公集》卷六。

④ 均见《王忠文公集》卷一五。

制造的辩解之词,但也可以说明在当时人们心目中他是修
纂《元史》的最合适人选。正因为以修史自命,所以在明
军入大都后,危素便主动报告十三朝实录的收藏情况,使
这些珍贵的文献得以保存下来。宋濂与危素"相知特
深",元末农民战争爆发前,危素曾推荐宋濂入史馆,虽未
成功,但宋濂对他一直抱有好感。可以想见,宋濂是不会
反对与危素合作修纂《元史》的。但是,前述朱元璋的规
定,完全排除了危素(他已被任命为新朝的翰林侍讲学
士)参与修史的可能性。显然,朱元璋对于危素以及其他
元朝"遗臣"是心怀疑忌的,他不会不知道危素的专长和
声望。有关修纂人员"不仕于元"和不在官的规定,很可
能就是针对危素而发的。据碑铭记载,危素撰有《宋史
稿》五十卷,《元史稿》若干卷①,可惜已不可得见了。

二、《元史》编纂工作的组织和分工

　　《元史》的纂修机构,称为史局,设在始建于元代的一
所著名寺院——南京天界寺。元文宗图帖睦尔称帝前曾
在集庆(南京)居住,登极后将在南京的住宅改建为佛寺,
赐名大龙翔集庆寺②。明朝建立后,改名为天界寺。修史
人员的住宿和工作都在这里。高启的《寓天界寺雨中登
西阁》、《夜坐天界西轩》、《天界翫月》、《寓天界寺》等诗

---

① 《危侍讲新墓碑铭》,《宋文宪公全集》卷二七。
② 《至正金陵新志》卷一一《祠祀志》。

篇,便是在天界寺修史时所作①。

《元史》的纂修,名义上由丞相李善长监修,实际上是由礼部负责。宋濂说:"史事贵严,诏命礼部统之……当是时,尚书藁城崔公恒往来乎局中。"②崔公即崔亮,字公明。最初应征修史的还有操琬(字公琬),因病告归,"礼部尚书崔公、侍郎傅公同至局中,以得旨告",同意操琬回家养病③。在全国范围内征集顺帝一朝史料,也是由"礼部尚书崔亮、主事黄肃与〔宋〕濂等发凡举例"并奏派人员的④。从这些记载来看,崔亮对于《元史》的修纂,是起了不少作用的。《明史·崔亮传》只叙述他在建立礼制方面的贡献,没有提到为《元史》纂修所作的努力,应该说是不全面的。上述"侍郎傅公"应即是高启《送礼部傅侍郎赴浙西按察》一诗中的傅让⑤,他是协助崔亮进行工作的。

明初郑楷为宋濂撰写的行状中说:"时编摩之士皆山林布衣,举凡发例,一仰于先生。先生通练故事,笔其纲领及纪传之大者,同列敛手承命而已。逾年书成,先生之功居多。"⑥郑济为王袆所撰行状中则说:"公于史事雅擅其长,力任笔削之劳,一无所诿。"⑦从这些记载看来,全书体

①　《高青丘集》卷七、卷一二。
②　《寅斋后记》,《宋文宪公全集》卷一。
③　《送操公琬先生归番阳序》。
④　《吕氏采史目录序》。
⑤　《高青丘集》卷七。
⑥　《皇明文衡》卷六二。
⑦　《皇明文衡》卷六二。

例及指导思想以及一切重大问题的决定，都出于宋濂，王祎的作用则是对初稿进行修改和加工。从史局内部来说，这大概是符合事实的。但是，我们决不可忽视朱元璋在《元史》纂修过程中所起的作用。《纂修元史凡例》（应出于宋濂手笔）中说："今修《元史》，不作论赞，但据事直书，具文见意，使其善恶自见，准《春秋》及钦奉圣旨事意。"宋濂为李善长起草的《进元史表》中说："特诏遗逸之士，欲求论议之公。文辞勿致于艰深，事迹务令于明白。苟善恶了然在目，庶劝惩有益于人。此皆天语之丁宁，足见圣心之广大。"可见，朱元璋从体例到文字，都作过具体的指示。至于编纂《元史》的指导思想，他在接见第一批修史人员时，也作过明确的训示①。赵汸讲过一段话，可以有助于了解朱元璋在《元史》修纂中的作用。他说："士之在山林，与在朝廷异，其于著述亦然。""今吾人挟其山林之学，以登于朝廷之上，则其茫然若失，凛然不敢自放者，岂无所惧而然哉。尚赖天子明圣，有旨即旧志成书，凡笔削悉取睿断，不以其不能为诸生罪，蒙德至渥也……如汸者，亦得以预闻纂修自诡，岂非其幸欤！"②这番话比较含蓄，但很真实地道出了赵汸及其他参与纂修人员的心情。《元史》的纂修，一方面涉及元朝的评价问题，另一方面涉及明朝如何建立问题，在当时情况下都是十分敏感的政治问题。处理得不好，就会出大乱子，对这一点这些"山林

① 《明太祖实录》卷三九"洪武二年二月丙寅"条。
② 《送操公琬先生归番阳序》。

遗逸之士"当然不会不清楚的。面对这些问题,他们"茫
然若失,凛然不敢自放"是完全可以理解的。朱元璋指示
"即旧志成书"(根据《实录》和《经世大典》等文献编纂)
以及"笔削悉取睿断"的做法,无疑使他们大大松了一口
气。显然,《元史》的重大问题都是"睿断"亦即朱元璋钦
定的。这样一来,编纂者不用承担政治责任了,这对他们
来说,确是"蒙德至渥也"。由此,我们对上引宋濂《行状》
中的一段话也可以有进一步的了解。朱元璋有关《元史》
的"睿断"当然都是通过宋濂来贯彻的,他的"同列"清楚
地知道这一点,只能"敛手承命而已"。总之,《元史》纂修
的整个过程,从编纂人员的挑选,指导思想和编辑体例的
确定,文字风格的要求,资料的利用,以至删改定稿,无不
听命于朱元璋。因此,在一定意义上,可以说《元史》的真
正总裁应该是朱元璋。

　　关于《元史》各部分的具体分工问题,没有留下多少
记载。钱大昕有一则读《元史》札记,题为《史臣分修志传
姓名可考者》,其中说:"《五行志》,胡翰撰,其序论载文集
中,《外国传》则宋僖撰,《静志居诗话》载其寄宋学士诗
云:'修史与末役,乏才愧群贤。强述《外国传》,荒疏仅成
篇。'谓自高丽以下,悉其手笔。然此数篇最为浅率,观其
寄潜溪诗,则荒疏之病,无逸固未尝自讳也。"①钱大昕此
处所举两例,并非他的发现,《四库全书总目》的"庸庵集"

---

① 《十驾斋养新录》卷九。按,"潜溪",宋濂号;"无逸",宋僖字。

（宋僖撰）和"胡仲子集"（胡翰撰）二条已经分别说过①。宋僖的"寄宋学士诗"原题《寄宋景濂先生三十韵》，载《庸庵集》卷二。胡翰的《五行志序论》，载《胡仲子集》卷一。

除了《四库全书总目》和钱大昕所述之外，还可以作一些补充。胡翰所负责的，并不限于《五行志》。吴沉为胡翰所作墓铭中说："洪武己酉，奉旨纂修《元史》，入局撰英宗、睿宗实录及拜住丞相等传。"②此文所述有不确切的地方，应是据《实录》修英宗本纪、睿宗传，并撰有拜住等传。此外，胡翰的文集中有一篇《元宪宗谕功臣诰》，文后跋云："此诰见《元史·忙哥撒儿传》中，方北庭草创，其言尔雅有如此者，中统、至元诸公未之或逮也。因表而出之，加笔削焉。"③胡翰对这篇诰文曾加修改（"笔削"），而诰文与《元史》所载相同，说明《元史·忙哥撒儿传》应亦出于胡翰之手。又，胡翰在《医前论》中说："会国家修《元史》，黾勉执笔以从事，历采方技所载，未有卓卓如古者。"④则《元史·方技传》亦可能是胡翰所作。

高启的文集中收有《元史历志序》和《元史列女传序》⑤，足征二者出于他的手笔。另据高启说："余尝与修《元史》，考其故实，见士之行义于乡，能济人之急者，皆具

---

① 分见卷一六八、一六九。
② 《皇明文衡》卷八。
③ 《胡仲子集》卷三。
④ 《胡仲子集》卷二。
⑤ 《凫藻集》卷二。

录焉。或谓死丧疾病之相救助,固乡党朋友之事,非甚难
能者,夫何足书? 余则以为自世教衰,人于父子昆弟之恩
犹或薄焉,其视他人之危,能援手投足以拯之者,于世果多
得乎! 不多则君子宜与之,不可使遂泯也,乃采其尤卓卓
者为著于篇。""余尝预修《元史》,见民之以孝义闻于朝者
颇众……皆得具著于篇。"①按,《元史·孝友传》既收录
"事亲笃孝者",又有"散财周急者"。宋濂说,修史时各地
所送史料中,"孝友之人,动至数千",所述事迹大都夸夸
其谈,没有实在的东西,因此他"令史官高启撰次成编,而
亲为笔削之,唯存一百六人"②。以高启、宋濂所说相印
证,《元史·孝友传》应为高启所作。

应该说明的是,《元史·列女传》分二卷,即《元史》卷
二百、二百一。《列女传二》所收多数为元顺帝时事。据
《元史》编纂者之一徐尊生说,当第二次开史局时,他在礼
部礼局(编纂礼书的机构)工作,"修《礼》之隙,过史馆求
观所采,则〔童〕烈妇在焉。盖至正之乱,妇女死者几三百
人。史官以其不可胜纪,多删去不录,予因劝择其尤明白
卓伟者存之,仅十之一,而烈妇遂牵联得书。"③徐尊生所
说的"烈妇"即《列女传二》中所收严州人俞士渊妻童氏。
由所述可知,《列女传二》应系第二次续修。高启是第一
次史局的成员,他所完成的只是《列女传一》。《孝友传》

---

① 《赠医师何子才序》,《凫藻集》卷三;《书瞿孝子行录后》,同上。
② 《故孝友祝公荣甫墓表》,《宋文宪公全集》卷五〇。
③ 《顺治严州府志》卷一七《外志二·遗事》。

也分二卷,即《元史》卷一九七、一九八。《孝友传二》以顺帝时人为主,可以推知,高启完成的亦应是《孝友传一》,《孝友传二》是第二次史局补修的。

第二次史局的修撰人员王彝曾两次提到《元史·释老传》。他在一篇文章中说:"历代史官不为释老之传,或老氏有可书者,则以置之《方技传》中。至皇明修《元史》,始别有《释老传》之目。而老氏首丘处机、释氏首八思巴,且各有数人焉。张雨生东南,以工书善诗为道流,一时学士大夫若赵文敏、虞文靖、黄文献诸公多与之游,乃不得入传。或者疑之。然处机、八思巴之徒,其在太祖时大抵皆以功业显,故释老氏有传,盖不徒以其法而然者,则夫雨之可传正不在此。余尝执笔从史官,得预其议。"①他在另一篇文章中表达了类似的意思:"元之造邦……至于佛老氏若丘处机及八合思巴者亦咸有功焉。则凡其徒为之言又乌可已哉。此《释老传》所以作也。"②他没有明说自己是《释老传》的作者,但对此一再言之,使人不免有此种感觉。从他所述可知,《释老传》入选的标准是政治上的作为,而不是其他,此其一;其次,《释老传》应是第二次开史局时所作。

王袆的文集中有《刘耒孙传》,文后有一段话:"余顷奉诏修《元史》,于凡以死殉国者必谨书之,历世教扶人纪也。当时得耕孙(耒孙之兄刘耕孙——引者)死事,既已

---

①　《跋张贞居自书帖》,《王常宗集》续补遗。
②　《送仲谦师序》,《王常宗集》补遗。

登载……"①。可见《元史·忠义传》应出于王祎之手,刘耕孙事迹见《忠义传三》。文集中又有《书闽中死事》②,述元末福建死事官员柏帖穆尔和迭理弥实二人事迹,和《元史·忠义传四》所载大致相同,但后者文字较为简略。显然,后者是在前者基础上删定的。王祎大概在修成《元史·忠义传》之后,将初稿保存下来,成为一篇单独的作品。另据徐尊生说,"歙人郑征君以死节在采中",有人主张删去不录,经他提出意见,"总裁宋景濂是之,乃为之传"③。郑征君即郑玉,其生平见《元史·忠义传四》,他是拒绝朱元璋部将的征聘而自杀的,因此在是否入《忠义传》问题上发生争议,最后由宋濂裁定。可见《忠义传》的取舍最后决定于宋濂,这正说明了宋、王二人的主次关系,即使二人并列为总裁。

上述情况说明宋濂曾对《孝友传》、《忠义传》加以删改或决定取舍。还有其他一些记载可以说明宋濂在"笔削"方面做过大量的工作。例如,《元史·郝经传》结尾所载帛书诗,是宋濂决定录诗入传的④。元初江南的"文章大家"戴表元,在元末"已罕有知其名若字者",宋濂指名

---

① 《王忠文公集》卷二一。
② 《王忠文公集》卷一八。
③ 《书烈妇俞童传后》。
④ 《题郝伯常帛书后》,《宋文宪公全集》卷八。按,帛书诗后原题"中统十五年",宋濂指出"即至元十一年,南北隔绝,但知建元为中统也"。而《元史·郝经传》却改为"至元五年",令人不解。

访求他的文集,并指示纂修人员将戴的生平"汇入《儒学传》中"①。又如,修《元史》时,"天台以三节妇之状来上",宋濂"命他史官具稿,亲加删定,入类《列女传》中"②。宋僖在寄宋濂诗中,说自己撰《外国传》,"荒疏仅成篇","有赖班马才,笔削容巨编"。显然,宋濂是忠实地履行了他作为总裁的职责的,对许多篇章他都作过必要的加工。

　　我们现在所了解的史局关于纂修的具体分工仅止于此,希望能有新的发现。从这些零散的记载可以看出,《元史》的纂修,对于各部分(志、传、纪)都采取若干人分头执笔的办法,每个修纂人员既要承担纪、志,又要负责列传。前代修史,往往采用分类专人负责的办法,如《新唐书》由欧阳修负责本纪,宋祁负责列传,诸志则由范镇、王畴等人分头执笔。这样做便于体例上的一致,而且可以发挥各人的专长。《元史》则反之。明乎此,我们就可以了解,为什么各朝本纪之间详略如此不均,列传互相之间为什么有那么多的矛盾和不一致的地方。

三、史料的搜集和采访

　　众所周知,《元史》的资料来源可分二组。太祖至宁宗朝的历史,主要根据十三朝《实录》、《经世大典》、《国朝

---

① 《剡源集序》,《宋文宪公全集》卷一。
② 《题天台三节妇传后》,《宋文宪公全集》卷八。

名臣事略》等;顺帝一朝史事,主要依靠洪武二年在全国范围内的采访。在这方面论著已多,但有些问题还可以作进一步的考订与探究。

(一)《经世大典》与《元史》。元文宗时纂修的《经世大典》是《元史》的重要史源之一,这是历来论者公认的。《元史》诸志主要是根据《大典》有关部分修成的,例如《百官志》据《经世大典》之《治典》,《食货志》据《赋典》,《舆服志》、《礼乐志》、《历志》据《礼典》,等等。诸志之外,《元史·外夷传》应以《大典》的《政典·征伐》为依据。这些都是可以查考的。有的论著进而认为,《大典》的《礼典》有"释"、"道"两项,当即是《元史·释老传》所本;《元史·工艺传》中的《孙威传》,应来源于《大典·工典》的"兵器"项,阿尼哥、刘元的传记应来自《大典》的"画塑"项。这种推论是没有充分理由的。

《经世大典》的体裁,一般均采取分门别类按年月叙事的形式,这就是所谓"参酌唐、宋会要之体,会粹国朝故实之文"①。从现存的《大典》残余部分(如"驿站"、"海运"、"马政"等)可以看得很清楚。但是《大典》中确有人物传记部分,这便是《治典》中的"臣事"项,《元史》中的若干传记,应即来源于此②。也就是说,《元史》中的人物

---

① 《经世大典序录》,《国朝文类》卷四〇。关于《经世大典》的情况,可参看苏振申《元政书经世大典之研究》,台北中国文化大学出版部,1984 年。其中有些说法尚需进一步研究。

② 关于《经世大典》中的人物传记部分,拟另文讨论。

传记部分是多源的,主要有《国朝名臣事略》、各家人物碑传文字,以及《经世大典·治典》中的"臣事"项,后者历来是被忽略了的。当然,《治典》中"臣事"项的人物传记,有一部分可能即录自各家碑传文字。

现在让我们来具体分析一下上面涉及的几篇传记。

《元史·工艺传》中的《孙威传》,主要根据刘因的《浑源孙公先茔碑铭》①,不过加以删节而已。《经世大典》的"画塑"项,由文廷式从《永乐大典》中抄出,王国维收在《广仓学宭丛书》内,改题《元代画塑记》,其中并无阿尼哥和刘元的传记。《元史·阿尼哥传》主要根据的是程钜夫的《凉国敏慧公神道碑》②,而《刘元传》则是以虞集的《刘正奉塑记》删削而成的③。这是只要比较一下就可以断定的。当然,《经世大典·治典》的"臣事"项中可能会有这几位的传记(如果有的话,一定也是以上述几篇碑传为依据的),《元史》也有可能源自《治典·臣事》,但决不能来源于《工典》的"兵器"项和"画塑"项则是可以断言的。

《元史·释老传》的情况要复杂一些。其中既有几位宗教上层人物(八思巴、胆巴、必兰纳识里、丘处机、祁志诚、张留孙、吴全节、张清志等)的事迹,又有各教派情况的叙述。可以认为,其中人物事迹各有碑传文字为本,例如胆巴生平是以《佛祖历代通载》卷二二所载胆巴传为基

① 《静修文集》卷一六。
② 《雪楼集》卷七。
③ 《道园学古录》卷七。

础的①,张留孙生平是以虞集《张宗师墓志铭》②和袁桷的《张留孙家传》③为基础的。《经世大典·礼典》中的"释"、"道"两项,无疑也是编年纪事体的,不可能有人物传记。但《元史·释老传》中有关喇嘛教的情况则有可能是从《礼典》的"释"项摘录部分内容删削而成的。笼统地说《元史·释老传》以《经世大典·礼典》为本,也是不恰当的。

（二）《六条政类》与《元史》。《元史》诸志除了利用《经世大典》之外,《六条政类》也是重要的依据,对此论者似还未予以足够的重视。《元史·祭祀志序》中说:"凡祭祀之事,其书为《太常集礼》,而《经世大典》之《礼典篇》尤备。参以累朝《实录》与《六条政类》,序其因革,录其成制,作《祭祀志》。"《元史·食货志五序》中说:"食货前志,据《经世大典》为之目,凡十有九,自天历以前,载之详矣。若夫元统以后,海运之多寡,钞法之更变,盐、茶之利害,其见于《六条政类》之中,及有司采访事迹,凡有足征者,具录于篇,以备参考"。"元统"是元顺帝的第一个年号。按,据《元史》记载,顺帝至正七年（1347）三月,"戊午,诏编《六条政类》"。八年三月,"壬戌,《六条政

---

① 赵孟頫作《无上帝师之碑》(俗称《胆巴碑》),所述胆巴事迹,与《佛祖历代通载》颇有不同。对照之下,可以看出,《元史》有关胆巴事迹的记述是以《佛祖历代通载》为据的。

② 《道园学古录》卷五〇。

③ 《清容居士集》卷三四。

类》书成"①。但此书早已散佚，无法窥其面貌。令人高兴
的是，近年出版的《析津志辑佚》一书，收入了归旸的《中
书省六条政类题名记》一文，可以使我们对该书情况有所
了解。《六条政类》是在整理中书省收藏的档案基础上编
成的，始于七年五月，完成于八年十二月，"得卷五十二万
一千九百七十有八宗，籍卷册合八万五千五百四十三帙，
所用之条三万有奇。书成，名曰《六条政类》者，亦上旨
也"。所谓"六条"显然指中书六部分工负责的六个方面
而言，与《经世大典》的"臣事"分为治、赋、礼、政、宪、工六
典是一致的。编辑的方法是"以岁之远近""汇其因革"②，
显然也是像《大典》一样，按年月前后叙事的。但从此文
来看，应是对中书档案的全面整理，而不仅限于顺帝一朝。
似可认为，《经世大典》便是利用大量档案编成的，《政类》
有一部分（文宗至顺以前）与《大典》是相近的，有一部分
（文宗至顺以后）则是特有的，第二次续修《元史》时主要
利用了后一部分资料。这就是说，《政类》与《大典》是性
质相近的两部政书。《元史》史局第一次修纂时，诸志部
分主要利用《经世大典》；第二次修纂时，诸志部分（顺帝
时期）主要利用《六条政类》。

（三）顺帝一朝资料的采集。第一次开史局修《元史》
将结束时，朱元璋决定派遣使者到全国各地搜集顺帝一朝

---

① 《元史》卷四一《顺帝纪四》。

② 《析津志辑佚》，北京古籍出版社，1983 年，第 20—22 页。按，原作
《中书省六政条要题名记》，误。文中明白说"名曰《六条政类》"。

的史料，为下一步纂修作准备。"〔洪武二年七月〕乙未，诏遣儒士欧阳佑等十二人往北平等处采访故元元统及至正三十六年事迹，增修《元史》。时诸儒修《元史》将成，诏先成者上进，阙者俟续采补之。"①宋濂在两篇文章中提到遣黄盅等 12 人，其中吕仲善往北平、山东，而吕仲善到北平后又遣危於等分行诸郡，采集资料②。因此，清代学者朱彝尊在叙述前代"采书之官"时，举出"明之欧阳佑、黄盅、危於儳、吕复"③。危於儳就是危於。他是危素的儿子，名於，字於儳，元末中进士第，官至蓟州同知④。危於生于史学世家，元末又曾在京畿任职，熟悉情况，所以才会被遣前往京畿收集资料。他是否在 12 人之列，已难确定。有的论著将危於写成危斿，这大概是古籍版本不同引起的误会⑤。至于说危斿是国子监生，那是缺乏根据的。朱彝尊所说的吕复即吕仲善。宋濂的两篇文章都只提到吕仲善，没有说"仲善"是名或是字。但宋濂撰有《吕府君墓铭》，记赣州兴国人吕民顺生平，吕民顺之子复，"实为丞

---

① 《明太祖实录》卷四三。

② 《送吕仲善使北平采史序》、《吕氏采史目录序》，见《宋文宪公全集》卷一、卷七。

③ 《史馆上总裁第二书》，《曝书亭集》卷三二。

④ 宋濂《题危云林训子诗后》，《宋文宪公全集》卷一三;《危侍讲新墓碑铭》，《宋文宪公全集》卷二七。

⑤ 王德毅等编《元人传记资料索引》，台北新文丰出版公司，1979 年，第 1 册，第 290 页。

奉常,相与交游极欢"①。而吕仲善为"章贡"(即赣)人,
是宋濂的友人,采史后"以功升太常典簿,寻为丞"②,与吕
复籍贯、官职相合。朱彝尊以吕仲善即吕复,其根据应即
指此文。这一点朱彝尊未作说明,以后的论者也没有人对
此作过探究。

　　"欧阳佑"一名是有问题的,尽管见于《实录》记载。
据明初苏伯衡记,元末著名学者,宋、辽、金三史修纂工作
的实际负责人欧阳玄有一个孙子名叫欧阳公辅,明初曾
"采史家事,自北平、山东返,而陕西按察佥事之命下"③。
另据危素为欧阳玄所撰行状中说:欧阳玄之子达老死,
"后请于朝,以长兄之孙欧阳佑持为孙"④。可知欧阳佑持
是欧阳玄的从孙,后过继为孙。显然,欧阳玄不会有其他
孙子,否则他就不会过继长兄之孙了。由此推断,欧阳佑
持与欧阳公辅无疑是一人,佑持是名,公辅是字。他曾
"采史家事",则与《实录》所载之欧阳佑应是同一人,也就
是说,欧阳佑系欧阳佑持之误。王德毅等编《元人传记资
料索引》中的"欧阳佑持"条,已指出他"字公辅",条下仅
收《宋元学案补遗》一种,注明"讹作欧阳佑"⑤。这些都是
正确的,但未收入苏伯衡的文章,则是遗漏。

① 《宋文宪公全集》卷一五。
② 《吕氏采史目录序》。
③ 《送欧阳公辅序补》,《苏平仲文集》卷五。
④ 《危太朴文续集》卷七。
⑤ 第3册,第1873页。

吕复(吕仲善)到北平、北平"采史",欧阳佑持采史"自北平、山东返",说明他们是一路的。宋濂是吕复的朋友,他的两篇文章是为吕复写的,因此处处突出吕的作用,抬高吕的声价,从而给人们造成了12人中只有吕一人去北平的印象。现在来看,这显然是不正确的。

除了上面提到的数人之外,奉命"采史"可考者还有3人。

一是夏以忠。以忠字尚之,袁州(今江西宜春)人,元末任翰林国史院编修、国学助教。"我师克燕,拔其知名士赴南京,既而其类复官王朝。太史夏君独以老病乞归。且归,会遣使分道搜访元史,乃强君如江广。君辞不得命,乃行,行至番禺,以疾卒。二年冬十月十二日则卒之岁月也。"[1]宋濂写有《宜春夏都事遗像赞》[2],其中说:"托使车以遐览,竟仙游于五羊。"即指以忠奉命"采史"死于广州而言。《元史》中有关元末两广史事记载缺漏甚多,例如元末守韶州"被执抗节死"的刘鹗,其生平即不见于《元史》。《四库全书总目》曾对此表示不满,指责说:"明初修《元史》,失于采录,并佚其名。近邵远平作《元史类编》,始为补入《忠义传》。"[3]夏以忠之死必然影响史料的搜集,在当时的信息和交通条件下,明朝政府很难再派人前去顶替他的工作,刘鹗生平失记以及元末两广史料的贫乏,显

① 苏伯衡《夏尚之太史哀辞》,《苏平仲文集》卷一一。
② 《宋文宪公全集》卷一八。
③ 卷一六七"惟实集"条。

然都是由此造成的。

　　刘夏和顾九成。刘夏在一篇文章中说:"洪武二年七月,余受命尚书,来河南、陕西两省访求前元庚申皇帝天下州县三十六年入史事迹,其在河南置局武成庙之侧。"①又,刘迪简《庚申帝大事记序》中说:"洪武二年七月初十日,迪简受命尚书,尚书禀命中书,中书奉旨差人遍行天下,访求庚申帝三十六年史事。当职与泽州儒□□汴梁、陕西。自顾九成去陕西后,迪简往汴梁。"②可知刘夏即刘迪简,他与顾九成受命到河南、陕西"采史",两人分工,一往河南,一往陕西。

　　综上所述,我们可以说,洪武二年"采史"的 12 人中,姓名可考的有欧阳佑持、黄盅、吕复(吕仲善)、夏以忠、刘夏(刘迪简)、顾九成 6 人,如果危於亦在其列,则应为 7 人。这些已知"采史者"的活动地区为北平、山东、河南、陕西、广东。如果考虑到其余奉命"采史"者的活动,那么"遍行天下"(在明朝控制的版图之内)③确是事实。

　　　　　　　　　　　　原载《历史研究》1990 年第 4 期

---

　　①　《皇明文衡》卷八五。
　　②　此文收在《庚申外史》前,但实与《庚申外史》无关,见《四库全书总目》卷五二"庚申外史"条。
　　③　《吕氏采史目录序》。

元代政书《经世大典》中的人物传记

现存《永乐大典》残本中，有不少元代政书《经世大典》的佚文，如卷19416—19423的"站赤"，卷14575"急递铺"，以及卷11958的"市籴粮草"等，早已为研究者所注意，论述颇多。但是，《永乐大典》中还保存了一些《经世大典》的人物传记，似乎还没有受到重视。

据我们初步辑录所得，现存《永乐大典》残本中所收《经世大典》的人物传记，有：卷2806的鲜卑仲吉附子鲜卑准传，卷7329的只儿哈郎传，卷10889的别鲁古传，卷20205毕泉传。此外，清文廷式《纯常子枝语》卷三七云："《永乐大典》初修时，盖颇用参互考订之法，后乃愈草率耳。如《元史》张德辉诸人传，皆以《经世大典》分注于下，实足以资考证。今具录于左。"文廷式所举为《元史》的张德辉、张柔、张禧三传，均转录自《永乐大典》卷6388，但均非全文。张德辉、张禧二传只录一、二事，张柔传所录较多。现举一例如下："《元史》：张禧，东安州人。云云。从元帅阿术战却之。(《经世大典》:七年,与宋将范文虎战于云寿洲。九月,复战于竹根滩、饿虎崖,获战船数艘,俘二千余人。)八年,云云,禧独免。(《经世大典》:寻复见退,居十余年。二十八年卒,年七十有五。至治三年赠推诚著节功臣、荣禄大夫、湖广等行中书省平章政事、柱国,封齐国公,谥忠烈。)"文中"云云"是文廷式用来作删节号的。据此,则《永乐大典》卷6388是以《元史》人物传记作正文,而以《经世大典》人物传记作注的。但此卷已佚,现存的《永乐大典》残本中,有的只载《元史》人物传,有的则将刊载同一人事迹的《元史》、《经世大典》人物传前后并列,再没有以《元史》人物传作正文、而以《经世大典》人物传作注的情况。但无论如何,上述这些记载,足以说明《经世大典》中确有人物传记的存在。

此外,《永乐大典》中还有两篇元代人物传记,一篇是卷2806的《元史》西卑传,另一篇是卷10889的《元史列传》别出古传(与别鲁古、别里古同在一卷)。而现存的《元史》中并没有这样两篇传记。马明达、汤开建对此有所论述,认为是前后两次修《元史》合成时删落下来的(《今本〈元史〉散逸在外的两个列传》,《史学史研究》1984年第2期)。他们注意到这一情况是很有意义的,但所作解释似嫌过于牵强。以明初文网之严,《永乐大典》编者会将删落不用的列传收入,实难令人同意,而且也缺乏有力的旁证。我以为,这两篇传记很可能也是《经世大典》的佚文。在《永乐大典》中,将《经世大典》误写为《元史》的例子不是个别的。例如,《永乐大典》卷 19781"局"字门中的"玉局"、"毡局"、"采石局"等条,下面引文均注明出自《元史》,但均较《元史》所载详细。试举一例如下:

> 采石局。《元史》:至元四年始置大都兼山场石局总管,以杨琼为之。寻受印信、银符。九年,改授金符,总管夫匠,营造内府殿宇寺观桥牐石材之役。十一年,于大都近地拨采石之夫二千余户,常任工役,改置大都等处采石提举司,秩正五品。设达鲁花赤一员,提举一员,同提举一员,副提举一员。二十六年,罢提举司为采石局,秩从七品。今定置大使一员,副使一员(《永乐大典》卷 19781)。

> 采石局,秩从七品。大使、副使各一员。掌夫匠营造内府殿宇寺观桥牐石材之役。至元四年,置石局总管。十一年,拨采石之夫二千余户,常任工役,置大都等处采石提举司。二十六年罢,立采石局(《元史》卷九〇《百官志六》)。

可以看出,后者显然是根据前者削删而成的。前者虽然注明《元史》,实际上只可能是《元史·百官志》所依据的《经世大典》。类似的情况还有一些。众所周知,《经世大典》是《元史》的主要史源之一,对于同一制度、机构、人物,两者内容往往基本相同,一般来说只有繁简之分。因此,在编纂《永乐大典》时将二者混淆,也就不足为怪了。

综上所述,我们可以知道的是,《经世大典》有当代人物传记,仅《永乐大典》残存部分已著录不少,则其总数必相当可观。在《经世大典》的人物传记中,有些(应是多数)传主见于《元史》,但也有一些为《元史》所无。

元文宗天历二年(1329)九月,"敕翰林国史院官同奎章阁学士采辑本朝典故,准唐、宋《会要》,著为《经世大典》"(《元史》卷三三《文宗纪二》)。《经世大典·序录》中亦称:"参酌唐、宋会要之体,会粹国朝故实之文,作为成书"(《国朝文类》卷四〇)。历来论者都以《经世大典》为汇集有元一代典章制度的政书,苏振申先生撰《元政书经世大典之研究》(台北中国文化大学出版部1984年版)更称之为"元会要"、"元代未有《会要》之名而有《会要》之书,此即《经世大典》是也"(第4页)。会要类政书的特点是按行政体制分门别类汇集有关的政策法令,记录有关的重大事件。《经世大典》就是这样编成的一部著作。

《经世大典》"凡十篇,曰:君事四,臣事六"。"君事四篇"是帝号、帝训、帝制和帝系。"臣事六篇"是治典、赋典、礼典、政典、宪典、工典(《经世大典·序录》)。实际上是与政府设置的吏、户、礼、兵、刑、工六部相应的。臣事六篇,每篇下分若干目,如工典下有宫苑、官府、仓库、城郭、桥梁、河渠、郊庙、僧寺、道宫等共二十二目。每篇有总序,每目亦有序。每目下记事,从现存的《经世大典》残篇来看,应是按时间前后以年月日系事的。如"站赤"、"漕运"、"市籴粮草"、"马政"、"仓库"等,都是采用这样的体例。《元史》诸志的内容,大部分是以《经世大典》的臣事六典为据,删削而成的,这一点已成为定论。

　　按照上面所说会要体裁和《经世大典》的体例,《经世大典》中是不可能有人物传记的。因此之故,历来研究者都没有提到《经世大典》中有人物传记。苏振申先生的著作也是这样。那么,本文前面所列举的见于《永乐大典》的《经世大典》人物传记,又应如何解释呢?经过推究,我觉得,《经世大典》是有人物传记的,这部分就是"臣事"中《治典》篇的"臣事"目。

　　《治典》篇的"总叙"中说:"《书》曰:冢宰掌邦治。天子择宰相,宰相择百执事,此为治之本也。故作《治典》。其目则有官制沿革,以见其名位、品秩、禄食之差。有补吏入官之法,以见用人之序。附之以'臣事'者,则居其官,行其事,其人其迹之可述者也。""臣事"目亦有序云:"维我祖宗圣德神功,至盛极大,如天地之不可计度,如日月之不可绘画,圣上诏修此书,实以显谟承烈为重,然求事迹于吏牍,则文繁者不足以得其旨意;事简者又不足以见其始末。于是神圣思虑之精微,诰训之详委,攻取之机略,法令之制作,几不得其什一焉。以为宗藩大臣、中外文武百僚,有近侍帷幄,远将使旨,内议典则,外授征讨,或各有所授而传焉,因得以考其续余之所在,故从而求之。期月之间,其以书来告者,既取其大系诸圣典,而其事有不可弃遗者,著'臣事'之篇"(《国朝文类》卷四〇)。据此二序可知,纂修《经世大典》时,曾向"宗藩大臣"、"文武百僚"家属征求资料。征求所得,除了供"君事"诸篇之用外,还将

"其人其迹之可述者"收入了《治典》的"臣事"目。这是
《经世大典》与其他《会要》类政书不同的地方。而《治典》
的"臣事"目无疑也正是《经世大典》中的人物传记部分。
"臣事"部分亦即人物传记部分资料来源，显然就是各家所
献祖先的碑传文字。当然在收入时可能经过一定的加工。

　　这样，对于《元史》中人物传记部分的资料来源，我们
便有了新的认识。过去一般认为，《元史》的人物传记部
分，主要根据是苏天爵的《国朝名臣事略》以及修《元史》
时收集的各家碑传文字。这当然是对的。但需要再加上
《经世大典》的"臣事"目，才是完备的。正因为《经世大
典》的"臣事"目已对元代中、前期的人物事迹作过拣选和
加工，从而为《元史》编纂者带来了很大的方便，这也应是
《元史》得以迅速竣工的原因之一。《元史》人物传记部分
的来源似可表示如下表：

碑传文字——《国朝名臣事略》——
碑传文字——《经世大典》"臣事"——《元史》人物传记
碑传文字————————————

　　苏振申先生的著作中列举"治典"十二目，惟对"臣事"目
略而不提（第23页），不知何故？或者他认为"治典"中不存
在"臣事"？他当然也不会注意到《经世大典》中的人物传
记问题。可惜苏先生已经去世，不能和他就此进行讨论了。

原载《中国史研究》1992年第1期

《元典章·户部》简论[*]

一

　　《大元圣政国朝典章》，简称《元典章》，是一部元朝诏旨、条画和案例的汇编。全书共六十卷，分门别类辑录各种诏旨、条画和案例。内诏令一卷，圣政二卷，朝纲一卷，台纲二卷，吏部八卷，户部十三卷，礼部六卷，兵部五卷，刑部十九卷，工部三卷。刑部篇幅最大，户部次之。另《大元圣政典章新集至治条例》，简称《元典章新集》，不分卷，内分国典、朝纲、吏部、户部、礼部、兵部、刑部、工部。亦以刑部篇幅最大，户部次之。《元典章》和《元典章新集》合为一书，传世有元刻本，现藏台北"故宫博物院"①。

　　* 本文是参加 2007 年 8 月韩国学中央研究院主办的"蒙元时期法律文化及丽元交流研究"国际学术研讨会提交的论文。
　　① 《元典章》与《元典章新集》之影印本，参见《续修四库全书》，第 787 册，上海古籍出版社，2002 年。下引此二书均依"续修"本出页码。

　　关于《元典章》成书时间,《元典章新集》前有文字云:
"大元圣政典章自中统建元(1260)至延祐四年(1317)所
降条画,板行四方,已有年矣。"①据此,则《元典章》所收文
献止于延祐四年,刊行应在延祐四年或稍后。但现存元刻
《元典章》卷一《诏令》中收录了"仁宗皇帝"在延祐六年
十月颁发的"授皇太子玉册诏",还有"今上皇帝"的"即位
诏"(延祐七年三月)、"上太皇太后尊号诏"(延祐七年三
月)和"至治改元诏"(延祐七年十二月)。"今上皇帝"无
疑是元英宗。《元典章》其他部分所收诏旨、条画、案例亦
有属于延祐五、六、七年者。元代民间常用的类书如《事
林广记》曾不断重印,每次内容都有所变化。《元典章》亦
应如之。也就是说,《元典章》刊行于延祐四年,后来不断
增添内容重出新板。现存元刻本应是英宗至治元年
(1321)或二年发行的新板②。《元典章新集》目录之后有
行书四行云:"至治二年以后新例,候有颁降,随类编入梓
行。不以刻板已成而靳于附益也。至治二年六月日谨
咨。"③可知其刊行应在至治二年或稍后。

　　《元典章》的"户部"共十三卷,各标签题分别是:"禄
廪"、"分例"、"户计"、"婚姻"、"田宅"、"钞法"、"仓库"、
"钱粮"、"课程"、"农桑"、"租税"、"差发"、"赋役"、"科

---

　　① 《元典章新集》,第 575 页上。
　　② 从有些迹象看来,《元典章》最初成书,很可能在延祐四年以前。《永
乐大典》中有《大德典章》的遗文。《大德典章》可能是《元典章》的前身。
　　③ 《元典章新集》,第 579 页下。

役"、"钱债",共十五门。内"仓库"、"钱粮"两门合一卷,"赋役"、"科役"两门合一卷,其余每门一卷。十五门可以分为三大类。第一类是有关户籍、婚姻和家庭财产的诏旨、条画和案例,即"户计"门、"婚姻"门和"田宅"门的一部分①。第二类是有关农业生产的诏旨、条画和案例,即"农桑"门。第三类则是与经济管理制度有关的诏旨、条画和案例,除了第一、二类之外其余各门均属之,比重最大。《元典章新集》不分卷,"户部"下有"禄廪"、"钞法"、"仓库"、"钱粮"、"课程"、"赋役"、"劝课"、"田宅"、"婚姻"、"钱债",共十门。与《元典章》相比,缺"分例"、"户计"、"租税"、"差发"、"科役"五门,"农桑"改为"劝课"门。《元典章》全书约九十三万字余,《新集》约十六万字左右,两者共计约一百一十万字。《元典章》的"户部"十三卷正文共二十万字余。《元典章新集》的"户部"正文近三万字。两者合计约二十三万字,也就是说,"户部"的字数约为《元典章》和《元典章新集》总字数的五分之一左右。在《元典章》和《元典章新集》各部中,"户部"的字数仅次于"刑部",位列第二。

　　《元典章》和《元典章新集》的编纂者佚名。对此书的性质,学术界历来有两种意见,一种认为是官修法典,一种认为是民间编纂刻印的书籍。我赞成后一种意见。元朝前期没有制定统一的法律,各级政府机构施政和审判时,

---

　　① "田宅"门又列"官田"、"民田"、"荒田"、"房屋"、"家财"、"典卖"、"种佃"等目,"家财"所收都是家庭财产纠纷的案例。其余各目应归入第三类。

遵行的是朝廷陆续颁发的诏旨、条画。此外,经由中书省审定的案例,亦可作为依据。因而各衙门的官吏便收集有关的诏旨、条画和各种案例,分类编纂,作为施政时的重要参考资料。元成宗时,郑介夫上书朝廷,对时政提出多种建议,其中之一是"定律"。他说:"今天下所奉以行者,有例可援,无法可守,官吏因得以并缘为欺。……内而省部,外而郡府,抄写格例至数十册。遇事有难决,则检寻旧例,或中无所载,则旋行议拟,是百官莫知所守也。"①事实上,元朝政府曾明令要求"中书省为头一切随朝衙门各各编类中统建元至今圣旨条画及朝廷已行格例,置簿编写检举。仍令监察御史及各道提刑按察司体究成否,庶官吏有所持循,政令不至废弛"。此项决定"已经遍行合属,依上施行去讫"②。因此,中外各级衙门编集格例,成为风气。王都中任浙东道宣慰副使,"时经制未立,公患吏易于舞〔文〕,汇集条画、断例为八十帙,俾有所遵守而无以容其奸"③。徐泰亨"试吏平江"时,"宪府以时所引用断例不一,求文学吏整比之。君定自中统讫大德,为之纲目,条分理贯,简而易求,约而可守,览者便之"④。"太平狱曹"朱从善,"虽业吏,间涉书史。由国初至今诏令例格,纂集成

---

①　《上奏一纲二十目》,《元代奏议集录》(下),浙江古籍出版社,1998年,第82页。

②　《元典章》卷首"大德七年中书省劄节文",第1页上。

③　黄溍《正奉大夫江浙等处行中书省参知政事王公墓志铭》,《金华黄先生文集》卷三一,《四部丛刊》本,第315页下—316页上。

④　黄溍《青阳县尹徐君墓志铭》,《金华黄先生文集》卷三四,第351页下。

编,恪遵绳矩,裨其官之不逮焉"①。都说明这种现象的普遍存在。这是一方面。另一方面,民间亦需要法律知识,了解政府的各种规定,知所趋避。当时在民间流传颇广的日用百科全书型的类书《事林广记》中,收录《至元杂令》和《大元通制》的部分条文②,便反映了这种需要。郑介夫又说:"民间自以耳目所得之敕旨条令,杂采类编,刊行成帙,曰《断例条章》,曰《仕民要览》,各家收置一本,以为准绳。"《断例条章》、《仕民要览》是民间自行编纂的法律文书汇编,显然是书坊的印刷品,才有可能家置一本。元代著名学者吴澄在《大元通制条例纲目后序》中说,英宗时颁行的《大元通制》,"为皇元一代之新律矣"。"吾郡张绍渐渍儒术,练习法律,为律吏师。《通制》未成书之时,编录诏条及省部议拟通行之例,随所掌分隶六部,题曰《大元条例纲目》。枚茎朗例,采拾该遍,由初逮今,垂四十载,功力勤甚。绍已自叙于前,而予嘉其可以辅《通制》之书,故又为之后序"③。张绍是"练习法律,为律吏师"的人士,很可能本身就是吏员。他"编录诏条及省部议拟通行之例",目的显然是为了出版,用以满足政府官吏和民间

---

① 陶安《送朱从善引》,《陶学士集》卷一五,文渊阁《四库全书》本,第1225册,第759页上。

② 《事林广记》壬集卷九,见《和刻本类书集成(第一辑)》,上海古籍出版社影印,1990年,第401页下等处。

③ 《吴文正公集》卷一一,明成化刊本;又见《吴文正集》卷一九,文渊阁《四库全书》本,第1197册,第210页下、211页上。

两方面的需要。张绍的著作和郑介夫所说《断例条章》、《仕民要览》无疑是同一类型的作品。而吴澄说张绍的书将"诏条"和"省部议拟通行之例"汇集在一起,"随所掌分隶六部",这种六部分类的体例,与《元典章》是完全一致的。

可以认为,此类衙门官吏和民间人士编纂的法律文书汇编在元代是为数甚多,相当流行的,作者佚名的《元典章》(包括《元典章新集》,下同)就是其中的一种。清朝修《四库全书》时,断定《元典章》"乃吏胥钞记之条格"①,可以说是有眼光的。但此类著作大多散佚,只有《元典章》有幸完整地保存了下来。

二

《元典章》是研究元史、中国法制史以及中国中古语言的重要文献,这是学术界公认的。从史料学的角度来看,它的学术价值,一在于涵盖面广,所收集的圣旨、条画、案例涉及元代社会生活的许多重要方面。二是它所收录的圣旨、条画、案例都是原始的第一手资料,其中很多为他处所无,仅见于此。这两方面的价值,在《元典章》的《户部》中,都有充分的体现。就涵盖面来说,《户部》所收资料主要反映元朝的经济管理制度,包括户籍、赋税、杂役、

---

　　① 《四库全书总目》卷八三《史部·政书类存目一》,中华书局影印,1965年,第714页上。

和雇和买、货币（钞法）、财政收支、借贷、仓库管理等，此外还有农业生产、租佃关系、家庭婚姻、财产继承等内容，是很广泛的。从资料的原始性来说，《户部》所收的圣旨、条画、案例，一般都是原文照录，大体保持原来面貌（少数有删改，详下），是可靠的第一手资料，而且有很多为其他文献所无。完全可以说，就研究元代经济史和家庭婚姻史而言，《元典章·户部》是最重要的文献。下面试举几个例子。

元朝海外贸易兴旺发达。当时称海外贸易为"市舶"。为了管理市舶，元朝政府先后两次颁布有关法则。一次在元世祖末年，共二十三条。这是在南宋各种有关市舶的政策法令基础上综合修订而成的。第二次在仁宗延祐元年（1314），二十二条，则是在至元法则基础上调整修订的。宋朝政府曾颁发过若干有关市舶的规定，但没有一个全面、完整的市舶条例。至元三十年（1293）颁布的市舶法则可以说是现存的中国历史上第一个完整的市舶条例，对市舶的各种问题都作出了明确的规定。这份法则对此后的市舶管理有很大的影响。它在《元史》卷九四《食货志二·市舶》中只有简要的摘录，有不少重要内容均被删节。而《元典章》卷二二《户部八·市舶》载有全文，从中可以看到元代市舶制度全貌。例如，舶货抽分有关国家财政收入，是市舶管理中最重要的问题之一。《元史》卷一二《世祖纪九》记，至元二十年六月，"定市舶货抽分例，舶货精者取十之一，粗者十之五"。《元史》卷九四《食货志二·市舶》记，忽必烈平江南后，舶货"以十分取一，粗者十五分取一"。但未言此是何时规定。同文又记："二十年，遂定抽分之法。"但无具体内容。同文叙述三十年"市舶抽分杂禁"（即市舶法则），也没有提到抽分比例①。而《元典章》卷二二《户部八·市舶》"市舶则法二十三条"所载法则全文，明确说："比及定夺以来，止依目今定例抽分，粗货十五分中一分，细货十分中一分。"②由此可以断定，《元史》卷一二《世祖纪九》中"粗者十之五"有误，应为"粗者十五取一"。也就是说，至元二十年规定舶货按精、粗分别抽分之法，精者十取一，粗者十五取一，至元三十年制定法则时又加以重申。

　　盐课是元朝财政收入的重要来源，元朝政府对盐业生产和流通、盐课的征收十分重视，为此颁布了一系列政策法令。如至元二十二年（1285）"设立常平盐局条画"、至元二十九年（1292）"办盐课条画"、大德四年（1300）"新降盐法事理"、延祐五年（1318）"申明盐课条画"、延祐六年（1319）定"盐法通例"等，对盐的生产和运销作出了具体的细致的规定③。这些政策法令，对于了解元代盐的产销和盐课征收具有极其重要的意义。在其他文献中，例如《元史》卷九四《食货志二·盐法》，关于这些政策法令只有简单的片段的记载，其完整形态只有在《元典章》卷二

---

① 《元史》，中华书局点校本，1976年，第255、2401、2402页。
② 《元典章》，第266页下。
③ 《元典章》，第250页上、250页下、251页下、254页下、255页下。

二《户部八·盐课》中能找到。

　　元代的婚姻制度,呈现复杂多元的状态。在《元典章》卷一八《户部四·婚姻》中,有"婚礼"、"嫁娶"、"官民婚"、"军民婚"、"休弃"、"夫亡"、"收继"、"不收继"、"次妻"、"驱良婚"、"乐人婚"、"服内婚"等目,收录了元代婚姻制度的有关法令和大量案例,是研究元代婚姻、家庭的最基本也是最可靠的资料,多数是其他文献中没有的。其中有关收继婚和赘婿婚的资料最为可贵。"乐人婚"中"乐人嫁女体例"、"禁取乐人为妻"等则对于了解元朝教坊司系统艺人的身份、地位具有重要价值。

　　中国古代主要行用金属货币,而有元一代通行钞法,这在中国古代是很特殊的。元朝政府发行纸钞,作为流通的货币。纸钞在元代社会经济生活中扮演着非常重要的角色。元代文献中有关钞法的记载很多,《元史》卷九三《食货志一·钞法》简明扼要,但不少重要内容被忽略,其他文献中记载均较分散。《元典章》卷二〇《户部六·钞法》门共收诏旨、条画、案例三十一则,其中有至元十九年(1282)的"整治钞法条画"、至元二十四年(1287)的"至元宝钞通行条画"、大德二年(1298)的"倒换昏钞体例"、至大四年(1311)的"住罢银钞铜钱使中统钞诏"等①,都是元朝钞法的珍贵文献。除了"倒换昏钞体例"见于《通制条格》之外,其余几件都是其他元代文献中没有收录的。

――――――――――

　　① 《元典章》,第222页下、223页上、226页下、224页下。

"钞法"门收录有关昏钞、伪钞、挑钞的文书、案例非常丰富,对于研究这些问题有很高的价值。

　　元代高利贷盛行,其中回回人发放的高利贷,称为斡脱钱。斡脱钱利上加利,"谓之羊羔利,积而不已,往往破家散族,至以妻子为质,然终不能偿"①。斡脱钱在蒙古前四汗时期是一个严重的社会问题,忽必烈即位次年(中统二年,1261)下令:"止还一本一利。"正式加以限制②。元代文献中涉及斡脱钱者不少,但多为片言只语,或仅云具体事例。《元典章》卷二七《户部十三·钱债》专门有"斡脱钱"目,内有五则。三则是至元二十年(1283)二月、至元二十九年(1292)七月和大德五年(1301)六月的圣旨,其余二则是大德年间江西行省和江浙行省有关斡脱钱的文书。对于了解世祖、成宗时期斡脱钱情况是至关重要的资料。

　　《元典章·户部》的其他记载,对于研究相关的问题,也都是很有价值的,例如元成宗大德元年(1297)起征江南夏税,元英宗延祐七年(1320)科征江南包银和回回人户包银,在《元史》中只有简略的记载,且有重大遗漏。而《元典章》卷二四《户部十·租税》和《元典章新集·户部》却将有关的三件圣旨都加以收录,使我们对两件事有

① 宋子贞《中书令耶律公神道碑》,《国朝文类》卷五七,《四部丛刊》本,第636页上。
② 《元典章》卷二七《户部十三·钱债·私债》"钱债止还一本一利"条,第300页下。

更全面的了解①。其他还有很多，这里难以一一列举。

三

为了说明《元典章·户部》的史料价值，我们可以将它和《通制条格》作一些比较。

《通制条格》是元代中期官修政书《大元通制》的一部分，对于研究元代社会和法制都有很高的价值，这是众所周知的。《大元通制》成书于元仁宗时，正式颁行于英宗至治三年（1323）。黄时鉴教授说："大致在编订《大元通制》的同时，元廷还纂修了《大元圣政国朝典章》（简称《元典章》），……《元典章》是仿照《唐六典》编纂的元朝制度法令的大全，不是专门的法典，但其中包括了许多法典的内容。"②方龄贵教授说："《元典章》是一部大部头的政书，体例和《大元通制》不同，成书时间和《大元通制》相近，确年无考。关于它和《大元通制》的关系不明。"③关于《元典章》成书的年代本文第一部分已有说明，它和《大元通制》成书的年代确实是很相近的。但元廷纂修《元典章》之说于史无据，当然也难以称之为"政书"。方先生说两者的"关系不明"，用语是很审慎的。如本文上面所说，《元典章》是民间编纂刊行的法律用书，《大元通制》则是官修的

---

① 参看陈高华、史卫民《中国经济通史·元代经济卷》，经济日报出版社，2000年，第559—561页，第608—614页。

② 《通制条格·点校说明》，浙江古籍出版社，1986年。

③ 《通制条格校注·前言》，中华书局，2001年。

一部政书,两者性质完全不同,可以说没有关系。作为官
修的政书,收入《大元通制》的圣旨、条画、案例,其取舍是
经过认真推敲的:"仁庙皇帝御极之初,中书奏允,择耆旧
之贤、明练之士,时则若中书右丞伯杭、平章政事商议中书
刘正等,由开创以来政制法程可著为令者,类编折衷,以示
所司。……延祐三年夏五月,书成,敕枢密、御史、翰林国
史、集贤之臣,相与正是。"英宗即位后,又命大臣"暨议政
元老,率其属众共审定。"①也就是说,《大元通制》的内容
先后在朝廷中多次讨论审议,然后公诸于世。因此,具有
法律的效力,为各级政府所遵循。与之相反,《元典章》是
民间文人或胥吏编纂的,只供参考之用,因而取舍与《大
元通制》便有明显的不同。它所收圣旨、条画、案例没有
经过严格的审核,带有相当的随意性。我们可以举一些例
子说明。

　　关于市舶法则。上面说过,元朝有两件市舶法则。
《元典章·户部》收录的是至元三十年的市舶法则,而《通
制条格》卷一八《关市》收录的是延祐元年的市舶法则,未
收至元三十年的法则。这是因为,延祐元年的市舶法则对
至元三十年的法则作了重大修改,主要是抽分则例有变
化。至元三十年的法则规定,舶货中粗货(一般货物)十
五分抽一,细货(高档货物)十分抽一。而延祐元年法则
改为粗货十五分抽二,细货十分抽二,加重了一倍。《通

---

① 孛术鲁翀《大元通制序》,《通制条格校注》卷首。

制条格》收入延祐元年法则，就是要照后一种抽分标准执行。如果收入至元三十年的法则，只会引起误会。《元典章》的编纂者也许没有见到延祐元年的法则，也许出于其他原因，只收录了已经过时的法则①。

关于收继婚。《元典章》卷一八《户部四·婚姻》内"收继"目收录了至元八年(1271)十二月"小娘根底、阿嫂根底收者"的圣旨，另有"弟收兄嫂"案例七件。内六件发生在至元六年(1269)、九年、十年，均得到政府认可。只有延祐五年(1318)一起妇女夫死守志、公婆强令小叔收继案件，被判有罪。《通制条格》卷三《户令》内"收嫂"门没有收录至元八年十二月的圣旨，只收录案例八件，但与《元典章》"收继"门无一相同。而且其中七件都是因故"难议收继"，只有一件弟收兄嫂，又要与人作婿，判决作婿无效。两相比较，差别是明显的。元朝前期政府允许甚至提倡收继(主要是弟收兄嫂)。但到元朝中期，政府对收继婚的态度已明显有所改变，不但不提倡，而且处处加以限制。《元典章》是民间编纂的，收录案例有很大随意性，因而收录大量前期允许收继的例子。《通制条格》的收录则体现元朝中期政府的婚姻政策。两者区别由此而来②。

----

① 后来官修的《至正条格》，亦只收延祐元年法则。见《至正条格》(影印本)断例卷一二《厩库·市舶》，韩国学中央研究院编，2007年。

② 在《通制条格》颁布后不久，文宗至顺元年(1330)正式下令："禁收庶母并嫂。"见《至正条格》(影印本)断例卷八《户婚》。

　　由以上例子可以看出,《元典章》和《通制条格》所收
法令和案例,标准是不同的。认真对两书的记载加以综
合、分析,我们对于有关制度在元代的发展变化便会有比
较全面的认识。

　　又,从史料学的角度来看,则可以说两者有互补的
作用。

　　有的文书,两书均收,但《元典章·户部》所收为原
文,《通制条格》则作了修改,从中可看出制度的发展变
化。例如《元典章》卷一七《户部三·户计·分析》有一件
文书,全文是:

　　　【父母在许令支析】至元八年七月,御史台承尚
书省札付:来呈:"监察御史体究得,随处诸色人家,
往往父母在堂,子孙分另,别籍异财,实伤风化。乞照
详。"送户部讲究得:"唐律:'祖父母、父母不得令子
孙分另别籍。'又旧例:'女真人,其祖父母、父母在日
支析及令子孙别籍者,听。'又条:'汉人不得令子孙
别籍,其支析财产者,听。'今照得仕民之家,往往祖
父母、父母有支析文字,或未曾支析者,其父母疾笃及
亡殁之后,不以求医、侍疾、丧葬为事,止以相争财产
为务。原其所由,自开创以来,其汉人等别无定制,以
致相争,词讼纷扰如此。若依旧例,卒难改革。以此
参详,随代沿革不同,拟合酌古准今,自后如祖父母、
父母许令支析别籍者,听,违者治罪。"省府准拟,仰

照验施行。①

此文书亦见于《通制条格》卷三《户令·亲在分居》：

> 至元八年六月，尚书省。御史台呈："监察御史
> 体究得，随处诸色人等，往往父母在堂，子孙分另别籍
> 异财，实伤风俗。"送户部讲究得："旧例：'祖父母、父
> 母不得令子孙别籍，其支析财产者，听。'今照得士民
> 之家，往往祖父母、父母在日，明有支析文字，或未曾
> 支析者，其父母疾笃及亡殁之后，不以求医、侍疾、丧
> 葬为事，止以相争财产为务。以此参详，拟合酌古准
> 今，如祖父母、父母在，许令支析者，听，违者治罪。"
> 都省准拟。②

两相比较，可以看出，《元典章·户部》所载是原文，
《条格》的文字显然是经过改写的。《典章》中最后是"祖
父母、父母许令支析别籍者，听"，而《条格》则没有"别籍"
二字。这一区别，不能视为文字的脱落，而应理解为政策
的变化。以《唐律》为代表的中原法律传统强调祖父母、
父母在不许别籍异财，如经祖父母、父母同意，子孙可以异
财，但仍不得别籍。金朝法律因民族而异，女真人经祖父
母、父母同意，子孙可以别籍异财。汉人则仍遵循《唐律》
的规定。元初放宽对汉人的限制，只要祖父母、父母同意，
子孙不仅可以异财，也可以别籍，即自立户头。《条格》删

---

① 《元典章》，第 191 页上。
② 《通制条格校注》，第 112 页。

去"别籍"二字,说明到元朝中期又回到唐律和金律的原则上,即祖父母、父母在,可以异财,但不许别籍①。如果不对《元典章》和《通制条格》加以比较,这个变化也许就难以说明了。

现存《通制条格》是明初写本,其中不免有漏字、错字,《元典章》是元代坊刻本,亦有类似问题。两者凡内容相同者,文字可以互校,取长补短。以《元典章·户部》补正《条格》之例,如《通制条格》卷一六《田令·司农事例》收录大德二年(1298)三月圣旨节该,后面一段文字是:"这圣旨这般宣谕了呵,城子里达鲁花赤每总管每,好生用心禁约呵,觑面皮不教陪偿呵,咱每根底奏者。"②《元典章》卷二三《户部九·农桑·栽种》"禁斫伐桑果树"条内容同,但"好生用心禁约呵",前多一"不"字③。一字之差,意义大不相同。在蒙古语硬译文体中,"呵"一般作为语气助词,相当于"如果"、"的话",也可以作为动词的附加成分,相当于"时"。上面一段话的意思是:圣旨宣布了时,城中达鲁花赤们,如果不用心禁治,如果照顾关系不让赔偿,都要上奏,听候处理。因此,加"不"才是正确的。当然,《条格》的记载有不少可用来校正《元典章》的文字,下面亦会谈到。

---

① 刘晓《试论累世同居共财在元代的发展及其特点》,《中国经济史研究》2001 年第 1 期。

② 《通制条格校注》,第 473 页。

③ 《元典章》,第 284 页上。

　　总之,《元典章·户部》和《通制条格》都有很高的史料价值,为探究元代史事所不可或缺。两书性质不同,内容取舍不一样。两者收录的诏令和案例,有互相补充的作用,文字亦可互校。这是我们讨论《元典章·户部》史料价值时必须重视的问题。

四

　　上面我们讨论了《元典章·户部》的史料价值。但必须指出的是,现在传世的元刻本《元典章》是民间书坊刻印的,疏漏和错讹颇多,在阅读和使用时必须注意。下面举一些例子。

　　1.《元典章》卷一五《户部一·禄廪》:

　　【官吏添支俸给】尚书省送据户部呈:照拟到各项事理。至大二年十二月二十八日,玉德殿西耳房内有时分,昔宝赤大都丞相等奏:"天下诸衙门官吏俸钞不敷的上头,交俺商量了添与者,么道,行了诏书来。……"①

　　按,此件文书又见《秘书监志》卷二《禄秩》:

　　至大二年十二月二十八日,只儿哈郎怯薛第三日,玉德殿西耳房内有时分,昔宝赤大都丞相、玉龙帖木儿丞相、宝儿赤朵列秃火者、太顺司徒、速古儿赤抹

---

① 《元典章》,第176页下。

乞等有来。太尉脱脱丞相、太保三宝奴丞相、伯颜平章、忙哥帖木儿左丞(相)等奏:"天下诸衙门官吏俸钞不敷的上头,交俺商量了添与者,么道,行了诏书来。……"①

两相比较,可知《元典章·户部》作了删节,而这种删节是不合理的。元朝制度,大臣向皇帝奏事时,必有怯薛成员在场。官方文件照例开头先要说明奏事时间、轮值怯薛班次、地点,其次是轮值怯薛人员名单,然后才是奏事大臣名单与奏事内容。从"昔宝赤大都丞相"到"速古儿赤抹乞"都是在场的怯薛成员,"太尉"以下才是奏事的大臣。官方文书中开头的怯薛轮值班次和怯薛成员、奏事大臣两种名单,是研究元代政治史的重要资料。《元典章》的编纂者任意删节,以致在场的怯薛成员成了奏事的大臣,这样便严重损害了这件文书的史料价值。

2.《元典章》卷二三《户部九·农桑·立社》:

【劝农立社事理】至元二十八年尚书省奏奉圣旨节该:……今将圣旨定到条画开坐前去,仰依上劝课施行。……

前项农桑水利等事,专委府州司县长官不妨本职提点勾当。若有事故差去,以次官提点。如或有违慢沮坏之人,取问是实,约量断罪。如有恃势不伏或事重者,申覆上司究治。其提点不得勾集百姓,仍依时

---

① 《秘书监志》,浙江古籍出版社,1992年,第41页。"相"字衍。

月下村提点。……据每县年终比附到各社长农事成否等第,开申本管上司。却行开坐所管州县提点官勾当成否,编类等第,申覆司农司及申户部照验,才候任满,于解由内分明开写,排年考较到提点农事功勤惰废事迹,赴部照勘呈省。钦依见降圣旨,比附以为殿最。提刑按察司更为体察。[①]

按,《通制条格》卷一六《田令·农桑》亦收此条画,以上一段文字有几处不同。(A)"差去"作"差出"。(B)"如或有"作"如但有"。(C)"如有恃势不伏"作"若有恃势不伏"。(D)"其提点"作"其提点官"。(E)"开申本管上司。却行开坐……"作"开申本管上司,通行考较。其本管上司,却行开坐……"。以上五处差异,(B)(C)文意差别不大,不好判断。(A)(D)(E)则可以确定是《元典章》的疏漏。特别是(E),有严重的脱漏,以致文义难解。应以《条格》文字来校正[②]。

3.《元典章》卷一八《户部四·婚姻·军民婚》:

【军民户头得为婿】至元十年六月,枢密院:会验军户召到女婿,已有奏奉圣旨条画,遍行随路,钦依去讫。今照得各处见申,军户召到养老、出舍女婿,因而争告,事发到官,于内多无婚书,虽有元立媒证,其间

---

① 《元典章》,第 278 页下,第 279 页下—280 页上。
② 《至正条格》(影印本)条格卷二五《田令·农桑事宜》亦载此条画,文字与《通制条格》同。

情弊不无,或有身死事故,难以归结,深为未便。枢府议得,今后若有军民召女婿,须受合同户主婚亲人写立婚书,于上该写"养老"、"出舍年限"语句,主婚、媒证人等书名画字,如此明白,不致争差。外,据正军、贴户承继元户军民户头者,得与人家作养老、出舍女婿。仰依上施行。①

《通制条格》卷四《户令·嫁娶》亦收此件,文字有删节:

　　至元十年闰六月,枢密院。照得各处军户召到养老、出舍女婿,争讼到官,多无婚书,深为未便。议得,今后若有军民招召女婿,须管令同户主婚亲人写立婚书,于上该写"养老"、"出舍年限"语句,主婚、媒证人等书画押字。外,据贴户、正军承继本户军名为户头者,不得与人家作养老、出舍女婿。②

这一段文字涉及元朝的军户制度。元朝的军户有专门的户籍。军户的义务是出丁当军。军户分正军户、贴军户,正军户和若干贴军户共出一军,一般是正军户出军,贴军户出钱资助,正军户就成了户头,即所谓"军名户头"。但有时正军户家中没有合适的丁男,便由贴军户出军,正军户资助,这时贴军户便成了户头。待正军户家有合适的丁男可以出军,再加以轮换。元朝政府采取多种措施,保

---

① 《元典章》,第203页上。
② 《通制条格校注》,第177页。

持军户户籍的稳定,实际上也就是保持军队有充足的兵源。落实到婚姻制度,元朝政府采取的一项措施便是不许"承继本户军名为户头"的正军或贴军"与人家作养老、出舍女婿",因为如与他人作养老、出舍女婿,势必脱离原来的户籍,影响军籍的稳定。因此,《条格》的文字是正确的。《元典章》所云"得与人家作养老、出舍女婿"是错的,漏了"不"字,意义完全不同。还应指出,《元典章》的"军民户头"也是不对的,应以"军名户头"为是。《元典章》还以"军民户头得为婚"为此件文书的标题,更是不通。说明编纂者不是一时的疏漏,而是不理解此则文书的涵义。

4.《元典章》卷一八《户部四·婚姻·军民婚》:

【军殁妻女嫁例】元贞二年,江西等处行中书省准枢密院咨:准中书省照会:"来呈,'江西行省咨,龙兴万户府申,新附军人崔福妻阿王将女梅姑嫁与民户张提领为妻。切照军人户下女儿,系已籍定军属。本省参详,军人正身亡殁,户下弟侄儿男,理合承替军役,所据抛下妻室,若有必合收继者,依例收继。如有应收之人,拟合照依腹里婚嫁军人妻女,从其所愿相应等事。具呈照详。'得此,送礼部照拟得:'宜从江西行省所拟相应。'"①

《通制条格》卷四《嫁娶》收上述文书的后半部分:

---

① 《元典章》,第 203 页上。

　　元贞元年十二月,中书省。枢密院呈:"军人正身亡殁,户下弟侄儿男,理合承替军役,所据抛下妻室,若有必合收继者,依例收继,如无应收之人,从其所愿。"礼部照拟得:"宜从所拟。"都省准呈。①

　　元朝政府规定军人死后,抛下妻室"依例收继",其用意亦是保证军户的稳定,有人承当军役。这条规定是具有强迫性的。只在没有"应收之人"时,才允许军人抛下妻室"从其所愿",改嫁他人。"如有应收之人"就不能"从其所愿",因而《元典章》明显是错的。《通制条格》作"如无应收之人"是对的。"有"、"无"一字之差,意义完全相反。还应指出的是,此件起因是军人女儿嫁与民户,"军人户下女儿,系已籍定军属",显然嫁与民户亦受限制。但江西行省的处理意见则针对军人亡殁抛下妻室再嫁而发,完全不提军人女儿问题,中间似有脱文,惜已无从查考。《元典章》以"军殁妻女嫁例"为题,显然是不合适的。

　　上面几个例子,有的是任意删改,有的是错字、漏字,足以说明《元典章·户部》的编纂工作是相当草率的。有些错讹之造成,很可能由于编纂者对有关制度不甚了了所致。应该指出的是,以上数例都有其他文献可用来校证,错误易于发现。《元典章·户部》中还有一些记载,无其他文献可以校证,虽然明显有误,但难以补正,只好存疑。

---

　　① 《通制条格校注》,第 176 页。

洪金富先生作《〈元典章〉点校释例》①,对《元典章》中两
例进行讨论,其中一例为《户部四·婚姻》的"叔收嫂,又
婚元定妻"条。此条记载"因《典章》编者剪裁原文过甚,
诸人关系因而晦涩不明,益以抄者梓者误抄误刻,后人读
来更感迷离,难以究诘"。洪先生对此作出了解读,但承
认并不圆满,"亦有懈可击"。诚如洪先生所言:"惟《典
章》文书,戛戛乎其难者多,稍一不慎,即有句读错误之
嫌。"根据我们的体会,在《元典章》的各部分之中,"户部"
的解读难度可能更大一些。

五

　　20 世纪以来,《元典章》的研究和整理工作一直受到
国内外学术界的重视。学术大师陈垣先生可以说是最早
认识《元典章》价值的学者,他的成名作《元也里可温考》
(1917 年)已大量引用《元典章》的资料。1930 年他发表
《沈刻元典章校补》一书,筚路蓝缕,对《元典章》的整理有
开创之功。日本京都大学人文科学研究所从 20 世纪 50
年代起,组织一批著名学者参加的《元典章》读书班,经过
十余年的努力,完成了《元典章·刑部》校定本,产生了很
大的影响。此后,中国大陆、中国台湾、日本和美国,都有
学者从事《元典章》的研究和整理,取得了可喜的成绩。
　　从上个世纪 90 年代后半期起,中国社会科学院历史

---

　　①　《中国史研究》2005 年第 2 期。

研究所成立了陈高华主持的《元典章·户部》读书班，参加者主要是历史所和北京大学的青年研究者，以及日本、韩国的进修生，后来还有别的人员参与。原来的意思是想通过集体讨论的方式，培养青年研究者阅读、利用《元典章》的能力，同时也对《元典章·户部》进行整理。读书班断断续续进行了将近十年，到 2007 年告一段落。在阅读、讨论过程中，我们对《元典章·户部》的重要价值有了更多的认识，也深感此书存在问题很多，以及整理之不易。

　　《元典章·户部》整理中遇到的问题，可以归纳为以下几个方面。（1）脱漏和任意删改之处甚多，校正的难度很大。这从上面举的一些例子可以看出来。（2）所收文书中约有一百五十件左右诏令类文书用蒙古语硬译公牍文体写成，句法乖戾，难以卒读。（3）所收案例大多用吏牍文字写成，短的寥寥数语，长的多达二三千字，反复征引各级政府文书，层次甚多，不易分辨。（4）许多内容涉及元朝特有的各种制度（如上述婚姻与军户制度），如不了解有关制度，点校工作亦难以做好。

　　《元典章》的整理作品，已有多种，除上述"刑部"外，"台纲"、"兵部"亦都有点校本。我们的整理工作，称为《元典章·户部校释》。在体例上分为四个部分。首先是经过校正和标点的"正文"。其次是"参考文献"，即收录与"正文"史源相同，可以互相参照的有关资料，如《元史》、《通制条格》等书的记载，以资比较。三是"校注"，可分三类。一类是文字校勘的记录。一类是特殊辞汇的解释,包括职官、民族、制度、地名、人物、元代惯用语汇等。还有一类是对文书往来关系(上下级、同级、中央和地方等)的说明。四是"解题",主要讲述我们对"正文"的理解和认识。采用这样的体例,是一种尝试。整理工作由陈高华、张帆、刘晓负责。部分成果已经陆续发表。如上所说,《元典章》的整理,有一些特殊的困难。我们的工作肯定有许多不妥之处,衷心希望得到批评指正。

原载《中华文史论丛》2008 年第 2 期

《至正条格·条格》初探

　　2002 年,韩国的韩国学中央研究院工作人员在庆州调查古文书时,发现了元刊《至正条格》残本。2007 年 8 月,韩国学中央研究院主办的"蒙元时期法律文化及丽元交流研究"国际学术研讨会在首尔召开,会上公布了元刊《至正条格》残本的影印本和校注本。校注本是由韩国庆北大学李玠奭教授、首尔大学金浩东教授和日本京都大学人文科学研究所金文京教授共同完成的。除了正文的校注外,还有三种附录和四篇论文①。

　　元刊《至正条格》残本的发现,对于元代社会历史和中国法制史的研究,都有重要的意义。元刊《至正条格》残本由"条格"和"断例"两个相对独立的部分组成。本文拟对《至正条格》的"条格"部分(以下称为《至正条格·

---

① 金浩东《〈至正条格〉之编纂及元末政治》,李玠奭《〈至正条格〉之编纂及其法制史上的意义》,金文京《有关庆州发现元刊本〈至正条格〉的若干问题》,安承俊《有关〈至正条格〉的所藏及保存原委之考察》。

条格》）作初步的考察。抛砖引玉，衷心希望得到指正。

一

元朝建立后，很长时间没有修律，只是根据施政的需要，不断颁布各种条画和法令。到了元仁宗即位后，指定官员，汇集各种条画和法令，编成《大元通制》一书。《大元通制》分为三部分："一曰诏制，二曰条格，三曰断例。"①《大元通制》完成于延祐三年（1316），正式颁布于英宗至治三年（1323）。此书久佚。20 世纪 30 年代北平图书馆将原内阁大库所藏明初墨格写本影印出版，但只有《条格》部分 22 卷，是一个残本。这个残本以《通制条格》之名行于世，受到研究者的重视。

元顺帝（1333—1368 年在位）即位之初，苏天爵上书要求续编《通制》，他说："英宗皇帝始命中书定为《通制》，颁行多方，官吏遵守。然自延祐至今，又几二十年矣。夫人情有万状，岂一例之能拘，加以一时官曹材识有高下之异，以致诸人罪状议拟有轻重之殊，是以烦条碎目，与日俱增。每罚一辜，或断一事，有司引用，不能遍举。若不类编，颁示中外，诚恐远方之民或不识而误犯，奸贪之吏独习知而舞文。事至于斯，深为未便。宜从都省早为奏闻，精选文臣学通经术、明于治体、练达民政者，圆坐听读，定拟

---

① 《元史》卷一〇二《刑法志一》，中华书局点校本，1976 年。

去取,续为《通制》,刻板颁行。"①文中提到"宜从都省早为奏闻",可知此文不是直接上奏皇帝,而是苏天爵任监察御史时向御史台上书,请求御史台建议"都省"(中书省)将此事向皇帝上奏。元末著名文臣欧阳玄作《至正条格序》,其中说:"至元四年(1338)戊寅三月二十六日,中书省臣言:'《大元通制》为书,缵集于延祐之乙卯,颁行于至治之癸未(亥)。距今二十余年。朝廷续降诏条,法司续议格例,岁月既久,简牍滋繁,因革靡常,前后衡决,有司无所质正。往复稽留,奸吏舞文。台臣屡以为言,请择老成耆旧文学法理之臣,重新删定为宜。'"②"台臣屡以为言",也就是御史台主管官员屡次就此建议,其中无疑有苏天爵的贡献。中书省臣上奏发生了作用,"上乃敕中书专官典治其事,遴选枢府、宪台、大宗正、翰林集贤等官明章程习典故者,遍阅故府所藏新旧条格,杂议而圜听之,参酌比校,增损去存,务当其可。书成,为《制诏》百有五十,《条格》千有七百,《断例》千五十有九。至正五年冬十一月十有四日,右丞相阿鲁图……等入奏,请赐其名曰:《至正条格》。上曰:'可。'既而群臣复议曰:'《制诏》,国之典常,尊而阁之,礼也……《条格》、《断例》,有司奉行之事也……请以《制诏》三本,一置宣文阁,以备圣览,一留中书,[一]藏国史院。《条格》、《断例》,申命锓梓示万方。'

---

① 苏天爵《乞续编通制》,《滋溪文稿》卷二六,中华书局,1997 年。
② 欧阳玄《至正条格序》,《圭斋文集》卷七,《四部丛刊》本。

上是其议。"①《元史·顺帝纪》简要记录了修纂的过程,可与上述文字相互补充。顺帝后至元四年(1338)三月,"命中书平章政事阿吉剌监修《至正条格》"②。后至元六年(1340)七月,"命翰林学士承旨腆哈、奎章阁学士巙巙等删修《大元通制》"③。至正五年(1345)十一月,"《至正条格》成"。至正六年四月,"颁《至正条格》于天下"④。需要说明的是,后至元四年三月这一工作启动时,尚无《至正条格》一名。上述"监修《至正条格》"云云,应是后人修史时任意改动造成的⑤。

由上文可知,《至正条格》作为书名,出于执政官员的建议。中书参知政事朵尔直班"以谓是书上有祖宗制诰,安得独称今日年号;又律中条格乃其一门耳,安可独以为书名? 时相不能从,唯除制诰而已"⑥。书名用至正年号,表明修纂年代,还说得过去。此书和《大元通制》一样,由《制诏》、《条格》、《断例》三部分组成,现在单以"条格"为书名,则是没有道理的。"时相"应指阿鲁图,他自称"素

① 《至正条格序》。
② 《元史》卷三九《顺帝纪二》。
③ 《元史》卷四〇《顺帝纪三》。
④ 《元史》卷四一《顺帝纪四》。
⑤ 金文京教授认为"删修《大元通制》之举与《至正条格》之编纂当是两回事"(《有关庆州发现元刊本〈至正条格〉的若干问题》)。从《至正条格》残本来看,它无疑是将《大元通制》修订补充而成的。元朝怎么可能同时进行两种性质相同的法典修订工作呢?
⑥ 《元史》卷一三九《朵尔直班传》。

不读汉人文书,未解其义"①,所以才会出现这样不合适的
书名。所谓"唯除制诰而已",则指颁行时只有《条格》、
《断例》两部分而言。《至正条格》由朝廷颁行,实际上便
成为"有司奉行"的法典。现存元代政书《南台备要》(南
御史台文书汇编)成书于《至正条格》之后,其中所收文
书,不止一次引用《至正条格》作为依据。例如,有人提
出,中书省派出人员"通报事情,办集公务,往往推称缘故
及托病,不经由元行站道,辄乘站船,恣意远转,探觑亲戚,
不行回还,以致公事迟慢。若不立法,深为未便"。中书
省交刑部处理。刑部"检会到《至正条格》内"二款作为依
据,提出处理意见。中书省同意施行。说明《至正条格》
确为各级政府机构遵循②。

　　明初修《永乐大典》,将《至正条格》收入。明人《文渊
阁书目》载:"元《至正条格》一部,三十八册。"③则此书明
代尚在。《千顷堂书目》收"《至正条格》四册",但系后人
增补,不见于黄虞稷原书。难以据此推断《至正条格》存
佚④。清乾隆朝修《四库全书》,其"史部四十·政书类存
目二"中收"《至正条格》二十三卷。《永乐大典》本。元
顺帝时官撰,凡分目二十七……原本卷数不可考,今载于

　　①　《元史》卷一三九《阿鲁图传》。
　　②　洪金富点校《元代台宪文书汇编》,台北中研院史语所,2003 年,第
181 页。
　　③　《文渊阁书目》卷三"宿字号第一厨书目·刑书",《四库全书》本。
　　④　《千顷堂书目》卷一〇"政刑类补",上海古籍出版社,2001 年。

《永乐大典》者，凡二十三卷"①。此应是《至正条格》的
《条格》部分（见下），修《四库全书》时从《永乐大典》辑
出，已非完璧。但《四库全书》将它列入"存目"，此本没有
保存下来。钱大昕作《元史艺文志》，在"史部·刑法类"
著录"《至正条格》二十三卷"，与《四库全书》同。但钱氏
是否看到过此书，尚难断言②。此后，这部书再未见著录，
论者都以为已从世上消失。1983—1984 年，内蒙古文物
考古所等单位在额济纳旗黑城遗址获得元代文书多种，其
中有《至正条格》残页，"共有八张，用纸有宣纸和麻纸两
种，刻文都是赵孟頫体大字，且字体书写风格相同，应是同
一雕版两次印造的"③。方龄贵先生见到残叶图版后说：
"吉光片羽，借以得识庐山真面，足为平生快事。"④反映了
研究者的共同心声。韩国庆州的元刻残本发现，无疑给研
究者带来更大的惊喜。

　　韩国庆州发现的《至正条格》残本，《条格》、《断例》
各一册，《条格》存 12 卷，《断例》存目录和 13 卷。两册版
式基本相同，但《条格》每半页 19 行，行 27 字；《断例》每
半页 20 行，行 26 字；两者显然不是同一版本。无论《条

---

① 《四库全书总目》卷八四《史部·政书类存目二》，中华书局，1965 年。
② 钱大昕对自己见过的元代珍稀文献，一般都作文字记录。除《元史
艺文志》外，他的著作中没有再涉及《至正条格》。
③ 李逸友《黑城出土文书(汉文文书卷)》，科学出版社，1991 年，第 67 页。
④ 方龄贵《读黑城出土文书》，《元史丛考》，民族出版社，2004 年，第
225 页。

格》或《断例》，每遇"圣旨"、"皇帝"、"上位"等字样，必抬头一字或二字，这是刊刻于元代的有力证据。两者都有不少简体字，如："与"、"铁"、"断"、"迁"、"耿"（职）等，这些都是元代民间坊刻本常见的现象。抬头和简体字，在元代坊刻《元典章》中也可以看到，但元代坊刻《元典章》错讹甚多，而此残本则错讹甚少。

元末沈仲纬在《刑统赋疏》中分别列举《条格》和《断例》的篇目，他说："《条格》：祭祀、户令、学令、选举、宫卫、军房、仪制、衣服、公式、禄令、仓库、厩牧、关市、捕亡、赏令、医药、田令、赋役、假宁、狱官、杂令、僧道、营缮、河防、服制、站赤、榷货。"①沈仲纬此书有后至元五年俞淖和至正元年杨维桢两序，当时《至正条格》尚未成书，他所述无疑是《大元通制》中《条格》部分亦即《通制条格》的结构。《四库全书总目》记载，《至正条格》"凡分目二十七"，其顺序与《刑统赋疏》所述完全相同。可见《至正条格·条格》的结构完全沿袭《通制条格》而成。

今存《通制条格》残本为19篇，即卷二、三、四"户令"，卷五"学令"，卷六"选举"，卷七"军防"，卷八"仪制"，卷九"衣服"，卷一三"禄令"，卷一四"仓库"，卷一五"厩牧"，卷一六"田令"，卷一七"赋役"，卷一八"关市"，卷一九"捕亡"，卷二〇"赏令"，卷二一"医药"，卷二二"假宁"，卷二七、二八"杂令"，卷二九"僧道"、卷三〇"营

---

① 沈仲纬《刑统赋疏》，《枕碧楼丛书》本。

缮"。缺"祭祀"、"宫卫"、"公式"、"狱官"、"河防"、"服制"、"站赤"、"榷货"共八篇。除"宫卫"外,其余排列顺序与《刑统赋疏》所言相合。可以推知,卷三〇"营缮"以后,尚有"河防"、"服制"、"站赤"、"榷货"和"宫卫"等篇①。以每篇 1 卷计,全书应有 35 卷,但也有可能更多。新发现的《至正条格》的"条格"部分,存 12 卷,即第二三卷至第三四卷,分别是:卷二三"仓库",卷二四"厩牧",卷二五、二六"田令",卷二七"赋役",卷二八"关市",卷二九"捕亡",卷三〇"赏令",卷三一"医药",卷三二"假宁",卷三三、三四"狱官"。在《通制条格》中,"仓库"篇是第一四卷,而在《至正条格·条格》中,"仓库"篇是第二三卷。也就是说,在前书中,"仓库"以前部分,从"祭祀"到"禄令"共 9 篇(缺"宫卫"),13 卷。多数 1 篇 1 卷,"户令"门占 3 卷;而在后书中,"仓库"篇以前部分占了 22 卷,多出 9 卷。多出的原因,不外有二。一是若干篇为 2 卷或更多,二是可能"宫卫"篇在原有的序列中。

　　黑城出土《至正条格》残页 F20:W7 所载文字见于《通制条格》卷二八"杂令·地内宿藏",此页中缝有"条格卷四十一"等字。整理者李逸友先生认为:"'杂令'之后还有'僧道'、'营缮'等章节,因此,可以推测出《至正条格》全书约在四十五卷以上。"②新发现《至正条格·条格》残本最后是卷三四"狱官",按顺序后面尚有"杂令"、"僧

① 《通制条格》的"宫卫"门,为什么不按顺序排列,目前无法解释。
② 《黑城出土文书(汉文文书卷)》,第 70 页。

道"、"营缮"、"河防"、"服制"、"站赤"、"榷货"等篇,可能还有"宫卫"①。即以每篇 1 卷计,《至正条格》的《条格》部分,应为 41 卷。但有的篇肯定不止 1 卷,如《通制条格》的"杂令"为两卷,《至正条格》的"杂令"不会少于两卷,其他各篇亦有可能多于 1 卷者。因此,《至正条格·条格》应为 42 卷甚至更多,是可以肯定的。

二

如上所述,《至正条格·条格》残本共有 10 篇,其中两篇("田令"、"狱官")各 2 卷,其余各篇均为 1 卷,共 12 卷。《通制条格》残本中相同的有 9 篇,缺"狱官"篇。下面我们对《至正条格·条格》残本 10 篇逐一加以考察,重点是:(1)与《通制条格》相应篇目的异同;(2)若干新增条目的背景与意义。和《通制条格》一样,《至正条格·条格》分篇,每篇 1 卷或数卷,每卷有若干题目(下简称目),每目收 1 条或数条法令。韩国学中央研究院校注本(下简称校注本)将残本各卷条文顺次编号。为了叙述方便,本文采用校注本的编号。《通制条格》则用方龄贵先生校注本(下简称方本),方本各条同样顺次编号,本文为叙述方便亦予采用。还应说明的是,校注本后附"《通制条格》与《至正条格·条格》条文对照表",将"至治三年以后条文"另列(第 360—366 页)。选择"至治三年"作为界限,

---

① 《至正条格·条格》无疑亦应有"宫卫"门,它的位置也是不清楚的。

显然因为《大元通制》正式颁布于是年①。但事实上此书在仁宗时已完成。检查现存《通制条格》残本，可知所收条令，时间最晚是卷三"户令"中一条（方本第40条），时间是"延祐三年三月"。也就是说，英宗时代并未对《大元通制》作补充。我们便以此为界限。在分析《至正条格·条格》各篇结构时，既要将沿用《通制条格》的原有条文和新增条文区别开来，还要在新增条文中将延祐三年三月以前与以后的条文区别开来。

（一）仓库。《通制条格》卷一四"仓库"篇有17目、29条。可分为仓库管理、运输、钞法三类。《至正条格·条格》卷二三"仓库"篇有27目、36条。其中和《通制条格》"仓库"篇相同的只有7条，新增29条。新增条文中，第18条年代漫漶不清，另有4条"至元"期间法令（分别是校注本第13条"至元三年"、第16条"至元二年"、第27条"至元二年"、第32条"至元元年"）。元朝采用"至元"年号有两次，一次在世祖时，一次在顺帝时，后者常称为后至元。对于"至元"年号的文书，必须分辨是哪一个"至元"。以上5条，校注本均列入"年度未详"之列（第357—358页）。这里试逐一作考辨。(1)第18条开头作"□□□年八月，刑□□□"，从残存文字来看，所说应是行用库库官、库子倒换昏钞时作弊犯罪，"遇革"（遇赦革拨）的处理

① 孛术鲁翀《大元通制序》，见方龄贵《通制条格校注》卷首，中华书局，2001年。

办法。与同卷的第 25 条、第 26 条以及同书卷二八"关市"中有关条目相比较,可以断定是至顺三年八月条画中的一条。(2)第 16 条开头是:"至元二年八月,户部呈:监察御史言。"元世祖忽必烈在至元五年始立御史台,置御史①,可知此条"至元二年"只能是顺帝时。(3)第 27 条开头是:"至元二年十一月户部备司计官言",其中涉及户部、绮源库和兵部。元世祖中统元年(1260)以兵刑工为右三部;至元元年(1264)别置工部,以兵刑自为一部;三年并为右三部。可知前至元二年没有兵部。又,绮源库全称为都提举万亿绮源库,"掌诸色段匹",至元二十五年始置②。因此,此件文书的时间只能在顺帝后至元时。(4)第 32 条"至元元年十二月初八日,中书省奏:'太府、利用、章佩、中尚等监里行的官吏人等,三年一遍,要饱眼钱有。'"太府监中统四年置,利用监至元十年置,章佩监至元二十二年置,中尚监至元二十四年置③。据此,这条文书的时间只能是后至元元年。(5)第 13 条"至元三年五月",这是中书省的一件文书,内容是在京行用库烧毁昏钞事宜。揆之情理,亦应是后至元。但无明显证据,暂作"年度未详"处理。

综上所述,《至正条格·条格》新增条文 29 条,内"年度未详"1 条。其余 28 条中,属于延祐三年三月以前的 4

---

① 《元史》卷八六《百官志二》。
② 《元史》卷八五《百官志一》。
③ 《元史》卷九〇《百官志六》。

条(由《通制条格》"杂令"、"禄令"篇各转入1条,即校注本第30、33条)。以后的24条,分别是泰定帝时期6条,文宗时期8条(天历2条、至顺6条),顺帝时期10条(元统2条、后至元5条、至正3条)。时间最晚是第28条("至正四年二月二十二日")。这是《至正条格·条格》残存各篇中时间最晚的一条。

《通制条格》"仓库"篇的内容次序是仓库管理、运输和钞法。《至正条格·条格》卷二四"仓库"篇排列次序有变化,先钞法,然后是运输和仓库管理。属于钞法的有14目、19条。目数和条数都为该卷的一半左右,比起《通制条格》来比重明显增多。其中12条都是泰定以后新颁的。《通制条格》"仓库"中有关钞法的条文主要是"倒换昏钞"和"烧毁昏钞"问题,《至正条格·条格》亦以此二者为重点,并突出行用库(纸钞的发行机构)的管理。有元一代以纸钞为流通货币,纸钞容易损坏,损坏的钞称为昏钞,可以到行用库倒换。行用库用料钞(好钞)换得昏钞,然后集中起来加以烧毁。倒换昏钞和烧毁昏钞过程中,官吏上下其手,弊端甚多,直接影响钞的发行与流通,在元代成为严重的社会问题。从《至正条格·条格》"仓库"篇有关条目,可以看出元代后期倒钞和烧钞中存在的弊端和元朝政府试图解决问题的努力。

《元史·食货志》载,昏钞可赴行用库倒换,"所倒之钞,每季各路就令纳课正官,解赴省部焚毁,隶行省者就焚之……泰定四年,又定焚毁之所,皆以廉访司官监临。隶

行省者,行省官同监"①。泰定四年(1327)的新法,他处未
见记载,但在《至正条格·条格》的"仓库"篇中全文著录
(校注本第12条)。两相比较,《元史·食货志》的文字过
于简单,有欠准确处,应以《至正条格·条格》为准。元朝
每年倒换和烧毁的昏钞在各种文献中很少有具体数字②,
《至正条格·条格》"仓库"篇有两处记载。一是"至正二
年四月初九日中书省奏:'御史台官文书里呈:在京等库
至元五年夏季昏钞至元六万六千二百余定'"(校注本第
17条)。另一是第15条"至正元年二月二十四日,中书
省、御史台奏:'……至元五年、六年七季昏钞一百一十八
万余定亦未烧毁。'"(校注本第15条)由这两个数字可以
了解昏钞数量之巨。应该指出的是,元代政书《宪台通纪
续集》(编纂于至正十二年)亦收"至正元年二月二十四
日"条文书,但不知何故删去了上引这句话③。

　　《通制条格》"仓库"中有关运输和仓库管理的条文在
《至正条格·条格》"仓库"篇中大多删除(例如影响很大
的"鼠耗分例"问题),很可能移到他处。后者有关仓库管
理的8目、9条,大多为新增,突出了冒支怯薛袄子的问
题。《通制条格》"仓库"篇没有这方面的条文。但在卷二
八"杂令"中有"冒支官物"目,内收"至大四年五月初七日

---

① 《元史》卷九三《食货志一·钞法》。
② 文宗至顺二年十月,"烧在京积年还倒昏钞二百七十余万定"(《元史》卷三五《文宗纪四》),可资比较。
③ 《元代台宪文书汇编》,第93页。

中书省奏"1条(方本第613条)。《至正条格·条格》将此条调入"仓库"篇,将目的名称改为"冒支怯薛袄子"(第30条)。另增"支请怯薛袄子"、"冒关衣装赏钱遇革"两目两条(第29条"元统二年二月初七日",第31条"至顺三年八月"),都与冒支怯薛袄子有关。此外,"太府监计置"目有1条(第28条"至正四年二月二十二日")亦涉及怯薛歹袄子发放事。从中可以看出,冒支怯薛袄子(应即只孙服)在元朝后期已成为很严重的问题,这是过去怯薛研究中没有注意过的。

(二)厩牧。《通制条格》卷一五"厩牧"篇有5目、9条。《至正条格·条格》卷二四"厩牧"篇有10目、30条,增加的幅度是很大的。其中与《通制条格》"厩牧"相同仅4条。新增26条中由《通制条格》卷二八"杂令"调来5条。按时间划分,26条中,延祐三年三月以前10条,以后16条。16条分别是:仁宗延祐时期2条,泰定帝时期1条,文宗时期6条(至顺3条,天历3条),顺帝时期7条(元统3条,后至元4条)。

《通制条格》"厩牧"的5目顺次是:"抽分羊马"(3条)、"鹰食分例"(3条)、"擅支马驼草料"(1条)、"冒支官钱粮"(1条)、"大印子马匹"(1条)。《至正条格·条格》的"厩牧"篇,先是"大印子马匹"(1条),"印烙军人马匹"(1条,新增),然后是"喂养马驼"(1条,新增)、"马驼草料"(2条,1条新增)、"宿卫马匹草料"(7条,全部新增)、"冒支马匹草料"(1条)、"监临乞索冒支遇革"(1

条）。这5目所收条文都与驼马草料供应有关，可以说是
《通制条格》“厩牧”篇中“擅支马驼草料”、“冒支官钱粮”
两目的扩充。蒙古人对马驼一类交通工具特别重视，官
府、投下、怯薛都拥有大量马驼，饲养马驼的草料需要量很
大，成了国家财政的重要支出。为此中央政府成立了“掌
给马驼刍粟”的专门机构度支监①。大德十一年（1307）十
一月，“中书省臣言：‘宿卫廪给及马驼刍料，父子兄弟世
相袭者给之，不当给者，请令孛可孙汰之。今会是年十月
终，马驼九万三千余，至来春二月，阙刍六百万束，料十五
万石。比又增马五万余匹。此国重务，臣等敢以上闻。’
有旨：‘不当给者勿给’”②。可知怯薛的马驼草料供应是
个巨大的数字，而且被当政者视为国之“重务”，这个问题
似乎尚未引起研究者的足够重视。《至正条格·条格》
“厩牧”篇以上诸目新增各条，提供了马驼草料供应的丰
富资料。例如，“喂养马驼”目第39条，后至元六年
（1340）度支监的报告：“本监专一发遣喂养马驼等，并各
枝儿大小怯薛丹马匹年例合用草料，约该价钞七十万定有
余。”可知度支监不仅供应官府马驼草料，而且要为“各枝
儿”（各投下）和怯薛丹的马驼提供草料。草料价钞高达
七十万定有余，是个惊人的数字，由这个数额可以推知草
料供应在国家财政中所占比重。另，“宿卫马匹草料”目
共7条，3条分别是大德十一年、至大四年、延祐二年，很

---

① 《元史》卷九〇《百官志六》。
② 《元史》卷二二《武宗纪一》。

可能是由他处转来的,但已无从查考。新增延祐五年、天
历元年、天历二年、元统二年4条。该目各条主题是严格
制度,防止有人用怯薛名义冒领或重领草料。这也是怯薛
研究中被忽略的问题。

　　在马驼草料诸目之后是"抽分羊马"和"阑遗"两目。
"抽分羊马"目共8条。与《通制条格》"厩牧"篇相同仅1
条。新增7条(内延祐三年三月后5条),主要是羊马抽
分办法和整顿抽分中弊端,而且规定了抽分所得牲畜"回
易作钞"的具体标准,羊价四十两,马价四定,牛二定(第
54、57条)。这个标准对研究元末物价有参考价值。值得
注意的是"抽分羊马"目内1条:"元统二年十月二十九日
诏书内一款:怯薛歹并各爱马羊马,并免抽分,其兴贩之
数,不拘此例。"(第56条)"爱马"蒙古语音译,义为部,
"各爱马"即蒙古各部。按,元统二年(1334)十月元顺帝
上文宗皇后不答失里"太皇太后"尊号,颁布诏书,大赦天
下①。此条应即上尊号诏书内一款。在蒙古国时代,即实
行牲畜见百抽一之法,一直实行②。此条诏令的提出很值
得研究。原因可能是:(1)顺帝初即位,以此笼络人心,争
取蒙古各部首领的支持。(2)文宗至顺年间(1330—
1331),草原大灾,牲畜大批死亡,牧民流散③。此为临时

---

① 《元史》卷三八《顺帝纪一》。

② 陈高华、史卫民《中国经济通史·元代经济卷》,中国社会科学出版
社,2007年,第234—235页。

③ 《元史》卷三五《文宗纪四》。

性救灾措施。

"阑遗"意为无主之人或物,蒙古语称为"不阑奚"。《通制条格》卷一五"厩牧"篇无"阑遗"目,但卷二八"杂令"篇中有"阑遗"目,共收9条。《至正条格·条格》"厩牧"篇立"阑遗"和"隐藏阑遗官物遇革"两目,前者收7条,后者1条。"阑遗"目中有5条由《通制条格》"杂令·阑遗"转来①,内第59条"至元十八年二月初五日中书省奏",讲的是"不阑奚人每"的处理办法,收在"厩牧"篇是不合适的。第61条"皇庆元年五月"条两书均载,但《至正条格·条格》的文字有较多删节②。另新增天历元年(1328)、至元元年(1335)有关法令各1条。"隐藏阑遗官物遇革"收至顺三年(1332)八月法令1条。可知直到元朝末年"阑遗"仍是大问题③。

《通制条格》"厩牧"篇原有"鹰食分例"目,收3条,《至正条格·条格》"厩牧"篇中没有这方面的条文。元朝皇帝重视养鹰飞放,每年都要举行,直至亡国。有关"鹰食分例"的法令似不应删除。颇疑因其内容与"厩牧"不合,因而有关条文转到其他篇中。

(三)田令。《通制条格》卷一六"田令"篇有20目、47

① 按,《至正条格·条格》校注本作4条(第59—64条)。内第59条误将"至元十八年二月初五日"条和"大德四年四月"条合并为一条,故应为5条。

② 在《通制条格》中,此条包括阑遗监"具到各项事理"和刑部对阑遗监各项建议(事理)的处理意见。《至正条格·条格》则将两者合一,作了删节。

③ 关于阑遗与字阑奚,可参看周良霄《"阑遗"与"字阑奚"考》,《文史》第12辑。

条。《至正条格·条格》的"田令"篇则分两卷。卷二五"田令"有 7 目、14 条,内 12 条与《通制条格》"田令"相同,新增 2 条。卷二六"田令"有 30 目、52 条,与《通制条格》"田令"相同的 33 条,新增 19 条。两卷共有 37 目、66条。内与《通制条格》"田令"篇相同的 45 条,新增 21 条,全都是延祐三年三月后法令。新增诸条分别是:仁宗延祐时期 1 条,英宗至治时期 1 条,泰定帝时期 5 条,文宗时期5 条(天历 1 条、至顺 4 条),顺帝时期 9 条(元统 3 条、后至元 5 条、至正 1 条)。

《通制条格》"田令"涉及农村、农业生产和土地管理等诸多方面的政策,在《至正条格·条格》"田令"中几乎全部保留了下来①,也就是说,元朝在农村、农业生产和土地管理等方面的政策,在后期并没有大的变化。新增条目涉及不少重要问题,如:

元仁宗延祐元年(1314)实行"经理"之法,实际是重新进行土地登记。这是元代经济史一大问题。《元史·食货志一·经理》云:"然期限猝迫,贪刻用事,富民黠吏,并缘为奸,以无为有,虚具于籍者,往往有之。于是人不聊生,盗贼并起,其弊反有甚于前者。仁宗知之,明年,遂下诏免三省自实田租二年。时汴梁路总管塔海亦言其弊,于是命河南自实田,自延祐五年为始,每亩止科其半,汴梁路凡减二十二万余石。至泰定、天历之初,又尽革虚增之数,

---

① 仅删除 2 条,其中 1 条(方本第 341 页)内容与校注本第 111 条基本相同,但年代不同。

民始获安。"《至正条格·条格》卷二六《田令》有"河南自实田粮"目，收两条文书，与此事有关。第 99 条："天历元年九月，诏书内一款：'河南地土合纳税粮，悉依旧额，其经理虚桩之数，并行革拨。'"第 100 条："至顺元年十一月，中书省奏：'延祐元年为河南、两淮地面里田土，多人种佃隐漏的上头，差官取勘到自实供首未纳粮田四十三万五千八百一十五顷有余田地，每亩纳粮三升，该征粮一百三十万七千四百四十余石。延祐五年奏准，每亩依乡原例，减口（半）教纳。八、九年有来，于内纳本色粮的也有，折纳轻赍钞的也有，每年通该粮六十五万五千余石。又堪开耕官民田土一十五万一千六百九十余顷，若是开耕，依例纳粮。天历元年九月十三日，钦奉诏书：'河南省地土合纳税粮，悉依旧额，其经理虚桩之数，并行革拨。'么道，行了文书来。河南省文书里说将来：'这河南的田土，虚桩之数，合钦依革拨。所据自实的田土，合无科征？'这般禀将来。又户部也与俺文书来。如今俺商量来，种田纳地税，做买卖纳商税，这的是累朝皇帝遵守的定制。中间果有虚桩之数，自合依着诏书革拨，自实的地土合纳粮有。天历二年合纳粮来，为那里灾伤的上头，如今教除免了。今年合征的粮，若依着元定来的，每亩全科三升呵，百姓每生受也者。权且教减半科纳。不通水路去处，除际留三年支持粮外，折纳轻赍呵，怎生？奏呵。奉圣旨：'那般者。'"这两条法令的可贵之处，一是明确记载了河南"经理"所得田土的数额为 435815 顷余，这是他处没有的。二是说明经理所得土地按每亩三升纳税。原来北方只征丁税，现在又征地税，这就是重并征税。三是文宗天历元年（1328）又下诏河南田土税粮悉依旧额，"其经理虚桩之数，尽行革拨"。但遭到河南行省和中书省的抵制，认为应该区别"自实"与"虚桩"，"虚桩"应革拨，"自实"应纳粮。皇帝同意。事实上，在经理时，"虚桩"与"自实"是很难分清的，如按上述意见执行，肯定很多"虚桩"的土地都在"自实"的名义下仍然保留在国家税册上。《元史·食货志》所说"至泰定、天历之初，又尽革虚增之数，民始获安"。应即指此，其实是不可尽信的①。

《通制条格》卷一六"田令"有"拨赐田土"和"拨赐田土还官"两目，前者收"皇庆二年四月二十六日"和"皇庆二年十月二十三日"两条，后者收"大德七年四月"和"皇庆二年六月初六日"两条②。《至正条格·条格》只有"拨赐田土"目，将《通制条格》中上述两目合而为一，保留了3条（"皇庆二年四月二十六日"，"皇庆二年六月初六日"，"皇庆二年十月二十三日"），新增2条。另立"典卖系官田产"目，收"大德七年四月"条（第127条）③。"拨赐田土"目新增的第1条（第97条）是"元统元年四月二十八

---

① 陈高华、史卫民《中国经济通史·元代经济卷》，第153—156页。

② 校注本以为"皇庆二年六月初六日"条见于《通制条格》卷一六"田令"之"拨赐田土"目，不确。

③ 此条讲"系官房舍基地"典卖问题，《通制条格》收在"拨赐田土"中是不合适的。《至正条格》将此条另行立目，说明已知原来分类不妥。

日,中书省奏",文字很长,主旨是拘收赐田还官。户部上
书:"至元三十年以后,今岁续拨与了诸王、公主、驸马、百
官、寺观等田数,其间寺观自有常住,百官已有俸禄,诸王
公主各有分拨城池、岁赐钱帛,又复拨赐田粮,合拘收还
官。"中书省的意见是:"俺于文卷内照得,今岁拨赐地土
数多,如今除世祖皇帝时分并有影堂的寺院里拨赐外",
将其余赐田分两类,一类赐田全部收回,一类赐田部分收
回,共涉及公主、妃子、八哈失(师傅)、皇后、驸马、诸王、
百官 15 人(寿宁公主、南加八剌公主、扎牙八剌公主、班
丹公主、速哥八剌公主、奴伦妃子、班的答八哈失、住奴皇
后、塔失帖木儿驸马母亲道道、普纳公主、答里海牙公主、
大长公主、赵王、孛罗大王、拜住丞相),佛寺道观 19 处
(庆寿长生观、明慧报恩寺、搠思丹姑姑寺、承天永福寺、
崇恩寺、普安大万圣祐国寺、福藏司徒昭福寺、原教寺、畏
兀儿哈蓝寺、永福寺、圣安寺、天庆寺、难的沙津爱护持、延
洪寺、妙净寺、阿怜帖木儿八哈赤寺、失剌千姑姑至大寺、
崇真万寿宫、永安寺)①。赐田就是皇帝赏赐给贵族官僚、
寺院道观一定数量的田土,允许他们征收地租。所赐田土
都是国有土地,也就是官田。赐田实际上意味国家财政减
少收入,因此,又不断收回赐田。从忽必烈时代起,皇帝不
断拨赐田土,但有关情况只有分散的、片断的记载,特别元
朝后期的赐田情况,是很不清楚的②。这条记载,对于研

① 校注本,第 59—61 页,第 97 条。
② 陈高华、史卫民《中国经济通史·元代经济卷》,第 169—173 页。

究元朝赐田特别是后期赐田状况,有很高的价值。其中
15处佛寺道观的名称,无疑又是元朝宗教史的珍贵资料。
新增的第2条(第98条)是"至正元年正月初一日"诏书
中的一款:"江南拨赐田土,每年令有司催办租粮,遇有水
旱灾伤,逼令里正、主首陪纳,痛害百姓,十九消乏。今后
各位下并诸王、驸马、近侍、官员及系官寺观一应拨赐田
土,既已各有所属,除官收海运外,其余不许着落有司、里
正、主首催办。"①据此可知赐田一般由"有司催办",虽遇
水旱灾伤亦不得免。元顺帝的这项诏令是将"催办"的责
任归于受赐者,这样一来,"有司、里正、主首"固然免除了
责任,赐田佃户的命运决不会变好,这是可以想见的。

　　土地买卖是"田令"的重要内容。《通制条格》中有
"典卖田产事例"(5条)。《至正条格·条格》卷二六"田
令"将上述5条中之4条分立"典卖田产"(2条,内1条原
见《通制条格》"田令·妄献田土"目)、"典质合同文契"
(1条)、"僧道不为邻"(1条)、"贸易田产"(1条)等4
目。另立"典卖随地推税"(2条)、"典质限满不放赎"(1
条)、"公廨不为邻"(1条)等3目4条,均系延祐三年三
月后文书。可见土地买卖问题在元朝后期日益突出,政府
不得不多方设法加以规范。产去税存是土地买卖中一大
问题,但在《通制条格》"田令"中没有这方面的条目。《至
正条格·条格》立"典卖随地推税"目,收"泰定三年十二

---

① 校注本,第61页。

月户部"文书一件（第123条），"元统二年十月二十九日
诏书内一款"（第124条），都是强调"典卖田土"，必须"过
割税粮"，"毋使产去税存，重为民困"。

《至正条格·条格》卷二六"田令"中"佃种官田"目
收"至元六年七月初七日诏书内一款"（第92条），内容是
浙西沙涂草地，原由灶户纳租办课，后拨付鲁王、朵儿只班
公主等，"扰害灶民"。现"依旧令民管佃纳课"。又，"新
附军田土"目收"至顺元年十月户部"文书（第101条），内
容是"黄花岭忠翊侍卫新附军人"屯田事。又有"探马赤
地土"目，收"延祐七年七月十五日中书省"文书（第102
条），内容是"探马赤军人典质与了人的地土"如何收赎
事。又，"豪夺官民田土"目收"至元六年七月初七日诏书
内一款"（第106条），列举权臣伯颜党羽夺占官民田、牧
马草地的罪行。以上诸条，都是延祐三年三月后颁布的，
对于灶户（盐户）、新附军、探马赤以及元顺帝与伯颜的斗
争都提供了有价值的新资料。

（四）赋役。《通制条格》卷一七"赋役"篇有14目、33
条。《至正条格·条格》卷二七"赋役"篇有31目、49条。
其中与《通制条格》"赋役"相同27条，新增22条，内延祐
三年三月以前的法令4条（由《通制条格》"户令"篇和
"杂令"篇各调入1条），以后的法令18条①。18条分别

①　校注本以为第170条"至元七年四月"是新增（第84页未注出处，第
363页对照表列为"不见《通制条格》条文"）。实见《通制条格》卷一七"滥设
头目"目，方本第392条。

是:仁宗延祐时期4条,英宗至治时期2条,泰定帝时期3条,文宗时期4条(天历2条,至顺2条),顺帝时期5条(后至元4条,至正1条)。

《通制条格》卷一七"赋役"篇所收文书主要涉及税粮的征收和豁免,杂泛差役的摊派和免除。有关条目在《至正条格·条格》中大多保存了下来,说明元代后期赋役制度并无大的变化。新增条目中,突出的是投下扰民和差役均当问题。

投下(位下)倚仗权势,向属民横征暴敛,是元代社会一大痼疾,加剧了社会矛盾。元朝政府曾多次下令,加以限制,但收效甚微。《通制条格》"赋役"篇没有专门针对投下的条目。《至正条格·条格》"赋役"篇新立"投下税粮"目收"至元六年十二月御史台"文书(第139条),讲的是赵王位下王傅"恃赖投下""扰民横科"问题①。又新立"禁投下擅科扰民"目,收"延祐元年五月十七日中书省"文书(第154条,由《通制条格》卷二八"杂令·扰民"转来),讲的是宗王瓮吉刺歹等部属"扰民",下令"禁约,不教行"。又新立"禁投下横科"目共4条,都是针对投下(位下)额外加征赋税而发。条文均系新增。其中第156条"泰定四年闰九月刑部"文书、第157条"至顺三年十二月刑部"文书分别说荆王、吴王位下人员"横科钱物",下令加以禁止。第155条"泰定二年闰正月诏书内一款",

---

① 此条文书中有晋宁、奉元两路名,均出现于元代中期,可知应为后至元六年。

和第 158 条"至元五年二月刑部"文书,都是指斥投下人员"横科重并"、"额外厚敛重差",要求"有司"和监察部门"体究"。这些新立条目反映出,投下(位下)"横科"在元朝后期仍是屡禁不止的严重社会问题。

在元代,杂泛差役是国家加在百姓身上的沉重负担。差役就是前代的职役,杂泛则是力役。元朝制度,将编户齐民分成若干类,如军、民、站、匠、僧、道等,统称为诸色人户,分别承担国家指定的各种封建义务,如军户出军、站户当站、民户交纳税粮科差等。杂泛差役本意诸色人户都要承担,但某些户或因负担过重、或因有势力者为之请求,获得免当杂泛差役的优待。这样一来,加重了其他户的负担,引起社会矛盾的尖锐化。杂泛差役的应当问题在有元一代争论不休,多次反复①。《通制条格》"赋役"篇有"主首里正"(1 条)、"杂泛差役"(6 条)两目,都是讲杂泛差役承当问题,主旨是除边远出征军人并两都之间自备首思②站户外诸色户都要承担杂泛差役。《至正条格·条格》"赋役"篇则立"均当杂泛差役"(9 条,内 4 条新增)、"均当主首里正"(1 条)、"差役轮流"(1 条)、"差役不许妨农"(2 条,内 1 条新增)、"海船船户当差"(1 条,新增)共 5 目、14 条,内新增 6 条。新增各条目反复重申上述除边远出征军人及两都之间自备首思站户外诸色户均当的原则,还特别要求"留守司所管的匠人每"(第 166 条"延

---

① 陈高华、史卫民《中国经济通史·元代经济卷》,第 461—484 页。
② 首思,蒙古语音译,指供应来往使臣的饮食。

祐元年十二月二十日中书省"文书)和"海道都漕运万户
府所管船户"(第 174 条"至元元年十月初九日中书省"文
书①)都要与民一体均当杂泛差役。此外,"均当杂泛差
役"目内的"泰定元年二月工部"文书,内容是黄河河工问
题(第 168 条)。元代黄河多次泛滥成灾,"黄河两岸地
面,蒙古、色目、汉人相间置庄居处。凡遇水发,均被其
害",而在修堵黄河时"其本管官司,妄分彼我,占恡人户,
不令当役,止令汉人军民、站赤出备工物修理,不惟赋役不
均,实恐一时人力不及,水害非轻"。也就是说,蒙古、色
目人户在修河时不出人力、工物,只令汉人承当。工部要
求黄河两岸"不以是何户内,与民一体均科修筑"。可知
当时民族歧视,无处不在。工部的意见能否贯彻,其实是
很有疑问的。顺帝至正十一年(1351)修治黄河引爆了全
国规模的农民战争,民族矛盾的尖锐化应是一个重要的
因素。

　　《至正条格·条格》"赋役"有"回回纳税"目,内收第
142 条"延祐七年四月二十一日中书省"文书,内容是关于
征收回回人户包银的决定。此事发生在《通制条格》成书
之后。民间的法律文书汇编《元典章新集》收录了这项法
令。元朝政府同时还下令在江南人户中征收包银。泰定
二年(1325),元朝政府下令取消江南人户包银,但对回回
人户包银如何处理,史无明文。我根据镇江、湖州两地方

---

① 　海道都漕运万户府成立于灭南宋之后,此条应为后至元元年事。

志的记载,认为直到元末仍然征收①。《至正条格》载此文书,说明征收回回人户包银的决定在顺帝时仍然有效。

（五）关市。《通制条格》卷一八"关市"篇有 10 目、22条。《至正条格·条格》卷二八"关市"篇,共 26 目、45条。内与《通制条格》"关市"相同 18 条,新增 27 条(内由《通制条格》"杂令"转来 1 条)。新增条中,延祐三年三月前 4 条(大德 2 条,至大 2 条),以后 23 条。23 条中,仁宗延祐时期 1 条,英宗至治时期 1 条,泰定帝时期 4 条,文宗时期 13 条(天历 1 条,至顺 12 条),顺帝时期 4 条(后至元 1 条,至正 3 条)。

《通制条格》"关市"篇以和雇和买、市舶为重点。《至正条格·条格》突出了市舶。市舶即海外贸易。《通制条格》"关市"篇中有关市舶 2 目,即"市舶"与"下番",每目 1 条。"市舶"目载延祐元年(1314)颁发的市舶法则。元朝在至元三十年(1293)首次颁布市舶法则,对市舶各项事宜作出规定。此后一度禁止。延祐元年重开市舶,对原有法则作了修改,重新颁布。《至正条格》将延祐元年市舶法则移到《断例》部分(见《至正条格·断例》卷一二"厩库·市舶"),另设与市舶有关的 12 目,即"违禁下番"、"番船抽税"、"私发番船遇革"、"漏舶船只遇革"、"舶商回帆物货遇革"、"番船私相博易遇革"、"拗番博易遇革"、"脱放漏舶物货遇革"、"冲礁阁浅抢物遇革"、"舶

---

① 陈高华、史卫民《中国经济通史·元代经济卷》,第 413—414 页。

商身故事产"、"舶商杂犯遇革"、"抽分市舶",共收 17 条。
17 条中除"违禁下番"目之"至元二十五年八月"条（第
186 条）原载《通制条格》"关市"篇之"下番"目外,其余
16 条均是新增的法令,颁布于延祐三年三月以后。16 条
中,"番船抽税"1 条（第 190 条）,"私发番船遇革"3 条
（第 191、192、193 条）,内 190、191、192 条均系"泰定四年
闰九月"发布,系"刑部议得……都省准拟"。应出于政府
颁布的同一条画。第 193 条是至顺三年（1332）八月颁发
的,同时发布的还有分属上述各目的 8 条（第 194、195、
196、197、198、199、200、201 条）,亦是"刑部议得……都省
准拟",无疑属于同一条画。《至正条格·条格》中与市舶
有关的 12 目涉及的多种违法行为（如私发番船、漏舶、拗
番博易等）,在延祐元年的市舶法则中都有具体规定,没
有多少新添的内容。事实上,12 目所收各条主要讲的是
市舶诸违法行为"遇革"的处理办法。所谓"遇革"就是国
家有大典下诏大赦,各种罪行便可减免,称为"革拨"①。
至顺三年八月,文宗图帖睦尔去世,皇后不纳失里在权臣
燕铁木儿支持下主持政务。十月,宁宗懿璘质班嗣位,大
赦天下。显然,刑部和中书省在八月间为大赦作准备,拟
定了各种罪行"遇革"后的处理办法。但在《元史》的《文
宗纪》、《宁宗纪》和《食货志·市舶》中都没有记载。

　　至顺三年八月以"遇革"为中心的诏令,并不以市舶为

---

　　①　方龄贵先生对此曾作论述,请看氏著《通制条格札记》,《元史丛考》,
第 189—191 页。

限。见于《至正条格·条格》的,还有卷二八"关市"的"减价买物遇革"(第 217 条)和"船户脚钱遇革"(第 225 条),卷二六"田令"之"占种官田遇革"(第 93 条),卷二九"捕亡"之"捕盗未获遇革"(第 247 条),卷三〇"赏令"之"不应给赏遇革"(第 289 条),可知内容很广泛。有待进一步研究。

《通制条格》"关市"立"中宝"目,收"至大四年三月"的诏书一款:"诸人中宝,蠹耗国财",明令禁止。这是仁宗即位时颁发的诏书。《至正条格·条格》"关市"立"禁中宝货"目,除收上述至大四年三月诏书(第 204 条)外,增收"至治三年十二月初四日"诏书一款(第 205 条)和"天历元年九月"诏书一款(第 206 条),都是重申禁止中宝。第 205 条是泰定帝即位后颁发的,第 206 条是文宗即位时颁发的。"中宝"又称"中献",与市舶有密切关系,即回回商人由海外采购宝物向朝廷进献,用以博取高额的回赐。"中宝"的赏赐成为元朝中期财政的一大支出。新增的诏令说明中宝屡禁不止。事实上,泰定帝"即位之初,首知其弊,下令禁止,天下欣幸"。但到第二年"中书乃复奏给累朝未酬宝价四十余万定,较其元直,利已数倍,有事经年远者三十余万定,复令给以市舶番货。计今天下所征包银差发,岁入止十一万定,已是四年征入之数"①。可知诏令是一回事,实际又是一回事。又,《至正条格·条格》"关市"篇的"和雇和买"目收"至正元年正月初一日诏书

---

① 《元史》卷一七五《张珪传》。

内一款"（第214条），其中说："和雇和买……今后必须对
物支价。其中献宝物者，不在此限。"说明直到顺帝即位
后，"中宝"仍未停止。

　　《通制条格》"关市·中宝"载"至大四年三月"诏书
中说："比者宝合丁、乞儿八答私买所盗内府宝带，转中入
官，既已伏诛。"方本据《元典章·圣政》改为"转入中官"，
并说："日译本已检出。按中官通指宦官。"今查《至正条
格·条格》亦作"转中入官"，与《通制条格》同，似难肯定
文字有误。如盗窃内府之物转入中官（宦官）之手，很难
说与"中宝"有什么关系。"转中入官"似指宝合丁等私买
内府失窃的宝带，以中宝名义"入官"（进献），有欺骗皇帝
的罪过，故败露后处死。

　　"和雇：两顺曰和，庸赁曰雇。""和买，两平取物也。"[1]
原意是政府以公平合理的价格雇用百姓的车、船和购买各
种物品。但实际是，和雇、和买都是政府强行摊派的，成为
变相的赋役。在元朝的官方文书中，常以和雇和买与杂泛
差役并提。《通制条格》卷一八"关市"篇立"和雇和买"
目，收各类文书8条，中心是要求合理估价，及时发放。
《至正条格·条格》卷二八"关市"篇的"和雇和买"目，收
文书8条，与《通制条格》相同的6条，另增两条。其中第
213条"泰定二年五月户部"文书，内容是皇帝一行在上都
期间和买物件事宜，其中涉及和买估价和报销办法，为他

---

　　[1]　徐元瑞《习吏幼学指南》。

处所无,对于和雇和买研究是很有价值的新材料①。和雇和买是政府的行为。与《通制条格》不同,《至正条格·条格》"关市"篇除了"和雇和买"目外,新立"豪夺民财"(第215条"至元二十八年三月诏书内一款"②)、"禁减价买物"(第216条"至正元年正月初一日诏书内一款")、"减价买物遇革"(第217条"至顺三年八月刑部"文书)、"派卖物货遇革"(第218条"大德九年十一月刑部"文书)4目,都是针对"有势之家"和衙门官吏把持行市、减价收物、派卖物货多要物价而发。此类条目的设立,说明权贵、官吏对市场的干预和掠夺已成为严重的问题。

(六)捕亡。《通制条格》卷一九"捕亡"篇,有6目、18条。《至正条格·条格》卷二九"捕亡"篇有13目、22条。两书相同的有14条,《至正条格·条格》新增8条。新增条目中,延祐三年三月前2条,以后6条,分别是:英宗至治时期1条,文宗至顺时期2条,顺帝时期3条(元统2条,后至元1条)。又,《通制条格》"捕亡"的"大德六年九月"条转入《至正条格·断例》卷一○"厩库"。

新增条目中,有两条值得注意。1条是:"至顺三年四月刑部议得:'江湖水贼撑驾小船,假以打鱼为名,窥伺客旅梢泊去处,寅夜为盗劫取财物。'"要求军官、军人加强

---

① 《至正条格·断例》卷三"职制"篇"和雇和买违法"目,内收"延祐二年五月御史台"的一件文书,详述大都和买估价关钞程序,可参看。

② 此条原见《通制条格》"关市·牙保欺蔽"目。按,此条内容实与"牙保"无关,《至正条格·条格》改立题目是比较合理的。

警捕（第 236 条）。另 1 条是："至元三年四月刑部议到监察御史言防御盗贼事理，都省准拟。"其中规定，"沿江上下捕鱼船只……明白附籍，编号印烙"；"各处站船……于船头板上明白大字书写各站名号，每遇递送，定立往回程限"；"各处官设写船埠头"要由"有税产无过人户承充"；出卖船只要"明白具状……赴官告给公据，方许召主成交"。（第 227 条）顺帝后至元三年（1337）是多事之年。正月广州增城县朱光卿反；二月汝宁信阳州棒胡反，广西傜民反；四月合州大足县韩法师反，惠州聂秀卿反。造反事件不断发生，社会动荡不安。正是在这样背景下，元朝政府推出了上述"防御盗贼事理"，旨在加强水上交通的管制。其中有关"捕鱼船只"的规定可以与至顺三年四月刑部的文书联系起来。这是研究元末社会的很有价值的文献。另据记载，同年二月，"丙子，立船户提举司十处，提领二十处"①。应亦与"防盗"有关。

　　关于"埠头"一词，有必要作些说明。《通制条格》卷一八"关市牙行"收"皇庆元年三月中书省"文书，云："御史台呈：'近年都下诸物价腾，盖因各处所设船行、步头，刁蹬客旅，把柄船户，以致舟船涩滞，货物不通。拟合严行督责各处濒河提调官司，常加禁治，于本土有抵业之人，量设二、三名，牓示姓名，以革滥设之弊。'刑部议得：'合准台拟。'"《至正条格·条格》"关市"亦载此条（第 223

---

　　① 《元史》卷三九《顺帝纪二》。

条）。方本对"步头"一词注云："步头，即埠头，犹今船舶停靠之码头。"步头或埠头指船舶停靠的码头，是对的，但用码头来解释步头，在上述条文是讲不通的。显然还应有其他意义。《元典章新集》有一件"延祐六年九月"文书说："今福建盐运司始因埠头郭荣告讦林勋盐梅，信从展转指攀收买私盐用度。"①埠头显然是郭荣的职务或称号。元代地方志《至顺镇江志》的"公役"门载："杂役：迎接祗候船埠头五名。"②据此，则埠头为官府指派的杂役，与船有关。上引第 227 条"防御盗贼事理"云："各处官设写船埠头，令里正、社长、主首举保住近江河有税产无过人户承充。凡遇写赁船只，须要辨验买船契据，知识船主住籍去处，梢水人等来历，因依询问客旅往来处所，验其官给文引，船主、埠头保识明白，方许承揽，附写文历，每旬具报所属官司。如遇失过盗贼，以凭稽考。"这就把埠头的职务说得很清楚了。埠头是官府指定的管理船只租赁的人员。上述"皇庆三月"条的"步头"（埠头），显然也是这个意思。

　　（七）赏令。《通制条格》卷二〇"赏令"篇共 10 目、31 条。《至正条格·条格》卷三〇"赏令"篇共 18 目、43 条。两者相同的有 24 条，新增 19 条，其中延祐三年三月前 2 条（从卷七"军防"调入 1 条），以后 17 条，分别是：仁宗延

①　《元典章新集》"户部·课程·林勋盐梅"。

②　《至顺镇江志》卷一三《公役》，江苏古籍出版社，1990 年。此条承党宝海同志提供，谨此致谢。

祐时期4条,英宗至治1条,泰定帝时期1条,文宗时期4条(天历1条,至顺3条),顺帝时期7条(元统2条,后至元4条,至正1条)。

值得注意的是,《至正条格·条格》"赏令"篇新增"泛滥赏赐"目,共收5条,都是延祐三年三月以后的法令。元朝历代皇帝都对贵族功臣大加赏赐,作为对他们支持的回报。日久成风,贵族功臣甚至一般官僚往往主动要求赏赐。延祐五年六月,监察部门的一件文书中说:"近年以来,勾当里行的官人每,他每都要着名分,请着俸钱,因嫁着女孩儿,娶媳妇儿,或买田宅,为私己的勾当其间,互相结托,上位根底题奏,索要钱的哏多有。"御史台建议,"真个有功劳合赏的人每根底,与赏有,其余因着私己的勾当索要钱物的,上位根底奏了,合住罢"。元仁宗表示同意(第249条)。但此禁令显然没有奏效,文宗天历二年正月(第250条)、顺帝元统二年四月二十八日(第251条)、后至元二年六月十九日(第252条),中书省接连上奏,要求禁止此类事件发生。文宗、顺帝都表示同意。至正元年三月,顺帝又在诏书中重申:"国家常赋,量入为出,比年以来,各衙门及近侍之人,互相奏请,甚非节用之道。"(第253条)可见这股歪风始终没有刹住。泛滥赏赐是元朝政治生活一大特色,不但败坏了社会风气,而且是造成财政危机的重要因素。"泛滥赏赐"目所收文书,无疑是很有价值的。

元朝的官员致仕(退休)制度,在《元史·选举志》中

有简单的叙述。主要内容是官员七十致仕,三品以下官员
致仕时于应授品级加散官一等。叙事止于仁宗皇庆二年
(1313)①。《元典章·吏部》有"致仕"目,收有关法令 6
条,主要内容与《元史·选举志》相同,止于延祐元年
(1314)闰三月②。《通制条格》卷六"选举"篇有"致仕"
目,收"大德七年七月二十日中书省"文书,是《元典章》
"吏部致仕"目的 1 条③。但卷二〇"赏令"篇并无与致仕
有关的条目。《至正条格·条格》卷三〇"赏令"篇首立
"优礼致仕"目,内收"至顺二年十一月"户部上报的一件
文书,开头援引诏书一款:"内外流官七十致仕,宣力既
久,礼宜优遇。一品月给全俸,二品半俸,以终其身。三品
至四品各赐二表里,五品至九品各赐一表里,与免本家杂
役。但犯赃私公罪解任、杂职不与。"随后是户部落实诏
旨内容的措施。这件文书明确规定,不同品级的官员致仕
时有不同的待遇,这是《元史·选举志》和《元典章》的记
载没有提到的。对于研究元代致仕制度来说,无疑是很有
价值的材料。但这是重申过去的制度,还是文宗时的新
政,尚有待研究。

　　《至正条格·条格》"赏令"最后是"阑遗头匹"目,收
"泰定二年二月二十四日宣徽院"文书(第 290 条),主要
内容是"各怯薛、各枝儿里遍行文书",定期将不阑奚人

---

① 《元史》卷八四《选举志四》。
② 《元典章》卷一一《吏部五·职制二·致仕》。
③ 方本,第 290—291 页。

口、头匹、钱物聚集在一起，"教他各主人每识认有来"。隐瞒者有罪，首告有赏。这件文书似是针对草原各部而发的。它和上面卷二四"厩牧"篇中有关阑遗的文书一起，为阑遗（不阑奚）的研究提供了新的线索。

（八）医药。《通制条格》卷二一"医药"篇共 5 目、6 条。《至正条格·条格》卷三一"医药"篇共 6 目、9 条。相同的 6 条，新增 3 条，内文宗时期 1 条，顺帝时期 2 条（元统、后至元各 1 条）。

新增 3 条中，2 条与试验太医有关。一条是"元统元年七月二十四日太医院"文书，上奏要"约请着监察御史"一同对"内外各衙门"等保送的"白身医人""出题试验"，合格的"许充承应太医"（第 294 条）。显然，当时通过各种关系到太医院谋求充当太医者颇多，太医院难以应对，只好求助于监察部门。又 1 条是：顺帝"至元五年七月二十五日中书省"的文书，其中说："近年各处来的太医人每，有认的人呵，觑面情交行了，将人医不瘥，伤了性命有。"重申"今后用太医呵，依先例试验了，端实省得呵，教用"。圣旨批准（第 295 条）。可见当时太医院内走后门成风。

"官员药饵"目载，文宗"天历元年九月"太医院奏，"诸王百官怯薛歹每""索生熟药的多有"。"在前累朝皇帝时分些少药与有来。依着那，合与的，俺太医院官斟酌与呵，怎生？"文宗同意（第 297 条）。可知元朝太医院要为诸王、百官、怯薛歹提供生熟药。有助于了解太医院的活动。

（九）假宁。《通制条格》卷二二"假宁"篇共 3 目、9
条。《至正条格·条格》"假宁"篇共 5 目、10 条。相同 6
条。新增 4 条，都是延祐三年三月后的文书。其中仁宗延
祐时期 1 条，泰定帝时期 1 条，顺帝时期 2 条（元统、至元
各 1 条）。

《通制条格》的 3 目是"奔丧迁葬"、"曹状"、"给假"；
《至正条格·条格》5 目则是"给假"、"仓库不作假"、"外
地迁葬假限"、"奔葬赴任程限"、"曹状"。新增的"仓库
不作假"目收第 302 条"泰定四年八月御史台"的文书，内
容是管钞的行用库不许作假，对研究元朝钞法有一定价
值。新增的"丧葬赴任程限"目收第 307 条"延祐六年七
月户部"文书，规定官员赴任时陆路（马行、车行）、乘驿、
水路各有期限，"违限百日之外者，依例作阙"。即取消资
格。《元典章新集》"吏部职制官员迁葬假限"所收"至治
元年五月"中书省文书内引此件，却作："违限百里外者作
缺。"显然，《元典章》是不对的，应以前者为是①。

（十）狱官。据《刑统赋疏》，"假宁"后应为"狱官"。
但今存《通制条格》残本缺。《至正条格·条格》有"狱
官"两卷，分别是：卷三三"狱官"，15 目、19 条；卷三四"狱
官"，24 目、45 条。两卷共 39 目、64 条。

64 条中，以延祐三年三月为限。卷三三"狱官"中，明

---

① 校注本未检出。

确属于延祐三年三月以后有 4 条(第 318、322、325、328
条)。另有以"至元"纪年 3 条。第 313 条"至元元年四
月"条和第 317"至元三年十月"两条,都是"刑部议
得……都省准拟"。忽必烈中统元年(1260)以兵、刑、工
为右三部。至元元年,析工部,而兵、刑仍为一部。三年,
复为右三部。七年,始别置刑部①。上述至元元年和至元
三年两条中的"刑部",只能发生在顺帝后至元时期。另,
第 320 条,"至元四年十一月,都省议得:'设官分职,各有
攸司,趋事赴功,在于守法。今后拘该行省、宣慰司,凡遇
各处申详刑名等事,若不据例与决,仍复作疑咨禀者,定将
首领官吏口(究)治'"。从忽必烈登基到至元四年
(1267),行省主要因军事需要而设置,时设时废,还没有
形成固定的制度②。此条内容,亦只能发生在后至元时
期。因此,卷三三"狱官"中属于延祐三年三月以后的法
令共 7 条。卷三四"狱官"中,延祐三年三月以后颁布的
法令有 11 条(第 329、330、334、335、336、339、347、349、
357、366、367 条)也就是说,卷三三和卷三四"狱官"共有
64 条,其中延祐三年三月以后的法令共 18 条。分别是:
仁宗时期 7 条,英宗至治时期 1 条,泰定帝时期 1 条,文宗
时期 5 条(天历 2 条、至顺 3 条),顺帝时期 4 条(后至元 3
条、至正 1 条)。

---

① 《元史》卷八五《百官志一》。
② 《中国政治制度史》第八卷(元代),人民出版社,1996 年,第 109—
110 页。

卷三三、三四"狱官"篇主要内容是审判制度和监狱管理,对于研究元朝法制,具有重要价值。

卷三三"恤刑"目,载"大德八年四月刑部"的文书,可称为"恤刑事理"(第 311 条)。其中历举元朝审判和监狱管理的种种弊端,提出针对性的改正措施。无论《通制条格》或《至正条格·条格》,各条文字通常只摘取原始文件的一部分,比较简明。此条将原始文件全文登录,长达三千多字,就字数而言在《至正条格·条格》残本中堪称第一。其中涉及很多问题都值得重视。例如,由于官员遇事迟延,监狱管理不善,"监察御史照刷出江西行省管下路分,至元二十九年正月至十二月终,死讫轻重罪囚一千一十一名,其余道分谅亦如是。所以近年完备结案者百无一二,盖为此也"。这是一个相当惊人的数字。据此,则全国每年因审判不及时死于狱中的罪犯应在万人以上。又如,"新囚入狱,每过一门,辄用粗棍于囚腰背痛捶三下,谓之摄牢棒,有因内损而致死者"。这和小说《水浒》中的"杀威棒"又有何异[1]。

元朝有一种"五府"会审制度,所谓"五府",即中书省、枢密院、御史台、大宗正府和刑部。中央和地方重大案件都由"五府"派官共同审理[2]。《至正条格·条格》卷三四的"审理罪囚"目,收 329、330 两条,都与五府制度有

---

[1]　水浒故事成型经过漫长的过程,元代是其中一个重要阶段。

[2]　陈高华《元朝的审判机构和审判程序》,《东方学报》(日本京都)第 66 册,1994 年。又见《陈高华集》,上海辞书出版社,2005 年,第 142—144 页。

关。第 329 条"延祐五年四月初九日中书省"的一件文书,其中说:"大都里诸衙门有的罪囚,不肯着紧归断,淹滞的上头,每季省、院、台、也可扎鲁忽赤等五府审囚官,断见禁罪囚来。"也可扎鲁忽赤即大宗正府,刑部是中书省下属机构,所以不曾提及。文中说"每季",下文又说:"这五府官人每说:'俺依年例,则审断一季。'将次季见禁的罪囚,不肯审断。"则大都的五府官是每季更换的。中书省指摘五府官工作不力,要求他们努力工作。第 330 条"至正二年四月初九日中书省"的文书,指责"五府官审囚官吏托故不聚,久淹囚人,明正其罪者百无一二,死于囹圄者十有八九"。要求五府官改正工作,"已委五府官审理未毕,不许别除。虽有除授,不许之任,亦不得别行差占"[1]。元朝政府设置五府官,本为解决各级政府审讯淹延而发,但五府官同样出现因循拖延等常见的弊病,这是封建官僚机构的先天痼疾,无法摆脱的。同书的"推官理狱"目,收"皇庆元年二月刑部"的文书,其中说:"大都路见设推官二员,合推刑狱,置之不问,时与本路协力办事。其府狱并南北两兵马,三警巡院,大兴、宛平两县,应禁轻重罪囚数多,本路并不随事与决,须待五府官审断,以致淹延枉禁者有之,因而死于狱中者有之。"(第 337 条)可知五府审囚官设立后,地方负责刑讯的官员便推卸责任。这些情况,都有助于"五府"制度研究的

---

① 此件亦见《宪台通纪续集》,《元代台宪文书汇编》,第 96 页。

深入。

　　《元史·刑法志》一款:"诸有司非法用刑者,重罪之。已杀之人,辄脔割其肉而去者禁之,违者重罪之。"①按,此款源自元仁宗的诏令。《元史·仁宗纪》载:"(延祐三年六月)丁丑,敕:'大辟罪,临刑敢有横加刲割者,以重罪论。凡鞫囚,非强盗毋加酷刑。'"②此项诏令的原始文献,便收在《至正条格·条格》卷三四"非法用刑"目第347条:"延祐三年六月初七日,李平章特奉圣旨:'罪过好生重,合陵迟处死的,为他罪过比敲的重上,审复无冤了,对众明白读了犯由,那般行来。合敲的人也审复无冤了,读了犯由呵,敲了来。他罪犯不已了也!又将他的肉剐割将去呵,这般体例那里有?遍行文书禁了者,犯着的人要重罪过者。更有罪过的人,指证明白,不肯招伏,合硬问的人,除强盗外,问事的官人并首领官每,圆聚着商量了,依着体例,合使甚么棒子,打多少杖数,明白立着札子,圆押者。不依体例,将本人头发鬓揪提着,脚指头上踏着,软肋骨里搋打着,精屈膝铁锁上、石头砖上、田地上一两日跪着问,么道,遍行文书禁了者。犯着的官吏根底,要重罪过者。'""大辟罪"指死刑,"敲"指斩首,两者实为一事。这件文书的意思是,"敲"(死刑)与"陵迟"不同,不能再"将他的肉剐割"。罪证确凿的犯人,官员经过商量用刑(杖、笞),要记录在册。各种酷刑,都要禁止。《元

---

①　《元史》卷一〇三《刑法志二·职制下》。
②　《元史》卷二五《仁宗纪二》。

史·仁宗纪》说"临刑",《元史·刑法志》则说"已杀之人",两者对原诏理解明显有差异。而《元史·仁宗纪》说"非强盗毋加酷刑",则令人理解对强盗可用酷刑,更与原诏有别。

三

如上所述,《至正条格·条格》和《通制条格》一样,都由 27 篇构成。27 篇的名称和顺序一样。每篇下分若干目,每目收 1 条或数条文书。两书的总体结构是完全相同的。各篇的主要内容没有大的变动,如"仓库"篇主要内容是仓库管理、运输和钞法,"关市"篇主要以和雇和买与市舶为重点等。篇下的目,两书有较大的差别。《通制条格》9 篇 9 卷共设 90 目,《至正条格·条格》9 篇 10 卷共173 目,增加将近一倍。这种增加主要是将《通制条格》各目细化的结果,例如《通制条格》"关市"篇只有"市舶"1目,内载延祐元年市舶条例,而《至正条格·条格》"关市"篇与市舶有关的则有 12 目,所收条文有关市舶弊病在延祐元年市舶条例中都有反映。目的名称、排列的顺序都有不少变动。《通制条格》有些目的名称与条文内容不合,《至正条格·条格》作了调整。例如,《通制条格》"关市"篇有"牙保欺蔽"、"牙行"两目,共 5 条。《至正条格·条格》"关市"将其中 4 条合成"牙行欺蔽"目,取消了"牙行"目,另立"豪夺民财"目,收前者"牙保欺蔽"中与牙行无关的 1 条。又如,《通制条格》"田令"中"拨赐田土还官"目,收"大德七年四月中书省"文书,内容是江浙行省报告系官房舍基地被官豪势要人等变买典兑问题,要求禁治,实与"拨赐田土还官"无关。《至正条格·条格》"田令"为之另立"典卖系官田产"目。又如,《通制条格》"厩牧"篇有"鹰食分例"目,与此篇名称显然不符,故《至正条格·条格》"厩牧"篇予以删除。

两书所收条文差别颇大,现根据本文第二部分的说明,列表如下:

篇名	《通制条格》	《至正条格·条格》	相同条数	新增(1)	新增(2)
仓库	29	36	7	29	24
厩牧	9	30	4	26	16
田令	47	66	45	21	21
赋役	33	49	27	22	18
关市	22	45	18	27	23
捕亡	18	22	14	8	6
赏令	31	43	24	19	17
医药	6	9	6	3	3
假宁	9	10	6	4	4
狱官		64			18
总计	204	310 加 64	151	159	132 加 18

注:"新增(1)"是全部新增条数。"新增(2)"是延祐三年三月以后条数。又,《至正条格·条格》"仓库"篇新增条中有 1 条年代难以断定,未统计在内。

　　《通制条格》"为条一千一百有一"①,而《至正条格·条格》则有 1700 条②,多出 600 条,约为前者的一半强。由上表可知,《通制条格》的 9 篇(仓库、厩牧、田令、赋役、关市、捕亡、赏令、医药、假宁)共 204 条,《至正条格·条格》的相应 9 篇为 310 条,增加了 106 条,约为前书的一半左右。也就是说,两书 9 篇的条数之比和全书总的比例几乎相同。由上表又可知,两书 9 篇相同的条数为 151,这就是说,《通制条格》的四分之三保存了下来。但对于《至正条格·条格》来说,上述 9 篇为 310 条,相同的 151 条只占到一半左右。这 9 篇有的内容丰富(如"田令"),有的简单(如"医药"、"假宁"),对全书来说,应有代表性。因此,大体可以推断《至正条格·条格》全书的构成,应亦相去不远。即在 1700 条中,与《通制条格》相同的条目与新增的条目,各占一半左右。

　　《至正条格·条格》9 篇的 310 条中新增 159 条,以延祐三年三月为界,以前的 26 条,以后颁布的为 132 条,另年代不明 1 条。以前的 26 条中,可考有 11 条是从《通制条格》残本其他篇调整过来的,其余 15 条由于《通制条格》的残缺,难以考定,估计应有相当大的比例。此外,《通制条格》9 篇中有一些条文在编纂《至正条格》时移到"断例"部分,因之也不排除《大元通制》的《断例》有些条文转到《至正条格》的《条格》中。似可认为,《至正条格·

---

① 李术鲁翀《大元通制序》,《国朝文类》卷三六,《四部丛刊》本。
② 欧阳玄《至正条格序》。

条格》新增条文，凡是延祐三年三月以前的，主要甚至全部都是《大元通制》的《条格》或《断例》收录的，只是根据需要加以调整而已。

延祐三年三月以后132条，完全是新补的。132条中，属于仁宗延祐时期13条，英宗至治时期6条，泰定帝时期21条，文宗时期43条，顺帝时期49条。也就是说，补充的条文，以顺帝朝最多，文宗朝次之。此书修订并完成于顺帝朝，多收这一时期的条文是可以理解的。值得注意的是，后至元六年（1340），顺帝清算文宗图帖睦尔毒死明宗和世㻋（顺帝生父）的罪行，撤文宗庙主，这就意味着文宗被排除在皇帝世系之外。然而，从《至正条格·条格》来看，对文宗时代的各种法令（其中一部分以文宗"圣旨"形式公布），显然还是认可的，并没有加以否定。这是研究元末政治时很值得注意的现象①。金文京教授认为："顺帝和蒙古统治集团……抱有共同意愿，乃以《至正条格》和《六条政类》来取代《大元通制》和《经世大典》，用以否定英宗、文宗所推行的汉化政制，做为至正更始的标志。"②似尚有商榷的余地。

《通制条格》各目所收条文，往往不按时间前后，次序颠倒，给人以杂乱的感觉。《至正条格·条格》则严格按

---

① 《至正条格·条格》卷三〇"赏令·阑遗头匹"条还保留了"倒剌沙丞相"的名字（第290条）。倒剌沙是泰定帝的丞相，在上都拥立泰定帝之子为帝，以叛逆罪被杀。

② 金文京《有关庆州发现元刊本〈至正条格〉的若干问题》。

年代前后排列。例如,两书的"田令"篇中都有"妄献田土"目,《通制条格》此目收4条,次序是:"大德八年正月"、"至大四年三月"、"至元二十八年十二月"、"至元七年正月"。《至正条格·条格》此目也是4条,顺序是:"至元七年正月"、"大德八年正月"、"至治三年十二月"、"元统元年六月"。又如《通制条格》卷二二"假宁·奔丧迁葬"目有3条,顺次是:"至元二十七年十二月"、"大德六年正月"、"大德元年二月"。《至正条格·条格》卷三二"假宁·奔丧迁葬假限"有4条,顺序是:"至元二十七年十二月"、"大德元年十二月"、"元统二年六月"、"至元二年五月"。编排方式的进步是很明显的。

在文字上,《至正条格·条格》多数条文作了不同程度的删改。可以分为几种情况。(1)将文书起头的发文机构删去。如《通制条格》"田令":"大德七年五月。中书省。户部呈:'诸私相贸易田宅……'都省准呈"(方本第349条。)《至正条格·条格》"田令"作:"大德七年五月,户部议得……"(第122条)按,此件文书开头原是"江西行省准中书省咨",亦即中书省下发到各行省的文件①。中书省是发文的单位。《通制条格》作了精简,只保留"中书省"三字。《至正条格·条格》进一步精简,把"中书省"也删去了。这样的删除,在《至正条格·条格》中是很普遍的。(2)把圣旨、诏书开头的"钦奉"和结尾的"钦此"、

---

① 《元典章》卷一九《户部五·田宅·典卖·贸易田宅》。

"么道、圣旨了也"删去。元朝的圣旨大多用硬译体白话文,诏书和圣旨条画一般用文言文①。前者结尾常用"么道,圣旨了也"。后者常用"钦此"。有的两者连用,即:"么道,圣旨了也。钦此。"《通制条格》所收文书一般保留,《至正条格·条格》则都删去。如《通制条格》"医药"篇"试验太医"目"延祐元年十一月二十二日御史台"文书,结尾是"么道,圣旨了也。钦此。"(方本第471条)《至正条格·条格》收此条时令删去(第293条)。《通制条格》"医药·惠民局"目:"大德三年正月钦奉诏书内一款",结尾是"钦此"(方本第472条)。《至正条格·条格》载此条时"钦奉"、"钦此"均删去(第296条)。《通制条格》"厩牧"篇和"赋役"篇有3条结尾都是:"奏呵,'那般者。'么道,圣旨了也。钦此。"(方本第315、376、377条)在《至正条格·条格》中改为:"奏呵,奉圣旨:'那般者。'"(校注本第40、165、163条)"么道,圣旨了也"改译:"奉圣旨",而"钦此"则删去了。其他一些条文中,"钦奉圣旨节该"之"钦奉"二字亦删去(见方本第326、334、335、482条,校注本第83、84、86、300条)。(3)将文书引用的文件名称或有关机构删去。如:《通制条格》"医药·医学"目:"大德八年十月,中书省。湖广行省咨:'湖南道廉访司申:训诲医生等事。'礼部移准太医院关:'如准所言,允当。'都省准拟"(方注本第468条)。《至正条格·

————————

① 方龄贵《〈通制条格〉行文体例初探》,《元史丛考》,第202—204页。

条格》收此条，作："大德八年十月，礼部移准太医院关，'训诲学生等事'。都省准拟"（第291条）。把与文书转递有关的中书省、湖广行省、湖南道廉访司等机构都删去了。又如，《通制条格》"田令·典卖田产事例"内第345条："大德十年五月，中书省。御史台呈：'河南道廉访司申：近年告争典质田产……致使词讼壅滞。'礼部议得：……"《至正条格·条格》作"大德十年五月，礼部议得"，当中与文书转递有关的中书省、御史台、河南道廉访司等机构，以及"礼部议得"的起因等文字全部删去（第119条）。（4）将具体案例文字删除或精简。如《通制条格》"田令"第346条："至大元年十月，中书省。枢密院呈：冠州贴军户张著告……"此案系军户田土纠纷，涉及人、事比较复杂，约三百字。《至正条格·条格》作："至大元年十月，枢密院呈"，开头删去中书省，当中删去具体情节百余字，只保留起因和结尾作为通例的文字（第118条）。（5）删除不影响主要内容的部分文字。如《通制条格》卷四"户令均当差役"目第123条，中有："上位道是：'可怜见，教省官人每为头里外大小，不拣谁开库的铺席做买卖的人每……'"《至正条格·条格》卷二七"赋役均当杂泛差役"收此条，删去了"可怜见"三字（第160条）。《通制条格》"田令"篇第350条中有："及有探马赤人每，将自己养种收到物斛爱惜，却行营于百姓处取要搔扰。这言语是实那是虚？如圣旨到日……"（方本第350条）《至正条格·条格》"田令"删去了"这言语是实那是虚"等字

（第80条）。又如《通制条格》"假宁"篇"给假"目内1条："至元十四年十二月二十九日,中书省。客省使也速忽都答儿奏:'在先初十日、二十日、三十日,每月三次放假有来。如今那里官人每商量得,这三个日头断人呵,也中。如今初一日、初八日、十五日、二十三日、乙亥日,这日数里有性命的也不交宰杀有,人根底也不打断有。这日数里,放假呵,怎生?'奏呵,奉圣旨:'那般者。'钦此"（方本第483条）。《至正条格·条格》"田令"作:"至元十四年十二月二十九日,中书省奏:'在先,初十日、二十日、三十日,每月三次假有来。如今,初一日、初八日、十五日、二十三日,元命日,这日数里放假呵,怎生?'奏呵,奉圣旨:'那般者。'"删去了约50字（第301条）。（6）由于政策变化作出改动。《通制条格》"田令·典卖田产事例"第347条:"元贞元年十一月,中书省。陕西行省咨:'……不见各处军民典卖田宅,若与僧道寺观相邻,合无由问。'礼部照拟得:'僧道寺观常住田地,既系亲依圣旨不纳税粮,又僧俗不相干,百姓军民户计,虽与寺观相邻住坐,凡遇典卖,难议为邻……'都省准呈。"《至正条格·条格》"田令"第120条作:"元贞元年十一月,陕西行省咨:……礼部议得:'僧道寺观田地既僧俗不相干,百姓虽与寺观相邻住坐,凡遇典卖,难议为邻。'"少了"既系亲依圣旨不纳税粮"一句。这是元朝对待僧道寺观田地的政策发生变化。

　　法典文字应力求简明、准确。应该承认,《至正条格·条格》所作各种删改,都是为了使文字简明,主题突出,是相当细致的。还没有发现明显损害原意的地方。但是,不少删改,略去了一些文字,也就略去了某些重要的信息。例如上面所举(5)"至元十四年十二月二十九日中书省"文书,略去了"客省使也速忽都答儿"以及"如今那里官人每商量得,这三个日头断人呵,也中"。"这日数里,有性命的也不交宰杀有,人根底也不打断有。"这些资料对于研究客省使以及元代审判制度、社会生活,都有一定价值。又如上面所举(3)略去某些文件和机构的信息,无疑也不利于政治制度的研究。

四

上面我们对《至正条格·条格》残本作了一些讨论。可以认为,《至正条格·条格》的篇幅比起《通制条格》来有很大的增加,补充了大量新的条文,这些新的条文对于研究元代后期的社会历史具有很高的价值。《至正条格·条格》保留了《通制条格》的大量条目,有些作了调整,许多条目在文字上作了不同程度的修改。但是,全书的基本结构和各篇的主要内容并没有大的变化,因此,从"条格"角度来看,《至正条格》只能看成是《大元通制》的修订本,难以视为"新法典的制定"。

《至正条格》修纂期间,元朝上层政治势力不断发生激烈的斗争,这些斗争对此书的修纂有无影响,是值得认真探讨的问题①。李玠奭教授分析了当时上层的斗争,认为:"编纂《大元通制》最大的目的就在于对没能充分地反映蒙古利益的《大元通制》条文进行删修,插入有关蒙古的条文,用以通过法典要保护蒙古统治集团的利益,理由就在于此。""《至正条格》的编纂有别于《大元通制》,乃积极试图把游牧民族的法文化传统输入到汉族法文化传统之中。"②金文京教授亦有类似的看法。从上面我们对《至正条格·条格》残本各篇所作的分析,可以清楚看到的是,政府要求在各个方面加强对蒙古、色目人种种法外特权的限制,诸如驼马草料、怯薛袄子、拨赐田土、泛滥赏赐、投下横科等等,都是如此。当然,从根本上说,这些措施是为了元朝的长治久安,当然也为了蒙古统治集团的利益。但这些措施都是中原传统法制的体现,大多在《大元通制》中已经提出,并非什么新的因素,更与"游牧民族的法文化传统"无关。从《通制条格》到《至正条格·条格》,一脉相承,并无本质的变化。突出《至正条格》的蒙古因素,似乎缺乏足够的说服力。

原载《中国史研究》2008 年第 2 期

---

① 《至正条格·条格》"田令·豪夺官民田土"收"至元六年七月初七日诏书内一款节该",指斥伯颜党羽恃势霸占官民田土房产,下令清查。这是此书中明确涉及政治斗争的一个例子。

② 李玠奭《〈至正条格〉之编纂及其法制史上的意义》。

两种《三场文选》中所见
元代科举人物名录

——兼说钱大昕《元进士考》

　　有元一代,实行科举考试的时间不长,先后不过半个世纪,而且一度中断。元代的制度,科举分三级,即乡试、会试和廷试。乡试在全国 15 处举行,各有固定的名额。共取 300 人参试。会试在京师大都(今北京)试院举行,取 100 人。廷试在翰林国史院举行,主要是厘定等次,有时亦有黜落。乡试中选者称乡贡进士,廷试中选者称进士。元代先后举行会试、廷试 16 科,每科录取进士多少不等,总数约为 1200 人。乡试共 17 科,每科定额 300 人,但多数科是不满额的。特别是顺帝至正十一年(1351)全国农民战争爆发以后,不少地方无法按规定举行乡试,乡试中选者更少。总的来说,进士录取为应试者的三分之一,因而乡试中选者大致可按进士数的三倍估计①,即 3600 人

---

① 理由见本文第四部分。

左右,也许更多一些。

和其他实行科举的朝代相比,元朝科举录取的人数是比较少的。尽管如此,科举考试的推行,对元代社会生活的许多方面仍产生了重大的影响。进士和乡贡进士成为元代后期社会的特殊群体,在政治、文化、教育等领域中扮演着重要的角色。对这个群体进行分析研究,是元代后期历史研究中的不容忽视的方面。

然而,由于资料的局限,我们对这个群体的具体情况,所知甚少。就进士而言,比较完整的只有一份元统元年(1333)《进士录》;还有至正十一年的《进士题名记》,除了名字以外,没有其他说明,而且名字亦有残缺①。至于乡试,只有至正十年(1350)的《山东乡试题名记》和至正廿二年(1362)的《山东乡试题名记》,后者的"正榜"录取者姓名大多漫漶不明②。这个群体中成员的资料,散见于元代和后代的文集、碑铭、正史、杂史、笔记、方志之中,需要用大力量,加以辑录。近年以来,已有一些学者在这方面努力工作,取得了可喜的成绩,但还有许多工作要做③。

---

① 关于《元统元年进士录》,见本文第六部分。《至正十一年进士题名记》见王昶《金石萃编未刻稿》卷下,上虞罗氏贻安堂刊本。

② 北京图书馆收藏的《宋元科举题名录》中,有上述两种《题名记》的抄本。

③ 台湾清华大学萧启庆教授先后作有《元统元年进士录校注》(台湾《食货月刊》〔复刊〕第13卷第1、2期,第13卷第3、4期)、《元至正十一年进士题名记校补》(同上,第16卷7、8期),于此贡献甚大。萧氏近(转下页注)

　　20世纪90年代,我两次访问日本,在友人们帮助下,先后在内阁文库和静嘉堂文库看到了元代的两种《三场文选》。这是元代科举的珍贵文献,内容丰富,在国内只有残本[①]。现在我将两书中有关科举人物群体的资料辑录整理,供研究者参考。此外,不久前清代学者钱大昕的《元进士考》稿本,经过点校,正式问世[②]。钱氏这部作品,旨在考订元代历科进士、乡贡进士,可惜未能完成。钱氏又是清代惟一认真注意过两种《三场文选》的学者,并曾对其中一种的有关资料加以摘录。因此,我们在辑录上述资料时,也想对钱氏这部稿本,作一些讨论。

　　本文的写作,得到日本京都大学法学部加藤雄三君的热情帮助。加藤将自己编纂的《类编历举三场文选人名索引稿》(未刊稿)供我使用,并提醒我注意《元进士考》与《历举三场文选》之间的关系。在此谨向他表示感谢。

(接上页注)年继续从事各科进士名录的考证,陆续有作品问世。王颋先生亦对《元统元年进士录》加以点校,收在《庙学典礼》一书内(浙江古籍出版社,1992年)。杨讷先生作《关于〈元统元年进士录〉的版本与校勘》(《祝贺杨志玖教授八十寿辰中国史论集》,天津古籍出版社,1994年),对王氏点校本有所补正。此外,王楼占梅女士作《〈伊滨集〉中的王征士诗》(台湾《史学汇刊》12期),辑录延祐乙卯科进士名单。本文作者有《元泰定甲子科进士考》(《内陆亚洲历史文化研究——韩儒林先生纪念文集》,南京大学出版社,1996年)。

　　①　我国学者介绍日本收藏两种《三场文选》的,似以傅芸子最早。见《正仓院考古记·白川集》,辽宁教育出版社,"新世纪万有文库"本,2000年。

　　②　收在《嘉定钱大昕全集》第5册内,江苏古籍出版社,1997年。

一、元代程文

"自宋以来,以取中士人所作之文谓之程文。"①科举考试实行以后,各类考试中选的文章,常被编集出版,供应试者揣摩之用。这类文字便称为"程文"。元代实行科举以后,此类作品颇为流行。明代前期名臣杨士奇(1365—1444)生活的时代距元朝不远,曾经见过元代程文多种。他说:"元《延祐乙卯廷试录》一册,盖先待制登第之岁,于今百有二岁……元科举取士昉于此,左右榜总五十六人。是录所刊对策凡四卷五十有三人,先待制之文在焉,而五十六人家状及其初授官悉具也。"②"延祐乙卯"是延祐二年(1315),即乙卯首科进士录取之年。他所说的"先待制"是曾祖父杨景行。这种《廷试录》包括两部分,一是中选进士的家状及所授职务,即"进士题名录";一是廷试对策。杨士奇把此书称为"首科程文",是指后一部分对策而言的。杨士奇还见到"延祐乙卯会试程文","是编总十卷,今存三卷,首卷蒙古、色目人答《四书》疑及策,二卷、三卷皆汉人、南人答《四书》疑,考之,盖当时选刻者"③。可见延祐首科的廷试、会试中选文字,都曾刊行。首科以

---

① 顾炎武《日知录》卷一六《程文》,《四部备要》本。

② 《书元首科程文后》,《东里文集》卷一〇,《四库全书》本。

③ 《元程文四集》,《东里续集》卷一七,《四库全书》本。按,杨士奇另有《元延祐初科会试程文》(《东里续集》卷一七)云:"内左榜阙四名,阙文更多,错误尤甚,盖匆匆不及对过也。"很可能是另一种选本。

外,杨士奇又见到其他各科的程文:

> 右《诗》、《礼记》、《春秋》三经义,虽断简,然元
> 前七科之文,又选其精者也。

> 右元前八科程文,不完,独有《〈四书〉疑》及
> 《〈易〉义》一卷耳。然具当时程式,可备稽考。

> 有元至正二年江浙、江西、湖广三省乡试及会试、
> 廷试选中之文,而择其佳者,盖元顺帝尝罢科举,至是
> 始复云。①

杨士奇所见到的几种程文,有的已残缺不全。这是因为经
过元末战火遭到破坏造成的,同时也因为改朝换代以后,
这些程文失去作用,不受重视所致。但从他所见亦可看
出,元代刊行的程文是相当可观的。有的是某一科的程
文,便可成一书,有的是若干科的程文,合为一书。此外,
还有专门将某种科目(如赋、策)的程文辑集成书的。

清代著名学者钱大昕的《元史艺文志》,以经、史、子、
集分类,在第四"集类"下,专立"科举"一门,共收与科举
有关的著作十余种②。这些著作可以分为两类。一类可
以称为文章作法指南。元代乡试、会试要考经疑、经义、古
赋诏诰章表、策,于是指导写作各种文章的指南便应运而
生。《元史艺文志》中开列的涂摺生《易义矜式》、《易疑拟
题》、《易主意》,王充耘《书义矜式》、《书义主意》,陈悦道

---

① 《元程文四集》。
② 《嘉定钱大昕全集》第 5 册,第 79—80 页。

《书义断法》，谢叔孙《诗义断法》，林泉生《诗义矜式》，黄复祖《春秋经疑问对》，杨维桢《春秋合题著说》，倪士毅《尚书作义要诀》，谭金孙《策学统宗》，陈绎曾《科举天阶》，陆可渊《策准》，曾坚《答策秘诀》，欧阳起鸣《论范》，都属于此类。其中大多数均收入《四库全书》，或列名《存目》。试以陈悦道的《书义断法》为例。"书首冠以'科场备用'四字，盖亦当时坊本为科举经义而设者也。其书不全载经文，仅摘录其可以命题者载之，逐句诠释，各标举作文之窍要。"①又如王充耘的《书义矜式》，"即所业之经篇，摘数题各为程文，以示标准。"②这是两种不同的形式，前者是在经书中选择可能用来考试的题目，讲解作文要领，后者则是选题作文，给学者作为榜样。所以四库馆臣说"王充耘《书义矜式》如今之程墨，而此书（《书义断法》——引者）则如今之讲章。"③这些作者中事迹可考者大多是进士，如涂揩生、王充耘、杨维桢、曾坚等。这些著作，对于研究元代科举考试的内容，很有用处。

另一类就是元代的科举程文，《元史艺文志》列举的有："《江浙延祐首科程文》、《大科三场文选》（安成周敷辑）、《历举三场文选》（五经各八卷，安成刘仁初、刘霁、刘霖等编）、《至正辛巳复科经文》。"此外"《元赋青云梯》三卷"亦应列入这一卷。从钱大昕的日记，我们知道，《大科

---

① 《四库全书总目》卷一二《经部·书类二·书义断法》，第98页。
② 《四库全书总目》卷一二《经部·书类二·书义矜式》，第105页。
③ 《四库全书总目》卷一二《经部·书类二·书义断法》，第98页。

三场文选》、《历举三场文选》和《青云梯》，都是钱大昕自
已看到过的①。至于《江浙延祐首科程文》和《至正辛巳复
科经文》，钱氏亲眼见过，还是由他处转录，就不得而
知了。

　　流传到今天，可以确定的是，元代程文只有三种。一
种是《青云梯》，一种是《大科三场文选》，一种是《类编历
举三场文选》。《青云梯》只收录"赋"体文字，而且已收录
在《宛委别藏》丛书内，早为世人所知。本文不再论述。
其他两种《三场文选》，流传稀少，迄今未为研究者利用。

二、《类编历举三场文选》的一般情况

　　元代科举，始于仁宗延祐元年（甲寅，1214）。是年举
行乡试。次年（延祐二年，乙卯，1215）举行会试、廷试，产
生元朝首科进士。经历乡试 8 科和会试、廷试 7 科以后，
后至元元年（乙亥，1335）十一月，元顺帝下诏罢科举。后
至元六年（庚辰，1340）十二月，顺帝下诏"复科举取士
制"②。次年即至正元年（辛巳，1341）举行乡试，至正二年
（壬午，1342）举行会试、廷试。自此到至正二十六年
（1366），共举行乡试、会试、廷试各 9 次。

　　《类编历举三场文选》的完本（有缺页），现藏日本东

----

　　①　《竹汀先生日记钞》卷一《所见古书》，收在《嘉定钱大昕全集》第 8
册内。
　　②　《元史》卷四一《顺帝纪三》。

京静嘉堂文库①。此书的编者是刘贞（字仁初）、刘霁（字
天章）、刘霖（字云章）三人，以刘贞为主。由"安成后学
刘贞仁初"署名的序言中说："历代之文，简帙重大，试加
会集，积案盈箱。未钩其玄，未择其精，新学之士苦焉。
山林日长，风云意远，因与诸益友快读细论，而录其尤者
成编，题之曰《三场文选》，盖欲以便观览，明矜式，以授
其徒，初非敢妄评天下之文也。"刘贞把编书的意图讲得
很清楚，就是选择优秀的程文供应试者学习之用。作序
的时间是"至正辛巳六月既望"。"辛巳"是至正元年
（1341）。而在《三场文选》目录首页中有出版者的"咨"，
其中说：

> 圣朝科举自甲寅至乙亥凡八科，人材辈出，其于
> 性理之学，宏博之文，治平之策，精到者多，视前代科
> 目之弊不可同日语矣。丙子之岁，梯云路阻，举业中
> 辍，斯文兴废，实存乎人。钦惟圣天子德盛教明，诏复
> 旧制，四方风动，文治益隆，郊薮凤麟，时而出矣。第
> 旧举列科之文，后学未获尽见，不无憾焉。今求到安
> 成刘仁初所编全集，敬用梓行，庶使学者有所矜式，以
> 锐其志，将以抱才负艺借径科第而行其实学焉，吾道
> 幸甚。至正改元辛巳岁菊节建安后学虞垫文质谨咨。

---

①　北京图书馆藏有此书残本，存庚集 6 卷，辛集 3 卷，见《北京图书馆
古籍善本书目·集部·总集类》，第 2802 页。另据日本奈良大学森田宪司先
生见告，朝鲜李朝时代曾翻刻此书，散见于韩国各图书馆。

　　这段文字把此书出版的时代背景交代得很清楚。
"丙子之岁"是后至元二年(1336)。原来这一年是会试、
廷试之年,但由于乙亥年(1335)十一月罢科举,丙子年的
会试、廷试停止了。"举业中辍",使广大士人有"梯云路
阻"之叹。后至元六年重开科举,立即在士人中引起强烈
的反响,"四方风动",纷纷摩拳擦掌,准备应试。出版商
看好这样的时机,迅速组织到《三场文选》书稿,出版以应
市场之需。"建安"是古称,即元代的福建建宁路,路治所
在设建安、瓯宁二县,自宋代以后一直是南方出版业的中
心之一。《历举三场文选》分十集(见下),若干集封面均
署"务本书堂",有四集首页有出版者说明,署名为:"建安
虞氏务本斋"、"余氏勤德堂"、"建安虞氏务本堂"、"余氏
勤德堂"。此书应是"务本书堂"和"勤德堂"两家书铺联
合出版的。虞氏务本堂在当地出版业中享有盛名,先后经
历宋、元、明三代,历史悠久,在元代出书甚多[1]。余氏是
建安的出版世家,宋代余氏勤有堂为当地出版业之首,元
代建安出版业中余氏堂名甚多,"疑皆子孙分肆,世业有
名者也。"勤德堂即其中之一[2]。此书由两家书铺联合出
版,大概是为了加快速度,抢占市场。刘贞的序作于至正
元年"六月既望",应是交稿的时间,书铺主人的"咨"所署
时间是同年"菊节",即九月九日重阳节,应是付印的时

---

[1]　叶德辉《书林清话》卷四《元时书坊刻书之盛》,燕山出版社,1999年。
[2]　《书林清话》卷二《宋建安余氏刻本》。

间,由此亦可看出是抓得很紧的①。

《类编历举三场文选》完本共分十集。甲集"经疑"八卷,乙集"《易》义"八卷,丙集"《书》义"八卷,丁集"《诗》义"八卷,戊集"《礼记》义"八卷,己集"《春秋》义"八卷,庚集"古赋"八卷,辛集"诏诰章表"三卷,壬集"对策"八卷,癸集"御试策"五卷。在甲集前面,是"圣朝科举进士格式",即元朝有关科举的各项法令。为什么各集中的大多数都分八卷? 这是因为此书编选的是后至元元年罢科举以前各科的程文。在此以前乡试八科,每科一卷,故分八卷,而以会试程文附其后。前引杨士奇所说"元前八科程文",应即此书。十集共收各类程文 465 篇,各集数量多寡不等,分别是:甲集 119,乙集 58,丙集 45,丁集 40,戊集 26,己集 43,庚集 88,辛集 32,壬集 52,癸集 15。多数作者选一篇、二篇,但一人三篇甚至更多者亦有之,如首科进士欧阳玄的作品共选 6 篇,黄溍 5 篇,等等。465 篇程文的作者共为 258 人。这 258 人都是乡试中选者,其中有一部分又在会试、廷试中选。下面,我们分别辑集《历举三场文选》中有关乡试、会试、廷试的人士名录。

---

　　① 此书甲集《经疑》首页文字所署时间是"元统乙亥菊节",其余数集署"至正辛巳"或"至正改元"、"至正元年",很可能甲集在元统乙亥(三年,1335)罢科举前已雕版,但因废科举无市场未能付印。恢复科举后便与其余各集一同迅速付印。

三、《历举三场文选》中的前八科乡试名录

《历举三场文选》是按考试科目分集的,每集中又按各科时间先后排列。现在我们将分散在各集中的同科乡试中选者的有关资料辑录在一起,按各科时间排列,每科内再分地区。这些资料包括名次、姓名、籍贯,见于《文选》何集何卷,以及所习何经。

(一)延祐元年甲寅(1314)乡试

1. 江浙乡试

第一名　陈润祖,字正德,湖州路人。见甲集卷一(两篇)①,丙集卷一。《书》。

第二名　方希愿,饶州路浮梁州人。见甲集卷一,戊集卷一,壬集卷一。《礼记》。

第三名　黄潪,字晋卿,婺州路人。见甲集卷一(两篇),丁集卷一,庚集卷一,壬集卷一。《诗》。

第五名　陈麟孙,温州路瑞安州人。见丙集卷一。《书》。

第六名　吴存,饶州路人。见辛集卷三。

第七名　林定老,字君则,处州路人,见甲集卷一。

第十一名　张士元,字弘道,绍兴路人。见辛集卷一。

第十三名　黄玭,字比玉,嘉兴路人。见辛集卷二。

---

① 甲集所收是乡试、会试第一场经疑两问,有的选一篇,有的两篇全收。

第十四名　　包植,字德立,江阴州人。见乙集卷一。
《易》。

第十五名　　汪泽民,宁国路人,见甲集卷二,己集卷
一,辛集卷二。《春秋》。

第十六名　　陈柝,徽州路人。见辛集卷二。

第十九名　　干文传,平江路人。见辛集卷三。

第二十一名　　卢可继,台州路人。见辛集卷三。

第二十三名　　洪震老,建德路人,见辛集卷二。

第二十五名　　包樗,字德文,江阴州人,见辛集卷一。

2. 江西乡试

第一名　　杨晋孙,字南叟,临江路人,见丙集卷一,辛
集卷一,壬集卷一。《书》。

第二名　　李丙奎,字文可,袁州路人,见甲集卷一,乙
集卷一,庚集卷一。《易》。

第三名　　夏镇,字定远①,袁州路人,见甲集卷一(两
篇),己集卷一,辛集卷三,壬集卷一。《春秋》。

第四名　　徐汝士,富州人。见甲集卷一。

第六名　　钟光国,字少宾,南康路人。见戊集卷一,辛
集卷一。《礼记》。

第七名　　饶抃,字士悦,建昌路人。见丁集卷一,辛集
卷一②。《诗》。

第八名　　陈祖义,字理翁,肇庆高要县人。见丙集卷

---

① 夏镇后于延祐丁巳乡试再次中选,至治辛酉年(1321)会试中选。
② 饶抃后于天历己巳年(1329)又曾乡试中举。

一。《书》。

第九名　杨景行,字贤可,吉安路人。见乙集卷一,辛集卷三。《易》。

第十一名　罗曾,吉安路人。见庚集卷一。

第十二名　萧立夫,字兴吾,吉安路吉水州人。见丁集卷一,辛集卷一。《诗》。

第十三名　牛文炳,字俊章,南康人,见乙集卷一①。《易》。

第十四名　叶绩,龙兴路人。见戊集卷一,辛集卷三。《礼记》。

第十六名　邹文,吉安路人。见辛集卷三。

第十八名　胡一龙,字云升,临江路人。见辛集卷一。

3. 湖广乡试

第一名　欧阳玄,字元翁,浏阳州人。见甲集卷一,丙集卷一,庚集卷一,壬集卷一。《书》。

第二名　谭子实,耒阳州人。见丁集卷一。《诗》。

第三名　孙以忠,常德路龙阳州人。见己集卷一,辛集卷一。《春秋》。

第四名　翟幼学,益阳州人。辛集卷三。

第六名　刘彭寿,衡州路人。见甲集卷一(两篇)。

第七名　李焘,字仲渊,沅州路靖州人。见己集卷一,辛集卷一。《春秋》。

---

① 牛氏后于仁宗延祐庚申(七年,1320)科乡试再度中选。

第十一名　何维,武昌蒲圻人。见辛集卷一。

第十三名　陈泰,茶陵人。见庚集卷一。

第十四名　李朝瑞,茶陵人。见庚集卷一,壬集卷一。

第十六名　窦衕翁,全州路人。见乙集卷一。《易》。

第十七名　李政茂,崇阳人。见辛集卷三。

第十八名　李朝孙,澧州人。见辛集卷一。

郭再,澧州学正。见庚集卷一目录(文缺,名次待考)。

陈奎,茶陵人。见庚集卷一目录(文缺,名次待考)。

4.河南乡试

第二名　赵筭翁,淮安人。见甲集卷一,丙集卷一。《书》。

李潜[①],字昭升,兴元人。见甲集卷一,己集卷一。《春秋》。

5.燕南乡试

第一名　许云翰,字图南,保定人。见甲集卷一,乙集卷一。《易》。

6.东平乡试

第六名　焦鼎,字德元,济宁人。见甲集卷一。

以上各地乡试中选者47人。

---

① 无名次。

（二）延祐四年丁巳（1317）年乡试

1. 江浙乡试

第一名　俞镇，嘉兴路崇德州人。见甲集卷二（两篇），乙集卷二，辛集卷二，壬集卷二。《易》。

第二名　汪泽民，字叔致，宁国路人。见甲集卷二，己集卷一，辛集卷二。

第三名　施霖，宁国宣城人。见丁集卷二，辛集卷一。《诗》。

第四名　林冈孙，兴化路人。见丙集卷二，辛集卷一。《书》。

第五名　汪延凤，饶州路浮梁州人。见甲集卷二，辛集卷一。

第六名　陆文圭①，江阴州人。见己集卷二，辛集卷二。《春秋》。

第七名　程桌，徽州路婺源州人。见甲集卷二。

第八名　周用章，饶州路鄱阳县人。见丙集卷二。《书》。

第十二名　祝蕃，信州路贵溪人。见庚集卷二。

第十三名　张师曾②，宁国路录事司人。见辛集卷二。

第十四名　吴性谊，嘉兴路人。见辛集卷一。

第十八名　李粲，乐平州人。见辛集卷一。

---

① 陆氏于延祐庚申（七年，1320）再中江浙乡举。

② 张氏后于天历二年己巳（1329）乡试再次中选。

第十九名　章仕尧,温州路人。见辛集卷二。

第二十五名　沈云起,饶州路鄱阳县人。见壬集卷二。

第二十六名　钱以道,平江路录事司人。见甲集卷二,丁集卷二。《诗》。

第二十八名　邵宪祖,信州路贵溪县人。见庚集卷二。

第二名　刘泳,建康人。见辛集卷一①。

2. 江西乡试

第一名　廖成大,临江新喻州人。见甲集卷二(两篇),己集卷二,庚集卷二。《春秋》。

第二名　萧应元,庐陵人。见乙集卷二,庚集卷二,壬集卷二。《易》。

第三名　高钺,吉安路吉水人。见甲集卷二,丙集卷二,壬集卷二。《书》。

第四名　彭士奇,字冲所,吉安庐陵人。见甲集卷二,丁集卷二。《诗》。

第六名　陈阳凤,吉安路太和州人。见丙集卷二②。《书》。

第七名　尹梦锡,吉安路永新州人。见乙集卷二。

第八名　祝彬,龙兴宁州人。见丁集卷二。《诗》。

第十名　萧凤,临江新喻州人。见丙集卷二。《书》。

第十二名　张道益,吉安吉水人。见丙集卷二。《书》。

---

①　辛集卷一中有刘泳文,但辛集目录未收。"第二名"的"二"字有挖改痕迹,疑不确,故列于后,待考。

②　丙集卷二收陈氏文,目录中无。

第十七名　罗振文,安福人。见庚集卷二。

第二十七名[①]　冯奖翁,吉安永新人。见丙集卷二。
《书》。

3.湖广乡试

第一名　何克明,潭州路衡山县人。见甲集卷二(两篇),己集卷二,庚集卷二,壬集卷二。《春秋》。

第二名　梁印孙,浏阳州人。见丙集卷二。《书》。

第三名　丘堂,武昌人。见甲集卷二,庚集卷二,壬集卷二。

第四名　刘嗛,浏阳州人。见甲集卷二,丁集卷二。《诗》。

第六名　何元同,浏阳州人。见乙集卷二。《易》。

第十名　李明孙,澧州人。见戊集卷二。《礼记》。

第十四名　陈谊高,字志行。茶陵人。见庚集卷二。

第十八名　冯福可,潭州路澧陵人。见甲集卷二(两篇),庚集卷二。

以上各地乡试中选者 36 名。

(三)延祐七年庚申(1320)乡试

1.江浙乡试

第一名　董仲可,饶州德兴县人。见甲集卷三,丙集卷三,壬集卷三。《书》。

---

①　江西每科乡试定额廿二人,"廿七名"疑误。冯氏后于至顺壬申(1332)乡试再次中选。

第二名　陆文圭，江阴州人。见甲集卷三，己集卷三。
《春秋》。

第三名　张纯仁，字景范，饶州弋阳人。见甲集卷三，
乙集卷三。《易》。

第五名　方君玉，字则大。见甲集卷三，乙集卷三，庚
集卷三。《易》。

2. 江西乡试

第一名　李涧，龙兴人。见甲集卷三（两篇）[1]，乙集
卷三。《易》。

第二名　刘镡，吉安吉水人。见丙集卷三。《书》。

第四名　周尚之，字东阳，富州人。见戊集卷三。

第五名　傅斯正，抚州人。见丁集卷三。《诗》。

第八名　周自得，临江新喻人。见己集卷三。《春
秋》。

第十二名　张玉相，吉安庐陵人。见庚集卷三，壬集
卷三。

第十四名　牛文炳，字俊章，南康人。见乙集卷三。
《易》。

第十五名　冯翼翁[2]，吉安人。见己集卷三，庚集卷
三。《春秋》。

第十六名　易景升，袁州宜春人。见丙集卷三。《书》。

第十九名　游仁杰。见丁集卷三。《诗》。

---

[1]　甲集卷三收李涧文两篇（经疑两问），但甲集目录中只有一篇。

[2]　冯氏于至治癸亥（1323）乡试时再次中举。

第二十一名　陈明之,临江人。见甲集卷三(两篇),
乙集卷三。《易》。

3. 湖广乡试①

以上江浙、江西乡试中选者 15 人。

(四) 至治三年癸亥(1323)乡试

1. 江浙乡试

第一名　林仲节,字景和,福州福宁州人。见甲集卷
四,丙集卷四,庚集卷四,壬集卷四。《书》。

第二名　汪文璟,衢州常山人。见甲集卷四。《书》。

第六名　祝垓,杭州人。见乙集卷四。《易》。

第七名　朱文霆,兴化路人。见庚集卷四。

第八名　翁仁实,信州人。见己集卷四。《春秋》。

第九名　史駉孙,字东甫,庆元鄞县人。见戊集卷四。
《礼》。

第十一名　章谷,饶州人。见壬集卷四。

第十二名　俞锐,嘉兴路人。见丁集卷四。《诗》。

第十三名　林同生,福州人。见庚集卷四。

2. 江西乡试

第一名　萧云龙,太和州人。见壬集卷四。

第三名　李运,字叔将,吉安路龙泉人。见戊集卷四。
《礼》。

---

① 此科湖广乡试无一篇中选。

第五名 彭士奇,字冲所,庐陵人。见甲集卷四(两篇),丁集卷四,庚集卷四。《诗》。

第八名 孙敬立,庐陵县人。见甲集卷四。

第十一名 刘奇相,吉安路永丰县人。见丙集卷四。《书》。

第十二名 崔应诚,龙兴路武宁县人。见丁集卷四。《诗》。

第十三名 冯翼翁,永新州人。见己集卷四。《春秋》。

第十五名 曾立民,吉水州人。见己集卷四。《春秋》。

第十七名 曾翰,字仲巽,吉安永丰人。见乙集卷四,庚集卷四。《易》。

第二十名 杨升云,吉安太和州人。见乙集卷四。《易》。

第二十二名 张观,抚州人。见辛集卷一。

3. 湖广乡试

第一名 蒲绍简,潭州人。见甲集卷四(两篇),乙集卷四,庚集卷四。《易》。

第二名 汤原①,潭州路湘乡州人。见庚集卷四。

第三名 曾昺,字仲明。潭州路茶陵州人。见甲集卷四(两篇)。

第四名 周镗②,字以声,潭州路浏阳州人。见甲集卷四(两篇),丁集卷四,庚集卷四。《诗》。

---

① 汤原于泰定丙寅(1326)乡试再次中选。
② 周镗于泰定丙寅(1326)乡试再次中选。

第八名　王炳①,常德人。见乙集卷四。《易》。

第九名　王廷扬,武昌人。见庚集卷四。

以上各地乡试中选者27人。

(五)泰定三年丙寅(1326)乡试

1. 江浙乡试

第一名　黄清老,字子肃,邵武人。见甲集卷五(两篇),己集卷五。《春秋》。

第二名　闵达,饶州路浮梁州人。见甲集卷五(两篇),乙集卷五。《易》。

第三名　蒋堂,平江人。见丙集卷五。《书》。

第四名　李质,字仲美,镇江金坛人。见丁集卷五。《诗》。

第八名　方回孙,字仲钧,信州路弋阳人。见庚集卷五。

第九名　翁传心,庆元路慈溪人。见戊集卷五。《礼》。

第十二名　杨维桢,绍兴人。见甲集卷五。

第十四名　蔡景行,嘉兴崇德州人。见壬集卷五。

第二十三名　胡一中,字元文,绍兴路诸暨州人。见庚集卷五。

2. 江西乡试

第一名　曾迪,吉安吉水州人。见甲集卷五(两篇),

---

① 王炳于天历己巳(1329)乡试再次中选。

丙集卷五,壬集卷五。《书》。

　　第二名　刘性①,字粹衷,吉安人。见甲集卷五(两篇),丁集卷五,庚集卷五。《诗》。

　　第三名　吴浩,吉安路龙泉县人,见甲集卷五,戊集卷五,庚集卷五。《礼》。

　　第四名　刘文德,字方周,吉安路庐陵人。见己集卷五。《春秋》。

　　第八名　龚善翁,字舜元。建昌新城县人。见乙集卷五。《易》。

　　第十名　文桂发,永新州人。见庚集卷五。

3.湖广乡试

　　第一名　李瑾,武昌人。见甲集卷五(两篇),乙集卷五。《易》。

　　第二名　周镗,字以声,潭州路浏阳州人。见甲集卷五(两篇),庚集卷五,壬集卷五。

　　第三名　黎叔颜,醴陵人。见己集卷五。《春秋》。

　　第五名　余贞,字复卿,龙兴宁州人。见戊集卷五。《礼》。

　　第六名　易天骥,修州人。见丙集卷五。《书》。

　　第七名　刘畊孙②,茶陵州人。见丙集卷五。

　　第八名　易中石,潭州路攸州人。见己集卷五。《春秋》。

---

①　刘性于天历己巳(1329)乡试再次中选。
②　刘畊孙于天历己巳(1329)乡试再次中选。

第十三名　聂炳,字韫夫,武昌江夏县人。见丁集卷五,庚集卷五。《诗》。

第十五名　易汉懋,醴陵州人。见己集卷五。《春秋》。

第十六名　汤原,潭州湘乡州人。见丙集卷五。《书》。

第十八名　江存礼,字学庭,南城县人。见戊集卷五,庚集卷五。

以上各地乡试中选者26人。

(六)天历二年己巳(1329)乡试

1.江浙乡试

第一名　冯勉,字彦思,池州路建德县人。见甲集卷六(两篇),乙集卷六,庚集卷六,壬集卷六。《易》。

第二名　于凯,字舜道,台州临海县人。见甲集卷六(两篇),己集卷六。《春秋》。

第三名　黄常①,字仲华,饶州路乐平人。见丁集卷六。《诗》。

第四名　郑颀,字德修,信州路人。见丙集卷六。《书》。

第六名　应才②,杭州人。见己集卷六,庚集卷六,壬集卷六。《春秋》。

第七名　张师曾,宁国路录事司人。见庚集卷六。

第八名　郭性存,绍兴人。见戊集卷六。《礼》。

---

①　丁集卷六目录作"黄裳"。
②　己集卷六、庚集卷六作"第六名",壬集卷六作"第七名"。

2. 江西乡试

第一名　夏日孜,吉安路吉水州人。见甲集卷六(两篇),壬集卷六。

第二名　罗明,字友道,抚州崇仁县人。见丁集卷六,庚集卷六。《诗》。

第三名　曾炜,吉安永丰县人。见庚集卷六。

第四名　解观①,吉安吉水州人。见甲集卷六,壬集卷六。

第五名　解蒙,吉安人。见乙集卷六。《易》。

第六名　丁锷,临江路新喻州人。见丙集卷六。《书》。

第七名　张天与,吉安永丰县人。见庚集卷六。

第十二名　刘闻,吉安路安福州人。见己集卷六,壬集卷六。《春秋》。

第十三名　饶抃,字士悦,建昌路新城县人。见丁集卷六。《诗》。

第十四名　欧阳朝,字泰初,袁州路万载县人。见庚集卷六。

第十五名　涂鹤龄,临江路清江人。见戊集卷六。《礼》。

第十九名　曾贯,吉安人。见乙集卷六。《易》。

3. 湖广乡试

第一名　曾策,字敏中,茶陵人。见甲集卷六(两篇),己集卷六。《春秋》。

---

①　解观于至顺壬申(1332)乡试再次中选。

第二名　曹师孔，茶陵州人。见乙集卷六，庚集卷六，壬集卷六。《易》。

第三名　刘简，字敬仲，茶陵州人。见丙集卷六。《书》。

第四名　熊凯，武昌路蒲圻县人。见丁集卷六。《诗》。

第五名　尹贯道，茶陵州人。见甲集卷六（两篇），戊集卷六，庚集卷六。《礼》。

第六名　杨立本，浏阳人。见己集卷六。《春秋》。

第七名　王炳，常德人。见乙集卷六。《易》。

第八名　刘畊孙，茶陵州人。见甲集卷六，丙集卷六，庚集卷六。《书》。

以上各地乡试中选者27人。

（七）至顺三年壬申（1332）乡试

1. 江浙乡试

第一名　雷杭，字彦舟，建宁路建安县人。见甲集卷七（两篇），乙集卷七，壬集卷七。《易》。

第二名　宋梦鼎，建德路淳安县人。见甲集卷七，己集卷七，壬集卷七。《春秋》。

第三名　黄进德，铅山州人。见丙集卷七。《书》。

第四名　徐德祖，处州青田县人。见丁集卷七。《诗》。

第五名　汪孚，衢州常山县人，见庚集卷七。

　　　　张本①，延平人。见戊集卷七。《礼》。

---

① 戊集卷七目录有张本文，正文阙，无名次。

2. 江西乡试

第一名　陈植,字中吉,吉安永丰县人。见甲集卷七(两篇),己集卷七,庚集卷七,壬集卷七。《春秋》。

第二名　王充耘,字与耕,吉水州人。见甲集卷七(两篇),丙集卷七,壬集卷七。《书》。

第三名　邓梓,龙兴奉新县人。见丁集卷七。《诗》。

第四名　解观,吉安吉水州人。见乙集卷七。《易》。

第五名　熊太古,龙兴路富州人。见戊集卷七。《礼》。

第七名　邹选,吉安永丰县人。见庚集卷七。

第十一名　冯奖翁,吉安路永新州人。见庚集卷七。

第十八名　刘梦龙,吉安永丰县人。见庚集卷七。

第十九名　朱彬,建昌路新城县人。见丁集卷七。《诗》。

3. 湖广乡试①

以上江浙、江西乡试中选者15人。

(八)后至元元年乙亥(1335)乡试

1. 江浙乡试

第一名　鲍恂,嘉兴崇德州人。见乙集卷八,庚集卷八。《易》。

第二名　陈中,福州闽县人。见丙集卷八,庚集卷八,壬集卷八。《书》。

第三名　赵俶,绍兴录事司人。见丁集卷八,庚集卷

---

① 各集均未选本科湖广乡试文字。

八。《诗》。

　　第四名　储惟贤,常州宜兴州人。见己集卷八①,壬集卷八。

　　第五名　赵森,福州闽县人。见庚集卷八。

　　第七名　汤槃,广德路广德县人。见丙集卷八。《书》。

　　第十一名　鲁贞,福州开化县人。见庚集卷八。

　　第二十一名　胡宗熹,婺州东阳县人。见戊集卷八。《礼》。

　　第二十五名　李翼,太平路人。见庚集卷八。

　　　　　　　　刘环②,杭州人。见己集卷八。《春秋》。

2. 江西乡试

　　第一名　李廉,吉州人。见己集卷八③,庚集卷八,壬集卷八。《春秋》。

　　第二名　李节之,龙兴富州人。见乙集卷八。《易》。

　　第三名　祝椿,龙兴宁州人。见戊集卷八。《礼》。

　　第四名　朱礼,建昌新城县人。见丁集卷八。《诗》。

　　第五名　李爌,南康路建昌州人。见丙集卷八。《书》。

　　第六名　罗庆源④,临江新喻州人。见己集卷八,庚集卷八。《春秋》。

　　第七名　蔡应魁,龙兴人。见乙集卷八。《易》。

---

① 己集目录有储惟贤文,卷八正文缺。名次见壬集卷八正文。

② 己集目录有刘环文,无名次,卷八正文缺。

③ 己集目录有李廉文,卷八正文缺。

④ 己集目录有罗庆源文,卷八正文缺。名次见庚集卷八。

第九名　龚璿,龙兴宁州人。见庚集卷八,壬集卷八。

第十名　涂潜生,抚州路宜黄县人。见乙集卷八,壬集卷八。《易》。

第十一名　吴德永,临江新喻州人。见丙集卷八。《书》。

第十五名　邹楫,吉安永丰县人。见丁集卷八。《诗》。

第十九名　吴毅,建昌南城县人。见戊集卷八。《礼》。

唐旗①,赣州人。见己集卷八。

3. 湖广乡试②

以上后至元乙亥乡试中选者23人。

综上所述,《历举三场文选》刊载的前八科乡试程文作者共216人。需要指出的是,其中有不少人(如饶抃、牛文炳、陆文圭等)均曾两度中选。显然,乡试中选者如果在次年会试、廷试失利,就必须重新参加乡试,才能再取得参加另一次会试的资格。这是我们在辑集上述资料时获得的重要信息。

《历举三场文选》的乡试部分,除首科收有少数其他考区的作品(4人)之外,其余各科只收江浙、江西、湖广三地作者的作品,而且限于南人。元朝推行科举时规定,南人中"湖广一十八人,江浙二十八人,江西二十二人",三省共为68人③。以八科计,应为544人。《历举三场文

---

① 己集目录有唐旗文,卷八正文缺。各次不详。

② 各集均未选本科湖广乡试文字。

③ 《元史》卷八一《选举志一·科目》。

选》所载八科南人作者 212 人（216 人减去 4 人），约占录取数的十分之四，其中江浙、江西比例更大。这对于了解前八科江南特别是江浙、江西地区乡贡进士的面貌，无疑是很有意义的。

四、《类编列举三场文选》中的前八科会试名录

会试中选人物亦按乡试例排列。

（一）延祐二年乙卯（1315）会试

第二名　杨宗瑞，字廷镇，华州华阴人①。见甲集卷一，己集卷一，庚集卷一，壬集卷一。《春秋》。

第三名　王沂，字师鲁，汴梁路人。见甲集卷一，庚集卷一，壬集卷一。

第五名　赵箕翁，字经清，淮安路人。见庚集卷一。

第九名　李武毅，字伯强，汴梁路兰阳县人。见甲集卷一（两篇），丙集卷一。《书》。

第十名　孙以忠，字叔厚，常德龙阳州人。见己集卷一。《春秋》。

第十三名　张士元，字弘道，绍兴人。见丁集卷一。《诗》。

---

① 案，甲集目录卷一杨宗瑞名下注："大都人。"卷一正文杨氏名下注："华州华阴县，见居潭州。"己集、庚集、壬集目录亦作"大都人"。庚集卷正文作"华阴县人"。

第十四名　焦鼎,字德元,济宁人。见壬集卷一。

第十五名　杨晋孙,字南叟,临江人。见甲集卷一。庚集卷一。

第十六名　黄溍,字晋卿,婺州人。见丁集卷一。《诗》。

第二十六名　朱嵘,字山甫,湖州路安吉县人。见甲集卷一。

第二十七名　李政茂,建昌路新城人居潭州①。见甲集卷一。

第三十一名　干文传,字寿道,平江路人。见庚集卷一。

第三十二名　李路,字遵道,瑞州上高县人。见乙集卷一。《易》。

第三十四名　杨景行,字贤可,吉安路太和州人。见乙集卷一。《易》。

第三十六名　欧阳玄,字元翁,浏阳州人。见庚集卷一。

以上共 15 人。见于乡试名录 10 人(孙以忠、张士元、杨晋孙、黄溍、李政茂、干文传、杨景行、欧阳玄、赵簨翁、焦鼎),其余 5 人中,3 人来自北方各考区(杨宗瑞、王沂、李武毅),1 人来自江浙(朱嵘),1 人来自江西(李路)。北方会试中选者名次在前列(杨、王、赵、李),显然有歧视南人之意。

---

①　甲集目录作"湖广人",甲集卷一正文作"建昌路新城人居潭州"。

(二)延祐五年戊年(1318)会试

第七名　祝尧,字君泽,信州人。见甲集卷二(两篇),乙集卷二,庚集卷二,壬集卷二。《易》。

祝尧不见于乡试名录。

(三)至治元年辛酉(1321)会试

第一名　李好文,燕南大名路开州东明县人。见甲集卷三,丁集卷三,壬集卷三。《诗》。

第二名　张纯仁,信州弋阳县人。见甲集卷三,乙集卷三。《易》。

第五名　孙自强,字刚中,信州玉山县人。见甲集卷三(两篇),丁集卷三,壬集卷三。《诗》。

第八名　夏镇,袁州人。见壬集卷三。

第九名　岑士贵,绍兴路余姚州人。见庚集卷三。

第二十一名　孟泌,字道源,河间路陵州人。见丁集卷三,庚集卷三。《诗》。

第二十三名①　周尚之,字东阳,龙兴路人。见戊集卷三,庚集卷三。

第二十四名　方君玉,字则大,饶州浮梁州人。见乙集卷三,庚集卷三。《易》。

第二十五名　易炎正,湖广攸州人。见壬集卷三。

---

① 戊集卷三周氏作"二十四名",庚集卷三作"二十三名"。

第三十四名　刘铸,大都人①。见丙集卷三。《书》。

第四十一名　刘震,吉安路吉水州人。见丙集卷三。
《书》。

以上共 11 人。见于乡试名录 3 人(张纯仁、方君玉、
周尚之)。其余 8 人中,北方各考区 3 人(李好文、孟泌、
刘铸),江浙 2 人(孙自强、岑士贵),江西 2 人(夏镇、刘
震),湖广 1 人(易炎正)。

(四)泰定元年甲子(1324)会试

第一名　王守诚,大都人②。见丙集卷四,壬集卷四。
《书》。

第二名　程端学,字时叔,庆元路鄞县人。见甲集卷
四(两篇),己集卷四,壬集卷四。《春秋》。

第五名　彭宗复,潭州浏阳州人。见甲集卷四(两
篇),丁集卷四。《诗》。

第七名　吴皦,字朝阳,建德路淳安县人。见己集卷
四,庚集卷四。《春秋》。

第八名　王理,大都人,兴元路国子生③,见己集

---

① 丙集目录作"大都人"。丙集卷三正文"大都刘铸"名下注:"嘉定路
眉州。"

② 丙集、壬集目录均作"大都人"。丙集卷四正文王守诚各下注:"冀宁
曲阳县人,居大都。"壬集卷四正文"大都王守诚"下注:"冀宁路人。"

③ 己集目录作"大都人"。己集卷四正文署名"大都王理",下注:"兴
元路国子生。"应是原籍兴元路,在国学读书,以国学生资格参加考试。

卷四。

第九名　项仲升,温州路录事司人。见丙集卷四。
《书》。

第十一名　史驷孙,字车甫,庆元鄞县人。见戊集卷
四,庚集卷四。《礼》。

第十三名　张观,抚州路人。见甲集卷四。

第十五名　冯翼翁,吉安人。见甲集卷四(两篇),庚
集卷四。

第十八名　宋褧,字显夫,大都路人。见庚集卷四。

第十九名　汪文璟,字臣良,衢州常山县人。见丙集
卷四。《书》。

第二十一名　彭士奇,字冲所,吉安庐陵县人。见丁
集卷四。《诗》。

第三十一名　叶现,字有道,处州青田县人。见乙集
卷四。《易》。

第四十三名　李运,字叔将,吉安龙泉县人。见甲集
卷四(两篇),戊集卷四。《礼》。

第四十五名　张复,字伯阳,建宁路人。见乙集卷四。
《易》。

以上共 15 人。见于乡试名录 7 人(彭宗复、张观、冯
翼翁、李运、汪文璟、彭士奇、史驷孙),其余诸人中,北方
各考区 3 人(王守诚、王理、宋褧),江浙 5 人(程端学、叶
现、张复、项仲升、吴暾)。

（五）泰定四年丁卯（1327）会试

第一名　贺据德，字天爵，冀宁路清源人[①]。见己集卷五。《春秋》。

第二名　徐容，字仲容，信州路上饶县人。见甲集卷五（两篇），乙集卷五，庚集卷五，壬集卷五。《易》。

第十二名　龚善翁，字善元，建昌新城县人。见乙集卷五。《易》。

第十四名　方回孙，字仲钧，信州路弋阳县人。见己集卷五。《春秋》。

第十六名　胡一中，字元文，绍兴路诸暨州人。见甲集卷五。

第十七名　董守中，字君庸，东昌莘县人。见戊集卷五。《礼》。

第二十五名　王士元，字尧佐，大都恩州人。见丁集卷五，壬集卷五。《诗》。

第二十六名　何槐孙，湖广蒲圻人。见丙集卷五，庚集卷五。《书》。

第三十二名　杨维桢，绍兴路人。见甲集卷五（两篇），庚集卷五[②]。

第四十名　李质，字冲美，镇江金坛人。见丁集卷五。《诗》。

---

① 己集目录作"大都人"。己集卷五正文名下作："冀宁路清源人。"

② 有目无文。

第四十二名 刘文德,吉安路庐陵人。见庚集卷五。

第四十三名 杨惠,大都人。见壬集卷五。

第四十六名 徐用宏,江浙人,见乙集卷五。《易》。

以上共 13 人。见于乡试名录共 6 人(杨维桢、胡一中、龚善翁、李质、方回孙、刘文德)。其余诸人中,北方考区 4 人(贺据德、董守中、王士元、杨惠),江浙 2 人(徐容、徐用宏),湖广 1 人(何槐孙)。

(六)至顺元年庚午(1330)会试

第二名 刘性,字粹衷,吉安路录事司人。见丁集卷六。《诗》。

第三名① 冯三奇,字子美。河南安庆路人。见甲集卷六(两篇),乙集卷六。《易》。

第六名 林泉生,字清源,福州人。见己集卷六,壬集卷六。《春秋》。

第八名 李懋,字子才,建康人。见庚集卷六。

第十二名 欧阳朝,字泰初,袁州万载县人,见甲集卷六(两篇)。

第二十二名 刘闻,字文廷,吉安安福州人。见庚集卷六,壬集卷六。

第二十四名 夏日孜,字仲善,吉水州人。见乙集卷六。《易》。

---

① 甲集卷六作第三名,乙集卷六作第四名。

第二十六名　杨撝,字谦则,吉安路吉水州人。见丙集卷六,庚集卷六。《书》。

第二十七名　许有孚,彰德路汤阴县人。见丙集卷六。《书》。

第二十八名　刘简,字敬仲,茶陵州人。见丙集卷六。

第四十名　郭性存,绍兴人。见戊集卷六。《礼》。

第四十二名　曾策,字以行①,茶陵人。见庚集卷六。

以上共 12 人。见于乡试名录 6 人(欧阳朝、刘闻、夏日孜、刘简、郭性存、曾策)。其余诸人中,北方考区 2 人(冯三奇、许有孚),江浙 2 人(林泉生、李懋),江西 2 人(杨撝、刘性)。

(七)元统元年癸酉(1333)会试

第一名　李哲,燕南保定人。见己集卷七,庚集卷七。

第二名　李炳,字炳文,龙兴路新建县人。见甲集卷七(两篇),乙集卷七,壬集卷七。《易》。

第三名　于及,字企贤,益都路录事司人。见甲集卷七,乙集卷七。《易》。

第四名②　王充耘,字与耕,吉安吉水州人。见甲集卷七,丙集卷七。《书》。

第五名　张桢,河南汴梁人。见壬集卷七。

---

①　甲集卷六湖南乡试程文署名"曾策敏中",庚集卷六会试程文署名"曾策以行"。

②　甲集卷七正文作"第四名",丙集卷七正文作"第三名"。

第十三名　庄文昭,字子麟,燕南彰德安阳县人。见
甲集卷七,庚集卷七。

第十四名　李祁,湖南茶陵人,见戊集卷七。

第十五名　张周翰,燕南人①。见丁集卷七。《诗》。

第十七名　罗谦,字叔亨,南阳府邓州穰县人。见庚
集卷七。

第二十五名　刘基,字伯温,处州人。见己集卷七。
《春秋》。

第三十一名　程益,字光道,山东济南路录事司人。
见甲集卷七。

第三十二名　鞠志元,岳州人。见庚集卷七。

第三十四名　余观,湖广岳州人。见丙集卷七。《书》。

第三十八名②　张本,延平人。见戊集卷七,庚集卷
七。《礼》。

以上共 14 人。见于乡试名录 2 人(王充耘、张本)。
其余诸人中,北方考区 7 人(李哲、于及、张桢、庄文昭、张
周翰、罗谦、程益),江浙 1 人(刘基),江西 1 人(李炳),湖
广 3 人(李祁、鞠志元、余观)。

根据以上资料,《历举三场文选》登载的七科会试中
选人数,共 81 人。其中见于同书乡试的 34 人,未见的 47

---

① 丁集目录作"燕南人"。丁集卷七正文署名"燕南张周翰",下注:
"扬州人。"据《元统元年进士录》,此人"贯真定路录事司,见寓扬州路"。

② 戊集卷七作"三十八名",庚集卷七作"三十六名"。据《元统元年进
士录》,以三十八名为是。

人。这 47 人当然也是乡试中选者。

此外,《历举三场文选》癸集"御试观策"收录作者如下。

1. 延祐乙卯科

哈八石　大都路宛平县,见居永州,蒙古色目人,第二甲二十二名。

欧阳玄　潭州路浏阳州,汉人南人,第一甲二名。

2. 泰定甲子科

捌剌①

张益　河东冀宁路汾州西河县,汉人南人,第一甲一名。

彭士奇　江西吉安路庐陵县,汉人南人,第三甲十名。

3. 泰定丁卯科

阿察赤　大名路清河县,蒙古色目人第一甲一名。

刘思诚　济南路棣州厌次县,汉人南人第二甲一名。

4. 至顺庚午科

笃烈图　大都路,见居道州路录事司,蒙古色目人第一甲一名。

王文烨　济南路邹平县,汉人南人第一甲一名。

刘性　江西吉安路录事司,汉人南人第二甲一名。

5. 至顺癸酉科

同同　大都真定路录事司,蒙古色目人第一甲一名。

---

① 有目无文。

余阙 河南庐州录事司,蒙古色目人第一甲二名。

李齐 燕南保定路新州蒲阴县,汉人南人第一甲
一名。

罗谦 南阳府邓州穰县,汉人南人第二甲一名。

王充耘 吉安路吉水州,汉人南人第二甲五名。

以上共15人。他们均应参加会试,其中欧阳玄、彭士
奇、刘性、王充耘、罗谦5人已见上述会试名录。其余10
人无,亦不见于乡试目录。《历举三场文选》所载会试程
文作者81人,加上10人,应为91人。此10人当然亦是
乡试中选者,他们或为蒙古、色目,或为北方的汉人,在同
书的乡试名录中均未记载。这样,乡试名录的216人,加
上会试名录中未见于乡试名录的47人,再加上10人,共
为273人。也就是说,《历举三场文选》中涉及前八科乡
试中选的人物,亦即通常所说的乡贡进士,共为273人。
其中有些是两次中选的,已见前述。

元朝定制,乡试每科取300人,但各科录取是否足额,
是有问题的。请看以下一段记载。

> 初科举条制有云:天下选合格者三百人赴会试,
> 内取中选者百人。概言之也。由前贡举官泥条制之
> 文,止凭赴会试数中三取一,故累举中选者恒不及百。
> 沿袭至是举,会试进士亦不及三百。公(宋本——引
> 者)持论坚请,取中选者百人,实自公始。①

---

① 宋褧《宋公行状》,《燕石集》卷一五,《北京图书馆古籍珍本丛刊》本。

　　"是举"指元统元年会试、廷试。也就是说,前七科参加会试的,都不足 300 人。前六科会试、廷试的录取,是严格按照三与一的比例的。按此计算,首科参试者应为 168 人,次科 150 人,三科 192 人,四科 252 人,五科 255 人(一作 258 人),六科 291 人,呈现逐渐增加的趋势,但都不满定额。当然,不足之数,也可能因病、因事,但当时士子都以科举为头等大事,而差额很大,只能理解为乡试时便未足额录取。元统元年以后各科,录取进士均不及百人之数,显然亦是按三与一比例办理的。

五、《皇元大科三场文选》中的乡试、会试名录

　　元顺帝元统三年(后至元元年,乙亥,1335)十一月下诏罢科举。到后至元六年(庚辰,1340),十二月,下诏"复科举取士之制"①。次年即至正元年(辛巳,1340)举行乡试;下一年即至正二年(壬午,1342)举行会试、廷试。现存《皇元大科三场文选》就是辛巳乡试和壬午会试程文的选本,前引杨士奇《元程文四集》中提到的至正二年程文,应即此本。

　　现存《皇元大科三场文选》,是至正甲申(四年,1344)刊本,藏于日本东京内阁文库②。全书十二卷,内分《〈易〉

---

　　① 宋褧《宋公行状》,《燕石集》卷一五。
　　② 1992 年我在内阁文库得见此书。以下叙述根据当时所作笔记。写作本文时,限于条件,未能与原书重新核对。

义》、《〈书〉义》、《〈诗〉义》、《〈礼记〉义》、《〈春秋〉义》、
《〈易〉疑》、《〈书〉疑》、《〈诗〉疑》、《〈礼记〉疑》、《〈春秋〉
疑》、《〈四书〉疑》、《诏诰》、《表》、《古赋》、《策》。所选程
文,限于江浙、江西、湖广三地。每篇程文均有作者姓名、
籍贯、所中名次,有的还注明年龄,这是《历举三场文选》
没有的①。将这些记载加以汇集,共得至正元年三地乡试
中选者43人。现按《历举三场文选》辑集体例说明如下。

(一)江浙乡试

第一名　林温,温州路录事司人。见卷五、卷一二。
《春秋》,

第二名　沈幹,衢州路西安县人。三十九岁。见卷
二、卷七、卷一二。《书》。

第四名　董彝,饶州路乐平州人。二十八岁。见卷
一。《易》。

第五名　董朝宗,饶州路余干州人。二十九岁。见卷
四、卷九。《礼记》。

第六名　胡秉,徽州路婺源州人。见卷五、卷一〇。
《春秋》。

第七名　陆以衙,常州路无锡州人。二十五岁,见卷

---

① 北京图书馆藏此书两册,一册内有《〈四书〉疑》一卷,《〈周易〉疑》一
卷,《〈易〉义》二卷;一册内有《〈四书〉疑》一卷,《〈周易〉疑》一卷,《〈易〉义》
二卷,《〈书〉疑》一卷,《〈书〉义》一卷;均不全。见《北京图书馆古籍善本书
目·经部·群经总义类》,第140页。

一。《易》。

　　第十名　李岩,建宁路录事司人。四十一岁。见卷七。《书》。

　　第十二名　卢琦,泉州路惠安县人。三十六岁。见卷三。《诗》。

　　第十五名　汪幼凤,徽州路婺源县人。见卷八。《诗》。

　　第十六名　傅贵全,饶州路德兴县人。三十九岁。见卷一、卷六。《易》。

　　第二十三名　陆景龙,嘉兴路海盐州人。三十二岁。见卷三。《诗》。

　　第二十五名　吴适,台州路录事司人。三十五岁。见卷六。《易》。

　　第二十六名　周尚德,温州路平阳州人。三十岁。见卷三。《诗》。

　　　　　　　　池福观①,福州路古田县人。见卷二。《诗》。

　　　　　　　　施大本,见卷一二。

以上共 15 人。

(二)江西乡试

　　第二名　曾坚,抚州路录事司人。见卷三、卷八。《诗》。

---

①　池福观和施大本二人均无名次。

第四名　舒庆远,抚州路乐安县人。见卷一、卷六。
《易》。

第六名　王绍,吉安路吉水州人。见卷三、卷八。
《诗》。

第八名　涂滫生,抚州路宜黄县人。见卷一、卷六。
《易》。

第十二名　彭所存,吉安路安福州人。见卷五。《春
秋》。

第十三名　刘傁,抚州路金溪县人。见卷六。《易》。

第二十名　朱倬,建昌路新城县人。见卷三。《诗》。

周闻孙,吉安路吉水州人。见卷七。
《书》。

颜六奇,吉水人。见卷二、卷七。《书》。

曾贯,吉水人。见卷二。《书》。

毛元庆,见卷五、卷一〇、卷一二。《春
秋》。

李廉,见卷五、卷一〇。《春秋》。

陈政,见卷五。《春秋》。

徐业,抚州路人。见卷四、卷九。《礼
记》。

以上共 14 人。

(三) 湖广乡试

第一名　谭圭,天临路攸州人。见卷一、卷六。

《易》。

第二名　汤荧，天临路浏阳人。见卷三、卷八。《诗》。

第六名　李庚，武昌人。见卷六。《易》。

第八名　陈颐，浏阳人。见卷一、卷六。《易》。

第十二名　李原同，浏阳人。见卷一、卷六。《易》。

区德元，浏阳人。见卷一。《易》。

许进，见卷一、卷六。《易》。

黄师郯，柳州路人。见卷二、卷七。《书》。

冯彦良，常德路人。见卷二、卷七。《书》。

金文海，武昌人。见卷二。《书》。

王恕，浏阳人。见卷三。《诗》。

丁宜孙，见卷五、卷一〇。《春秋》。

陈正宗，见卷五、卷一〇。《春秋》。

陈元明，衡州路安仁县人。见卷四、卷九、卷一二。《礼记》。

以上共14人。

《皇元大科三场文选》收录的至正壬午科会试程文，作者18人。见于以上乡试名录的9人，他们是谭圭、傅贵全、卢琦、朱倬、汤荧、毛元庆、彭所存、李廉、徐业。不见于以上名录的9人，即虞执中(《易》)、傅亨(《易》)、邵公任(《书》)、程养全(《书》，饶州路德兴县人)、何城(《诗》)、

靳遂火(《春秋》)、陈祖仁(《春秋》)、罗涓(《礼记》)、陈
善(《春秋》)。需要说明的是,会试中选程文作者已不限
于江南三省,例如陈祖仁便是汴(河南开封)人。这些人
无疑是乡试中选者。上述江南三省至正辛巳科中选者 43
人,加上会试中选程文作者不在 43 人中者 9 人,共为
52 人。

    钱大昕《元进士考》(七)"至正辛巳元年"乡试名录
共 16 人①,与上述《大科三场文选》名录相同者仅 7 人(陆
以衡、程养全、林温、董彝、董朝宗、陈祖仁、曾坚)。同书
(六)"至正二年壬午科进士"名录 31 人②,与《大科三场文
选》会试、乡试名录相同者仅 9 人(陈祖仁、卢琦、程养全、
傅贵全、毛元庆、彭所存、李廉、刘杰、朱倬)。可知钱大昕
编撰时没有利用《大科三场文选》,而此书中的资料可以
对《元进士考》的(六)(七)作很多补充。关于《元进士
考》(六)(七)的情况,在本文下一部分有所说明。

六、关于钱大昕的《元进士考》

    最近出版的《嘉定钱大昕全集》,共 10 册,陈文和主
编。钱大昕是有清一代最渊博的学者,研究领域很广,元
史即其中之一。《全集》将目前已知的钱氏著作,广为搜
罗,其中最值得注意的,是以前没有公布过的稿本《元进

---

① 《嘉定钱大昕全集》第 5 册,第 80—81 页。
② 《嘉定钱大昕全集》第 5 册,第 61—63 页。

士考》。此稿本原藏北京图书馆,现收入《全集》第5册。

　　在钱氏研究活动中,元史占有很大比重。他曾有志重修《元史》,但因种种原因,未能如愿。他说:"大昕向在馆阁,留心旧典,以洪武所葺《元史》冗杂漏落潦草尤甚,拟仿范蔚宗、欧阳永叔之例,别以编次,更定目录,或删或补。次第属草,未及就绪。归田以后,此事遂废,惟《世系表》、《艺文志》二稿尚留箧中。"①清代学术界重修《元史》成风,在钱大昕以前有邵远平,以后有魏源、洪钧、曾廉等,但无论就学识和见闻而言,都难以与钱氏相提并论②。钱氏的《元史》未能修成,给学术界留下了很大的遗憾。从已经成书的《元史艺文志》和《元史世系表》中,我们可以看到钱氏的深厚功力。一直到今天,两书仍是元史研究者案头必备的书籍。而稿本《元进士考》的存在,使我们相信,钱氏确有更大规模重修《元史》的计划③。这部稿本应该就是他所说"次第属草"的作品之一,但中途而废,令人遗憾。

　　《全集》介绍《元进士考》时说明如下:

　　　"元进士考"不分卷。

　　　元朝进士应试,以延祐二年乙卯科至至正二十六

---

　　①　《元史艺文志》序,见《全集》第5册。

　　②　洪钧作品主要用域外史料补元史,又当别论。

　　③　钱大昕曾孙钱庆曾为《竹汀居士年谱(手编自题)》作校注,在"乾隆五十六年辛亥""撰《元氏族表》四卷,《补元艺文志四卷》"条下注:"其余纪传志表,多已脱稿,惜未编定。"见《全集》第1册,第37页。

年丙午科,共十六科,取士一千一百三十九名。钱大
昕利用史籍、方志、元、明人文集等,考出其中五百一
十三人的姓名、字号、籍贯、履历等。

另外,还考出三十八次乡试,五百三十八名应试
举人的姓名、字号、籍贯、履历等。

北京图书馆藏稿本一册。本书以此为工作本。①

"考出三十八次乡试"是错误的。元代乡试和会试、
廷试是对应的,有一次乡试便有一次会试、廷试,决不可能
廷试十六科而乡试三十八科。只是元顺帝元统元年废科
举,是年乡试已举行,次年的会试、廷试便停止了。而重开
科举时,又先进行乡试,再举行会试、廷试。所以总的说
来,元代乡试比会试、廷试多一次,乡试为十七次(科)。
"介绍"中所说钱氏考出的进士、乡贡进士数亦是可以讨
论的。但最令人遗憾的是,编者未能对稿本的情况作一些
具体介绍。杨讷先生在讨论《元统元年进士录》时,曾就
此作过一些说明,现征引如下:

北京图书馆的另一部分钞本(指《进士录》钞
本——引者),就是萧启庆先生已经看到的钱大昕钞
本。它与钱氏辑录的其他科举资料(并非全为钱氏
手钞)合订一册,题为《元进士考》(此题恐后人所
加),在《中国古籍善本书目》上编号6888,本馆编号

---

① 见《全集》前言,第1册,第24—25页。

8073。此书是周叔弢先生捐赠的。①

这就把这部稿本的情况说得比较清楚了。台湾清华大学萧启庆教授亦见过此稿本,他说:"《元进士考》仅为摘录元代进士名次的一个稿本。"②杨氏说"辑录",萧氏说"摘录",都是有道理的。为了弄清这部稿本的面目,有必要作一些具体分析。

我认为,《全集》刊载的这部稿本可分九个部分。

(一)1—4页。从第 1 页标题"延祐乙卯会试",到第 4 页标题"至顺癸酉会试"这是顺帝罢科举以前历科(七科)会试中选人士名单。

(二)5—17页。从第 5 页标题"延祐甲寅乡试"到第 16 页"元统乙亥乡试",这是顺帝罢科举以前各科(八科)乡试中选者名单。

关于以上两份名单的来源将在后面讨论。

(三)17—35页。从 17 页标题"蒙古色目人第一甲三名"起,到第 35 页止,经核对,全文钞录《元统元年进士录》。正是前面杨讷所说《进士录》的钱钞本。

(四)第 36 页。标题"元统元年会试",下分"蒙古色目人"、"汉人南人"两组,将会试中选者按名次先后排列。可以断定,这是钱氏根据《元统元年进士录》的有关记载

---

① 《关于〈元统元年进士录〉的版本与校勘》,《祝贺杨志玖教授八十寿辰中国史论集》,天津古籍出版社,1994 年,第 331 页。

② 《元代科举与菁英流动》,见《元朝史新论》,台北允晨文化实业股份有限公司,1999 年,第 161 页注(14)。

整理而成的①。

（五）第 37—38 页。第 37 页标题："卢熊苏州府志元
朝科举取士类"这是钞录卢熊编纂《苏州府志》（明洪武刊
本）中元代平江路（明改苏州府）乡试、廷试中选者的
名录。

（六）38—75 页。从第 38 页标题"延祐二年乙卯科进
士五十六人"到 73 页标题"至正二十六年丙午科进士七
十三人"，这是元代各科（16 科）进士的名录。

（七）75—86 页。从第 75 页标题"延祐甲寅"开始，
到第 86 页标题"至正乙巳二十五年"为止，这是元代历科
乡试（共 17 科）中选名录。

（八）第 86—129 页。第 86 页标题"江西通志选举
志"，以下小标题从"至元丙子乡试"始到"至正二十年庚
子魏元礼榜"（第 129 页）为止，这是《江西通志·选举志》
中记载的江西行省历科乡试、廷试中选者名录。

（九）第 130—131 页。第 130 页标题"贴条"。点校
者注："以下系手稿的贴条。'贴条'二字系编者所加。"这
些贴条涉及 18 人，文字简略。钞录的资料来自多种文献，
有方志、文集、笔记等，亦有未注明出处者。其中多数人物
"未详其科"，钱氏钞录的目的是为了进一步查考。

（十）第 132—136 页。无标题，点校者亦无说明。从

---

① "蒙古色目人"名录后云："榜内大吉慈……七人失其会试名次，野仙
脱因第下隐隐有一画，疑即第一名也。"所述正是现存《元统元年进士录》状
况。两种名录中多缺字，原因亦同。

内容来看,都是与科举有关的资料,共 9 条,分别钞自文集、方志、笔记。与上述"贴条"不同的是,每条文字较多,而且多数条涉及不止一人。因此不用"贴条"形式而是另纸钞出。

根据以上的分析,(三)、(五)、(七)、(八)、(九)的来源是很清楚的,都是钱氏从各种文献中辑集的与科举(主要是乡试、廷试中选者)有关的资料。(三)、(四)、(五)、(八)分别来自某一种著作,(九)、(十)则辑录自各种著作。下面对(三)、(五)、(八)分别再作一点说明。

(三)全文钞录《元统元年进士录》。此书元刻本是藏书家黄丕烈在乾隆六十年(1795)于苏州书肆中购得的。钱大昕正是在黄丕烈那里看到这一海内孤本的:"读黄荛圃所藏《元统元年进士录》,第一甲三人,第二甲十五人,第三甲三十二人。左右榜皆同。蒙古、色目各二十五名为右榜,汉人、南人各二十五名为左榜"①。他专门为此书作跋,讨论其价值②。借读之余,又钞录了一份。现在传世的《元统元年进士录》有刻本(见徐乃昌:《宋元科举三录》),有包括钱氏钞本在内的四种清钞本,已可确定刻本和三种钞本都源自黄丕烈藏本,另一种估计亦难例外③。对收在《元进士考》中的钱钞本,杨讷先生评价很高:"它

① 《竹汀先生日记钞》,见《全集》第 8 册,第 15 页。
② 《跋元统元年进士题名录》,《潜研堂文集》卷二八,见《全集》第 9 册,第 486—487 页。
③ 见前引杨讷文。

不是景钞,行款格式与字体不依原书,遇原书残缺模糊处
有时径自增补,间或加上案语。钱氏是鉴定《元统元年进
士录》历史价值的第一人,没有他的鉴定,这部残书未必
引起黄丕烈那么重视,从而也未必能有几个影钞本。他熟
悉元史,目光锐利,精细过人。他的增补与案语绝非出于
臆断,而是以深厚的元史知识为基础的,足资今人参
考。"①黄丕烈收藏的元刻本已有多处残缺,各钞本则互有
短长,钱氏钞本独具特色。萧启庆教授为《元统元年进士
录》作校注,以《宋元科举三录》本作底本。后来"得到钱
大昕所辑《元进士考》手钞本中《元统元年进士录》部分,
与《三录》本中不少出入,可补《校注》的缺失"②。可见其
受研究者之重视。遗憾的是,现在收在《全集》中经过点
校的这件《进士录》,错讹颇多,为读者利用增加了困难。
下面将会说到。

（五）摘录自卢熊《苏州府志》。元代平江科举中选者
有限。（八）摘录自《江西通志·选举志》,这部分在《元进
士考》占有很大比重。其登载乡试、廷试中选人物共有
760人（人次）③。这是一份罕有的丰富资料,为其他文献
所无。但是,《江西通志·选举志》的记载真伪混杂,所记
人物有很多是不可靠的。钱大昕在这部分资料开头标题
"至元丙子乡试"下有案语:"案,设科始于元（延）祐,

---

① 见前引杨讷文。
② 萧启庆《元代科举与菁英流动》,见《元朝史新论》,第161页。
③ 不少人廷试中选,乡试亦列名。

《志》乃有至元、大德乡试,误也。"以下还有不少案语,分别指出其错误。此外,在《十驾斋养新录》中,钱氏还对此书的价值有专门的论述:

> 《江西通志·选举门》载元时进士题名,皆诞妄不足信。予尝见《元统元年进士题名录》,以此《志》校之。《志》载是年登科十五人,有两陈植,一贯宁州,一贯永丰。据《录》止有王充耘、李炳、李毅在二甲,陈植、徐邦宪、朱彬在三甲,其余皆无之。植贯永丰,未尝有宁州之陈植也。而三甲第廿六名艾云中、第廿八名熊爔并籍龙兴路,此灼然可信者,而《志》反遗之。盖《志》所采者多出于家乘、墓志,凡曾应乡举者皆冒进士之名,而修志者不能别择也。且如元之设科始于延祐二年,而《志》乃有至元丙子乡试、大德戊戌进士、大德乡试诸人,是并《元史》全未寓目矣。①

顺便可以提及的是,《江西通志》有明嘉靖刊本,林廷棉修;入清以后,"康熙二十二年巡抚安世鼎始续修之"②。钱大昕在钞录《江西通志·选举志》时加注,常提到"安志"、"林志",就分别指以上两种刊本而言。从他的注文来看,应是以"安志"作底本,而用"林志"作参校本,两者有出入时则加以说明。如,"至正七年丁亥乡试"有"傅

---

① 卷一四《江西通志》条,见《全集》第7册,第372—373页。
② 《四库全书总目》卷六八《史部·地理类一·江西通志》,中华书局,1965年。

箕,进贤人"。钱氏注云:"《安志》混入辛巳科,今依《林
志》改此。""至正七年丁亥葛元哲榜"有"宋应详,新喻
人。"下注:"《安志》误入乙酉科,今据《林志》改此。"钱氏
在自己整理的乡试、廷试名录中收入了《江西通志》有关
资料,同时指出其错误(见下)。

现在我们来讨论(一)(二)。(一)是前七科会试人
士名录,(二)是前八科乡试人士名录,都没有注明出处。
前七科会试和前八科乡试都是顺帝废科举前举行的。这
是一条线索。一般文献都记载廷试人物,而(一)则记载
会试人物,而且有名次和所习经典,这是又一条线索。根
据这两条线索进行查考,可以断定,(一)(二)来源正是我
们前面讨论的《类编历举三场文选》。然而,(一)(二)登
载的人物名单,和我们上面辑录的《文选》名录相差甚大。
以(一)来说,会试七科共 43 人,而我们在上面共辑录得
81 人(加上廷试共 91 人)。原因是,钱大昕看到的不是
《类编历举三场文选》的全本,(一)(二)是他根据此书的
残本摘录而成的。根据钱氏日记,他"读元刻《历举三场
文选》,《易》、《书》、《礼记》、《春秋》共八卷"①。他编写
的《元史艺文志》中则说:"《历举三场文选》,五经各八
卷。"②两种记载有四经或五经之别,但《文选》的其余部分
没有看到是可以肯定的。根据核对,(一)(二)所载名录
中无一人以《诗经》考取,足以证明"四经"之说是对的。

---

① 《竹汀先生日记钞》卷一《所见古书》。
② 《嘉定钱大昕全集》第 5 册,第 79—80 页。

也就是说,钱大昕看到的是《历举三场文选》的乙集八卷、丙集八卷、戊集八卷和己集八卷,(一)(二)部分名录即据此四集作出。但是和《文选》原书覆核,《元进士考》错讹甚多。以"延祐甲寅乡试"(第5页)为例,"江浙""陈麟孙,温州人。第一名"。应为第五名。"江西""钟光国,南原人"。应为南康人。"湖广""孙以忠……第十三名"。应为第三名。如此等等。是原本如此,还是点校排印之误,就有待查考了。

现在我们再来讨论《元进士考》的(六)(七)部分。我认为,前面提到的各部分都是钱氏所作的资料摘录,而(六)(七)则是钱氏的研究工作,他要在广泛搜集各种资料的基础上,提供比较完整的元代各科乡试和廷试中选者名单,以补《元史·选举志》之不足。在各中选者名下,大都注明了资料的出处,并有所考订①。从延祐二年乙卯科起,到至正二十六年丙午科止,共收16科进士492人。从延祐甲寅科起,到至正乙巳科止,共收17科乡试中选者132人②。如前所述,廷试中选者必是乡试中选,故历科乡试中选被收入者实不止此数③。这两份名录,对于研究元代进士、乡贡进士群体,无疑是很有价值的。

---

① 至正十一年辛卯科是个例外,钱氏将传世的《辛卯会试题名记》(实际上是廷试进士题名记)全文录入,有注。文后钱氏引《江西志》有关资料,指出:"《题名碑》俱未载。"
② 《嘉定钱大昕全集》第5册,第38—86页。
③ 不少人在廷试、乡试两份名单中是重出的。

应该指出的是,《元进士考》(六)(七)部分的名录,并不全是钱氏认可的名单。最明显的事实是,钱氏在各科条下都引用了《江西通志》的资料,而他对《江西通志》的记载是有很大保留的。例如,"至正二年壬午科进士"条下共有31人,引自《江西志》者25人,钱氏在此条后有注,指出若干人不可信(第63页)。除《江西通志》外,钱氏还引用了不少《浙江通志》中的有关记载,如"至治元年辛酉科"便有6人,但钱氏在注中指出:"《浙志》大率不足信,附此以俟考。"(第47页)总之,收集在(六)(七)部分的名单,只是钱氏初步整理的结果,准备进一步考订之用,并非最后的定稿。在上述《元进士考》搜集的各种资料中,(一)(二)录自《历举三场文选》,(三)录自《元统元年进士录》,在(六)(七)中都没有利用,这是很奇怪的。由此或可说明,(六)(七)是在见到上述两书前作出的,后来钱氏进一步搜集资料,但因种种原因,未及补入。另一种《大科三场文选》,不知何故钱氏未曾摘录,在(六)(七)中更未利用。这些资料的缺欠,更是以说明(六)(七)是未完成的作品,留下了很大的遗憾。

最后想说一下《元进士考》的整理问题。如上所述,这是一部未完成的作品,内容相录芜杂,但又包含着珍贵的资料,应该认真加以整理,尽量保留其本来面目,为读者、研究者提供方便。现在的点校本是不能令人满意的。(一)(二)部分有不少错讹,前已举例一二。又如,"延祐庚申乡试"条下,"□仲可"应是董仲可,《易》应作《书》;

"周尚云"应作周尚之,《书》应作《礼记》(见第9页)。按,同书"至治辛酉会试"条下即有"周尚之……《礼记》"(第2页),这是用内校方法就可发现的。至于(三),问题就更多了,前已述及,《元统元年进士录》有刻本,有抄本。现在进行点校,理应汇集各本参校,并参考今人研究成果。但是,这些工作都没有做。现存刻本、抄本都以元刻本为祖本,元刻本有很多残缺,今人研究此书者,都努力利用各种资料加以校补。这个点校本对此似乎根本不在意,以致出了好些差错。如"□□光"应作"[完迸]□先","答谟沙"应作"□(默)合谟沙"(第20页)。"安笃"应作"安笃[剌]","也先溥"应作"也先溥[化]"(第22页),等等。错字甚多,如安笃[剌]"贯益都路籐州邹县","籐"是"滕"之误(第22页),买闾"祖母妮子千户",女性如何得为千户? 查各本方知"母"为"丑"之误(第23页)。标点之失亦不少,以"韩璟"条为例,"贯大都路南、警巡院西,开阳坊儒户。字廷,行一……曾祖润秘,监丞"(第29页),润秘还加上人名号。按,元代大都设三警巡院,负责社会治安事宜,南警巡院管理大都南城,"西开阳"是坊名①。韩璟的籍贯是大都路南警巡院西开阳坊人氏,当中不能分开。他字廷玉,曾祖不叫润秘,而是名润,秘书监丞。秘书监是管理图书文物的机构。"玉"和"书"都是阙字。类似的情况还有不少。更令人不解的是,此次中举

---

①　赵万里校辑《元一统志》卷一《中书省·大都路·坊郭乡镇》,中华书局,1966年。

"蒙古色目人第三甲三十二名",而点校本只有三十一名,
欠缺一名。经查对,遗漏的是第三甲第二十二名"博颜
歹","贯济宁路金乡县军户,札[剌]儿人氏……授益都路
营州判官"。其他各本均有此人,钱钞本亦有此人①。点
校本显然是疏忽以致遗漏。前面已说过,《元统元年进士
录》的钱钞本包括钱氏的考证,是有特殊价值的,点校本
的众多错讹,不能不严重损害它的价值。至于点校本的其
他部分,亦有不少问题。如第 55 页"燮理溥化"条下注:
"见《杨文安集》","杨"为"揭"之误,"揭文安"即元代著
名诗人揭傒斯。"贴条"部分有三人:"余观,字嘉宾,传与
□有……诗";"宋梦鼎,字翔仲。传有……诗";"鞠有仁,
希仁,传有……诗。"(以上见第 130 页)。此"传"是何书,
令人难解。实则"传"是"傅"之误,指诗人傅与砺。三人
在《傅与砺诗集》中均有提及。以上"杨"、"揭"与"传"、
"傅"都是字形相近未能细辨因而导致的错误,如果熟悉
元代文献,就不会发生这样的问题。总起来说,收在钱氏
全集中的《元进士考》点校本是难以令人满意的,点既有
误,校更无从谈起。读者使用时应注意分辨。

原载《中国社会科学院历史研究所学刊》
第一集(2002 年)

---

① 参见杨讷上引文,第 333 页。

元朝科举诏令文书考

元朝中期始实行科举取士制度,前后延续时间不过五十年左右,但对当时的文化教育以及政治生活都有明显的影响。近十余年来,元代科举史的研究取得明显的进展,有关元朝科举的资料整理,亦有可观的成绩①。

科举取士是封建国家的一项重要制度,因而朝廷颁布的有关诏令和各种文书,对于这个问题的研究至关重要。众所周知,元代官修政书《通制条格》和民间编纂的法律文书汇编《元典章》,都收录了一些与科举取士有关的诏令文书②。此外,《元婚礼贡举考》一书,亦收有一些诏令

---

① 我国台湾清华大学萧启庆教授在元代科举史的研究方面有很大贡献。海峡两岸还有不少学者对此有所研究。请看我写的《〈二十世纪的中国科举制度史研究〉的一点补充》,载《历史研究》2001年第3期。

② 《元典章》,台北故宫博物院影印元刻本。《通制条格》,黄时鉴点校本,浙江古籍出版社,1985年。

文书,有的为以上二书所未载。此书不著编者姓名①。明初编纂的《元史》,收录了一些科举诏令文书,有的相当完整。

20世纪90年代,我在日本东京静嘉堂文库看到《类编历举三场文选》(以下简称《三场文选》)。这是一部元代前八科(顺帝后至元元年罢科举以前)程文的选本,刊行于顺帝后至元六年(1340)重开科举以后,是研究元代科举的极其珍贵的资料。据目前所知,我国只有残本,静嘉堂所藏的则是全帙(有缺页)。我在《两种〈三场文选〉中所见元代科举人物名录》中,对此书的结构和内容有所论述②。此书的甲集之前,有"圣朝科举进士格式"一卷,专门收录元朝有关科举的诏令和其他文书。其中相当一部分,是前述几种文献中没有的;还有一些,见于文献,但文字有出入,可供参证。因此,这一卷内容,对于元代科举史来说,是有很高价值的。现在我将这一卷的文字,转录于下,加以点校,并作一定的说明,希望有助于元代科举史的研究。原书是书贾牟利之作,印刷质量较差,颇多漫漶不清和空白之处,转录时用□表明。

日本还收藏有两种收录元代科举诏令的文献。一种是日本内阁文库收藏的《事林广记》(至顺刊本)。《事林

---

① 传世有《古学丛刊》本。王颋点校的《庙学典礼(外二种)》收入此书,浙江古籍出版社,1992年。

② 《两种〈三场文选〉中所见元代科举人物名录——兼说钱大昕〈元进士考〉》,《中国社会科学院历史研究所学刊》第1集,2001年。

广记》是元代流行于民间的一种日用百科全书型的类书，有多种版本传世。各种版本内容互有差异。日本内阁文库所藏为元至顺刊本，但与我国故宫所藏至顺刊本不尽相同①。两种至顺本的后集卷六为"学校类"，前内阁文库本多出"大元新降条画"、"科举诏"、"回避讳字例"三个题目，后两个都与科举有关。另一种是《新编事文类聚翰墨大全》，京都大学法学部藏，万历刻本。但从内容来看，亦应是长期在民间流传经过不断修改加工并有多种版本的类书。其辛集卷九《科举门》收录了《皇朝科举诏》和《中书省续降条画》，在这后面是《中书省部定到乡试程式》，包括"家状式"、"试程式"，以及《会试程式》、《御试程式》、《进士受恩例》，最后是《朱文公学校贡举私议》，内容和《元婚礼贡举考》中的科举部分相同，两者显然有密切关系。本文在考订时利用了这二种资料（以下简称《事林广记》、《翰墨大全》）。

以上这些新资料的收集，得到日本京都综合地球环境学研究所加藤雄三君的帮助，在此谨向他表示衷心的感谢。

一、抄白元降诏旨②

上天眷命皇帝圣旨：惟我祖宗以神武定天下，世祖皇

---

① 日本奈良大学森田宪司教授在《关于在日本的〈事林广记〉诸本》中对此有详尽考证，此文中译收在中华书局出版的《事林广记》（1999 年）中。

② 这是原书的标题。以下各篇，凡原有标题，不再注明。有些原无标题，为叙述方便由本文作者代拟，则加说明。

帝设官分职,征用儒雅,崇学校为育材之地,议科举为取士之方,规模宏远矣。朕以眇躬,获承丕祚,继志述事,祖训是式。若稽三代以来,取士各有科目,要其本末,举人宜以德行为首,试艺则以经术为先,词章次之。浮华过实,朕所不取。爰命中书,参酌古今,定其条制。其以皇庆三年八月,天下郡县兴其贤者能者充赋有司,次年二月会试京师,中选者朕将亲策焉。具合行事件于后。

(一)科场每三岁一次开试,举人从本贯官司于路、府、州、县〔学〕及诸色户内,推选年二十五以上、乡党称其孝悌、朋友服其信义、经明行修之士,结罪保举,以礼敦遣,贡诸路、府。其或徇私滥举,并应举而不举者,监察御史、肃政廉访司体察究治。

(一)考试程式

蒙古、色目人

第一场经问五条

　《大学》、《论语》、《孟子》、《中庸》内设问,义理精明、文理典雅为中选,用朱氏章句集注。

第二场策一道

　以时务出题,限五百字以上。

汉人、南人

第一场明经

　经疑二问

　《大学》、《论语》、《孟子》、《中庸》内出题,并用朱氏章句集注,复以己意结之,限三百字以上。

经义一道,各治一经

《诗》以朱氏为主,《尚书》以蔡氏为主,《周易》以程氏、周氏为主。以上三经兼用古注疏。《春秋》许用三传及胡氏传。《礼记》用古注疏。限五百字以上,不拘格律。

第二场古赋、诏诰、章表内科一道

古赋、诏诰用古体,章表参用古体四六。

第三场策一道

经史时务内出题,不矜浮藻,惟务直述,限一千字以上。

(一)蒙古、色目人愿试汉人、南人科目,中选者加一等注授。

(一)蒙古、色目人作一榜,汉人、南人作一榜。第一名赐进士及第,从六品。第二名以下及第二甲正七品。第三甲皆正八品。两榜并同。

(一)所在官司迟误开试日期,监察御史、肃政廉访司纠弹治罪。

(一)流官子孙荫叙并依旧制,愿试中选者优升一等。

(一)在官未入流品之人愿试者听。若中选,已有九品以上资级比附一高加一等注授,若无品级,止依试例从优铨注。

(一)乡试处所并其余条目,命中书省议行。

於戏!经明行修,庶得真儒之用;风移俗易,益臻至治之隆。咨尔多方,体予至意。故兹诏示,想宜知悉。

皇庆二年　月　日

按，《元史》卷二四《仁宗纪一》载：皇庆二年（1313）十月，"己卯，敕中书省议行科举"。即此诏。同书卷一七二《程钜夫传》："于是诏钜夫偕平章政事李孟、参知政事许师敬议行贡举法，钜夫建言：经学当主程颐、朱熹传注，文章宜革唐、宋宿弊。命钜夫草诏行之。"可知此诏出于南人程钜夫（时为翰林学士承旨，从一品）之手。

《元典章》卷三一《礼部四·儒学》收此诏，题为"科举条制"。在"上天眷命"之前，有"皇庆二年十一月"等字，但结尾"皇庆二年月日"则无。《通制条格》卷五《学令·科举》亦收此诏，开头为"皇庆二年十一月钦奉圣旨"，结尾时间亦无。诏书中"第二名以下及第二甲，皆正七品；第三甲以下皆正八品"，《通制条格》、《事林广记》、《翰墨大全》均同。《元典章》则作"第二甲以下及第三甲，皆正七品，第三甲以下皆正八品"，显然是不正确的，应以前者为是。《三场文选》所载诏书中"路、府、州、县"下原无"学"字，现据《元典章》、《通制条格》补。《元史》卷八一《选举志一·科目》收此诏，无"路、府、州、县学及"六字，点校本已据《典章》、《条格》指出其误，《三场文选》的记载，证实了这一点。《事林广记》、《翰墨大全》同。

二、中书省奏准试科条目

皇帝圣旨里，中书省。皇庆二年十月二十三日，拜住怯薛第二日，嘉禧殿有时分，博儿赤答失蛮丞相、哈剌赤燕帖木儿知院等有来，章闾平章、八剌脱因右丞、阿里海牙左丞、许参政、薛参政、薛忽都牙里参议奏：为科举的上头，前日奏呵，开读诏书：行者。么道，圣旨有来。俺与翰林院官人每一同商量，立定检目来，听读过。又奏：为立科举的俺文卷里照呵，世祖皇帝、裕宗皇帝几遍交行的圣旨有来。成宗皇帝、武宗皇帝时分，贡举的法度也交行来。上位根底合明白题说，如今不说呵，后头言语的人有去也。学秀才的经学、词赋是两等，经学是说修身齐家治国平天下的勾当，词赋的是吟诗课赋作文字的勾当。自隋唐已来，取人专尚词赋，人都习得浮华了。罢去词赋的言语，前贤也多曾说来。为这上头，翰林院、集贤院、礼部先拟德行为本，不用词赋来。俺如今将律赋、省题诗、小义等都不用，止存留诏诰、章表，专立德行明经科，明经内《四书》、《五经》以程子、朱晦庵注解为主，是格物致知修己治人之学。这般取人呵，国家后头得人才去也。这般奏呵。说的是有，依着您这定拟来的诏书里行者。么道，圣旨了也。钦此。谨拟到考试程式各各条目，已经奏准颁降诏旨，差官分道前去各处开读外，照得钦奉诏书内一款：乡试处所并其余条目，命中书省议行。钦此。除外，今将合关防各各条目开坐前去，都省合行移咨请照验依上施行。

（一）乡试中选者各给解据，录连取中科文。行省所辖去处,移咨都省,送礼部。腹里宣慰司及各路关申礼部。拘该监察御史、廉访司依上录连科文,申台,转呈都省,以凭照勘会试。

八月二十日

蒙古、色目人试经问五条

汉人、南人明经　经疑二问　经义一道

二十三日

蒙古、色目人试策一道

汉人、南人古赋、诏诰、章表内科一道

二十六日

汉人、南人试策一道

(一)会试。次年,省部依乡试例,于二月初一日试第一场,初三日试第二场,初五日试第三场。

(一)御试。三月初七日。前期奏委考试官二员,监察御史二员,读卷官二员,入殿庭考试。每举子一名,委怯薛歹一人看守。汉人、南人试策一道,限一千字以上成。蒙古、色目人时务策一道,限五百字以上成。

(一)选考试官

行省与宣慰司乡试,有行台去处,行省官、行台官一同商议选差。如不拘廉访司去处,行省官与监察御史选差。山东、河东宣慰司,真定、东平路,同本道廉访司选差。上都、大都从省部选差。在内监察御史、在外廉访司官一员监试。每处差考试官、同考试官各一员,并于见任并在闲有德望文学常选官内选差。弥封官一员,誊录官一员,选廉干文资正官充。誊录试卷并行移文字,皆用朱笔书写,仍须设法关防,毋致容私作弊。

省部会试,都省委知贡举、同知贡举官各一员,考试官四员,监察御史二员,弥封、对读、监门等官各一员。

(一)乡试

行省一十二(一)处　河南　陕西　辽阳　四川
　甘肃　云南　岭北　征东　江浙　江西
　湖广

宣慰司二处　河东冀宁路　山东济南路

直隶中书省部路分试四处

真定路

　河间路　保定路　顺德路　大名路　广平路
　彰德路　卫辉路　怀孟路

东平路

　济宁路　曹州　濮州　恩州　冠州　高唐州
　泰安州　德州　东昌路

大都路

　大都　永平路

上都路

　上都　兴和路

(一)天下选合格者三百人赴会试,于内取中选者一百人,内蒙古、色目人、汉人、南人分卷考试,各二十五人。

蒙古人取合格者七十五人

大都一十五人　上都六人　河东五人　真定等五人　东平等五人　山东四人　辽阳五人　河南五人　陕西五人　甘肃三人　岭北三人　江浙五人　江西三人　湖广三人　四川一人　云南一人　征东一人

色目人取合格者七十五人

大都一七人　上都四人　河东四人　东平等四人　河南五人　真定等五人　山东五人　四川三人　甘肃二人　陕西三人　岭北二人　辽阳二人　云南二人　征东一人　江浙一十人　湖广七人　江西六人

汉人取合格者七十五人

大都一十人　上都四人　真定等一十一人　东平等九人　山东七人　河东七人　河南九人　四川五人　云南二人　甘肃二人　岭北一人　陕西五人　辽阳二人　征东一人

南人取合格者七十五人

湖广一十八人　江浙二十八人　河南七人　江西二十二人

(一)乡、会等试,许将《礼部韵略》外,余并不许怀挟文字。差搜检怀挟官一员,每举人一名,差军一名看守,无军人处差巡军。

（一）提点辮掠试院差廉干官一员,度地安置席舍,务令隔远。仍自试官入院后,常川妨职,监押外门。

（一）乡、会等试,弥封、誊录、对读官下吏人,于各衙门从便差设。

（一）试卷不考格,犯御名庙讳,偏犯者非,及文理紕缪涂注乙伍拾字以上。

（一）誊录所承受试卷,并用朱书誊录正文,实计涂注乙字数,标写对读无差,将朱卷逐旋送考试所。如朱卷有涂注乙字,亦皆标写字数,誊录官书押。俟考校合格,中选人数已定,抄录字号,索上元卷,请监试官、知贡举官同试官对号开拆。

（一）举人试卷,各人自备三场文卷并草卷各一十二幅,于卷首书三代、籍贯、年甲,前期半月,于印卷所投纳,置簿收附,用印钤缝讫,各还举人。

（一）就试之日,日未出入场,黄昏纳卷,受卷官送封弥所,撰字号封弥讫,送誊录所。

（一）科举既行之后,若有各路岁贡及保举儒人等文字到部,并令还赴本乡应试。

（一）倡优之家及患废疾、若犯十恶奸盗之人,不许应试。

（一）举人于试场内毋得喧哗,违者治罪,仍殿二举。

（一）举人与考试官有五服内亲者，自须回避，仍令同试官考卷。若应避而不自陈者，殿一举。

（一）乡试、会试，若有怀挟及令人代作程文及代之者，汉人、南人居父母丧服应举者，殿二举。

（一）国子监学岁贡生员及伴读出身，并依旧制，愿试者听。中选者于监学合得资品上从优铨注。

（一）别路附籍蒙古、色目、汉人，大都、上都有恒产住经年深者，从两都官司依上例推举就试。其余去处冒贯者治罪。

皇庆二年十一月　　　日

按，《元典章》卷三一《礼部四·儒学》载此文书，题为《科举程式条目》。同书卷一《圣政·举贤才》称为《科举条制》。《翰墨大全》则称为《中书省续降条画》。《通制条格》、《事林广记》亦载有此件文书。

这件由中书省颁发的文书，可以分为两部分。前一部分是中书省臣向皇帝奏报有关实行科举的基本原则，后一部分则是中书拟定的实施科举取士制的各项具体措施。《元典章》、《条格》、《事林广记》、《翰墨大全》刊载这件文书时，都省略了开头的自"拜住怯薛第二日"至"薛忽都牙里"一段文字。这段文字，记录了元朝皇帝和大臣们讨论科举问题的地点、时间和参加人员，其实是很有价值的。所谓"拜住怯薛第二日"，与元朝特有的怯薛制度有关。成吉思汗时以贵族、功臣子弟组建怯薛，实为大汗的禁卫军，分批轮值，保卫大汗的安全。入元以后，这一制度保存

下来,实际上成为皇帝的侍从,但轮值之法依旧。怯薛分
四批轮值,称为四怯薛,都以怯薛长命名,怯薛长是世代相
袭的。"拜住怯薛"是第三怯薛,拜住的祖先木华黎是成
吉思汗的亲信将领,世代为第三怯薛长①。第三怯薛轮值
的时间是寅、卯、辰日,"第三怯薛第二日"即卯日,"皇庆
二年十月二十三日"是己卯,正是第三怯薛第二日。人员
名单中,博儿赤答失蛮和哈剌赤燕帖木儿是怯薛成员。其
余是中书省官员,阿里海牙左丞在《元史》卷一一二《宰相
年表》中作阿卜海牙,许参政即许师敬,他是元初理学名
家许衡的儿子,薛参政是薛居敬。科举制的确立,与这些
人有密切的关系。可见,这段记载有助于元代政治制度的
研究。元朝诏书和中书省文书中大都有类似的文字,而
《典章》、《条格》在辑录有关文书时,常将这类文字删去,
其实是很可惜的。这段文字的存在,正好说明《三场文
选》收录的文书是最完整的。

　　从这件文书的前一部分来看,元仁宗和大臣为实行
科举进行过不止一次的讨论。十月二十三日以前已经
上奏过,并有圣旨决定推行。根据圣旨中书省大臣与翰
林院官员们一起商议具体办法,在十月二十三日上奏,
皇帝表示同意,颁布全国。需要指出的是,这件中书省
文书是根据前引皇帝诏书中的指示"乡试处所并其余条
目,命中书省议行"拟定的,它的发布应在圣旨的同时或

---

① 叶新民《关于元代的"四怯薛"》,《元史论丛》第 2 辑,1983 年。

之后而不能在它之前。《条格》卷五《学令・科举》先收这件中书省文书，而且开头的时间是皇庆二年十月，随后才是关于科举的圣旨，开头时间是皇庆二年十一月，给人的印象是先有中书省文书，后有诏旨。这显然是不正确的。十月二十三日是中书省大臣向皇帝上奏的时间，并不是这件文书颁布的时间。根据《元史》卷二四《仁宗纪一》，皇庆二年十月己卯"敕中书省议行科举"。同年十一月"甲辰，行科举，诏天下。以皇庆三年八月，天下郡县兴其贤者、能者，充贡有司，次年二月，会试京师，中选者亲试于廷，赐及第出身有差"。"己卯"正是十月二十三日。"甲辰"则是十一月十八日。也就是说，"己卯"是皇帝与中书省大臣讨论科举问题的时间，而"甲辰"则是正式颁布行科举诏的时间，中书省文书与诏书的颁发只能是同时或稍后。

《元史》卷八一《选举志一・科目》将诏书和中书省文书都收入。它的叙述是："至仁宗皇庆二年十月，中书省臣奏：'科举事，世祖、裕宗累尝命行，成宗、武宗寻亦有旨，今不以闻，恐或有沮其事者。夫取士之法，经学实修己治人之道，词赋乃擒章绘句之学。自隋唐以来，取人专尚词赋，故士习浮华。今臣等所拟将律赋省题诗小义皆不用，专立德行明经科，以此取士，庶可得人。'帝然之。十一月，乃下诏曰：'……'。中书省所定条目：'……'。"这段中书省臣上奏的文字，实际上就是前面所说中书省文书的前一部分。但中书省文书所载，是用蒙古语硬译文体写成的。所谓蒙古语硬译文体,常见于元代公牍,就是直接从蒙古语原文机械地翻译过来的文字,语汇采自元代汉语口语,而语法却是蒙古式的①。《元史》的编者用汉语文言文体将中书省文书前一部分加以改写,于是便成为上面一段文字。改写是忠实于原文的,但并非原文。而中书省文书的后一部分,就成为《选举志一·科目》中"中书省所定条目"的内容。应该说,《元史》编者这样处理,是合理的。

这件文书见于著录颇多,但以《三场文选》与其他各书比较,有几处文字差异值得注意。(1)"试卷不考格……偏犯者非。"《通制条格》、《元典章》、《翰墨大全》、《元史》各书均同,只有《事林广记》作"偏犯者谅"。(2)"举人于试场内……仍殿二举。"《元典章》、《事林广记》、《翰墨大全》、《元史》各书均同。但《通制条格》作"仍殿二年"。"年"字明显是错误的,但点校本未改正出校。(3)"乡、会试若有怀挟及令人代作程文及代之者",《元典章》、《翰墨大全》同,《通制条格》、《事林广记》、《元史》无"程文及代之"五字。似应以前者为是。(4)"国子监学……从优铨注",《元典章》、《翰墨大全》、《事林广记》均独立一款,《通制条格》则接在前款之后。应以前者为是。

---

① 　亦邻真《元代硬译公牍文体》,《元史论丛》第 1 辑,1982 年。

三、抄白累朝颁降条画

延祐七年三月十一日,钦奉诏书内一款节该:科举贡试之法,并依旧制。钦此。

天历元年九月十三日,钦奉诏书内一款节该:科举取人,并依旧制。国学贡试之法,中书省从新议行。钦此。

天历二年八月十五日,钦奉诏书内一款节该:科举有司奉行毋废。钦此。

元统二年十月二十九日,钦奉诏书内一款:农桑以厚民生,学校以基风化,科举以取人材,列圣累降德音首及于凡在,所司当体朕意,毋为文具。钦此。

按,以上四条记载,分别出自元英宗、文宗、顺帝的圣旨条画。(1)延祐七年(1320)三月十一日,英宗即位,颁布即位圣旨条画,其中一款即此。亦见于《元典章》卷二《圣政一·兴学校》。(2)天历元年(1328)九月十三日,文宗即帝位,颁布即位圣旨条画,事见《元史》卷三二《文宗纪一》,此为《条画》之一款,不见于其他记载。(3)文宗即位后不久,让位于其兄明宗,但又反悔设计杀害明宗,在天历二年八月十五日重登帝位,即位诏书见《元史》卷三三《文宗纪》。此款是诏书后条画之一,不见于其他记载。(4)元顺帝元统二年(1334)七月二十九日,上皇太后尊号,颁布诏书,事见《元史》卷三八《顺帝纪一》。此为诏书后条画之一款，不见于其他记载，"首及于凡在"疑有误。

四、都省奏准科举条画

　　至元六年三月十八日，钦奉诏书内一款节该："科举取士，仰中书省集议举行"。钦此。中书省咨，至元六年十二月初三日，别儿怯不花怯薛第二日，兴圣殿后寝殿东耳房内有时分，速古儿赤汪家奴、云都赤张家奴、殿中哈麻、给事中完者帖木儿等有来。脱脱右丞相、帖木儿不花左丞相、别儿怯不花平章、阿鲁参政、许参政、佛嘉闾参议、孛罗帖木儿参议、脱列郎中、悟良哈台员外郎、直省舍人和礼普化、搠思班，蒙古必阇赤哈剌帖木儿等奏：昨前诏书内一款节该"科举取士仰中书省集议举行"的说来，俺商量来，依住夏省、院、台官定拟的：考试依先例录用；又国子监积分生员三年一次依科举例会试，中者取一十八名，通与科举总一百名，其出身依国子监旧例；伴读生员人等也依旧例考试；今后下第举人止听再试，不许教官、书吏内取用。其余合行事理，依着俺定拟来的条目行呵，怎生？奏呵，奉圣旨："那般者。"钦此。除钦遵外，今开前去，都省咨请钦依施行。

　　（一）乡贡之法，并依旧制。须从社长、坊里正推选委系孝悌信义经明行修之士，结罪保举，亲临州县正官体覆是实保结申达上司。中间一切欺诈不实，举人验事治罪，体覆官断罪标附，社长人等并行究治。

监察御史、肃政廉访司严加纠察。

（一）汉人、南人须要取具三代名讳，委于几年于某州某县附籍，应当是何差役，揭照相同，具实申解。蒙古、色目人附籍者，依上揭照，其无籍者称说因何到此，即今应当何处身役，所司预为行移照勘，毋得妨误试期。其色目冒作蒙古，南人冒作汉人，汉人、南人冒作蒙古、色目，须（虽?）经得官，终身许人陈告，以诈冒得官例断罪追夺，未除者减等科断。

（一）考试程式

蒙古色目人

　第一场

　　经问三条，《四书》内出题。

　　明经一道，《五经》内各专一经，不拘格律字数，义理详明、文辞条畅者为中试。

　第二场

　　时务策一道。

汉人南人

　第一场

　　经疑二问，一问《四书》内出题，一问《五经》内出题。举人各从本经以对。经义一道。

　第二场

　　古赋一道。

　　诏诰章表又科一道。

　第三场

经史时务策一道。

（一）每举依旧例两榜共取中选者一百人。第一甲各一人，不拘蒙古、色目、汉人、南人，廷对异等者赐进士及第。第二甲各取五人，余并第三甲，出身依旧。

（一）汉人、南人在官未入流品愿试及寄居之人，并从本贯贡试。

（一）国子生员积分，并依旧例。已及分数应公试者，礼部给据，随例会试，通并百人之数，出身依监学旧例。每年取蒙古、色目、汉人各二名，三年一次共取一十八人。其余生员、伴读，许于大都乡试。

（一）今后会试下第人数止听再试，不许于教官、书吏内委用。

（一）试期自至正元年八月乡试，其乡、会试应行事理并依元降诏书、奏准条格，及节次省部颁行各各事例施行。

按，元朝科举制的推行，可以分为两个阶段。前一阶段始自皇庆二年下诏，延祐元年乡试，二年会、御试，到顺帝元统元年共举行会、御试七次。顺帝后至元元年十一月，因权臣伯颜等反对，顺帝诏罢科举。不久，伯颜失势。后至元六年十二月，顺帝下诏重开科举，自此到元朝灭亡，又举行会、御试九次。这是后一阶段。

顺帝在后至元六年二月黜逐伯颜，三月"辛未，诏徙伯颜于南恩州阳春县安置"①。"辛未"正是十八日。也就

---

① 《元史》卷四〇《顺帝纪三》，中华书局点校本，1976年。

是说,由这件文书可知,顺帝在贬逐伯颜的同时,宣布恢复科举,显然把停止科举视作伯颜的一项罪行。这件《条画》中所说"依住夏省、院、台官定拟的考试依先例录用"等等,指的应是皇帝在上都开平避暑期间,随从的中书省、枢密院、御史台官员对恢复科举进行讨论,拟定具体办法。回到大都以后,在十二月三日上奏,经顺帝批准,转发全国。这件《条画》是重开科举的基本文献。但是,除了《三场文选》之外,从未见他处曾加记载,至为可贵。

将新的《条画》与皇庆二年的《诏旨》、《条目》相比较,有几处值得注意。(1)考试科目的调整。蒙古、色目人原来头场试经问五条,现在改为经问三条,明经一道。经问在《四书》内出题,明经则在《五经》内出题(每人各习一经)。汉人、南人第一场原来经疑二问,余在《四书》内出题,现改为一问《四书》内出题,一问《五经》内出题(每人各习一经)。经义一道依旧。第二场原来古赋诏诰章表科一道,即任作一篇;现改为古赋一道,另在诏诰章表科一道,即作两篇。总起来看,增加了考试的难度。《元史》卷八一《选举志一·科目》说,"又七年而复兴,遂稍变程式,减蒙古、色目人明经二条,增本经义;易汉人、南人第一场《四书》疑一道为本经义;增第二场古赋外,于诏诰章表内又科一道"。即指此。(2)国学生员的出路纳入科举的轨道。原来元朝设国学,入学生员通过考试积分,可以出贡做官,每三年蒙古、色目、汉人各贡二人,出贡时蒙古授官六品,色目正七品,汉人从七品。国学另设伴读,出贡为部令史、路教授。科举初行时,《条画》中规定"国子监学岁贡生员及伴读出身,并依旧制。愿试者听"。实际上国学生员既有自己出贡入仕的途径,愿意参加科举考试的是很罕见的。后至元的这件《条画》中,明确规定,国学生员积分及格后,都要"随例会试",而且在每科进士百名定额中,为国学生员留出18个名额。这就是说,国学生员原来出贡的途径已经取消,他们必须参加科举才能进入仕途。《元史》卷四〇《顺帝纪三》载,后至元六年"十二月,复科举取士制。国子监积分生员,三年一次,依科举例入会试,中者取一十八名"。显然把有关国学生员参加科举考试看作重开科举的一大改革,特意加以记载。(3)下第者的待遇。皇庆二年的《条目》中没有这方面的规定。但在延祐二年三月首次会试、御试举行以后,元仁宗"赐会试下第举人七十以上从七流官致仕,六十以上府、州教授,余并授山长、学正,后勿援例"①。泰定帝时仍曾给部分下第举人教授、学正、山长等职,但仍声明"后勿为格"。新的《条画》中规定:"今后会试下第人数,止听再试,不许于教官、书吏内委用。"对这一点重新加以明确。(四)三甲的人数。皇庆二年的《诏旨》中,只提到录取的进士分为三甲,没有明确三甲中的人数安排。从《元统元年进士录》可知,两榜(蒙古、色目,汉人、南人)一甲各三人,二甲各十五人,其余为三甲②。新《条画》规定,一甲两榜各一人,二

---

① 《元史》卷八一《选举志一·科目》。
② 见《宋元科举三录》。

甲各为五人，其余为三甲。一、二甲人数大为减少。皇庆
《诏旨》中规定，"第二名及第二甲皆正七品"。则得正七
品的进士十七人，而按新的规定，得正七品的进士只有五
人。这样，科举授官的待遇实际降低了。

　　文书开头别儿怯不花怯薛是第四怯薛，轮值巳、午、未
日，后至元六年十二月初三日是壬午，正是该怯薛轮值的
第二日。速古儿赤、云都赤是怯薛成员。殿中即殿中侍御
史，属御史台，"大臣入内奏事，则随以入，凡不可与闻之
人，则纠避之"①。给事中的职责是"掌随朝省、台、院、诸
司凡奏闻之事，悉记录之"②。名单中其余人员都是中书
省官员吏员，别儿怯不花平章在《元史》卷一一三《宰相年
表二》中未记载，可补。许参政即许有壬，他曾极力反对
废科举。此时肯定是重开科举的积极赞助者。

五、至正元年七月中书省文书③

　　至正元年七月　　日，中书省咨，礼部呈节该，即目
试期将近，所有关防未尽事理，开呈前去，如蒙准呈，
宜从都省移咨各省，札付本部，依上施行。得此，除
外，咨请依上施行。

　　（一）行省选取乡试考官，并依旧例，于见任并在

---

① 《元史》卷八六《百官志二》。
② 《元史》卷八八《百官志四》。
③ 原无标题，笔者代拟。

闲有德望文学常选官内选差,先尽所属附近去处,如无,次及他处。其腹里路分依上选取。或果阙官,预达省部,依期点差。

(一)各处既已礼请试官,专任考试,去取当否,责有所归。其监试官止许监临关防,不与考试。

(一)考试官各许将引从人一名,监试官资品虽高,不过二人,以不识字者充。既锁院后,不得放令出入。

(一)各□(处)□(试)官、举人□(膳)食、烛炭、纸札、笔墨一切所需,于所在学录钱粮内支用。如无学粮去处,许于支持钱内从实支破,年终通行照算。若有司因而冒滥多破及科扰于民,并听监察御史、廉访司体察究治。

(一)各处举人有不通经旨、不精文笔、慕乡贡之名夤缘保举及假手于人者,主司但知据文考较,往往叨冒中选。今后弥封官详加点对,如草卷与正卷不同,及用别纸起草,或拆去草卷空纸者,并须退付受卷所,不许弥封。仍须精选公廉文学之士充弥封官。

按,重开科举后首次乡试定于至正元年(1341)八月举行。至正元年七月,也就是乡试举行以前,中书省发出这道咨文,就考官的选派、科场经费、防止科场作弊等问题,作出具体规定。从中可以看出,科场的管理,更加严密。此件咨文,他处无记载。

六、终场举人充教官

至正三年三月初六日，也可怯薛第一日，兴圣殿东鹿顶殿里有时分，速古儿赤朵儿只班、桑哥失里，云都赤伯颜帖木儿，殿中暗都剌哈蛮，给事中孛罗帖木儿等有来。脱脱右丞相，也先帖木儿平章，答失平章，太平右丞，长仙参议，别里不花郎中，老老员外郎，孛里不花都事，直省舍人仓赤，蒙古必阇赤锁住、塔失不花等奏：俺根底御史台官备着监察御史成遵文书里呈将文书来："尝谓学校乃育材之地，教官当遴选其人。盖师儒所以讲经籍，范后进，苟所任不职，则学校何由可兴，人材何自而出，风俗教化，实源于此。今诸处教官多由直学升转，直学本为典司金谷而设，皆吏胥富豪子弟，夤缘为之。试补之际，无非假手请托，通经学古，百无一二，致学校废弛，人才不振。切见各处乡贡进士，始以经明行修充贡，观其校艺，拔一二于千百，至有皓首穷经，仅发一荐，会试之际，定额所拘，三名选一，学行俱优，未免见黜。今后莫若用终场下第举人充学正、山长，历两考升充教授，年及五十以上者一考升转。国子生员会试不中，一体录用，不愿者许听再试。其直学人员，在路学者许充路吏，在州学、书院者，许充州吏，俱历三十月挨次收补。如此庶几学校得人，教养有方。"么道，说的上头，交礼部与吏部官一同定拟呵。腹里、行省山长、学正，拟至正二年为

始,于终场下第举人内注充,须历两考,五十已上,止
历一考,依例升转。国子生员不愿充者,许听再试。
庶几教养有方,人才辈出。今后学录、教谕,亦合于每
举乡试下第举人遴选文辞通畅义理详贯者取用少者,
从实申达省部,以凭类选。拘该行省即系一体,外据
各路直学考满充府、州司吏,府、州书院直学充司、县
司吏,各卫直学充附近州司吏,依上挨次收补的说有。
俺商量来,去年终场下第举人,止听再试,不许于教
官、书吏内(下缺)

按,《元史》卷四一《顺帝纪四》载,至正三年三月壬
申,"监察御史成遵等言:可用终场下第举人充学正、山
长,国学生会试不中者,与终场举人同"。此件文书所述
即此事,他处均未见刊载。静嘉堂文库所藏《三场文选》
有缺页,这件文书因缺页而残缺不全,尽管如此,但从标题
及行文来看,中书省根据监察御史成遵建议上奏的意见,
肯定是为顺帝批准而付诸实施了的。这样一来,不但否定
了后至元六年《条画》中不许于教官、书吏内任用的规定,
而且把下第举人在教官内任用作为改进地方学校教育的
一项措施。过去有过下第举人授教官的例子,都是临时的
恩典,"后勿为格"。这次则成为通例,以后都照此办理。
这是一个很大的变化,使应试者为之欢欣鼓舞。在元代教
育史上,亦是值得重视的事情。

《元史》卷八一《选举志一·科目》在叙述延祐、泰定
两次下第举人授教官的特例后说:"自余下第之士,恩例

不可常得，间有试补书吏以登仕籍者。惟已废复兴之后，其法始变，下第者悉授以路府学正及书院山长。又增取乡试备榜，亦授以郡学录及县学谕。于是科举取士，得人为盛焉。"这段叙述，有不够准确的地方。"已废复兴"之初，是不许下第者充教官的，但很快到至正三年便发生改变。至于"增取乡试备榜"的决定，应另有文书，但无记载可考。据当时人说："至正元年，复乡举里选之制。明年大比，天下名士。春官上其名，天子亲策焉，第其等而官之。又明年，用监察御史言，取贡士第于春官者用之为校官。复以贡额未广而天下之才或遗也，始自今更定名数，于贡额之外，取以补校官之末等，秩视下第者益让焉，著为令。于是南士之额在江浙省与贡者廿有八人，而以遗才取者又十有六人。四年，暨阳屠君颜德在十有六人之中。"①"贡额之外"的"遗才"，就是《元史》所说的"乡试备榜"。由这条记载可知，"乡试备榜"的录取，是在至正三年"取贡士下第于春官者用之于校官"之后，至正四年乡试举行之前。另据记载，"御史建白用会试终场、乡试次榜举人为校官，庙堂以咨于公（揭傒斯——引者），力赞成之，由是士无遗才之憾"②。可知"乡试次榜举人为校官"亦出于监察御史的建议，其事应与下第举人授校官同时或相去不远。遗憾的是，静嘉堂所藏《三场文选》没有与此有关的文书，不知是残缺造成还是原来就未收。

---

① 　杨翮《佩玉斋类稿》卷五《送屠彦德教谕序》，《四库全书》本。

② 　黄溍《金华黄先生文集》卷二六《揭文安公神道碑》，《四部丛刊》本。

这件文书开头一段文字,可与前面(二)《中书省奏准试科条目》、(四)《都省奏准科举条画》互相参照。"也可"是蒙古语,意为"大"。"也可怯薛"即大怯薛,四怯薛中的第一怯薛,轮值申、酉、戌日。至正三年三月初六日是壬申,故曰也可怯薛第一日。速古儿赤、云都赤是怯薛成员,皇帝接见大臣时在旁。殿中、给事中,在前面文书(四)中已经述及。悉记录之。脱脱、也先帖木儿、答失、太平是当时中书省宰执,答失应即铁木儿塔识,四人均见《元史》卷一一三《宰相年表二》。其余则是中书省官员、吏员。这三件文书提供的名单可以有助于了解元朝的奏事体制。

七、延祐元年六月中书省文书①

延祐元年六月　日,中书省咨,来咨,江浙行省咨,为设立科举行据儒学提举司讲议各项事理,差提举康奉政驰驿赍咨计禀送礼部,约会翰林集贤院官一同讲议到后项事理,呈乞照详。都省准拟。今开各项并抄解据、家状程式格式在前,咨请依上施行。

(一)乡试中选者,各给解据,录连取中科文,咨省关部照勘。儒学提举司讲议得,解据系天下通例,合从都省颁降印本格式。

前件今定拟举人解据格式录连在前。

---

① 原无标题,笔者代拟。

（一）选考试官。即今江浙、江西、湖广三省所辖州郡，后进儒人比之腹里颇多，又兼江浙尤重，江西次之，湖广又次之。如蒙都省选有德望文学官员，以为主文，预期到来，庶几可以镇压浮议。会试止三百人，当选差考试官四员，其同考试官不限员数，从行省等官斟酌举人多寡，各随本经添设分考，毕日于各试官元资上量升等级。其考试之日，预先半月入院，昼夜不出，比及揭榜，动经五十余日，其饮食分例理宜丰腆，优加支给。所需朱墨笔札烛炭应用诸物，及封弥誊录等处朱墨纸笔，亦合官司应付。外据誊录、弥封等官行移文字，未见如何往复，俱合行移都省区处。

前件议得乡试考官从本省斟酌举子多寡，比附旧例，临期选差。既有考试等官，不须再差主文之官。饮食分例，所在官司依例支付。朱墨纸笔烛炭，于各处赡学钱内斟酌应付。如无学粮去处，官为支给。其弥封、誊录等官，事有相干，拟合平牒与监试并考试官行移宜申覆。外据试官升等一节，候会试毕，至日验事议拟优升。

（一）乡、会等试，许将《礼部韵略》。讲议得即目南北刊行《礼部韵略》因在前避讳字样增减不同，今来科举既开，未审用何本为主，合从都省颁降，庶得归一。

前件议得科举许用见行《礼部韵略》，外据金、宋避讳字样，不须回避。

（一）乡试弥封、誊录、对读官下吏人，于各衙门从便差设。讲议得除弥封等官分例既是都省□□，拟合依例支给，外据已下入院之后不得出入，各人饮食亦合斟酌应付。

前件议得弥封、誊录等官下吏人饮食，宜从各处斟酌应付。

（一）举人试卷，各人自备三场文卷并草卷各一十二幅，外卷首画三代、籍贯、年甲，前期半月于印卷所用印钤缝。讲议得在前试例，举人试卷自奉试到涂注乙几字俱有定式，漏误式内一字，即犯不考。合从都省颁降印本格式，并举人三代籍贯，亦合定式书写，庶得归一。弥封、誊录等官，亦须各用印信关防，并前项试卷钤缝，未审用是何官司印信，乞咨都省定夺。

前件议得涂注乙字样照依都省已行条目施行。据漏误式内一字，今依旧例不考。三代、籍贯并乡试格式定□，如□弥封、誊录等所印□□该行宣去处□□□官用检校所印，誊录官用省□□，钤缝官用儒学提举司印信。□处所□中书省印。弥封官用经历司印，提调官用儒学教授印。试卷钤缝所用印信，府、县学、提举司处用本司印，如无，用教授印。

按，此件文书内容是科举考试中的一些具体问题的处理办法。延祐元年首次乡试举行以前，江浙行省儒学提举到都城与翰林集贤院官一同商议与考试有关的问题，提出处理意见，经中书省批准，颁发全国。此件文书将皇庆二年《诏旨》、《条目》中的一些规定进一步具体落实,便于操作,对研究元朝科举制的实施很有价值。但除《三场文选》外,未见于任何记载。

可将前面(五)《至正元年七月中书省文书》与这件文书比较,两者属于同一类型,涉及问题亦基本相同。

八、延祐二年二月中书省文书①

延祐二年二月　日中书礼部承奉中书省札付,钦奉圣旨,开设科举,拟于延祐二年二月初一日会试,议到下项事理,合行榜示者。

诸举人谤毁主司率众喧竞,不伏止约者治罪。

诸举人就试无故不冠及擅移坐次,与姻亲邻坐而不自陈、怀挟代笔传义者,并扶出。

诸折损家状首者推治。

诸举人于试卷首书写他语者,驳放;谤讪者,推治。

诸试日为举人传送文书,及因而受财者,并许人告。

诸举人于别纸上起草者,出榜退落。

诸科文内不得自叙辛苦门第,委誊录所点检得如有违犯更不誊录,移文考试院,出榜退落。

诸冒名就试或另立姓名,及受财为人怀挟代笔传

---

① 原无标题,笔者代拟。

义者,并许人告。

　　诸被黜而妄诉者治罪。

　　诸监门官机察出入,其物应入者拆封点检。

　　诸□卫官及兵级不得喧扰及窥视试文,并容纵举人无故往来,非因公事不得与举人私语。

　　诸试卷不得令举人乱行投纳,弥封官吏专一收敛文卷,弥封所用印讫,以不成字为号撰写,仍于涂注乙处用印。

　　按,《元史》卷八一《选举志一·科目》于行科举诏和"中书省所定条目"后载,"知贡举以下官会集至公堂,议拟合行事目去",以下有各种科场禁令,共二十款。其中后十二款与以上文书同,可知即一事。但不知何故这件文书缺前八款。

　　由以上文书可知,"知贡举以下官会集""议拟"各项禁令,是在延祐二年二月初一日,亦即首次科举会试举行之日。而且这些禁令是"榜示"的,也就是公开出榜告示,使参试举人周知。然后再以文书形式颁布。这些都可补《元史》之不足。

　　《三场文选》刊载的这件文书,与《元史》比较,有几处文字不同。(1)"擅移坐次,与姻亲邻坐而不自陈",《元史》作"擅移坐次者,或偶与亲姻邻坐而不自陈者";(2)"诸拆损家状首者",《元史》作"诸拆毁试卷首家状者";(3)"谤讪者",《元史》"谤"前有"涉"字;(4)"诸冒名就试或另立姓名",《元史》作"诸冒名就试,或别立姓名";

（5）"机察"，《元史》作"讥察"；（6）"诸□卫官"，《元史》作"诸巡捕官"；（7）"诸试卷不得令举人乱行投纳，弥封官吏专一收敛文卷，弥封所用印讫，以不成字为号撰写"，《元史》无"不得……文卷"，"不成字"前有"三"字。以上差异，多数应以《元史》为是，但《三场文选》在某些地方亦有可供参考之用。

九、延祐元年中书省文书①

（A）延祐元年　月　日准中书省咨，礼部呈，翰林国史院经历司呈，该设科举事内一款："试卷不考格，犯御名、庙讳，偏犯者非"。照得考试格式，已有定制，今依上检照御名、庙讳，钦录在□，具呈照详。得此，本部参详，既翰林院史院定拟明白，拟合照依都省钦奉诏书事意定到条画遍行照会札付本部，行移各处，钦依施行相应。得此，除外，将御名、庙讳钦录在前，都省合行移咨，请照验依上施行。

钦录到御名庙讳

太祖应天启运圣武皇帝　　　讳铁木真

太宗英文皇帝　　　　　　　讳窝阔台

睿宗仁圣景襄皇帝　　　　　讳拖雷

定宗简平皇帝　　　　　　　讳贵由

宪宗桓肃皇帝　　　　　　　讳蒙哥

---

①　原无标题，笔者代拟。

世祖圣德神功文武皇帝	讳忽必烈
裕宗文惠明孝皇帝	讳真金
顺宗昭圣衍孝皇帝	讳答剌麻八剌
成宗钦明广孝皇帝	讳铁木耳
武宗仁惠宣孝皇帝	讳海山
仁宗圣文钦孝皇帝	讳爱育黎拔力八达
英宗睿圣文孝皇帝	讳硕德八剌
明宗翼献景孝皇帝	讳忽失剌
文宗皇帝	讳脱脱木
今上皇帝	御名

（B）延祐元年中书省咨，陕西省咨禀科举事件，送礼部，约会翰林院官议得，拟作称贺表章元禁字样太繁，今拟除全用御名、庙讳不考外，显然凶恶字样，理宜回避。至于休祥极化等字，不须回避。都省请依上施行。

（C）延祐元年，中书省咨，江浙省备，国子监、翰林院、集贤院呈，今行贡举，例合回避庙讳、御名，犯者不考。今路州县儒学月试，亦合回避。

（D）延祐三年，中书省，礼部呈，翰林国史院议得表章格式，除御名、庙讳必合回避，其余字样，似难定拟。都省仰依上施行。

按，以上几件文书，都与科举考试中避讳有关。早在世祖至元三年（1266），中书省就对表章"回避字样"作出

规定,同时指出"御名庙讳皆合回避"①。以上延祐元年颁
布的两件文书(A、B)分别对科举试卷中可能遇到的御名、
庙讳和"回避字样"作出明确的指示,御名、庙讳必须回
避,而对"回避字样"则放宽了尺度。文书(C)是将上述
原则推广到地方官学的考试。文书(D)则重申对表章中
的"回避字样"放宽尺度,不作具体的限制。

　　需要说明的是,在上述几件文书中,文书(A)最为重
要,但是《元典章》、《通制条格》都没有收录。文书(B)、
(D),见于《元典章》卷二八《礼部一·进表》,标题是《表
章回避字样(二款)》。其中一款与文书(B)同,开头作
"延祐元年十一月行省准中书省咨。"另一款与文书(D)
同,开头作"延祐三年八月,行台札付,准御史台咨,奉中
书省札付,礼部呈"。显然,《元典章》所载,是原文,无删
节,对两件文书的来龙去脉交代得比较清楚。文书(C)在
《元典章》、《通制条格》中都没有收录,但见于《事林广
记》(至顺本)后集卷六"学校类",标题是《回避讳字例》,
并在后面附有见于文书(A)的"庙讳、御名"。但这件文
书的"庙讳、御名",在仁宗以下,与《三场文选》所载文书
(A)有些不同,现转录如下:

　　　　仁宗皇帝　　爱育黎拔力八达
　　　　英宗皇帝　　硕德八剌
　　　　今上皇帝

----

　　① 《元典章》卷二八《礼部一·进表·表章定制体式》。

　　两者的差异,是因为两种文献问世的时间不同。《事林广记》(至顺本)刊行于文宗至顺年间,"今上皇帝"即文宗。《三场文选》刊行于顺帝时,"今上皇帝"即顺帝。明宗和文宗是兄弟,文宗利用泰定帝死时朝政混乱,起兵打败拥立泰定帝之子为帝的力量,迎当时避居在察合台汗国境内的兄长明宗到上都即帝位,又在中途将明宗毒死,自己称帝。顺帝则是明宗之子,文宗临死前悔恨,遗嘱立明宗之子为帝,因而得嗣位。顺帝即位后,明宗地位自然提高,所以在《三场文选》的"庙讳、御名"中,有了明宗的位置。需要指出的是,《三场文选》的刊行应在重开科举之后,而在重开科举之前数月,顺帝已"诏撤文宗庙主",完全否定了他在皇朝正统中的地位。按理来说,《三场文选》中的"庙讳御名"不应再有文宗,很可能因为疏忽,没有将他删除。还可以提及的是,以上两者所载"御名"自铁木真到硕德八剌是相同的,和《元史》诸本纪亦相同,可见是当时官方确定的汉译。《三场文选》所载明宗讳忽失剌、文宗讳脱脱木,《元史》明宗纪、文宗纪则作和世㻋、图帖睦尔,但同书卷四〇《顺帝纪三》载"撤文宗庙主"的诏书中,即称文宗为脱脱木儿,可见当时官方文书即有不同的译法。

十、乡试

　　行中书省移准中书省部定到乡试程式

　　(一)家状

（一）籍贯　某路　某州县　某乡　某里应乡
贡进士某人年若干

（一）习经疑义古赋诏诰章表策

（一）三代

曾祖讳某　有官则云某官，在则云见任，不在则云
故任。无官则云未仕，不在则云故不仕

祖讳某

父讳某

（一）阖家口若干　有祖父母、父母则云阖家口
五，父母在则云合家口三，偏侍则云合家口二，俱亡
则云合家口一。

祖年若干

祖母某氏年若干

父年若干

母某氏年若干

（一）今举

（一）见住

右具如前

（一）试程式

第一场

奉试经疑二问

　第一问云云　限三百字以上

对云云　谨对

　涂注乙若干字

第二问仿此

奉试某经义一道　限五百字以上

对云云谨对

涂注乙若干字

第二场

奉试古赋一道　诏诰章表仿此

文云云

涂注乙若干字

第三场

奉试策一道　　限一千字以上

对云云谨对

涂注乙若干字

(一)草卷一十二幅用印钤缝

(一)净卷一十二幅用印钤缝,依式净写科举文字,以上并用朱笔界画。右家状并草卷净卷粘作一通。

按,《翰墨大全》、《元婚礼贡举考》均载此件。两者在《中书省部定到乡试程式》下注"延祐元年"。"见住"下注"某处"。以上疑《三场文选》脱落。结尾一句两者均无"净卷"二字。

十一、解据式

□□□□(某)□(省)□(某)道某路照得

《□(中)□(书)□(省)□(奏)□(唯)□(科)举条目》内一件："乡试中选者各给解据录□(连)□(取)□(中)□(科)□(文)□(行)省所辖去处移咨都省送礼部，腹里宣慰□(司)□(及)□(各)□(路)□(关)□(申)礼部，拘该监察御史、廉访司依上录连科□(文)□(申)□(台)□(转)□(呈)□(都)省以凭照勘会试"奉准此，某道某路备某州□□□□□某学生是何户某人年若干委是乡党称□(其)□(孝)□(悌)、□(朋)□(友)□(服)其信义、经明行修之士，即非徇私滥举某□□□□□□县官吏结罪保举是实本省本道本路于□□□□□□请到试官某人同监察御史某廉访司官□(某)□□□□□到前项科文考校得合格中选，堪充会试□□□□□□今将元试文字录连前去，合行出给解据□□□□□(大)都会试。

按，元代科举，乡试中选者方可到大都参加会试，"解据"就是举子的乡试中选凭证，要送到中书礼部，"以凭照勘会试"。以上就是元代"解据"的样本，未见他处记载。遗憾的是原书刊载"解据式"的一页有一部分是空白，现据（一）《圣旨》（二）《奏准试科条目》校补，但其中有些只能空缺。

十二、会试

试院于翰林院东至公堂分设席舍。

正月十五日于中书礼部印卷卷面用印钤缝。

正月二十八日中书礼部榜示。

二月初一日黎明,举人入院,搜检怀挟讫,班立堂下,各再拜。知贡举官答跪,试官以下各答拜。毕,受题,各就本席。午后相次于受卷所投卷而出。

二月初三日早入院,每十人一班,揖于堂下,受题,就席,投如初一日。

二月初五日入院,班揖受题,就席投卷如初三日。

按,《翰墨大全》、《元婚礼贡举考》亦载此。但两书作"二月初三日,如前。二月初五如前"。有明显的差异。

十三、御试

三月初一日于中书礼部印卷,卷背用印钤缝。

三月初七日黎明入试,拜受策题,各就席,至晚,进卷而出。

三月十一日,各于国子监关襕帽。

三月十三日,赴阙听候唱名。

按,《翰墨大全》、《元婚礼贡举考》同。

十四、进士受恩例①

延祐二年四月　日,中书礼部呈,奉中书省札付

---

① 原无标题,据《翰墨大全》、《元婚礼贡举考》补。

该,来呈,策试举人今将各各姓名、年甲、籍贯,具呈照详。得此,延祐二年四月初四日奏过事内一件:"前者为这应举的人每,依着礼部拟来的典故,恩赐与茶饭的,与了除授时分,上表谢恩,参见省官,文庙里烧香行礼立石题名的,依着礼部拟来的,省官人每商量了,再奏呵。'那般者',么道,圣旨有来。俺商量来,赐恩荣宴于翰林国史院,中书省押宴,御史台、翰林集贤两院摘官预宴,预宴官及进士簪花至所居。进士受官,□(择)□(日),□(具)□(公)服,侍仪司引赴殿廷,上谢恩表,次便服诣都堂参见。择日,进士诣先圣庙,行舍菜礼。第一名具祝文行事,有司于宣圣庙前刻石题名呵,怎生?"奏呵。"那般者"。么道,圣旨了也。钦此。除外,都省合下仰照验钦依施行。

四月十七日,赐恩荣宴,押宴、预宴官及进士各簪花。

四月廿七日,中书省祗受敕牒。

四月廿九日,各具公服诣殿庭谢恩。

三十日,便服诣都堂参谢。

五月初二日,谒先圣庙行舍菜礼。

按,《翰墨大全》、《元婚礼贡举考》亦收此件。文字与《三朝文选》有一些不同。(1)"典故,恩赐与茶饭的,与了除授时分,上表谢恩",二书作"典故里赐了际授时分,上表谢恩,似以前者比较合理,后者明显有误。(2)"谒先圣庙行舍菜礼",二书均无"庙"字,显然是脱漏。(3)"具祝文行事"，《翰墨大全》同，《元婚礼贡举考》点校本作"祀文"，应以"祝文"为是。（4）"进士受官"下有四字漫漶不清，据《翰墨大全》、《元婚礼贡举考》补。（5）"除外……施行"，两书均无。（6）"四月十七日，赐恩荣宴，押宴、预宴官及进士各簪花"。《翰墨大全》同。《元婚礼贡举考》点校本作"押宴，押宴官"，似不确。

　　从以上所举"会试"，"进士受恩例"文字的同异，可以看出，《元婚礼贡举考》与《翰墨大全》所载，实出同源。

　　　　　　　原载《暨南史学》第 1 辑，2002 年

从《老乞大》《朴通事》看元与高丽的经济文化交流

中国大陆与朝鲜半岛,相隔一衣带水,自远古以来,一直存在着密切的交往。元朝建立时,统治朝鲜半岛的是高丽王朝。元与高丽之间,有着频繁的政治、经济、文化联系。《老乞大》和《朴通事》两书,便是这种联系的很好的例证。

一

《老乞大》和《朴通事》,是朝鲜李朝(1392—1910)时期流行的两种汉语教科书。一般认为,《老乞大》中的"乞大"即契丹,老乞大即老契丹。《朴通事》中的"通事"是翻译的称呼①,朴通事即姓朴的翻译。两种书名可能暗示作

---

① 周密《癸辛杂识》后集《译者》:"译者之称,见《礼记》,……今北方谓之通事。"

者的身分,但其具体情况已不可考①。

　　《老乞大》总共不到二万字,分上、下卷。此书以高丽商人来中国经商为线索,用对话的形式,表现道路见闻、住宿饮食、买卖货物等等,中间插入一些宴饮、治病的段落。《朴通事》的字数约比《老乞大》多三分之一,分成上、中、下三卷。全书用对话或一人叙述的方式,介绍中国社会生活的各个方面,涉及宴会、买卖、农业、手工业、词讼、宗教、游艺、景物等多项内容。两书反映的是中国北方特别是都城的社会生活。从内容来看,两书显然又兼有旅行指南、经商指南的作用。著名学者杨联陞教授说:"《老》、《朴》两书的史料价值,非常之高。从史学看,有许多难得的关于元、明两代风俗事物的记载。从语学看,有很多珍贵的元末明初的口语史料。"②这一评价是很恰当的,只是所说时代需稍加修正(见下文)。语言学界已经注意到了两书的价值③,相比之下,史学界似乎还没有予以足够的重视。

　　关于两书反映的时代还可以作一些讨论。

　　朝鲜李朝世宗五年(明永乐二十一年,1423),为了便于"读者传写诵习",政府令"铸字所印出"《老乞大》、《朴通事》等书④。这是官方文献中关于两书的首次记载。世

---

　　①　参看日本学者太田辰夫《〈老乞大谚解〉〈朴通事谚解〉》,《汉语史通考》,江蓝生等译,重庆出版社,1991年,第166—167页。

　　②　《老乞大朴通事里的语法语汇》,《史语所集刊》第二九本上。

　　③　太田辰夫《〈老乞大〉的语言》,《汉语史通考》,第168—181页。

　　④　《李朝世宗实录》五年六月。

宗八年(明宣德元年,1426)八月,司译院在报告中明确说
《老乞大》、《朴通事》是"译学"的教材,要"通事"背诵①。
16世纪初,李朝语言学家崔世珍为《四声通解》一书作序,
其中说:"夫始肆华语者,先读《老乞大》、《朴通事》二书,
以为学语之阶梯。"②可见二书在李朝汉语教学中的重要
地位。同时,这些记载也说明《老》、《朴》成书应在世宗五
年以前。

　　朝鲜李朝成宗十一年(明成化十六年,1480)十月,侍
读官李昌臣向国王启奏道:"前者承命质正汉语于头目戴
敬,敬见《老乞大》、《朴通事》曰:'此乃元朝时语也,与今
华语顿异。多有未解处。'即以时语改数节,皆可解读。
请令能汉语者尽改之。"成宗当即下令:"选其能汉语者删
改《老乞大》、《朴通事》。"③这条记载说明:(一)《老》、
《朴》二书的语言是"元朝时语",两者成书应在元代。
(二)15世纪下半期便已开始对两书从语言角度进行修
改。正是在15世纪,李朝创制了"训民正音",也就是谚
文,"谚解"(用谚文翻译汉文书籍)事业便发展了起来。
到了16世纪,崔世珍编写了《朴通事谚解》和《老朴辑
览》,后一篇是"汇二册要语而注解者"④,也就是《老》、
《朴》两书的重要词汇注释。崔氏的《朴通事谚解》后佚。

① 《李朝世宗实录》八年八月。
② 转引自小仓正平《朝鲜语学史》,第507页。
③ 《李朝成宗实录》十一年十月。
④ 李聃命《朴通事谚解序》。

李朝肃宗三年（清康熙十六年，1677），司译院正边暹、朴世华等根据《老朴辑览》重作《朴通事谚解》，此书序文说，"而以《辑览》及《单字解》附其后"①。又有《老乞大谚解》，成书情况不详。这两种《谚解》常见的是汉城《奎章阁丛书》本。本文论述即以此为据。但此本《朴通事谚解》后附的是《老乞大集览》（上、下）和《单字解》，而不是《辑览》。这是因为原来《老朴辑览》中与《朴通事》有关部分，已作为注文收入《朴通事谚解》一书中，剩下有关《老乞大》部分，自行成篇，便成了《老乞大集览》。序文所说以《辑览》附其后是不够准确的。从上所述，可以看出，《老》、《朴》两书在流传过程中，经过了不断的加工整理。现在《朴通事谚解》和《单字解》中，提到"新旧原本"（《奎章阁丛书》本第53页），"旧本"、"今本"（第44页），"两书旧本"、"新本"（第404页），便反映了两书变化的痕迹。

　　关于两书的写作年代，太田辰夫先生认为，"大致可以推想它们是在元代产生的"。但同一篇文章中又说："仍可推测该书原本是在元代写成的，或是在去元代不远的明初，或比这再稍迟些。"②说法比较灵活。杨联陞先生认为，两书产生于"元、明时代"或"元末明初"，已见前述。朱德熙先生则"根据书中所记故实及典章制度"，断定是

---

①　李聃命《朴通事谚解序》。

②　《汉语史通考》，第168页。

"元代的作品"①。我很同意朱先生的看法。如果单从语言学角度考虑，明初和元代很难说有明显的区别，判断两书产生于元末明初亦可说得过去。但如看重从历史事实和典章制度方面进行考察，则两书应断定为元代作品。朱先生已举出一些比较重要的例证，我在这里想再作一些补充。例如，朱先生提到大明殿月台上四个将军（第310页），引证《辍耕录》"大汉"条，注意的显然是镇殿将军。但"大汉将军"明代尚有，不能充分说明问题，而大明殿则非元代莫属。它是元代宫城中的正殿。明代宫城中的正殿是奉天殿，后改皇极殿。又如，《朴通事谚解》卷中记买卖人口，文书开头写的是："大都某村住人钱小马"（第156页）。大都是元代北京的名称，明太祖攻下大都，改名北平，成祖时改北京。又如，书中多用达达、回回、汉儿人等称呼，这正是元代的特色。

下面还可以举几个明显的例子。

"哥，你听的么，京都驾几时起？"

"未里，且早里。把田禾都收割了时，八月初头起。"

"今年钱钞艰难，京都也没甚么买卖，遭是我不去。往回二千里田地，到那里住三个月，纳房钱空费了。"

---

① 《"老乞大谚解""朴通事谚解"书后》，《北京大学学报》1958年第2期。

　　"说的是，不去倒快活，省多少盘缠"。①

　　这段对话从字面上来看很难理解。"京都""驾"起，前往何处？为什么要在"八月初头"？为什么要等"田禾都收割了时"？"往回二千里田地"又何所指？但只要我们了解元代的两都制度，这段话就很容易理解了。这里的"京都"，指的元代上都开平（"京都"很可能是后来改的），在今内蒙古正蓝旗境内。在大都与上都之间，有四条交通路线，来回约二千里左右②。元朝皇帝每年三月前后便由大都出发，前往上都避暑，八、九月间再由上都返回大都。上都是元朝的夏都。皇帝一行，动在万人以上，随行马匹及其他牲畜甚多，沿途骚扰极大。有的皇帝为了表示关心百姓，便下令在秋收以后再返回大都，以免损坏农作物。如元英宗时，"左右以寒甚，请还京师。帝曰：'兵以牛马为重，民以稼穑为本。朕迟留，盖欲马得刍牧，民得刈获，一举两得，何计乎寒！'"③这就是为什么"把田禾都收割了，八月初头起"的原因。皇帝一行到上都，许多商人也随之而往，这段对话实际上是两个大都商人的口气。

　　《朴通事谚解》卷上记，"午门外""两个舍人操马"。其中之一"白绒毡袜上，拴着一付鸦青段子满刺娇护膝。"注文中说："《质问》云：'以莲花、荷叶、耦、鸳鸯、蜂、蝶之

---

① 《朴通事谚解》卷上，第99—100页。
② 陈高华、史卫民《元上都》，吉林教育出版社，1988年。
③ 《元史》卷二七《英宗纪一》。

形,或用五色绒绣,或用彩色画于段帛上,谓之满刺娇.'
今按,新、旧原本皆作'池',今详文义作'刺'是。'池'与
'刺'音相近而讹。"(第52—53页)注文作者显然从刺绣
来理解,以为应作"满刺娇",其实不然。元代中期诗人柯
九思曾在宫中任职,他的《宫词一十五首》是脍炙人口之
作,其中一首云:"观莲太液泛兰桡,翡翠鸳鸯戏碧苔。说
与小娃牢记取,御衫绣作满池娇。"柯氏自注云:"天历间
御衣多为池塘小景,名曰满池娇。"①天历是元文宗的年
号。时代略晚于柯九思的诗人张昱有《宫中词》,其一是:
"鸳鸯鸂鶒满池娇,彩绣金茸日几条。早晚君王天寿节,
要将着御大明朝。"②其意与柯九思诗相同。由以上二诗
可知"满池娇"是一种宫廷中服装图案的名称,描写的是
池塘中的花、鸟景色,因而得名。宫廷中所好必然影响到
宫廷之外,首先是上层贵族、官僚。《朴通事谚解》记述的
"操马""舍人",无疑是贵族官僚子弟,他们最容易效法宫
廷的生活方式。因此,正确的是"池"不是"刺",《朴通
事》的"原本"是对的,《谚解》本改"池"为"刺"是错的。

　　《朴通事谚解》卷上记,有人得到"开诏"的差使,旁人
问:"往那个地面里去?"回答道:"往永平、大宁、辽阳、开
元、沈阳等处开去。"(第29—30页)这是几个相互毗邻的
地区,位于大都的东北方向,元设大宁、辽阳、开元、沈阳诸
路,属辽阳行省;设永平路,直属中书省。永平路治卢龙

---

①　《草堂雅集》卷一。
②　《张光弼诗集》卷二。

（今河北卢龙），明改永平府。大宁路治大宁（今内蒙古宁城境内），明初一度改大宁府，后废。辽阳路治辽阳（今辽宁辽阳），明初废，改设辽东都司。开元路治在今吉林农安，明初废。沈阳路治今辽宁沈阳，明废，改设沈阳中卫。元代辽阳行省管辖的地区在明代有很大的变化，将永平、大宁、辽阳、开元、沈阳并提，只能是元代的事情。

　　《朴通事谚解》卷上还有一段文字记"西湖景"（第122—128页）。其中说："西湖是从玉泉里流下来，深浅长短不可量。湖心中有圣旨里盖来的两座琉璃阁，远望高接青霄，近看时远侵碧汉。""两阁中间有三叉石桥，栏干都是白玉石，桥上丁字街中间正面上有官里坐的地白玉玲珑龙床，西壁厢有太子坐的地石床，东壁也有石床，前面放一个玉石玲珑酒卓儿。北岸上有一座大寺，内外大小佛殿、影堂、串廊，两壁钟楼、金堂、禅堂、斋堂、碑殿。诸般殿舍且不索说，笔舌难穷"。这里提到的"玉泉"，就是今天北京西郊的玉泉山，而位于玉泉山脚的西湖，就是今天昆明湖的前身，只是范围有较大的变化。西湖北岸上的大寺叫做大承天护圣寺，建成于元文宗至顺三年（1332），由于它位于西湖之畔，民间便称之为西湖寺，这个名称后来亦见之于官方文献。大承天护圣寺有"二阁在水中坻，东曰圆通，有观音大士像；西曰寿仁，上所御也"①。这二阁就是《朴通事》中所说湖心中的两座琉璃阁，富丽堂皇，为两湖

---

①　虞集《大承天护圣寺碑》，《道园学古录》卷二五。

增添了景色。元顺帝至正年间，"承天护圣寺火，有旨更作，(李稷)乃上言：'水旱频仍，公私俱乏，不宜妄举大役'。议遂寝。"①显然，这次火灾使护圣寺遭到了严重的破坏。明代，承天护圣寺改称功德寺，有关文献中，再没有提到湖心双阁。有的记载说："功德寺旧名护圣，前有古台三，相传元主游乐更衣处，或曰：此看花钓鱼台也。"②这三处古台无疑就是双阁和双阁中间石桥的遗迹，两阁应毁于元末火灾之中。《朴通事》中所描写的，是大承天护圣寺落成后、火灾发生前的西湖景致。

　　从以上所述来看，《朴通事》所载，以元朝史实和典章制度为其内容，应该说是没有问题的。从满池娇出现和大承天护圣寺的完成年代，可以断定此书上限不能早于元文宗至顺三年。朱德熙先生根据书中所记高丽僧人步虚的事迹(详见第三部分)，认为"当作于至正六年(1346)以后、元亡(1368)以前的二十余年之间"。也是言之成理的。总之，我们可以断定《朴通事》成书于14世纪中叶。《老乞大》一书，重点是记载商业活动，此书开头，记述高丽商人来中国，途中有人对他们说："从年时天旱田禾不收，饥荒的上头，生出歹人来。"并举出两个拦路打劫的例子(第47—48页)。同书又记，商人们在一处投宿时，客店主人说："如今官司好生严谨，省会人家不得安下面生歹人。""新近这里有一个人家，只为教几个客人宿来，那

---

① 《元史》卷一八五《李稷传》。
② 《日下旧闻考》卷一〇〇《郊坰》引《南壕集》。

客人去了的后头,事发,那人们却是达达人家走出来的。因此将那人家连累,官司见着落跟寻逃走的。似这般带累人家,怎么敢留你宿!"(第88—90页)"达达"即蒙古,"达达人家走出来的"指从蒙古人家中逃出来的奴隶(驱口)。政府保护使长(奴隶主人)对奴隶的所有权,逮捕逃奴,"官司见着落跟寻逃走的"即指此。这正是元代社会特有的带有普遍性的现象,足以说明其成书时代。

《老乞大》和《朴通事》两书的语法、词汇,也富有时代特色。概括起来,有两个特点。一是两书都用口语写成,虽然后来经过修改,但仍保存了许多元代的口语资料。当然,明代初期的口语,与元代相近,因而也可以如杨联陞先生所说保存了元末明初的白话史料。杨先生已有精辟的论述,此处从略。二是蒙古语法的影响。杨先生指出,两书中常见"根底"、"上头"等字样,"这都像是受了蒙古语法的影响"。他的看法是正确的。这些都是蒙古语语法在硬译文体中的表现。所谓硬译文体,就是不顾汉语固有的语法规律和用语习惯,直接从蒙古语原文机械地翻译过来的文体,在元代相当流行①。原来仅限于公牍,后来影响到其他文体和口语。以"根底"来说,它是硬译文体中的常用词,蒙古语后置介词的对译,有"在"、"向"、"从"、"同"、"把"等多种意思。"上头"是蒙古语介词的对译,意思是"因为"、"所以"。杨先生提到的另两个例子也是

---

① 亦邻真《元代硬译公牍文体》,《元史论丛》第1辑,1982年。

很有意思的。一个是"有"的用法。《老乞大》中有一段
对话：

> "你的师傅是什么人？"
> "是汉儿人有。"
> "多少年纪？"
> "三十五岁了。"（第11页）

这段话，如从汉语角度理解，很可能断为"是汉儿
人。""有多少年纪？"《老乞大集览》上对此加以说明："元
时语必于言终用'有'字，如语助而实非语助，今俗不用。"
在句末出现"有"是元代蒙古语硬译文体的特有现象，《元
典章》所载公牍中有很多这样的语型。它有时用来表示
动词的时态（现在时），有时则用来作系词（等于"是"）。
在《老》、《朴》二书中，这种句型原来一定很多，后来大多
被删去，只有个别被保存了下来①。与此相应，还有"有
来"一词，在硬译文体中也是常见的，则用来表示过去词。
《朴通事》中便有这样的例子："你那里有来？"（第319页）
意思应是："你到那里去了？"除"有"和"有来"以外，还有
"么道"。《单字解》中说："么，……俗用为语助词，……元
语'么道'，……今不用。"应是原书有"么道"字样，修改时
删去。"么道"也是元代硬译文体中常用词，通常放在引
语或某种内容的表述之后，意思等于"云云"。从语法、词

---

① 类似的一个例子是："《西游记》热闹，闷时节好看有。"参看本文第三
部分。

汇的特点,也可证明二书应是反映元代社会生活的作品。

　　正如前面已说过那样,二书在流行过程中曾有过修改,现存二种《谚解》已非原貌。两书的修改主要表现在以下几个方面:(1)地名的改动。朱德熙先生已指出,现存《朴通事谚解》中的北京城门名称,《老乞大谚解》中的北京,都应是后来改动的。类似的例子还有一些,例如《朴通事谚解》中的"南京应天府",《老乞大谚解》中的"济南府"、"苏州"、"南京",都是明代的名称。(2)货币名称的改动。两书中多处提到货币,一般均用"银子"(白银)和"钱"。《朴通事谚解》卷上载,典当物品"共有二百两银子。"注文中说:"今观所典之物,只得七十两,而云二百两银者,盖旧本云有二百锭钞,今本改钞为银,仍存钞之旧数而不改也。"(第44页)元代通行纸币,称为钞,一锭钞为五十两。明初一度亦通行宝钞,但很快便改以白银为主,另以铜钱作辅币。旧本作"钞",正反映了元代的制度。现本改作白银,则是表示明代的制度。但现本个别地方,仍以钞计数,如卷中一处记竞走,得第一名的,"上位(皇帝——引者)赏了一百锭钞,两表里段子"。(第243页)这正是旧本删改未尽的结果。(3)蒙古语硬译文体的改动。这在上面已说过。这些修改目的在于使李朝汉语教学适应中国社会的变化。但从前面所举各种例子所说明的时代特色可以看出,两书的内容基本保持了其本来面目,这是可以确定的。

　　总起来说,《老》、《朴》两书著成于14世纪中期,其内容主要反映元代末年中国的社会面貌。在其流传过程中，某些内容作过修改。只要我们了解两书的著成和流传情况，注意对其内容加以鉴别，那么，它们对于元朝历史以及元与高丽关系史的研究，仍是极其可贵的史料。下面，我们便以两书提供的部分情况，对元与高丽的经济、文化交流，作一些探讨。

二

长期以来，中国与朝鲜半岛的交通，有陆、海二道。在宋与辽、金对峙时期，高丽与辽、金的交往，主要通过陆路；与宋朝（北宋、南宋）的联系，则只有通过海道。元朝兴起、统一全国以后，和高丽的联系，既有陆路，又有海道。人员和物资的交流，是很频繁的。《朴通事谚解》卷中记，有人问高丽来的赵舍："几时来了？"赵舍回答："昨日恰来到。"又问："你船路上来那，旱路里来？"答："我只船上来了。"（第162页）"船路"就是海道，"旱路"就是陆道，可见元代陆、海二道都是通行的。

关于元朝与高丽的海上交通，我曾在一篇论文中加以论述①。中国与朝鲜半岛交往的海港，在宋代主要是庆元（今浙江宁波）和泉州（今福建泉州）；到了元代，在庆元、泉州之外，又加上太仓（今江苏太仓）和直沽（今天津）。

---

① 《元朝与高丽的海上交通》，载《震檀学报》（韩国）第七一、七二合并号。

庆元、泉州、太仓这几个港口都在长江以南,直沽则在北方。元代国内海运事业空前发展,主要是将南方的粮食运到北方,供应首都大都。北方的海运港口便是直沽,南方运来的粮食由此上岸,再由直沽运往大都。直沽港与高丽也有来往,这在《老》、《朴》两书中有所记载。《老乞大谚解》卷上记,高丽商人“从年时正月里,将马和布子,到京都卖了。五月里到高唐,收起绵绢,到直沽里上船过海。十月里到王京,投到年终,货物都卖了”(第 26—27 页)。高唐在今山东境内,以产丝绸出名。王京是高丽的都城,即今开城。由直沽出海,应是沿海岸线北行,绕过辽东半岛,再沿海岸线南下,到达朝鲜半岛中部的王京。《朴通事谚解》卷中有一段记载,赵舍回答旁人说自己“船上来了”,已见前引。旁人接着又问:“听的今年水贼广,是那不是?”赵舍回答说:“我来时节,五、六个贼船,围着一个西京来的载黄豆的船,又高丽地面里来载千余筒布子的大船,冲将去了。后头听的那贼们把那船上的物件都夺了,把那船上的人来打杀了。”(第 163—164 页)西京即今平壤。据史籍记载,高丽忠惠王后二年(元至正元年,1341)“秋七月丙子,大都商人来,言:‘海贼三十余艘,着青黄衣,袭海杀掠人物。’”①可证《朴》书所载,并非虚构,确有事实为据。而由海道前往高丽的“大都商人”只可能由直沽出海。此外,高丽与山东半岛亦有海道交往(见下文),

---

① 《高丽史》卷三六《忠惠王》。

但难以断定是半岛上的哪一个海港。

　　《老》、《朴》两书都记述高丽商人到大都的陆路旅程，虽然简单，但都有据。《老乞大》是以高丽商人的旅程为线索展开的，高丽商人由王京（开城）动身，"过的义州"，就到中国地面。路上曾在夏店用饭，接着便来到顺城门（明代的宣武门，此书中仍用元名）客店住下。夏店是个小地方，元朝曾在当地建立驿站，距大都一百里①，因而是由东北进入大都的必经之地。又《朴通事》卷中记，丁姓高丽商人赶马前来，"到迁民镇口子里抽分了几个马，到三河县抽分了几个马，……到通州卖了多一半儿，到城里都卖了"（第164页）。元代有按一定比例收取实物或货币的税收办法，称为"抽分"。"城里"指大都城内。辽置迁民县，金废县立镇，元因之，就是现在的山海关。这是从东北进入大都的重要通道之一。元文宗即位之初，发生两都之战，大都、上都各立朝廷。辽东行省平章秃满迭儿支持上都，发兵进攻大都，"犯迁民镇，斩关以入"②。便足以说明它的重要地位。三河县（今属河北）在元代是通州的属县，夏店站即在三河境内③。《老》、《朴》两书中提到的夏店、迁民镇、三河县几个地方，都位于高丽与大都的交通线上。

　　从《老》、《朴》两书来看，高丽商人运来中国的货物多

---

① 《析津志辑佚》"天下站名"。
② 《元史》卷一三八《燕铁木儿传》。
③ 《日下旧闻考》卷一一一《京畿·三河县》。

种多样,而以马匹最为重要。《老乞大》是以高丽商人前来中国贸易为主题的,这些高丽商人赶马前来,书中列举了二十余种马的名称(第 143—144 页),以及卖马过程中讨价还价、成交以后订立契约和纳税的情况。《朴通事谚解》卷中有关卖马的记述,已在上面引用过。高丽产马是很有名的,元贞二年(1296),高丽世子,后来的忠宣王王璋到大都,曾分别向元成宗、太后和晋王甘麻剌各献白马八十一匹①,便是一例。有的蒙古贵族还直接向高丽索取马匹②。明朝初年,朱元璋说:"高丽自古出名马。"③他多次要高丽贡马,一度规定每年千匹,此外还发纺织品(缎子、棉布)和买高丽马匹。一直到成祖朱棣时,仍然如此。高丽政府答复明廷时曾说:"马有两种,曰胡马者,从北方来者也。曰乡马者,国中之所出也。国马如驴,无从而得良马。胡马居百之一、二,亦中国之所知也。"④所谓胡马,即是蒙古马。元朝曾在高丽的耽罗(今济州岛)建立牧场,孳养马匹,胡马即由此而来。乡马则是高丽本国出产的马匹。后来高丽政府又解释说:"本国所产马匹,躯干矮小,其稍大者稀少。然战倭服远,负重耐苦,小邦之人,实以赖之。"⑤可见高丽马亦有其优点。高丽商人入元卖

---

① 《高丽史》卷三三《忠宣王一》。
② 《高丽史》卷三〇《忠烈王三》。
③ 《高丽史》卷一三六《辛禑四》。
④ 《高丽史》卷一三七《辛禑五》。
⑤ 《高丽史》卷四六《恭让王二》。

马,不见于其他文献记载,历来研究高丽与元贸易者亦未
注意此事。《老》、《朴》所记,证以高丽王子献马和明朝初
年对高丽马匹的需求,应该是事实。在元与高丽的陆路贸
易中,马匹显然是一项特别重要的商品。

　　从《老》、《朴》两书来看,高丽向元朝出口的货物,除
了马匹之外,便是毛施布和新罗参。《老乞大谚解》记,高
丽商人一行贩卖马匹,"这马上驼着的些少毛施布,一就
待卖去。"(第14页)商人们到达顺城门客店后,就到城里
寻找"卖毛施布的高丽客人李舍。"(第129页)《朴通事谚
解》卷上记,高丽来人带有"十个白毛施布,五个黄毛施
布"(第95—96页)。注文中说:"毛施布,即本国人呼苎
麻布之称。汉人皆呼曰苎麻布,亦曰麻布,曰木丝布,或书
作汉丝布。又曰漂白布,又曰白布。今言毛施布,即没丝
布之讹也。而汉人因丽人之称,见丽布则直称此名而呼
之。记书者因其相称而遂以为名也。"可知毛施布即用苎
麻织成的布,"毛丝"二字是音译,也可写作"木丝"、"没
丝"。苎布是高丽享有盛名的手工制品。南宋时由庆元
(今浙江宁波)进口的高丽物品中就有毛丝布①。在元代,
高丽麻布(毛施布)大量输入中国,受到朝野的普遍欢迎。
高丽国王常以"细纻布"作为礼物,赠给元朝皇帝、贵族和
官员。高丽忠烈王二十一年(元元贞元年,1295)四月,
"又遣中郎将宋瑛等航海往益都府,以麻布一万四千匹市

---

① 《宝庆四明志》卷六《叙赋下·市舶》。

楮币"①。益都是路，不是府，此处有误。元代益都路治所
益都县，即今山东益都，管辖山东半岛西部的广大地区。
可知山东半岛亦应有与高丽往来的港口，但不知其具体地
点。当时高丽世子在大都求婚于元皇室，故出售麻布来换
取元朝的货币纸钞，以供婚礼之用。由此亦可看出麻布是
高丽向中国输出的重要商品。元代杂剧中也提到"洗白
复生高丽毾丝布"，可见其在民间是很流行的②。因此，
《老》、《朴》两书中关于毛施布的记载是反映了元代实际
情况的。人参是高丽的特产，历来被中国人视为滋补佳
品。宋、元二代，由海道输往中国南方的高丽商品中，人参
都在"细色"（贵重货物）之列③。《老乞大谚解》卷中载，
高丽商人一行所带货物，除马匹、毛施布之外，便是
人参④。

　　高丽的文具都很精巧。北宋时出使高丽的使臣徐兢
报告说，高丽的名产有松烟墨、黄毫笔、纸等⑤。宋代的文
人学士对于高丽的各种文具都很赞赏，特别是高丽纸。元

---

　　①　《高丽史》卷七九《食货志二·科敛》。

　　②　《朱太守风雪渔樵记》，《元曲选》，第 865 页。

　　③　《宝庆四明志》卷六《叙赋下·市舶》；《至正四明续志》卷五《土产·
市舶物货》。

　　④　据中国文献记载，朝鲜半岛出产的人参有百济参、高丽参、新罗参等
名目，见明李时珍《本草纲目》草部卷一二"人参"条。这显然是根据不同产
地而命名的。元代宫廷饮料中有"人参汤"，即用新罗参制成，见《饮膳正要》
卷二。

　　⑤　《宣和奉使高丽图经》卷二三《土产》。

代,纸仍在高丽王室向元朝皇帝进献的礼物之列,如元宗
三年(元中统三年,1262)高丽献物两次,一次有黄、白纸
各一百张,另一次有纸五百四十张。次年献物中有表纸五
百张,奏纸一千张①。元朝政府屡次向高丽索取纸张,如
高丽忠宣王元年(1309)"元遣使来求佛经纸"②。忠肃王
八年(1321)"前益城君洪瀹奉敕来求藏经纸"③。可见高
丽纸当时在中国仍是很受欢迎的。《朴通事谚解》卷下
记,"高丽来的秀才"韩先生将"高丽笔、墨和二十张大纸"
作为礼物送给来访的中国文人(第383页)。可以想见,
高丽文具特别是纸肯定在向中国出售的货物之列。

　　另一方面,中国出产的一些物品,亦为高丽上下所欢
迎。《老乞大谚解》记述,高丽商人在马匹、毛施布、人参
脱手以后,便购买"回去的货物",种类繁多(第248—254
页)。归纳起来,可以分为三类。一类是日常生活用品,
如针、木梳、盆儿、各种刀子、剪子、锥子、秤、等子、各类珠
儿、荷包、帽儿、象棋和化妆用品(面粉、胭脂)等。一类是
纺织品,有粗木绵、织锦缎子、素缎子、花样缎子等。还有
一类是书籍(参见第三部分)。

　　在上述各类物品中,纺织品最为重要。高丽本土出产
的纺织品,历来以麻布为主,丝织品主要从中国输入。无
论贵族或平民,都争相服用中国的丝织品。忠让王三年

---

① 《高丽史》卷二五《元宗一》。
② 《高丽史》卷三三《忠宣王一》。
③ 《高丽史》卷三五《忠肃王二》。

（1391），有人上书说："我朝只用土宜细绖麻布，而能多历年所，上下饶足。今也无贵无贱，争贸异土之物，路多帝服之奴，巷遍后饰之婢。愿自今士庶工商贱隶，一禁纱罗绫缎之服，金银珠玉之饰，以弛奢风，以严贵贱。"①同年五月，又有人上疏说："今无赖之徒，皆利远方之物货，不事本业。……愿自今大小臣僚，皆毋得衣纱罗缎子，敦尚俭素，以绝商贩。"②这时在中国元朝已亡，明朝建立，在朝鲜半岛高丽亦已处于灭亡的前夕，社会奢靡成风。但这种现象由来已久，决非一朝一夕突然发生。可以认为，高丽王朝末期，贵贱上下穿着中国丝织品成为风尚，这些丝织品部分来自元朝政府（后来是明朝政府）的赠予，但更多则应是商人贩来。因此，《老乞大谚解》中所记商人购买缎子，正是实际情况的反映。《朴通事谚解》中亦有两处买缎子的记述。卷上一段记购买缎子时双方讨价还价。货主说："舍人敢不识好物么？道地的好胸背。"买方说："你谩不的我。我又不是生达达、回回。生达达、回回如今也都会了，你怎么谩的我高丽人。"（第131页）从这段对话可以看出，高丽人对丝织品买卖是很熟悉的，富有经验的，因而在讨价还价中充满了自信。

　　棉花的普遍种植和棉织业在中国的兴起，都是元代的事。至元二十六年（1289）元朝政府在江、淮以南各地设

---

① 《高丽史》卷八五《刑法志二》。

② 《高丽史》卷四六《恭让王二》。

置木绵提举司，责民岁输木绵十万匹[1]。大德三年（1299），在大都的国家仓库"每年收受各处行省木绵布匹不下五十余万。"[2]民间织造进入流通过程的木绵布匹一定为数更多。棉花种籽在14世纪60年代由文益渐传入高丽，后经郑天益试种成功，并且制作了纺织棉花的工具，棉布生产才开始在高丽发展起来，这已是元朝灭亡以后的事了[3]。可以说，有元一代，高丽还不能生产棉布。因而，商人将这种新兴的纺织品由中国贩运到高丽，必然是受到欢迎并有利可图的。《老乞大谚解》记载商人购买的物品中，便有"粗木绵一百匹"。事实上，一直到明初，朱元璋还支出大量棉布来和买高丽马匹。

《老乞大谚解》所记高丽商人购买的日常生活用品中有"秤三十连，等子十连，那秤、等子都是官做的，秤竿、秤锤、毫星、秤钩子都有"。秤是检测物品轻重的衡器，等子是用来检测珍细物品（如金、银）轻重的小型衡器。金、元之际，中国北方度量衡制度混乱，忽必烈以藩王身份管理"漠南汉地军国庶事"时，谋士刘秉忠建议："宜令权量度均为一法，使锱铢圭撮尺寸皆平，以存信去诈。"[4]忽必烈登基称帝后，采取了统一度量衡器具的措施。高丽忠烈王二年（元至元十三年，1276），高丽国王致书元中书省说：

---

① 《元史》卷一五《世祖纪十二》。
② 《元典章》卷五八《工部一·关防起纳匹帛》。
③ 《高丽史》卷一一一《文益渐传》。
④ 《元史》卷一五七《刘秉忠传》。

"小邦秤制异于上国,前者蒙赐一十六斤秤一连、十斤半等子一槃、三斤二两等子一介用之,中外未可用遍,乞更赐秤子、等子各五百。"①可知高丽已采用元朝的衡器。因此,《老乞大谚解》记述商人购买来的秤和等子,也就可以理解了。元朝政府规定,度量衡器由政府统一制造,"行铺之家凡用斛斗秤尺,须要行使印烙官降法物"②。这就是《老乞大谚解》中购买衡器时强调"那秤、等子都是官做的"原因所在。只有官做的,才是合法的、标准的。采用相同的衡器有利于两国的经济交流,这是不言而喻的。顺便可以提及的是,宋、金秤制有十五斤秤(以十五斤为一秤)和十六斤秤(以十六斤为一秤)两种,"秤"因此又成为重量的一种计算单位。元代秤法如何,史无明文,说法不一③。但从上引《高丽史》记载来看,元代官方确定的标准显然是十六斤秤。高丽史料有很多可补我国宋辽金元历史文献之不足,此亦一例。

三

　　元朝与高丽的文化交流是多方面的,比起前代来,有很大的发展。韩国学术界在这方面做了很多有价值的工作,最近出版的张东翼教授《高丽后期外交史研究》一书,

---

① 《高丽史》卷二八《忠烈王一》。
② 《元典章》卷五七《刑部十九·斛斗秤尺牙人》。
③ 郭正忠《三至十四世纪中国的权衡度量》,中国社会科学出版社,1993年,第118—133页。

对此有很好的论述①。在《老》、《朴》两书中,元与高丽之间的文化交流,也有一定的反映,可以和其他文献记载相印证。这里想着重讨论两个问题,一是高丽僧侣在中国的求法讲经活动,一是中国书籍的输往高丽。

在古代,僧侣对于中国与亚洲各国之间的文化交流作过重大的贡献,这是人所周知的。在唐与新罗、百济,以及宋、辽、金与高丽的文化交流中,佛教僧侣都起过重要的作用。在元与高丽之间,佛教僧侣仍然扮演着文化使者的角色。《朴通事谚解》的一些记载,可以给我们以启示。

《朴通事谚解》卷上的一则记事说:"南城永宁寺里听说佛法去来。一个见性得道的高丽和尚,法名唤步虚,到江南地面石屋法名的和尚根底,……拜他为师傅,得传衣钵。回来到这永宁寺里,皇帝圣旨里开场说法里。""说几个日头?""说三日三宿,从今日起后日罢散,诸国人民一切善男善女,不知其数,发大慈心,都往那里听佛法去。"(第133—135页)按,高丽和尚步虚和中国和尚石屋均实有其人,朱德熙先生曾引用《朴通事谚解》的有关注文和佛教史乘《吴都法乘·石屋和尚塔铭》加以论证。该塔铭记临济宗僧人石屋清珙生平,其中述及弟子"高丽人"愚太古师事石屋的情况。愚太古即步虚。关于步虚的详细记载,是高丽著名文学家李穑所作《明高丽太古寺圆证国师碑》,见《海东金石苑》卷八。此外在郑麟趾的《高丽史》

---

①　韩国汉城—潮阁1994年版。

中亦有提及。据碑文记载,"国师讳普愚,号大古,俗姓洪氏。……至正丙戌(六年,1346),师年四十六,游燕都。……至湖州霞雾山,见石屋珙禅师,具陈所得,且献《大古庵歌》,石屋深器之。……遂以袈裟表信曰:'老僧今日展脚住矣'。屋临济十八代孙也。……回至燕都,道誉腾播,天子闻之,请开堂于永宁寺,赐金襕袈裟、沉香拂子,皇后、皇太子降香币,王公士女奔走礼拜。"此后回到高丽,备受国王尊奉。《高丽史》记载说:"普虚号太古,历诸方入江南,自言传衣钵于石屋和尚。"①又说:"普愚即普虚。"②《朴通事谚解》中的步虚,与普虚(普愚)实系一人。高丽恭愍王封普愚为王师,与他"行师弟礼",其声势显赫一时。步虚说法的永宁寺,位于大都南城。南城是金中都旧址,元代新建的大都城称为北城。永宁寺的具体位置"在殊胜寺北东",而殊胜寺则"在光泰门近南"③。南城光泰门靠近后来的宣武门,永宁寺应在宣武门附近。

《朴通事谚解》卷下记,"这七月十五日,是佛解夏之日,庆寿寺里为诸亡灵做盂兰盆斋,我也随喜去来。那坛主是高丽师傅,青旋旋圆顶,白净净颜面,聪明智慧过人,唱念声音压众,经律论皆通,真是一个有德行的和尚。说《目连尊者救母经》,僧尼道俗善男信女不知其数,人人尽盘双足,个个擎拳合掌,侧耳听声。"(第274—277页)庆

---

① 《高丽史》卷三八《恭愍王一》。
② 《高丽史》卷三九《恭愍王二》。
③ 《析津志辑佚》"寺观"门。

寿寺是元代大都著名的佛寺之一,禅宗临济宗的中心。它位于皇城的西南,在今北京西长安街。13世纪中叶,庆寿寺住持海云和尚与蒙古贵族关系密切,在当时政治生活中起过相当大的作用。有元一代,庆寿寺始终受到元朝政府的特殊照顾,其规模与地位"为京师〔佛寺〕之冠"[①]。从上述步虚说法一事看来,《朴》书所载高丽僧人在庆寿寺讲经也应是实事,可惜的是书中没有记下他的名字。以庆寿寺的地位,高丽僧人能在其中讲经,应该说是一种特殊的优遇。

　　《朴通事谚解》中有两则高丽僧人的记载决非偶然。元代高丽僧人来中国并在大都活动的为数甚多。著名的如式无外上人,与元朝的文人学士有广泛的交游,张翥、黄潘、陈旅、王沂、宋褧、吴师道、许有壬、尹廷高等都为他写下了诗篇。又如桧岩心禅师,"北游燕赵,南抵湖湘,历参尊宿,为千岩无明长老所印,翰林欧阳承旨作偈以美之"[②]。按,释元长,字无明,号千岩,萧山(今浙江萧山)人。他住持义乌伏龙山圣寿寺,名重一时,"王公大臣向师之道如仰日月,名倾朝廷,三遣重臣降名香以宠嘉之"。"内而齐鲁燕赵秦陇闽蜀,外而日本、三韩、八番、罗甸、交趾、留仇,莫不奔走胪拜,咨决心学,留者恒数百人"[③]。三

---

　　①　《(洪武)顺天府志》卷七《寺》。

　　②　李齐贤《书桧岩心禅师道号堂名后》,《益斋集》卷五。李齐贤是14世纪高丽杰出的文学家、思想家,在中国生活多年。

　　③　宋濂《佛慧圆明广照无边普利大禅师塔铭》,《宋文宪公全集》卷四二。

韩是朝鲜半岛古国名,此处指高丽。从桧岩心的经历,可
证确有高丽僧人求法于无明门下。"翰林欧阳承旨"即元
末文章大家欧阳玄。又如,高丽僧人元湛及其弟子崇安
等,在高丽妇女任夫人资助下,在大都"南城之又南",建
造了一座兴福寺,"仍约世以高丽衲子主盟熏席"①。兴福
寺成了一所高丽僧人的寺院。又如,"高丽国比丘"丽月,
在朝拜五台山途中,曾暂住大都郊区房山县。他募集财物
补刻了部分石经经板,为保存这一著名古迹作出了贡献。
"补写经板"的是"高丽国天台宗沙门达牧"②。由此数例,
可以看出入元高丽僧人的活动是多方面的,而且一般多曾
在大都居留过。《朴通事谚解》所记,不过其中杰出者的
一、二表现而已。

　　唐、宋时期,中国古籍不断流入朝鲜半岛。元代,中国
书籍仍是高丽朝鲜喜爱之物。高丽官方通过多种渠道获
得中国的书籍。忠肃王元年(元延祐元年,1314)六月,命
官员们考阅新购书籍。"初,成均提举司遣博士柳衍、学
谕俞迪于江南购书籍,未达而船败,衍等赤身登岸。判典
校寺事洪瀹以太子府参军在南京,遗衍宝钞一百五十锭,
使购得经籍一万八百卷而还"③。这次购书经历了风波之
险。元朝末年,割据浙东的方国珍曾多次派人渡海与高丽

---

① 李齐贤《大都南城兴福寺碣》,《益斋集》卷五。
② 贾志道《重修华严堂经本记》,见《日下旧闻考》卷一三一《京畿·房山县二》。首都博物馆编《元大都》刊有此碑照片。
③ 《高丽史》卷三四《忠肃王一》。

政府联系,其中恭愍王十三年(1364)六月一次,所赠物品中有《玉海》、《通志》等书①。除了官方渠道之外,还有民间的渠道。《老乞大谚解》记载高丽商人购买中国书籍,便是中国书流入高丽的民间渠道之一种。

从《老乞大谚解》的记载来看,购买的"文书"中有"一部《四书》,都是晦庵集注。又买一部《毛诗》,《尚书》,《周易》,《礼记》,五子书,《韩文》,《柳文》,《东坡诗》,《诗学大成押韵》,《君臣故事》,《资治通鉴》,《翰院新书》,《标题小学》,《贞观政要》,《三国志评话》"。以上书籍可以分为五类。一类是儒家著作,有《四书》、《毛诗》、《标题小学》、五子书等。一类是《资治通鉴》、《贞观政要》。《君臣故事》亦应属于此类②。一类是名家文集,有《韩文》、《柳文》、《东坡诗》,即韩愈、柳宗元和苏轼的诗文集。一类是备查考用的类书,有《翰院新书》(应即《翰苑新书》,收录各种书启表笺文字)③。《诗学大成押韵》似亦应属于此类,此书待考。还有一类是文学作品,有《三国志评话》。

以上各类书籍中,有两类最值得注意。

一是儒家著作。南宋时朱熹将《论语》、《大学》、《中

① 《高丽史》卷四〇《恭愍王三》。
② 顺帝时,翰林学士兼谕德李好文"集历代帝王故事,总百有六篇,……以为太子问安余暇之助。"见《元史》卷一八六《李好文传》。《君臣故事》应是类似的作品。
③ 此书编者佚名,已收入《四库全书》。

庸》、《孟子》称为《四书》，为之作注，称为《四书章句集注》，作为学习儒家学说的入门书。所谓"晦庵集注"《四书》，即指此。《标题小学》是朱熹编撰的一本供儿童用的儒学启蒙著作。五子书的五子，应指宋代五位理学家，即周敦颐、程颐、程颢、张载和朱熹。五子书就是他们五人的作品。

众所周知，理学兴起于宋代，名家辈出，而以朱熹影响最大。元朝尊崇理学。元代中期恢复科举，规定考试的基本科目经问（蒙古、色目人）、明经经疑（汉人、南人）都在《四书》内出题，"用朱氏章句集注"①。这样一来，理学成为官方哲学，朱熹的《四书章句集注》成为士子必读的课本。这种情况对高丽也产生了影响。14 世纪初，程朱理学开始传入高丽，"时程、朱之学始行中国，未及东方。[自]颐正在元得而学之，东还，李齐贤、朴忠佐首先师受"②。自此理学逐渐在高丽传播开来。朱熹的《四书章句集注》也传入高丽。名学者权溥"尝以朱子《四书集注》建白刊行，东方性理之学自溥倡"③。在相当长的一段时间内，"经书至东方者，唯朱子《集注》耳。"但到元末，其他理学著作如胡炳文的《四书通》也已传入高丽④。商人们从中国贩回理学著作，正是适应于高丽文化界对理学的

① 《元史》卷八一《选举志一》。
② 《高丽史》卷一〇六《白文节传附白正颐》。
③ 《高丽史》卷一〇七《权肜传附权溥》。
④ 《高丽史》卷一一七《郑梦周传》。

兴趣。

另一是文学作品,即《三国志评话》。"评话"又作"平话"。从现有资料来看,"平话大概是元人称讲史的一种习语"。"'平话'主要是以长篇历史故事为内容的,但由于'平话'一词在元代广泛应用,逐渐地也用到其他内容的话本上"①。《老乞大谚解》所记《三国志评话》,显然是讲史的一种话本,它应该就是流传至今的《全相三国志平话》,元至治年间建安虞氏刊本。值得注意的是,《朴通事谚解》卷下有一段买书的对话:

> "我两个部前买文书去来。"
> "买甚么文书去?"
> "买《赵太祖飞龙记》、《唐三藏西游记》去。"
> "买时买《四书》、《六经》也好,既读孔圣之书,必达周公之礼。要怎么那一等平话?"
> "《西游记》热闹,闷时节好看有。"(第 292—293 页)。

《赵太祖飞龙记》描写的应是宋太祖赵匡胤发迹称帝的故事,亦应属于讲史一类,但《唐三藏西游记》则是神怪故事,可见"评话"("平话")的概念已不以讲史为限了。《赵太祖飞龙记》已失传,《唐三藏西游记》亦已失传。但《朴通事谚解》在上述一段对话以后,紧接着讲述"唐三藏、孙行者到车迟国和伯眼大仙斗圣"的故事梗概,和今

---

① 胡士莹《话本小说概论》,中华书局,1980 年,第 164、167 页。

本吴承恩《西游记》第四十六回"外道弄邪欺正法，心猿显圣灭诸邪"内容相似。这一段记述的注文中还讲述了《唐三藏西游记》的其他一些内容。同书同卷另有一段记述僧人为铸佛像前往江南沿门请求布施，旁人以唐三藏师傅"西天取经"遭受磨难终成正果来加以鼓励，注文中亦提到《唐三藏西游记》的某些情节。从这些注文可知《唐三藏西游记》确曾在朝鲜半岛流传过。唐僧取经故事出现很早，在民间长期流传。宋代产生的《大唐三藏取经诗话》，已经出现了孙行者的形象，显示了取经故事的轮廓。《朴通事谚解》正文和注文中所载《唐三藏西游记》的内容，表明取经故事在元代已基本定型。明代中期，吴承恩正是在《唐三藏西游记》和以取经故事为题材的杂剧两者基础之上，加工、改造、再创作，写成了不朽名著《西游记》①。《朴通事谚解》中的记述，为我们了解取经故事的演变和《西游记》的成书，提供了极其可贵的线索。

　　总之，《老》、《朴》两书关于"评话"的记述，反映出高丽人民对中国民间文学艺术的爱好，同时也为中国文学史保存了珍贵的资料。这是元与高丽文化交流中很有意义的事情。这件事说明，探索历史上两国的文化交流，无疑也有助于中国文化史的研究。

原载《历史研究》1995 年第 3 期

---

①　日本学者太田辰夫首先指出《朴通事谚解》中有关取经故事记载的价值，我国学术界对此亦有所论述。

旧本《老乞大》书后

一

朝鲜李朝时代（1392—1910）有两种流行的汉语教科书，一种是《老乞大》，一种是《朴通事》。一般认为，"乞大"即契丹，老乞大即老契丹，书名可能与作者身分有关，但具体情况已不可考。《老乞大》全书不到二万字，以高丽商人来中国经商为线索，用对话的形式，叙述道路见闻、住宿饮食、货物买卖等，并穿插一些宴饮、治病的段落。此书供朝鲜人学习汉语之用，同时又具有旅行指南和经商指南的功能，具有实用性。至迟在 15 世纪前期，《老乞大》和《朴通事》两书已作为李朝的"译学"教材，见于官方记载。在以后流传过程中，为了适应汉语和中国社会变化的情况，两书都作过修改。李朝创制"谚文"后，便出现了两书的"谚解"本。现在通行的《奎章阁丛书》本《老乞大谚解》和《朴通事谚解》，应是 17 世纪的作品①。在两种"谚解"中，都提到有"旧本"和"今本"、"新本"之分。所谓"今本"、"新本"指的是两种"谚解"，而"旧本"则是修改前的本子。但长期以来，"旧本"是否还存在，一直是个谜。

《老乞大》和《朴通事》对于研究汉语的演变以及中国社会状况、中朝关系都有很高的价值。汉语史的研究者历来对两书非常重视，刘坚、蒋绍愚主编的《近代汉语语法资料汇编（元代明代卷）》②便将两种"谚解"全文收入。中外学者从语言学角度研究两书的作品，为数相当可观。相形之下，从史学角度进行研究者则寥寥可数。我在《元大都》③、《从〈老乞大〉、〈朴通事〉看元与高丽的经济文化交流》④等作品中，曾利用两书的记载对元代史事作过一些探索。这方面其实还大有工作可做。

1998 年，韩国大邱发现了一种不同版本的《老乞大》，使学术界为之惊喜。这种《老乞大》，与"谚解"本比较，文字颇有出入。这些文字上的差异，正好说明新发现的本子，应该就是"谚解"本中所说的"旧本"，亦即《老乞大》的原始版本。因而人们一般称之为旧本《老乞大》，或原刊本《老乞大》、古本《老乞大》、元代汉语《老乞大》，等

---

① 《奎章阁丛书》本《老乞大谚解》，1994 年；《朴通事谚解》，1943 年。
② 商务印书馆，1995 年。
③ 北京出版社，1982 年。
④ 《历史研究》1995 年第 3 期；以下简称《交流》。

等。韩国庆北大学出版了《元代汉语本〈老乞大〉》（2000
年），中国外语教学与研究出版社出版了《［原刊］〈老乞
大〉研究》（2000 年）。两者都收入了新发现《老乞大》的
影印件。日本京都大学学者编撰的《老乞大》译注（包括
旧本、《奎章阁丛书》本文字对照，日文翻译和名词解释）
即将问世。还有一些专题研究论文，相继发表，但以汉语
史研究居多。与历史有关的，就我所知，迄今只有日本青
年学者舩田善之的《元代史料にしての旧本〈老乞
大〉——钞に物价の记载を中心にして》[①]。

　　感谢京都大学人文科学研究所金文京教授的好意，使
我看到了他和他的同事协力完成的上述《老乞大》译注的
打印稿。同时我也看到了庆北大学出版的《元代汉语本〈老
乞大〉》和郑光主编的《［原刊］〈老乞大〉研究》。在此写下了
一些读后的粗浅心得，希望能引起更多的人来关心此书。

二

　　关于《老乞大》和《朴通事》的成书年代，过去存在一
些争论，有的主张成书应相当于中国元朝末年时期，有的
则认为可能相当于明朝初期。我在《交流》一文中指出，
"如果单从语言学角度考虑，明初和元代很难说有明显的
区别，判断两书产生于元末明初亦可说得过去。但如看重
从历史事实和典章制度方面进行考察，则两书应断定为元

---

　　① 《东洋学报》第 83 卷第 1 号。

代作品"。某些学者对成书时代在元末、明初之间摇摆不定,和"谚解"本对旧本所作修改有关。"谚解"本搀入了不少明代的典章名物,因而造成了错觉。应该指出的是,我在《交流》一文中用来判断时代的事例,主要出于《朴通事谚解》一书。相对来说,《老乞大谚解》的记载,可以用来说明成书年代的很少。旧本《老乞大》的发现,为该书成书年代相当于元朝末年说提供了坚实的证据。下面试举数例。

1. "谚解"本《老乞大》中的"京都"、"北京"、"京里",在旧本中都写成"大都",如:

> 如今那里去?我(俺)往北京(大都)去。①
> 哥哥,曾知得京里(大都)马价如何?
> 我(俺)从年时正月里将马和布子到京都(大都)卖了。

"大都"是元朝的都城,忽必烈所建,即今北京的前身。明朝建立后,朱元璋改大都为北平。明成祖即位后改为北京,自此一直沿用至今。"大都"一名的多次出现,是旧本《老乞大》成书年代在元朝灭亡以前的有力证据②。

---

① 括号内文字见于旧本,下同。
② 郑光《原刊〈老乞大〉解题》中说,"蒙古忽必烈汗时又称燕京,到至元元年(1264)重新称中都,蒙古灭金后的第二年(1272)改成大都"。又说,"至元十六年(1279)灭南宋统一中国后改国号为元"(《[原刊]〈老乞大〉研究》,第8、9页)。这里有几处明显的错误。蒙古取中都后即称燕京,并非在忽必烈时代。蒙古灭金在1234年,第二年应为1235年,不是1272年。建国号大元是1271年,在灭南宋以前,不是灭南宋以后。

2."谚解"本中多处提及"钱"、"银子",旧本中都作"钞"。对此上述舩田文已有详细论述,此处不赘。但需指出的是,有一件买卖马匹的契约文书,在旧本中明确讲用中统钞作为货币:

> 两言议定,时直价钱白银十二两(中统钞七锭),其银(钱)立契之日一并交足。……如先悔约,罚官银五两(中统钞一十两)与不悔之人使用无词。

众所周知,元代以纸钞为货币,通行的是中统钞与至元钞,一般计价均以中统钞为准。明初通行大明宝钞,但很快便改以白银和铜钱为通行的货币。旧本中有关"钞"特别是"中统钞"的记述,最清楚地表明了它产生的时代。

3."谚解"本中有一段文字,记高丽商客投宿被店主拒绝,原因是:

> 新近这里有一个人家,只为教几个客人宿来,那客人去了的后头,事发,那人们却是达达人家走出来的。因此将那人家连累,官司见着落跟寻逃走的。似这般带累人家,怎么敢留你宿?

我在《交流》一文中指出,"'达达'即蒙古。'达达人家走出来的'指从蒙古人家中逃出来的奴隶(驱口)。政府保护使长(奴隶主人)对奴隶的所有权,逮捕逃奴,'官司见着落跟寻逃走的'即指此。这正是元代社会特有的带有普遍性的现象,足以说明其成书时代"。旧本的发现,完全证实了上述推断。在旧本中,"那人们却是达达人家走出来的"作"那人每却是达达人家走出来的躯口"。
"官司见着落跟寻逃走的"作"官司见着落跟寻逃躯有"。
"躯口"即"驱口",这种写法在元刊本《元典章》中也有发
现①。"谚解"本将"躯口"、"躯"删去,是因为元朝灭亡以
后,"驱口"一词随之消失,成为历史上的陈迹。但删去两
者,也就使这两句话意义模糊,不好理解了。

　　4.《老乞大》有一段关于"买段子"的叙述。旧本和
"谚解"本都有,但两本列举的"段子"种类,几乎完全不
同。旧本中有"罟罟"、"销金段子"、"答子"、"截帛腰
线"、"红腰线袄子"等名目,都是元代常见之物。"罟罟"
最具特色,是蒙古贵妇人头上戴的冠饰,屡见于当代图画,
亦有实物发现,关于"罟罟"的形制,详见方龄贵先生的考
证②。"销金段子"的"销金",应为印金,即印金的丝织品,
也是元代上层喜爱的一种物品③。"答子"亦应为丝织品
名称,"金答子"是元朝高级官员服装用料④。"腰线"是蒙
古服装的一个特点,"又用红紫帛撚成线横在腰上,谓之

---

　　①　在元刊本《元典章》中,"驱"、"躯"、"躯"三者是通用的。陈垣先生
已指出,元刻《元典章》中"驱"、"躯"通用(见《校勘学释例》卷六第四十六
《元本通用字不校例》)。"驱"、"躯"、"躯"三字通用可看本《元典章》卷一
八《户部四·婚姻·躯良婚》,台北故宫博物院影印本。

　　②　《元明戏曲中的蒙古语》107《罟罟》,汉语大词典出版社,1991年,第
296—313页。

　　③　尚刚《元代工艺美术史》,辽宁教育出版社,1999年,第129页。

　　④　《元史》卷七八《舆服志一·服色等第》。

腰线,盖欲马上腰围紧束突出,采艳好看"①。以上各种物品,在"谚解"本中都不见了。

可以认为,两本中"买段子"内容的变化,是 14—17世纪间中国丝织品种类变化的珍贵文献。而旧本中的记载,则为研究元代纺织和服饰提供了有价值的资料。

5. 元代流行一种蒙古语硬译文体,就是不顾汉语固有的语法规律和用语的习惯,直接从蒙古语原文机械地翻译过来的文体②。这种文体主要使用于政府公牍,但对民间亦有明显的影响。最常见的如"上头"(蒙古语介词的对译,意思是"因为"、"所以")、"有"(有时用来表示动词现在时的时态;有时用来作系词,等于"是"。常见于句末)等。我在《交流》一文中说过,蒙古语硬译文体的句型在《老》、《朴》二书原本中"一定很多,后来大多被删去,只有个别被保存了下来"。事实正是这样,在旧本《老乞大》中,蒙古语硬译文体的影响,随处可见,如:

　　　　每日和汉儿学生们一处学文书来,因此上,些少理会的。("谚解"本)
　　　　每日和汉儿学生每一处学文书来的上头,些少理会的有。(旧本)

　　　　为什么有这般歹人?("谚解"本)

---

① 彭大雅、徐霆《黑鞑事略》。
② 亦邻真《元代硬译公牍文体》,《元史论丛》第 1 辑,1982 年。

为什么这般的歹人有？（旧本）

此外，旧本中还有一些元代常见而后代不再流行的词，在"谚解"本中也都作了改动，如"哏"（"很"）、"田地"（"地面"）、"面皮"（"面"）、"伴当"（"大伴"、"大哥"）、"每"（"们"）等。当然，上述语言现象在明代初期亦存在，但和前面列举的一些元代特有的典章名物联系起来考察，也可以作为断定旧本成书时代的重要证据。

有的研究者因为旧本《老乞大》中大量出现蒙古语直译（硬译）体文字（如上述"有"的使用），认为"可以假设《老乞大》是否有可能先用蒙古语编写，然后再用元代汉语翻译而成？""有可能在忠穆王或恭愍王时期，用汉语口语直译蒙古语老乞大而成。"①我觉得这种可能性是不大的。从书的内容来看，主要是讲述高丽商人到"汉地"经商的情况，正如我们前面所指出，既是汉语教科书，又具有旅行和经商指南的作用，有什么必要先用蒙古文写成再用汉语翻译呢？这是违反常理的。至于说其中有大量蒙古语直译（或硬译）文字，那是因为元代特殊的社会状况造成的。蒙古语是官方语言，蒙古语硬译文体大量使用于政府公牍，不能不对其他形式的文字形式发生影响，进而影响到汉语口语。旧本《老乞大》说明，当时的汉语口语中渗入了不少蒙古语的语法构造和词汇，这是不足为怪的。

---

① 郑光《原刊〈老乞大〉解题》，载《［原刊］〈老乞大〉研究》，第28、31页。

真实反映当时汉语口语的复杂情况,这也正是旧本《老乞大》价值所在。以此推论先有蒙语本,再译成汉语,也是缺乏说服力的。

三

旧本《老乞大》和"谚解"本《老乞大》相比较,还有一些值得注意的问题,值得提出来讨论。

一是"帖里布"。旧本中有几处关于这种布的记载:

> 更这马上驮着的小毛施,帖里布,一就待卖去。
>
> 俺将着几个马来,更有些人参、毛施、帖里布,如今价钱如何?
>
> 俺卖了这人参、毛施、帖里布时,不拣几日,好歹待你来。
>
> 更店主人家引将几个买毛施、帖里布的客人来……[买主]:这帖里布好的多少价钱? 低的多少价钱? [卖主]:帖里布这一等好的两锭,这一等较低的六十两。[买主]:怎休胡索价钱,这布如今见有行市……这毛施布高的三锭,低的两锭。这帖里布高的七十两,低的一锭。

在"谚解"本中,前三条中的"帖里布"都删去了,最后一条中的"帖里布",有的删去,有的改成"黄布"。"帖里布"与"毛施布"处处并提,都是高丽商人来华时携带的重要商品。毛施布论者颇多,我在《交流》中亦有说明,这是一种深受中国社会各阶层欢迎的白色麻布,而帖里布则从来未见有人论及。

就目前所知,元代文献中涉及帖里布者,是王祯的《农书》。这部著名农学著作的《农器图谱集》之二十"麻苎门",刊载了"行台监察御史詹云卿《造布之法》",其中有"毛缏布法"、"铁勒布法"、"麻铁黎布法"①。"毛缏布"即"毛施布",这是没有问题的。"铁黎布"与"帖里布"应是同名异译,至于"麻铁黎布"的"麻"是指该布用麻作原料。根据詹云卿的说法,"毛缏布"和"麻铁黎布"的主要区别是,前者用"一色白苎麻",而后者则用"杂色老火麻"。元代作为纺织原料的麻有两种,一种是苎麻,一种是大麻。"火麻"则是大麻的别名②。也就是说,帖里(铁黎)布是用大麻制作的。苎麻织成的布,"柔韧洁白,比之常布(即用大麻织成的布——引者)又价高一、二倍"③。旧本《老乞大》中毛缏布比之帖里布的价钱要贵一倍,原因就在这里。至于另一种"铁勒布",则是"将拣下杂色苎麻加工制成",其价值亦应不如毛施布。但旧本《老乞大》没有涉及,亦未见有其他文献记载,有待他日考证。它和其余两种布一样,亦应是高丽的产品。

詹云卿即詹士龙,士龙是名,云卿是字。詹士龙的父亲是南宋将领,被元军俘虏后不屈而死。詹士龙从小为元

① 王毓瑚校《王祯农书》,农业出版社,1981 年,第 427—428 页。
② 《至顺镇江志》卷四《土产·草》,江苏古籍出版社点校本,1990 年。
③ 《元刊农桑辑要校释》,缪启愉校释,农业出版社,1998 年,第 126 页。

朝官员董文炳收养,长大后历任高邮兴化(今江苏兴化)县尹、两淮盐运司判官、淮安路(治今江苏淮安)总管府推官、江南行台监察御史、广西廉访司佥事等职①。从他的经历来看,出仕以后,主要在江南任职,并无在高丽活动的记载。他在《造布之法》中介绍了上述三种布的制作方法之后说:"此布……比之南布,或有价高数倍者,真良法也。镂版印行,与存心治生君子共之。"可以认为,詹士龙(云卿)为了改进江南麻布织造技术,因而采访记录了高丽的各种"造布"方法,写成文字,刻版印行,旨在引起重视,得到推广。王祯在《农书》中转载了《造布之法》,用意亦是一样。这样认真引进国外的生产技术,应视为当时中外经济文化交流中很有意义的事件。至于它是否对"南布"的制造发生影响,则有待进一步探索。

另一是"择钞"。旧本中多处提及:

[卖主]:这价钱一定也。俺则要上等择钞,见钱不赊也。

[卖主]:钞呵,择钞、烂钞都不要。[买主]:你则要一等料钞时,每两官除工墨三分,私下五分家出工墨也倒不出料钞来。似恁这般都要料钞时,亏着俺。

[买主]:都与料钞,是委实没若干料钞。敢则到的三百定料钞,那另另一十定与恁上等择钞如何?
[牙人]:客人觑,偌多交易,索什么争这些个料钞?

_____

① 宋濂《詹士龙小传》,《宋文宪公全集》卷二三。

好择钞也与料钞一般使有。[卖主]:那般者,依着
怎,将好择钞来。

在"谚解"本中,第一条改为:"我只要上等官银,只要
银子,不赊。"第二条改为:"[卖主]:我这低银子不要,你
则馈我一样的好银子。[买主]:似你这般都要官银时,亏
着我。"第三条改为:"[买主]:都与好银子是委实没许多
好银子,敢只到的九十两,那另的二十八两,与你青丝如
何?[牙人]:客人看,这偌多交易,要什么争竞?这些个
银子是好青丝,此官银一般使。[卖主]:这们时,依着你,
将好青丝来。"可以看出,由于"谚解"本中将"钞"都改成
银子,与钞有关的"择钞"一词也就理所当然被完全删
除了。

迄今为止,在有关元代钞法的论述中,都没有提到过
"择钞"。这个词对于我们是很生疏的。由于旧本《老乞
大》的提示,我们在元代文献中重新搜索,终于找到一件
官方文书中有关于"择钞"的记载:

至正十一年六月十七日,准御史台咨,承奉中书
省札付,户部呈,检会到至元十九年御史台咨,承奉中
书省札付,先为民间有不堪行施钞数,许令赴行用库
倒换,每两克除工墨三分。如有私下倒昏钞之人,告
捉到官,将犯人所赍钞数,给付告人充赏。累行禁治。
今捉获交钞提举司转嘱库官人等,私下倒换昏钞,除
对问断决外,又体知得街市专有一等不畏公法窥利之

人,结揽昏钞,恃赖权势,抑逼库官倒换。及有库官、库子人等,通同将关到钞本,推称事故,刁蹬百姓,不行依例倒换,私下结揽,妄分料钞、择钞、市钞等第,多取工墨接到(倒),使诸人不得倒换。据大都在城已经委官及札付御史台体察,并出榜禁治。如有违犯,许诸人首捉,将所赍钞数,给付告人充赏,犯人断五十七下。①

元朝以纸钞为通行的货币②。纸钞容易污损,污损后的纸钞称为昏钞。昏钞在市场上流通,容易引起纠纷和其他弊端,为此元朝政府又制定倒换的办法,昏钞可以到行用库(发行纸钞的机构)去倒换无损完整的钞,即料钞③,但每两要交纳工墨钞三分,即付百分之三的手续费。本来很明确的规定,但在实际执行过程中,行用库的库官、库子以及"一等不畏公法窥利之人",互相勾结,"推称事故,刁蹬百姓,不行依例倒换"。如要倒换料钞(完整的钞),就要"多取工墨",也就是每两高于三分的工墨钞。否则只能倒换择钞、市钞。所谓择钞、市钞,显然是尚能行使但有所污损的纸钞。

根据以上文书所述,再来看旧本《老乞大》中有关"择

① 《南台备要·整治钞法》,见《永乐大典》卷 2611《台·御史台六》。
② 关于元代纸钞的流行情况,请看陈高华、史卫民《中国经济通史·元代经济卷》第 10 章《货币制度》,经济日报出版社,2000 年。
③ "贯佰分明,沿角无缺,京都之下,称为料钞。"(郑介夫《太平策》,见《历代名臣奏议》卷六七《治道》)

钞"的记载，就很容易理解了。在民间流通过程中，料钞最有信用，使用择钞就要多费口舌；择钞中还有上等、次等之分。料钞"每两官除工墨三分，私下五分家出工墨也倒不出料钞来"。正好和文书中的"多取工墨"相印证。也就是说，到行用库去倒换时，按规定每两工墨钞三分，但实际上要想换得料钞，每两工墨钞需五分以上。

综上所述，旧本《老乞大》中存在而为"谚解"删去的"帖里布"、"择钞"二词，虽然生疏，但都可以在元代文献中找到依据。这也是旧本《老乞大》产生时代的有力证据。

还应该提到的是"脱脱麻食"问题。"谚解"本中有一处记："咱们做汉儿茶饭着。"共有七道。"第六道灌肺、蒸饼、脱脱麻食，第七道粉汤、馒头打散。""脱脱麻食"在元代是颇为流行的食品，在宫廷食谱中写作"秃秃麻食"，"系手撇面"①。有的文献中写作"秃秃麻失"，将它归入"回回食品"②。元代杂剧《郑孔目风雪酷寒亭》中，描写回回人家"吃的是大蒜、臭韭，水答饼，秃秃麻食"③。可见确是当时回回人的食品。"脱脱麻食"、"秃秃麻食"、"秃秃麻失"都是一词的同音译（tutumaš），"这是一种 14 世纪突厥人中普遍食用的面条……当今阿拉伯世界的烹饪书籍

---

① 忽思慧《饮膳正要》卷一《聚珍异馔》，《四部丛刊续编》本。
② 《居家必用事类全集》庚集《饮食类》，《北京图书馆古籍珍本丛刊》本。
③ 杨显之作，《元曲选》，中华书局 1989 年重排版，第 1008—1009 页。

中也都有其名"①。一种"回回食品"却被收入"汉儿茶
饭"之列,令人不解。现在看到旧本《老乞大》,"汉儿茶
饭"的"第六道灌肺、蒸饼,第七道粉羹、馒头、临了割肉、
水饭、打散",并无"脱脱麻食"。也就是说这是后代修改
时加入的,不是原本弄错。至于后代修改时为什么加上
"脱脱麻食",也是难以理解的事,但至少说明,修改者对
于"脱脱麻食"已缺乏正确的认识。这实际上从另一方面
证明了旧本的时代②。

　　上面讲的三个词,前二个见于旧本而为"谚解"本所
无,后一个旧本没有却是"谚解"本添上的。情况不同,但
都有益于说明旧本的时代,以及对元代社会生活的认识。
类似的情况还有一些,有待我们进一步去研究。

　　　　　　原载《中国史研究》2002 年第 1 期

---

　　① 保罗・D・布尔勒《13—14 世纪蒙古宫廷饮食方式的变化》,陈一鸣
译,载《蒙古学信息》1995 年第 1 期。
　　② 《朴通事谚解》记使臣到驿站,站上供应白面,除作匾食之外,"撒些
秃秃么思"(《近代汉语语法资料汇编・元代明代卷》,第 313 页)。"谚解"本
《老乞大》修订时也许受此影响因而添加的。

《稼亭集》、《牧隐稿》与元史研究

李榖和李穑父子是高丽王朝后期的著名文学家。李榖、李穑先后考取元朝进士，分别在元朝的首都大都（今北京）生活过一段时间，与元朝的文人多有交游。李榖的诗文汇编成《稼亭集》，李穑的诗文汇编成《牧隐稿》，两书中有很多涉及元朝历史的珍贵资料，值得认真加以研究。

一

李榖（1298—1351）是元朝顺帝元统元年（癸酉，1333）进士。"前此本国人虽中制科，率居下列。榖所对策大为读卷官所赏，置第二甲。"①元朝制度，每科进士分为两榜，蒙古、色目一榜，汉人、南人一榜。每榜又分三甲。即三个等级，"居下列"即在三甲。元统元年癸酉科共取进士100名，蒙古、色目与汉人、南人各50名。两榜均为

---

① 郑麟趾《高丽史》卷一〇九《李榖传》。

三甲,一甲各 3 人,二甲各 15 人,三甲各 32 名。李穀是二甲第八名,得授翰林国史院检阅官①。元统二年奉元顺帝勉励学校诏书回高丽,至元元年(1335)回大都任职。当时的高丽,既保存自己的政治体制,又设有元朝的征东行省。至元三年,李穀任征东行省左右司员外郎,回本国任职。至正元年(1351),赍征东省贺改元表赴大都,因留居,任中瑞司典簿。至正八年还国。至正十一年去世。他的诗文集《稼亭集》20 卷,刊行于 1662 年,韩国出版的《韩国文集丛刊》(韩国景仁文化社 1996 年再版)中收录。最近出版的《全元文》第 43 册,收录了《稼亭集》中的文章②。

李穡(1328—1396)是李穀之子。李穀在大都任中瑞司典簿时,李穡"以朝官子补国子监生员,在学三年。得受中国渊源之学,切磨涵渍,益大以进,尤邃于性理之学"。元朝顺帝至正十四年(甲午,1354)进士,为二甲第二名,名次比李穀更高。授应奉翰林文字、同知制诰兼国史院编修官,同年归国,次年赴大都任职。这时全国规模的农民战争不断扩大,李穡内心感到困惑,"江淮又阶乱,令我多沉吟"③。至正十六年(丙申)正月,他便"以母老弃官东归,盖亦知天下将乱也"④。归国后历任高丽王朝的多种职务。至正二十三年起兼任元朝征东行省儒学提举。

---

① 《元统元年进士录》,《宋元科举三录》本。
② 《全元文》,凤凰出版社,2004 年。
③ 《蓟门》,《牧隐诗稿》卷三。
④ 权近《李文靖公行状》,载《牧隐稿》卷首。

元朝灭亡,明朝建立,洪武二十一年(1388)李穑以贺正使
名义出使中国。李穑的诗文集《牧隐稿》,包括诗稿 35
卷,文稿 20 卷。《韩国文集丛刊》收录。最近出版的《全
元文》第 56 册,将《牧隐文稿》全部收录①。

李穀、李穑父子在高丽后期文坛上有很高的地位。李
朝初期有人说:"吾东方文学之士,登中朝科者多矣,然父
子相继擢高科,登史翰,名闻中夏,世称其美,惟稼亭与牧
隐两先生而已。"②父子齐名,这是文坛的佳话。更难得的
是,父子两人都对高丽和元朝之间的文化交流作出了
贡献。

二

李穀、李穑父子曾为不少高丽政坛人物撰写传记,其中
有些人曾在元朝任职,或出使元朝,这些人物的传记作品中
便有涉及元朝政治生活的记述,可补中国文献之不足。

《稼亭集》的《韩公行状》(卷一二)就是一个例子:

> 公讳永,字贞甫,姓韩氏。高丽清州人。……大
> 德七年,选充宿卫。十一年,入侍仁庙潜邸,为上所
> 知。至大初,制授承务郎资武库提点。皇庆元年,除
> 寿武库使。延祐元年,移使利器库。时明宗即封于
> 周,将行,请细甲于仁宗,上命给之。江浙丞相答失蛮

---

① 凤凰出版社,2004 年。
② 柳思讷《稼亭集跋》,《稼亭集》附。

时为武备卿,抵寺欲取镇库者。公曰:"卿不闻乎,世祖赐以尚衣御铠,若曰:'以此镇武库,后世嗣圣或乘戎辂者服之,否则秘藏,世以宝守。'寺官相传,奉之唯谨。"卿曰:"吾将取观耳,无他也。"及见,即持走。公大叫"卿违制",奔及两手夺之,仅得兜牟。卿复来夺,公曰:"我头可得,此不可得也。"乃抱之哭,卿无如之何,止以铠上王府。后数月,仁宗命取是铠,主者以实对,上怒,置卿极刑。竟无以存兜牟事上闻者。三库皆尚方戎器秘藏,公再三管钥,克勤以慎,无丝毫失。及卿被刑,人盖重之。

以上记载很值得重视。首先是关于武备寺的结构问题。元朝的武备寺是一个负责军器生产和贮藏的机构,下属单位众多。《元史》卷九〇《百官志六》记载,其中以库为名者有寿武库、利器库和广胜库。据《韩公行状》,则三库是资武库、寿武库和利器库。很可能,广胜库后来改名资武库,《元史·百官志》中漏载。

其次,从中可以知道江浙行省丞相答失蛮的下落。元代以答失蛮为名的人不少,清代汪辉祖在《三史同名录》中统计,《元史》中有 12 个答失蛮。据杨志玖先生研究,其中 4 个应是同一人,此外尚有 8 个答失蛮,生平都是不很清楚的[①]。武宗朝有一个答失蛮曾任江浙行省丞相。

---

① 《元代的几个答失蛮》,《元代回族史稿》,南开大学出版社,2004 年,第 431—444 页。

《元史》载，"（至大三年九月己卯），御史台臣言：'江浙省
丞相答失蛮于天寿节日殴其平章政事不兰奚，事属不
敬。'诏遣使诘问之。"同年十一月戊子，"江浙省左丞相答
失蛮、江西省左丞相别不花来朝"①。至大三年是1310
年。元朝制度，行省丞相官秩从一品，只有显赫身世或特
殊功勋者得为之，江浙行省丞相地位尤为重要。但这位江
浙行省左丞相答失蛮的身世和经历却是不清楚的。《元
史》又载，仁宗朝皇庆元年（1312）十二月，"知枢密院事答
失蛮罢"；延祐元年（1314）十一月"以翰林学士承旨答失
蛮知枢密院事"②。这两个答失蛮与江浙行省答失蛮是否
同一人，无法确定。而根据上述《韩公行状》的记载，可以
知道，曾任江浙行省左丞相的答失蛮在延祐二年（1315）
周王出镇时任武备卿，不久便因与周王（明宗）有牵连而
被处死，时间应是延祐三年（1316）。行省丞相秩从一品，
武备卿秩正三品，显然，武宗朝的江浙行省左丞相答失蛮
在仁宗朝政治上是失意的，这可能是他参与宫廷斗争、依
附周王（明宗）的原因。

　　再次，这一记载为周王起兵事件提供了资料。武宗海
山和仁宗爱育黎拔力八达是兄弟，他们的父亲答儿麻失剌
是成宗铁穆耳的兄长。成宗去世，无子，宫廷内部围绕皇
位继承展开了激烈的斗争。爱育黎拔力八达发动宫廷政
变，击败对手，迎接在北方戍守的海山回到都城，继承帝

---

① 《元史》卷二三《武宗纪二》。
② 《元史》卷二四《仁宗纪一》、卷二五《仁宗纪二》。

位。作为酬劳,海山便立爱育黎拔力八达为太子,双方商定,海山死后,爱育黎拔力八达嗣位,再立海山之子和世㻋为太子,继承皇位,而和世㻋则应立爱育黎拔力八达之子硕德八剌为太子,世代兄弟相继。但是,仁宗即位后,违背了原先的诺言,在延祐二年(1315)十一月封和世㻋为周王,出镇云南,实际上是将他放逐在外。为立自己的儿子硕德八剌为太子扫清障碍。和世㻋前往云南途中,经过陕西,在当地一些官员支持下,起兵问罪。被击败后,逃往漠北。这是元代中期统治集团内部一场严重的斗争。

从《韩公行状》可知,和世㻋被封为周王、出镇云南时,"请细甲于仁宗,上命给之"。按,宪宗九年(1259)忽必烈率大军攻南宋,兵临长江,董文炳请为先锋,"上敕近侍解细甲五十副以赐公"①。可知"细甲"是大汗和宗王"近侍"(怯薛)穿的铠甲。和世㻋以宗王出镇,"请细甲",仁宗是无法不同意的。问题是,答失蛮乘机将武备库中贮存的"尚衣御铠"亦即忽必烈自己穿的铠甲献给了周王。按照忽必烈生前嘱咐,"后世嗣圣或乘戎辂者服之,否则秘藏,世以宝守"。也就是说,后代皇帝亲自出征时才能穿着,否则永存库中,作为镇库之宝。和世㻋私自带着忽必烈的铠甲出镇,说明他以忽必烈正统继承人自命,决心要争夺皇位,答失蛮此举显然出于和世㻋授意,一旦被仁宗发现,当然就是大逆不道的罪行。可见,从和世

---

① 王磐《赵国忠献公神道碑》,《全元文》第2册,第287页。

琭被册封为周王时起，一场新的皇位争夺便开始了。

李穑的《曲城府院君廉公神道碑》（《牧隐文稿》卷一五）载：

> 曲城姓廉氏，名悌臣，字恺叔，小字佛奴，瑞原大族也。……年十一，姑夫中书平章末吉召置之左右，迎儒生授业者卜年，故其德器冠一世。泰定甲子，晋邸入继大统，末吉公率公迓驾于和林，帝一见奇之，命公宿卫禁中，眷顾异常。末吉，大臣也，帝又亲信，然以病不能朝，帝有所疑，必命公咨于家，其有所奏，公悉达之。大夫帖失既诛，以女弟赐公，公曰："臣虽无知，不愿近逆党。"帝愈重之。[1]

这一记载涉及元朝另一起宫廷斗争。元英宗硕德八剌（仁宗之子）进行政治改革，触犯一些贵族、官僚的利益。至治三年（1323）八月，英宗自上都返回大都，途经南坡，御史大夫铁失等发动政变，刺杀英宗，并拥立镇守漠北的晋王也孙铁木儿为帝，是为泰定帝。也孙铁木儿的父亲甘麻剌是武宗、仁宗之父成宗铁穆耳的长兄。他在漠北即帝位，立即将参与政变的铁失等人全部处死[2]。从这篇碑文看来，"中书平章末吉"在事变发生后曾到漠北和林去迎接也孙铁木儿，而且是他的亲信大臣，可知地位十分重

---

① 《高丽史》卷一一一《廉悌臣传》所记略同。应即据碑文写成。

② 萧功秦《英宗新政与"南坡之变"》，《元史及北方民族史研究集刊》第 4 期（1980 年 4 月）。

要。然而在现存中国文献中,涉及至治、泰定史事者,并没有末吉其人的记载。

将元朝和高丽双方的记载相比较,可以认为,李穑笔下的末吉,应该就是中国文献中的旭迈杰。末吉和迈杰两名音相近,应是同名异译(旭迈杰的"旭",可能有专门的涵义,待考)。旭迈杰在泰定帝即位之初,任中书右丞相,地位十分重要。这和碑文说末吉是泰定帝的"亲信""大臣"亦相符。泰定帝即位后,立即追究铁失等人的罪行,主其事者便是旭迈杰。碑文记泰定帝将铁失女弟赐给廉悌臣,亦非偶然。悌臣是末吉的亲信,应是追随末吉处理铁失一案有功,故能获特殊的赏赐。旭迈杰在泰定二年十一月以后不见于记载,应已去世①。这和碑文说他"病不能朝"亦相契合。

南坡之变和泰定帝嗣位,是元代中期政治生活中的大事,但现存记载颇多讳饰。旭迈杰在元代历史上是个相当神秘的人物,他在泰定初年突然出现,在政坛上举足轻重,很快又消失,但有关资料很少。李穑的上述记载无疑有助于我们对这一事件和人物的思考。

李穑的《尹公(尹之彪)墓志铭》(《牧隐文稿》文稿卷一七)的一段文字亦是很有价值的记载:

> 时晋邸陟遐,文宗自江南先入宫正位,迎明宗于

① 《新元史》卷二○四《旭迈杰传》以为他死于泰定二年十二月,可能是因十二月任命塔失帖木儿为中书右丞相,取代旭迈杰,因而推论其已故。

朔方。文宗出劳于野,丞相燕铁木儿进毒酒,明宗中
夜崩,六军乱。公与宰相曹益清、李君俟等左右永陵,
永陵恃以无恐,赐功臣铁券。至顺庚午,升大护军,公
年廿一也。

明宗(即上述周王和世琜)暴死是元朝宫廷斗争的又
一重要事件。中国内不少文献说明这是文宗图帖睦尔和
权臣燕铁木儿所为,但大多隐约其辞。名诗人萨都剌的诗
篇《记事》便以此为题。清代诗人、《元诗选》的编者顾嗣
立《读元史诗》八首之一即咏此事:"烛影斧声疑,当时被
诃诋。……史氏多忌讳,纪事只大氏。独有萨经历,讽刺
中肯綮。游魂洒泪诗,千载笑兄弟。"①但明确指出燕铁木
儿"进毒酒"者只有李稢的上述记载,李稢应得自尹之彪
亲述,是极其可贵的②。

三

李穀先后 5 次到大都,最长的一次由至正元年
(1341)到至正六年(1346)约 5 年之久。李稢在至正八年
(1348)到至正十一年(1351)初就读于大都国子学,将近
3 年。至正十三年、十五年又两次前往大都,但每次时间

---

　　① 转引自《雁门集》(殷孟伦、朱广祁点校),上海古籍出版社,1982 年,
第 64—65 页。

　　② 参看陈得芝为《辽金与高丽关系考》(魏志江著,香港天马图书有限
公司,2001 年)一书所作的序。

都不到一年。父子两人对大都的情况比较熟悉,有很深的感情,他们的诗文中有不少关于大都风土人情的记述,主要有三个方面,一是大都的风景名胜,二是大都的高丽佛寺和高丽僧人,三是至正四、五年(1344—1345)间大都的灾荒。这些内容,都是研究元大都的珍贵资料。

《稼亭集》卷一四至卷二〇是诗,其中卷一六、一七的作品大多是在大都写作的,吟咏的对象有"崇天门"、"析津桥"、"西湖"、"西山"、"西郊"、"城南"等。大都西郊玉泉山下的西湖,是今天颐和园昆明湖的前身。元文宗至顺三年(1332),在湖畔建造大承天护圣寺,富丽堂皇,为西湖增添了景色。西湖从此成为大都一大名胜,游人丛集之地。李穀显然酷爱西湖的景色,先后作有《六月十五游西湖》组诗(卷一六)和《仲孚再和喜晴,仍约游西湖,复作四首》(卷一七),"舟人见客竞来迎,笑指荷花多处行"。"欲识西湖奇绝处,夜深花睡暗香生"(卷一六)。"水光山色弄微晴,好向西湖载酒行"。"四面天机云锦烂,中心仙阁翠华明"(卷一七)。西湖湖畔皇家佛寺大承天护圣寺,寺前有双阁,深入湖中,皇帝常至此游赏西湖景致,"中心仙阁翠华明"即指此。西湖到处生长荷花,湖中有招邀游人的客船。这些都在李穀的诗句中得到表现。

元朝皇帝每年由大都前往上都(在今内蒙古正蓝旗境内),大批官员、军人以及其他人员随行。上都是一座草原城市,不少元朝诗人为上都风物景色写下诗篇。"上都纪行诗"是元代文学中具有鲜明特色的课题。李穀亦曾在随行之列,写下了《滦京纪行》组诗,包括《居庸关》、《途中》、《李陵台》、《滦京二首》、《梭殿大会》、《滦京送别》、《发滦京》等篇①。他是现在所知唯一写有上都诗篇的境外诗人。"武夫角力雄如虎,诈马跑空炳若龙"。"一色衣冠扶凤辇,八珍馐膳进驼峰"。"诈马"是蒙古宴会的名称,又名"只孙宴",与宴者每天要穿同样颜色的衣服。这是蒙古宫廷生活一大特色②。李毂的这些诗句为此提供了资料。

　　李穑的《牧隐诗稿》共 35 卷,其中卷二、三的作品有不少是在大都写作的,吟咏的对象有"大明殿"、"燕山"、"通州"、"崇德寺"、"东岳庙"、"海子"、"永宁寺"、"寿安寺"、"法源寺"等。还有一些诗歌,则是他在往返大都途中,经过通州、渔阳、玉田、榆林关等地时所作。回国以后,他还经常怀念大都的生活,作有《记燕京途中》、《忆燕都》为题的诗篇,收在卷四以后各卷中。"秋满燕山落叶飞,回头有客思依依"③。"白头当日銮坡客,春雁飞时欲寄书"④。李穑对大都说得上一往情深。海子是大都的名胜,就是今天的积水潭,对于海子,李穑特别留恋。他在大都时作有《步屧海子旁》⑤:

---

① 《稼亭集》卷一八。
② 韩儒林《元代诈马宴新探》,《历史研究》1981 年第 1 期。
③ 《牧隐诗稿》卷一九。
④ 《牧隐诗稿》卷八。
⑤ 《牧隐诗稿》卷三。

　　　步屐随长堤,寻凉日将夕。新荷映沦漪,幽芳吐丛薄。隔岸好楼台,波间倒红壁。主人游不归,庭草凝寒碧。徘徊久瞻望,使我多感激。

　　诗人夏日傍晚在海子旁漫步,水中新荷蓬勃开放,对岸楼台倒影水中,引起他种种遐想[①]。后来,在《忆燕都》中[②],他还提到了海子岸畔的石桥:

　　　新来山石白于霜,截作新桥海水旁。引得龙鳞趁太液,牙樯锦缆照红妆。

　　和李毂不同,李穡没有到过上都。但是他有几首诗,与两都制有关。有两首诗,一前一后,题为《迎丁祭御香,自上都至》、《秋丁与祭文庙》。皇帝巡幸上都时,大都孔庙举行祭奠,皇帝要派专人从上都送来祭祀用的香。这两首诗反映的便是迎香之举。又有《承中书省差接驾途中》、《驾前捧果盘》、《入城》等诗,说的是皇帝一行自上都回来,百官出城迎接的情况。这些诗篇,都有助于了解两京巡幸制度。

　　佛教是大都最流行的宗教,大都佛寺之多,其规模之大,居全国前列。李毂说:“在辇毂之下,寺号高句骊者其刹相望。”[③]可见大都的众多佛寺中,有不少是高丽人创建的。见于李毂记载的,便有报恩光教寺、金孙弥陀寺和天

---

① 诗中“主人游不归,庭草凝寒碧”之句,疑有所指,待考。
② 《牧隐诗稿》卷六。
③ 李毂《大都天台法王寺记》,《稼亭集》卷四。

台法王寺等。报恩光教寺在大都南城彰义门外，"延祐丁巳，高丽国王讳某既释位，留京师邸，买地于故城彰义门之外创梵刹焉。越三年己未，工告毕，凡奉佛居僧之所，修斋作法之具，百需皆有，揭名曰大报恩光教寺，命钱塘行上人演天台教，未几还山。明年，乃延华严教师澄公纲维寺事"。这位"释位"的"高丽国王"即沈王王璋，他后来被贬，寺亦废弛。元顺帝即位后，高丽国王命"本国天台师""旋公主其寺"。"旋公"即义旋（见下）①。金孙弥陀寺在宛平。高丽人中尚卿金伯颜察和妻孙氏，"至顺二年，创佛宇于宛平县之池水村，以弘其教，曰金孙弥陀寺，盖取两姓及所求乎佛者名之也。……因舍家僮，剃度为僧，主其香火"②。天台法王寺在金城坊（大都城区西南），它是几位在元朝做官的高丽人集资建造的，元朝皇后亦出赀相助，落成于至正三年（1343）③。此外，龙泉寺与高丽人亦有密切关系。这是一所古老的佛寺，在大兴的崇壤南乡。元顺帝时，几位高丽官员说动太皇太后（文宗皇后）出赀赞助，"仍命高丽戒明禅师主其事"④。李穑亦记载大都一处高丽寺。西天（印度）僧人指空到大都传法，轰动一时。"大府太监察罕帖木儿之室金氏，亦高丽人也，从师出家。

① 李榖《京师报恩光教寺记》，《稼亭集》卷二。
② 李榖《京师金孙弥陀寺记》，《稼亭集》卷二。
③ 李榖《大都天台法王寺记》，《稼亭集》卷四。
④ 李榖《大都大兴县重兴龙泉寺碑》，《稼亭集》卷六。

买宅澄清里,辟为佛宫,迎师居之"①。

有元一代,不断有高丽僧人来到大都,其原因有多种。李穀记录了其中两位的事迹。一位是海圆。"大德乙巳,安西王闻高丽僧戒行甚高,请于成宗,遣使招致之。公应其命入觐,仍从安西王于朔方。……丁未冬,奉武宗之旨,率徒弟食公廪,春秋时巡则令扈驾"。武宗在大都城南创建大崇恩福元寺,工程浩大,仁宗皇庆元年(1312)"毕其功,乃命诸方韵释自其年冬开堂讲法,高丽瑜伽教师圆公领其徒入居之,驻锡凡二十九年"②。崇恩福元寺是一座皇家佛寺,"圆公"即海圆,他主持这座皇家佛寺20余年,说明在大都佛教界有很显赫的地位。另一位是义旋,他是官僚子弟,"衣冠贵胄",元统元年应高丽国王之命主持上述大都报恩光教寺,后又兼任大天源延圣寺住持,"知名儒释间"。义旋"居辇毂"在15年以上,一度"奉天子之命",出使高丽。显然已成为大都佛教界领袖人物之一③。这两位僧人来到大都是奉帝王之命。这是一类。另一类是在大都求法。上面提到的西天高僧指空,在泰定年间到过高丽,后到大都。他与高丽佛教界一直有联系。"师所居寺,皆高丽僧"④。其中不乏前来求法者。据李穀记述,

---

①　李穡《西天提纳薄陀尊者浮屠铭》,《牧隐文稿》卷一四。

②　李穀《大崇恩福元寺高丽第一代师圆公碑》,《稼亭集》卷六。

③　李穀《京师报恩光教寺记》,《稼亭集》卷二;《高丽国天台佛恩寺重兴记》,《稼亭集》卷三。

④　《西天提纳薄陀尊者浮屠铭》。

指空到高丽时,僧人达蕴(号玉田)从之受戒。指空"被旨还京师",达蕴"从而西"。继续从指空求法①。还有一位名叫惠勤(号懒翁)的高丽僧人,立志"寻师中国",至正八年(戊子,1348)"至燕都,参指空"。后南游访问名僧。至正十二年(1352)"北还,再参指空,空授以法衣、拂子、梵书"。至正十八年(戊戌,1358)"春,辞指空,得授记东还"。他成为指空的入室弟子,声名大振,受到元朝皇帝和高丽国王的崇敬②。高丽僧人无学"游燕京,见普济,普济极口赞叹……遂以法语衣物表信。普济既寂,无学方以其道为师于云水万衲之间"③。普济即懒翁。师弟二人去燕京都为求法。

根据李穀记载,来到大都的高丽僧人还有晶照、达幻、达正、中向、宏辨等人④。值得注意的是,这几位高丽僧人曾前往大都,主要目的不是求法,而是为修建寺院或举行佛事活动,寻求元朝皇室和在大都做官的高丽人资助。李穀记高丽僧人慈惠,"尝以寺事走京师,谒公卿间,名闻于中宫,出钱内帑,铸梵呗之器。既成,乞文于临川危先生,纪寺功之本末,刻之石,舟浮以送之。惠则奉香币驰驿而

---

① 《松月轩记》,《牧隐文稿》卷四。

② 《普济尊者谥禅觉塔铭》,《牧隐文稿》卷一四。

③ 《题溪月轩印空吟》,《牧隐诗稿》卷一三。

④ 李穀《兴王寺重修兴教院落成会记》、《金刚山普贤庵法会记》,《稼亭集》卷二;《重兴大华严普光寺记》,《稼亭集》卷三;《金刚山长安寺重兴碑》,《稼亭集》卷六。

归，立石于寺之园中，大设落成之会，其能矣哉"①。亦是
寻求资助。可见这种情况是相当普遍的。这可以说是第
三种类型。

　　李穀有一篇《小圃记》②，作者记自己在"京师福田坊
所赁屋"前，"有隙地，理为小圃"，种植蔬菜。第一年，"雨
旸以时"，蔬菜"旦旦采之而不尽，分其余邻人焉"。第二
年，"春夏稍旱，瓮汲以灌之，如沃焦"，"已而淫雨至，秋晚
乃霁"。"视去年所食，仅半之"。第三年，"旱旱晚水皆
甚，所食又半于去年之半"。"予尝以小揆大，以近测远，
谓天下之利当耗其大半也。秋果不熟，冬阙食，河南北民
多流徙。盗贼窃发，出兵捕诛不能止。及春，饥民云集京
师，都城内外呼号丐乞，僵仆不起者相枕藉。庙堂忧劳，有
司奔走，其所以设施救活，无所不至，至发廪以赈之，作粥
以食之，然死者已过半矣。由是物价涌贵，米斗八九千。
今又自春末至夏至不雨，视所种菜如去年，未知从今得雨
否。侧闻宰相诣寺观祷雨，想必得之。然于予小圃，亦已
晚矣"。这篇文章写于至正乙酉年五月，即至正五年
（1345）五月。由此可知，文中所说"旱旱晚水皆甚……秋
果不熟，冬阙食，河南北民多流徙，盗贼窃发"，是至正四
年（1344）的情况。而"饥民云集京师……死者已过半
矣"，所说则是五年之事。又有一篇短文，题为《市肆

---

① 《宝盖山地藏寺重修记》，《牧隐文稿》卷二。
② 《稼亭集》卷四。

说》^①，全文是：

> 商贾所聚，贸易有无，谓之市肆。始予来都，入委巷，见冶容诲淫者随其妍媸，高下其直，公然为之，不小羞耻，是曰女肆。知风俗之不美也。又入官府，见舞文弄法者随其重轻，高下其直，公然受之，不小疑惧，是曰吏肆，知刑政之不理也。于今又见人肆焉。自去年水旱，民无食，强者为盗贼，弱者皆流离，无所于糊口，父母鬻儿，夫鬻其妇，主鬻其奴，列于市，贱其估，曾犬豕之不如，然有司不之问。呜呼，前二肆其情可憎，不可不痛惩之也，后一肆其情可矜，亦不可不早去之也。苟三肆之不罢，予知其不美，不理者将不止于此也。

此文写作时间不明。但所述是作者亲身见闻，其中说"自去年水旱，民无食"，以之与《小圃说》相印证，无疑亦应作于至正五年。值得注意的是文中关于"人肆"的叙述，亦即在市场上公开买卖人口。元代前期，大都有"人市"，成宗大德年间，郑介夫上书说："今大都、上都有马市、羊市、牛市，亦有人市，使人畜平等，极为可怜。"^②元代大都的地方志书《析津志》中记："人市在羊角市，至今楼

---

① 《稼亭集》卷七。

② 邱树森、何兆吉《元代奏议集录》下册，浙江古籍出版社，1998年，第77页。

子尚存。此是至元间,后有司禁约,姑存此以为鉴戒。"①
羊角市是大都市场的总称,在今天北京西四一带。由这两
条记载可知大都原来有公开买卖人口的"人市",后被"有
司"即政府衙门取缔。根据李穀的叙述,在至正四、五年
灾荒发生后,大都再一次出现了买卖人口的"人市"。在
"人市"上,被买卖的人口"曾犬豕之不如",也就是说比不
上犬、豕。但是这一次"有司"却完全不管了。

　　至正四、五年的灾荒,在《元史》和一些中国文献中
亦有记载,但语焉不详。李穀以自己亲身的见闻,为了
解灾荒中的大都面貌,提供了切实、具体的材料。他关
于大都"女肆"、"吏肆"的叙述,也是有价值的社会生活
资料。

四

　　《稼亭集》和《牧隐文稿》中还有许多两国文化交流的
资料。

　　《稼亭集》后附"杂录",都是他人题赠的诗文。这些
诗文可分为四组。一是元统二年(1334)李穀由大都回国
时,元朝文士为之送行的诗文。二是至元元年(1335)李
穀由高丽返大都时,高丽文士送行的诗文。三是李穀以家
中的"稼亭"请元朝文士为之题咏。四是至正六年(1346)
李穀以中瑞司典簿身份前往高丽"颁历",元朝文士的送

---

① 《析津志辑佚》,北京古籍出版社,1983 年,第 6 页。

行诗文。除了第二组中高丽文人之外,属于第一组的元朝文士有陈旅、宋本、欧阳玄、谢端、焦鼎、岳至、王士点、王沂、潘迪、揭傒斯、宋褧[①]、程益、程谦、郭嘉。属于第二组的有王沂、谢端、黄溍、王思诚、宋褧、苏天爵、刘闻、刘阅、程益、贡师泰、余阙、成遵。属于第四组的元朝文人有周瓒、张起岩、□璲、林希光、叶恒、南阳□□、傅亨、方道叡、周暾[②]。以上与李穀有文字交往的元朝文士共 31 人。

上述人物以出身进士者居多,有 21 人。其中成遵、周瓒、程益、余阙是李穀的同科进士。其他各科进士有:宋本(至治元年)、欧阳玄(延祐二年)、谢端(延祐五年)、焦鼎(延祐二年)、岳至(至治元年)、王沂(延祐二年)、宋褧(泰定元年)、程谦(泰定元年)、郭嘉(泰定四年)、黄溍(延祐二年)、王思诚(至治元年)、刘闻(至顺元年)、贡师泰(泰定四年)、张起岩(延祐二年)、傅亨(至正二年)、方道叡(至顺元年)、周暾(至治元年)。他们在朝廷中担任中层的官员,欧阳玄、王沂、张起岩的政治地位较高[③]。其

---

① 宋褧《燕石集》卷四有七律一首,题为:"高丽人李穀,字中甫,元统元年登乙科,为翰林检阅官。……其行也,赠之以诗。"但与"杂录"所载首句不同。又第六句"东人争讶旧儒生","杂录"作:"东人争迎旧书生。"

② 《稼亭集》附《杂录》。

③ 关于上述进士的情况,请参看萧启庆《元延祐二年与五年进士辑录》(《台大历史学报》第 24 期)、《元至顺元年进士辑录》(台大《文史哲学报》第 52 期)、《元至治元年进士辑录》(《宋旭轩教授八十荣寿论文集》)、《元泰定元年与四年进士辑录》(《蒙古史研究》第 6 期)、《元至正前期进士辑录》(《燕京学报》新 10 期)。陈高华《元泰定甲子科进士考》(南京大学元史研究室《内陆亚洲历史文化研究》)。

余诸人中,陈旅、王士点、揭傒斯、苏天爵都是在当时文坛上很有影响的人物。陈旅作文时是国子助教,而且是元统元年廷试的考官。王士点是元朝前期名臣王构之子,顺帝前期任翰林修撰、秘书监管勾等职。揭傒斯在顺帝前期任翰林待制、集贤直学士等职。李穀提到揭傒斯时说:"余辱出门下,东归之日,承其教诲。"①可知揭氏和陈旅一样,亦是元统元年廷试考官之一。苏天爵出身国子生,顺帝前期曾任御史、奎章阁授经郎等职,是元朝的著名学者。此外,潘迪长期在翰林国史院、国子监等处任职。林希光疑是林希元之误。林希元,天台人,以荐为儒学正,曾任国子助教、翰林应奉②。叶恒出身国子生,释褐授余姚州判官、后为翰林编修、国子助教③。只有刘阅生平待考④。还有两人姓名缺漏,难以查考。

　　为友人远游或家庭生活题赠诗文,这是元代文人之间常见的一种交往方式。上面所说是元朝文人为李穀题赠诗文。李穀也积极参加这一类活动,例如,他有一首诗,题为"题苏伯修参议滋溪书堂,苏氏五世,世增书至万卷,座主宋尚书诚夫首为之记,诸公皆有诗"⑤。苏天爵字伯修,

---

　　① 《送揭理问序》,《稼亭集》卷九。按,揭以忠任征东行省理问,期满归国,李穀作文送行。文中说:"令兄集贤公为时儒宗,名闻海内。"无疑指揭傒斯而言。

　　② 《元诗选癸集》癸之丁"林县尹希原(一作元)"。

　　③ 《元诗选癸集》癸之丙"叶县尹恒"。

　　④ 刘阅和刘闻都是安成人,很可能有亲属关系。

　　⑤ 《稼亭集》卷一六。

宋本字诚夫。宋本是元统元年廷试的考官，故李穀称之为
"座主"。苏天爵家中有滋溪书堂，藏书万卷，宋本为之作
《滋溪书堂记》①，大都知名文人即李穀所说"诸公"皆为之
赋诗，李穀之诗便为此而作。苏天爵在"至正壬午夏，拜
湖广行省参知政事，大夫士又分题赋诗以饯"②。李穀亦
作诗《送苏伯修参政湖省，分韵得东华尘》③。

　　以上与李穀有文字交往的人物，大多任职于翰林国史
院、国子监、秘书监等文化机构，都是顺帝前期大都文坛上
比较活跃的人物，其中有些人可以说是当时文化领域的精
英，如欧阳玄、揭傒斯、宋本、张起岩、王沂、苏天爵、黄溍
等。欧阳玄、揭傒斯、张起岩、王沂都是宋、辽、金三史的总
裁，在当时有很高的地位。李穀"与中朝文士交游讲劘，
所造益深"④。也就是说，与中国文士的交往，有助于李穀
学识的进步。有元一代，不少高丽文人来中国，与中国文
士交游。14世纪中期高丽的汉语教科书《朴通事》中，记
述高丽韩秀才来到大都，中国文人前去拜访的故事，正是
两国文人交往频繁的反映⑤。从现存文献来看，高丽文士
与元朝文士交往最为密切的，除了《益斋集》的作者李齐
贤之外，便是李穀。

①　《国朝文类》卷三一。
②　许有壬《送苏伯修赴湖广参政序》，《至正集》卷三四。
③　《稼亭集》卷一四。
④　《高丽史》卷一〇九《李穀传》。
⑤　《朴通事谚解》卷下，《奎章阁丛书》本。

李穑在大都时交往的元朝文士,有前辈泰不华、成遵、余阙①,以及傅亨(《奉送傅子通应奉奉使东平赈济客户,因过凤凰山》)②等。其中泰不华是至治元年(1321)进士,成遵、余阙是李毂的同年。有同辈赵时泰(字致安)、曾坚(字子白)、王景初③和叶孔昭等。前三人是他的同年。叶孔昭是叶恒(字敬常)的儿子④,两人可以说是世交。李穑有三首诗与叶孔昭有关⑤,很可能叶孔昭亦是国子生,与李穑同学,故两人关系密切。李穑回国后有一首诗,题为《咏木棉布》⑥:

> 叶君孔昭情最亲,食同几案坐同茵。
> 镜湖镇浦非他水,月艇风樯似近邻。
> 丐我苎根烦海贾,送君绵实托乡人。
> 分明此语犹能记,三十余年似隔晨。

此诗应是李穑晚年之作,他回忆 30 余年前,与叶孔昭同学时的亲密情景。当时两人曾相约互赠麻布和棉布,至

---

① 《上达兼善尚书》、《谒成谊叔侍郎》、《成侍郎宅,见余廷心先生,退而志之》,以上见《牧隐诗稿》卷二。

② 《奉送傅子通应奉奉使东平赈济客户,因过凤凰山》,《凤山十二咏,子通临行索赋》,《牧隐诗稿》卷三。

③ 《次同年王景初诗韵,兼柬曾子白、赵致安二同年》,《牧隐诗稿》卷三。

④ 《与叶孔昭赋青山白云图(四明敬常助教子)》,《牧隐诗稿》卷二。

⑤ 除上引一首外,又《次韵叶孔昭江南四绝》、《寒风四首与叶孔昭同赋》,均见《牧隐诗稿》卷二。

⑥ 《牧隐诗稿》卷一〇。

老仍念念不忘。在另一首诗中,有“月艇鉴湖频入梦”之句[①],鉴湖是四明(即绍兴)的名胜,应亦是怀念叶孔昭之作。可见彼此友情是很深的。

总的来说,李穑与元朝文士的交游,不如李穀广泛,这固然由于李穑在大都生活的时间较短,同时也因为农民战争爆发,原来聚集在大都的文士纷纷散去之故。

李穑一篇题为《松月轩记》的散文,系为上述僧人达蕴写作的。达蕴曾遍游中国名山胜地,与中国文人交往。文中说[②]:

> 师平生喜从当世名公雅士游,尽得其礼貌。而于艺又能精鉴书画,博极今古。如翰林承旨欧阳原功、集贤学士揭曼硕、国子祭酒王师鲁、中书参政危太朴、集贤待制赵仲穆,道家如吴宗师,皆为之题赞叙引。集贤待制赵仲穆、真人张彦辅、吴兴唐子华,又为松月轩传神。今皆失之,惜哉!

欧阳玄字原功,揭傒斯字曼硕,王沂字师鲁。以上三人前面已提及。危素字太朴,元末著名学者、文人,官至中书参知政事。赵雍字仲穆,赵孟頫之子,名画家。吴宗师是玄教大宗师吴全节。张彦辅是道士,蒙古人,以画著名。唐棣字子华,名画家。从这份名单可以看出,达蕴的交游面比李穀、李穑父子还要广泛。李氏父子交往的,大多是

① 《自咏》,《牧隐诗稿》卷一〇。

② 《牧隐文稿》卷四。

有功名的文人,而达蕴交往的,文人之外,还有当时著名的画家。

事实上,李穑对于元朝的书画艺术亦是很有兴趣的。他在一首诗中写道:"张彦辅,刘道权,至正以来名最传。两家妙处得天趣,笔力所到气势全,精神入玄又入玄。"① 又一首,题为《东亭所藏张彦辅山水画,曲城所蓄也》②。前面提到高丽贵族廉悌臣,封为曲城院君,此画原即归他所有,后传给儿子。综合以上几条记载,可见张彦辅的画为高丽文人和上层所珍重③。张彦辅的画传世极少,但李穑的评价应对我们有所启发,认真加以研究④。刘道权在中国文献中极少记载,亦应努力发掘⑤。李穑还曾给予李溥光的大字很高的评价,他说:"元兴百余年,文理大洽,四方学士,咸精其能。蔚乎一代之盛矣。是以论者谓其文似汉,其诗似唐,其字似晋。至于大字,独推雪庵为首。雪庵不知何所师,然自唐颜氏以来,罕有及者。名岂虚得也哉。"⑥雪庵即释溥光,头陀教(糠禅)僧人,俗姓李。他的字为高丽上层所推重。

---

① 《谢禹四宰送水墨山水八叠屏风》,《牧隐诗稿》卷一〇。

② 《牧隐诗稿》卷三二。

③ 李朝时代仍有张彦辅作品流传,见傅申《秘书监及其他——元代皇室收藏史略》(四),台北《故宫季刊》第13卷第4期。

④ 关于张彦辅,参见拙著《元代画家史料汇编》,杭州出版社,2004年,第436—442页。

⑤ 《新元史》卷二四二《李时传》说:"刘道权者,庐陵人,善画山水。"

⑥ 《书上札补正雪庵大字卷后》,《牧隐文稿》卷一三。

　　元朝的书画在高丽流传并得到高度评价,这是两国文化交流中应该大书特书的事情。李穑的有关记载是很有价值的。

　　上面我们对李氏父子两种文集中有关元代历史的记载作了一些介绍。两种文集中还有不少有价值的内容,有待进一步研究。

　　原载《蒙元史暨民族史论集——纪念翁独健先生诞辰一百周年》,社会科学文献出版社,2006 年

罗天益和《卫生宝鉴》

罗天益是元代一位杰出医学家,曾供奉宫廷,名震一时。《卫生宝鉴》是他的医学著作,在医学史上有不容忽视的地位,而且书中有不少与元初历史有关的记载,甚可珍贵。但是,《元史》中没有关于罗天益的记载。柯劭忞的《新元史》卷二四二《方伎·李杲传》下附罗天益传,只有一句话:"杲……弟子罗天益,字谦甫,亦真定人,能传其学。"明嘉靖本《藁城县志》卷六《人物志·方伎》有罗天益传:"元罗天益,别号谦甫,幼师李东垣,研穷医道,深得东垣秘旨。其因脉求疾,随疾制方,治疗无不立效。熊宗立谓:'王海藏之《此事难知》,成无己之《明理论》,罗谦甫之《试效方》,皆杰然不可及者。'"①不但简略,而且有错,《试效方》是罗天益整理李杲临床经验而成,并非他本人的著作。

---

① 熊宗立,明代前期人,《名方类证医书大成》编者。

本文拟对罗氏生平经历加以考订,以补记载之不足,同时就《卫生宝鉴》中有关元初史事,略作说明,以供治元史及医学史者参考。

（一）

罗天益,字谦甫。中国医学史上有"金元四大家"之称,"四大家"中的第三位李杲(1180—1251)生活在金元之际,创立脾胃学说,"当时之人,皆以神医目之"①。他的学说在后代影响很大,罗天益便是李杲的得意弟子。有的记载称李杲为"镇人"②,有的记载则说"其先世居真定"③,其实说的是一个地方。宋代的镇州,金代改为真定府,府治所在真定县,就是今天河北正定。李杲应是真定府真定县人。罗天益则是真定府藁城县人④,相去不远,都属于真定府,可以说是同乡。蒙古兴起,进军河北,金朝迁都汴梁(今河南开封),李杲也"辟兵汴梁,遂以医游公卿间"。壬辰(1232)蒙古军包围汴梁。癸巳(1233)春正月,汴梁降。城中发生饥荒,大批居民或成为蒙古军俘虏,或散走各处。李杲离开汴梁来到东平(今山东

---

① 《元史》卷二〇三《方技·李杲传》。
② 《元史》卷二〇三《方技·李杲传》。
③ 砚坚《东垣老人传》,载《东垣试效方》卷首,《东垣医集》(丁光迪、文魁编校,人民卫生出版社,1993年)第377页、378页。
④ 见前引《藁城县志》。

东平）①。过了十年,在甲辰岁（1244）"还乡里",这时已年过花甲。他感到自己来日无多,便开始物色传人。一位友人向他推荐罗天益,说此人"性行敦朴,……有志于学,君欲传道,斯人其可也"。天益来见,李杲问:"汝来学觅钱医人乎?学传道医人乎?"天益表示要做后一种医人。"遂就学,日用饮食,仰给于君"。李杲不仅承担他的日常生活费用,还"予之白金",作养家之用。"临终,平日所著书,检勘卷帙,以类相从,列于几前",对罗天益说:"此书付汝,非为李明之、罗谦父,盖为天下后世,慎勿湮没,推而行之。"②

罗天益"就学"时,有"上东垣先生启",其中说到自己的情况:"幼承父训,俾志学于诗书。长值危时,遂苟生于方技。然以才非卓荦,性实颛蒙,恐贻□人之讥,常切求师之志。幸接大人之余论,始惭童子以何知。即欲敬服弟子之劳,亲炙先生之教,朝思夕诵,日就月将。其奈千里子身,一家数口,内以生涯之逼,外为官长之拘,不得免焉,是以难也。"③可见他出身于读书人家,但在社会急剧动荡之时,无法安心攻读诗书,为"生涯之逼",只好"苟生于方

---

① 当时东平军阀严实以养士闻名,金朝末年文坛领袖元好问便曾在东平长期逗留,得到严氏父子的优遇。元好问为李杲作《伤寒会要引》（《遗山先生文集》卷三七,《四部丛刊》本）,其中说:"壬辰之年,明之与予同出汴梁于聊城,于东平,与之游者六年于今。"两人遭遇相同,友谊亲密。后来元好问又为李杲《脾胃论》作序。

② 砚坚《东垣老人传》,载《东垣试效方》卷首。

③ 《自启》,见《卫生宝鉴》卷首,人民卫生出版社,1963年。

技"。这番经历,与当时的针灸名家窦默,很有相似之处①。也就是说,在投入李杲门下以前,罗天益已经从事医业。为了提高自己的医学素养,他以李杲为师。这时他的家庭经济状况大概是不太好的,所以李杲会加以接济。他在李杲身边就学,"虽祁寒盛暑,亲炙不少辍,真积力久,尽传其私淑不传之妙"②。李杲去世后,他"奉公(李杲——引者)之室王氏,与嫡母无异,岁时甘旨不乏者,殆十余年。王氏享年八十,以寿终,其窀穸之事,墦间追远祭祀之礼不缺。近世以来,师弟之道,及之者鲜矣哉"③!更重要的是,罗天益认真整理并刊行了李杲的遗著。《脾胃论》、《兰室秘藏》、《医学发明》、《东垣先生试效方》诸书,相继"镂板以传"。其中《东垣先生试效方》一书,实际上是罗天益根据李杲所开药方和平日讲授整理成书的④。李杲的医学,由于罗天益的努力,得以传播开来。

李杲曾从张元素学习。张元素、李杲和罗天益,在金、元之际北方医学中占有极其重要的地位。元初名学者许衡说:"近世论医,有主河间刘氏者,有主易州张氏者。"⑤"易州张氏"即张元素。"张氏讳元素,博极经方,然自汉

---

① 陈高华《论窦默》,《中国史研究》1995 年第 2 期。

② 王恽《卫生宝鉴序》,《秋涧先生大全文集》卷四一,《四部丛刊》本。

③ 侍其轴《医学发明序》,载《医学发明》卷首,《东垣医集》,第 265 页。

④ 见后文关于《内经类编》与《东垣试效方》的论述。

⑤ 《与李才卿等论梁宽甫病症书》,《鲁斋遗书》卷八,《北京图书馆古籍珍本丛刊》本。

以下,惟以张机、王叔和、孙思邈、钱乙为得其传。遂以其
学授李杲明之。明之授罗天益谦甫。明之国初有盛名,尝
著《伤寒会要》诸书行于世,谦甫亦著《内经类编》,两人者
皆家真定"①。李杲师事张元素,而能青出于蓝,他和罗天
益开创了北方医学中的真定学派。当时真定还有一位名
医窦行冲,曾侍奉宫廷。"真定窦氏以医术名著百余年
矣,至君而名益显"。窦行冲为什么能"名益显"?"盖及
见谦甫,尽得明之之书读之,而有发焉,故其医术过人如
此"。为窦行冲作墓铭的苏天爵慨言之:"呜呼!天下之
事未有无所师承而能名世者也,岂惟医哉!"②显然,窦行
冲也是真定学派的一个传人。

　　除了整理李杲的遗著外,罗天益还将自己的治疗经验
编纂成书,称为《卫生宝鉴》。这部著作分为四个部分:
"曰《药误永鉴》者,知前车之覆,恐后人蹈之也。曰《名方
类集》者,古今之方,择之已精,详而录之,使后人有所据
依也。曰《药类法象》者,气味厚薄,各有所用,证治增损,
欲后人信之也。曰《医验纪述》者,遇如是病,用如是药,
获如是效,使后人慎之也。"③此书前有至元辛巳(十八年,
1281)郧城砚坚序和至元癸未(二十年,1283)汲郡王恽
序。从现存的《卫生宝鉴》来看,其中所收病例最晚是至

---

① 《元故尚医窦君墓碣铭》,《滋溪文稿》卷一九,中华书局,1997年。
② 《元故尚医窦君墓碣铭》,《滋溪文稿》卷一九。
③ 砚坚《卫生宝鉴序》,载《卫生宝鉴》卷首。

元二十年,似可说明此书至此已最后完成①。但当时刊行的情况是不清楚的。明人说:"书已板行,元末毁于兵燹。"永乐十五年(1417),太医院判韩夷和儿子韩布,将此书重新刻板印行。刊行时用的是韩夷之父韩复阳整理的本子②。以后刊印的《卫生宝鉴》,都出于永乐刻本。明、清二代曾几次翻刻,常见的是《惜阴轩丛书》本。1959 年商务印书馆据《惜阴轩丛书》本排印,用永乐、弘治刻本校正。1983 年,人民卫生出版社用商务本加标点重排出版。

　　《卫生宝鉴》可以说是一部供临床治疗用的医学著作。"论病则本于《素》、《难》,必求其因,其为说也详而明。制方则随机应变,动不虚发,其为法也简而当。大抵皆采摭李氏平日之精确者,而间隐括以己意,旁及于诸家者也"。"罗氏深得李氏不传之奥,其处方立论,不偏于一,而于针法、本草,莫不备述,实医家至要之书"③。有实用价值,是此书一大特点,所以有人称之为"精粹明备,家不可阙者"④。它所阐发的是李杲的医学思想,证以罗天益本人的临床经验,是真定学派的重要著作,在中国医学史上有其不容忽视的地位。

　　从现存各种记载来看,罗氏著作仅此一种。但前面所引苏天爵文中说:"谦甫亦著《内经类编》。"元朝名学者刘

---

　　①　《卫生宝鉴》卷一七《小便数而欠》,第 274 页。

　　②　见《卫生宝鉴》卷首蒋用文、胡广、杨荣、韩夷诸序。

　　③　蒋用文《重刊卫生宝鉴序》,《卫生宝鉴》卷首。

　　④　杨士奇《卫生宝鉴跋》,《东里续集》卷二〇,《四库全书》本。

因有《内经类编序》，其中说：

> 镇人罗谦甫尝从之学，一日过予，言："先师尝教
> 予曰：'夫古虽有方，而方则有所自出也。均脚气也，
> 而有南北之异。南多下湿，而其痓则经之所谓水清
> 湿，与湿从下受者也。孙氏知其然，故其方施之南人
> 则多愈。若夫北地高寒而人亦病是，则以其嗜酮乳而
> 且以饮多饮速为能故也，此则经之所谓饮发于中，跗
> 瘇于下，与谷入多而气少，湿居下者也。我知其然，故
> 我方之施于此，犹孙方施之于南也。子为我分经、病、
> 证而类之，则庶知方之所自出矣。'予自承命，凡三脱
> 稿，而先师三毁之。研摩订定，三年而后成，名曰《内
> 经类编》，敢望吾子序。"①

由此可知，《内经类编》是李杲命罗天益编写的，编写
工作是在李杲直接指导下进行的，它是总结李杲医疗成就
的著作，并非罗天益自己的作品。从一些迹象看来，《内经类编》很可能就是《东垣试效方》。砚坚为《东垣试效
方》所作的序文中说："东垣老人李君明之，可谓用药不拘
于方者也。凡求治者以脉证别之，以语言审之，以《内经》
断之，对证设方，其应如响，间有不合者，略增损辄
效。……罗谦父受学其门，君尝所以疗病，所制方录之甚
悉，月增岁益，浸以成编，凡有闻于君者，又缉而为论，将板

---

① 《静修先生文集》卷一九，《四部丛刊》本。

行于世,以广君之道。"①《东垣试效方》是罗天益根据李杲
治病的医方和平时的言论整理而成的,这和上面刘因转述
《内经类编》的编纂情况相似。而"以《内经》断之,对证设
方",亦和《内经类编》一名相合。似可认为,此书原名《内
经类编》,后来改为《东垣试效方》②。

　　清代修《四库全书》,在《子部·医学类》收录李杲著
作三种(《内外伤辨惑论》、《脾胃论》、《兰室秘藏》),在后
二种著作提要中都说到罗天益:"《脾胃论》……又有罗天
益后序一篇。天益字谦父,杲晚年弟子,尽得其传。元砚
坚《东垣老人传》称:'杲临终,取平日所著书,检勘卷帙,
以次相从,列于几前,嘱谦父曰此书付汝'者,即其人也。"
"《兰室秘藏》……前有至元丙子罗天益序,在杲殁后二十
年,疑即砚坚所谓临终以付天益者也。"③同书还收录了李
杲另一弟子王好古的三种著作(《医垒元戎》、《此事难
知》、《汤液本草》),但是没有收入《卫生宝鉴》,令人不
解,不知原因所在。

<h1 style="text-align:center">(二)</h1>

　　罗天益的生平,缺乏记载。但是从《卫生宝鉴》中有
关医疗活动的记录,我们大致可以了解他的经历。

---

　　①　《东垣医集》,第 376 页。
　　②　钱大昕《补元史艺文志》卷三载"《东垣试效方》九卷",又载罗天益
"《内经类编试效方》九卷"。不难看出两者实为一书(《二十五史补编》本)。
　　③　《四库全书总目》卷一〇四《子部·医家类二》,中华书局,1965 年。

前面说过,甲辰年(1244)或稍后,罗天益受业于李杲门下。据他自己记述:"丙午岁,予居藁城,人多患疔疮。县尹董公谓予曰:'今岁患疔疮者极多,贫民无力医治。近于史侯处得数方,用之无不效。官给药钱,君当舍手医之。'遂诺其请。董公榜于通衢:'有患疔疮者,来城中罗谦甫处取药'。如此一年余,全活者甚众。……至元戊寅岁,董公拜中书左丞兼枢密院事。"①"丙午岁"是蒙古国贵由汗元年(1246)。罗天益他在受业于李杲以前,已从事医业。而在受教于李杲以后,他显然一面学习,一面继续行医,而且在地方上有一定声誉。只有这样,距"甲辰年"仅二年的"丙午岁","县尹董公"才会指定他配制治疔疮药,供百姓取用。

这里有必要说明金、元之际真定府(路)的政治状况。在蒙古灭金过程中,北方农业区军阀林立,互争雄长,割据一方。蒙古国统一北方以后,那些归附蒙古国的大小军阀,地位得到承认,世代相继,成为大大小小的土皇帝,在自己的地盘内世代相继,有生杀予夺的权力,称为"世侯"。真定地区统治者是史氏家族,掌权的是史天泽,就是上文中所说的"史侯"。真定史氏是当时最有势力的"世侯"之一。藁城则是董氏家族的地盘。董氏家族以董俊为首,很早就归附蒙古,攻金时战死。其子董文炳嗣为藁城令。罗天益所说"县尹董公",就是董文炳。

---

① 《卫生宝鉴》卷一三《疮肿门》,第167页。

真定府归蒙古后改为路,藁城是真定路下的一县,归真定路管辖。董氏不过是小军阀,力量有限。但是,蒙古灭金以后,将中原人口分封给宗王、驸马、功臣,"时以真定藁城奉庄圣太后汤沐"①。"庄圣太后"即成吉思汗第四子拖雷之妻唆鲁和帖尼。藁城成为唆鲁和帖尼的"汤沐"邑即封地,董氏家族因此和拖雷家族发生了密切的联系。庚戌(蒙古海迷失摄政二年,1250),太后命择邑中子弟来上,(董)文用始从文炳谒太后于和林城②。董文用是董俊的第三子,从此以后他成为唆鲁和帖尼之子忽必烈的侍从。辛亥年(1251),在唆鲁和帖尼的精心策划下,拖雷长子蒙哥登上了统治者的宝座,成为蒙古国的第四代大汗。次年(壬子年,1252),蒙哥命兄弟"忽必烈征大理"③。大理国在今云南境内。忽必烈奉命出师,先在甘肃六盘山屯驻,集结军队,招徕各种文才。董文用和兄弟董文忠(董俊第五子)"从军,督粮械,赞军务"④。罗天益在此时则应忽必烈之召,来到六盘山。据他自己说,壬子年应郎中曹通甫之邀,为杨德治头痛症,"一服减半,再服全愈"。"明年春,赴召之六盘山"。曹通甫赠诗,其中云:"先生饮恨卧黄壤,门生赖汝卓卓医中英。活人事业将与相,一旦在

---

① 《元史》卷一四八《董文用传》。
② 同上。
③ 《元史》卷三《宪宗纪》。
④ 《元史》卷一四八《董文用传》。

己权非轻。连年应召天策府,廉台草木皆欣荣。"①唐高祖李渊称帝后,为立有大功的儿子李世民置天策上将府,以李世民为天策上将,掌国之征讨。诗中的"天策府",显然是指忽必烈王府而言。忽必烈身为宗王,受蒙哥之命,管理"汉南汉地"之事,与李世民当时的地位很相近。廉台指藁城。从诗意来看。罗天益很可能在壬子年以前应忽必烈之召,此时前往六盘山并非偶然。而忽必烈之所以知道罗天益大概出于董氏兄弟的推荐,从前述董文炳与罗的关系,以及董氏兄弟与忽必烈的亲密关系来看,这是很自然的事。

　　癸丑年(1253)罗天益"奉诏至六盘山,上(忽必烈——引者)命治火儿赤纽邻"②。按,纽邻(又作纽璘)是蒙古珊竹带部人,祖孛罗带,"为太祖宿卫,从太宗平金,戍河南"。父太答儿,拜都元帅,率蒙古军攻四川有功③。蒙古大汗身边的侍卫称为"怯薛","火儿赤"是"怯薛"中一种职名,"主弓矢、鹰隼之事者"④。纽邻无疑也是"怯薛"的成员。"怯薛"成员大多是贵族、功臣子弟,能接近大汗,地位重要,历代大汗都以他们为心腹,委以重任。纽邻应是受指派跟随忽必烈出征的,但他"久病疝气",又因"饥饱劳役,过饮湩乳所发,甚如初,面色青黄不泽,脐腹

---

① 《卫生宝鉴》卷九《诸风门》,第121—122页。
② 《卫生宝鉴》卷一五《疝气治验》,第234页。
③ 《元史》卷一二九《纽璘传》。
④ 《元史》卷九九《兵志二·宿卫》。

阵痛,搐撮不可忍,腰曲不能伸",无法行动。经过罗天益用二方治疗,"旬日良愈"。第二年,"王(忽必烈——引者)征班师,遂远迎拜,精神如故,上大悦"①。没有多久,纽邻便奉命出师四川,成为独当一面的大将。罗天益治好纽邻的病,肯定使他博得了好名声。

但是,到六盘以后,罗天益并没有随同出征大理,而是受指派"随王府承应至瓜忽都地面住冬"②。与他同行的还有几位名医,其中最有名的是针灸名家窦默。据罗天益记,"癸丑岁初,予随朝承应,冬屯瓜忽都地面,学针于窦子声先生"③。"癸丑岁,与窦子声先生随驾在瓜忽都田地里住冬,与先生讲论"④。"子声"是窦默的字。又有曲阳县刘禅师,"善治疮疡瘰疬,其效更捷。壬子岁孟春,诏到六盘山,回瓜忽都地面住冬,朝夕相从,传得四方"⑤。颜飞卿,"癸丑岁承应,冬住瓜忽都,有太医大使颜飞卿传四方,用之尝效"⑥。

按,罗天益多次提到的"瓜忽都"实为"爪忽都"之误。"瓜"、"爪"字形相近,刊校时容易弄错,《元史》载,"岁壬子,帝(忽必烈——引者)驻桓、抚间"。"岁甲寅,……秋八月,至自大理,驻桓、抚间,复立桓州。冬,驻爪忽都之

---

① 《卫生宝鉴》卷一五《疝气治验》,第235页。
② 《卫生宝鉴》卷四《饮食自倍肠胃乃伤治验》,第39页。
③ 《卫生宝鉴》卷二《灸之不发》,第23页。
④ 《卫生宝鉴》卷二〇《针法门》,第333页。
⑤ 《卫生宝鉴》卷一三《疮肿门》,第169页。
⑥ 《卫生宝鉴》卷一三《疣瘤疥癣皴揭附》,第188页。

地"。"爪忽都"又作"札忽惕",一般认为即金莲川,就是后来忽必烈建上都开平之地①,位于今天内蒙古正蓝旗境内。忽必烈出征大理,罗天益"承应"的"王府",显然指留在后方的家属。但他所说的"随朝"、"随驾"又应如何解释呢? 这从窦默的行踪可以得到解答。"壬子岁冬,上命公往诣曲你河拜见太后,赐之貂帽、貂裘、靴韈称是。既至,太后问:'汝为何等人?'公以'孔夫子门弟子'为对,乃命之坐,赐之酒食,顾遇之恩甚厚"②。又据记载,忽必烈出征大理时,"留裕宗(忽必烈子真金,后立为太子——引者)后,谓曰:'姚公茂吾不能离,恐废汝学,今遣窦汉卿教汝'"③。由此可知,"壬子岁冬"窦默奉忽必烈之命侍奉的是太后和真金,罗天益和刘禅师、颜飞卿也是一样。也就是说,忽必烈出征以后,太后和真金都居住在爪忽都之地,身边有众多名医照料他们的生活。罗天益即其中之一。太后即前文所说"庄圣太后"唆鲁和帖尼,当时是大汗的母亲,地位尊崇,这就是罗天益所说"随朝"、"随驾"的由来。

据罗天益记述,他在"随朝"时治好一个奇特的病人。"甲寅岁四月初,予随斡耳朵行至界河里住。丑厮兀阆病五七日,发狂乱弃衣而走,呼叫不避亲疏,手执溷乳,与人

---

① 邵循正:《剌失德丁集史忽必烈汗纪译释(上)》,见《邵循正历史论文集》,北京大学出版社,1985年,第27—30页。

② 王磐《窦公神道碑》,《嘉靖广平府志》卷八。

③ 姚燧《姚文献公神道碑》,《牧庵集》卷一五。

饮之,时人皆言风魔了,巫师祷之不愈而反剧。上闻,命予治之。……急以大承气汤一两半,加黄连二钱,水煎服之。是夜下利数行、燥屎二十余块,得汗而解。翌日,再往视之,身凉脉静,众人皆喜,曰:'罗谦甫医可风魔的也。'由此见用"①。斡耳朵一般指大汗或皇后的宫帐。"随斡耳朵"和"随朝"、"随驾"是同一件事。蒙古人信奉巫师(萨满),有病请巫师(萨满)祈祷,在巫师祈祷无效后请汉人医师医治,说明他们已经接受汉医,而罗天益治疗的成功则提高了汉医特别是他本人的声望。

甲寅年(1254)冬,忽必烈征大理回来,到爪忽都,显然是和家属会合。此后一段时间罗天益的情况不明,很可能和窦默、刘禅师一样,获准还家。但没有多久,蒙哥汗发动对宋战争,罗天益作为医师,随军行动。这从《卫生宝鉴》中的一些记述可以看出来。他在记录眼病方时说:"此二方予从军征南数年,有病眼者,用之多效"②。至迟到丙辰年(1256),他已在军中。这一年冬天,罗天益"从军回","楚丘县贾君"告诉他已故儿子的病情③。征南之帅不潾吉歹"丙辰春东征,南回至楚丘",因过饮得病,命罗天益医治④。"中书粘合公""丙辰春"出征至扬州,"脚气忽作",也来求治于罗天益。当罗为不潾吉歹治疗时,

---

① 《卫生宝鉴》卷六《泻热门》,第66页。
② 《卫生宝鉴》卷一〇《眼目诸病并方》,第130页。
③ 《卫生宝鉴》卷三《福医治病》,第25页。
④ 《卫生宝鉴》卷二二《病有远近治有缓急》,第361—362页。

曾向粘合述说治疗方案，可知当时亦在楚丘①。楚丘属山东曹州，今已废。丁巳年（1257），"八月，从军过邓，时值霖雨，民多痢疾"②。"丁巳，予（罗天益）从军至开州"，"夏月"，千户高国用谈论其父的病情③。"丁巳岁，予（罗天益）从军回，住冬于曹州界，以事至州"④。邓即邓州，今河南邓县。开州，州治濮阳，今河南濮阳，与曹州相邻。蒙古对南宋的用兵，大体分三路，东路进攻的矛头是两淮（淮东、淮西），中路进攻的重点是汉水上的荆、襄，西路则是四川。丙辰年不潾吉歹、粘合相公用兵是东路，当时罗天益"从军"在哪一路则不清楚。而丁巳年的记载说"从军过邓"，则无疑是中路。紧接着是戊午年（1258），"戊午春，攻襄阳回，住夏曹州界"⑤。"总帅相公，年近七旬，戊午秋南征。过扬州，俘虏万余口"，沉湎酒色。罗天益对他提出劝告，此人不听。次年，"春正月至汴"，痛饮得病而死⑥。"征南副元帅大忒木儿，年六旬有八。戊午秋征南，予（罗天益）从之，过扬州十里，时仲冬"，大忒木儿得

---

①　《卫生宝鉴》卷二二《北方脚气治验》，第360页。

②　《卫生宝鉴》卷一六《痢疾》，第244页。罗天益在另一处说："人参款花散，治喘嗽久不已者。予从军过邓州，儒医高仲宽传此。"（同上书，卷一二《咳嗽门》，第151页）亦应为此时之事。

③　《卫生宝鉴》卷二《下工绝气危生》，第16页。

④　《卫生宝鉴》卷一三《汗之则疮已》，第179页。

⑤　《卫生宝鉴》卷一六《内伤霍乱治验》，第254页。

⑥　《卫生宝鉴》卷三《时气传染》，第22页。

病,经罗天益医治痊愈①。可知罗天益是年秋、冬在征南军中。但到年底又北还:"戊午冬,予(罗天益)从军住冬于成武县"②。成武即今山东成武,当时亦属曹州。从丙辰、丁巳到戊午(1256—1258),罗天益每年必回曹州住冬或住夏,可以说明曹州一带应是蒙古国对南宋用兵的后勤基地。

　　下一年是己未年(1259)。"征南副帅大忔木儿,己未奉敕立息州,其地卑湿,军多病疟痢,予合辰砂丹、白术安胃散,多痊效"③。"明年(戊午之明年即己未,——引者)秋,过襄阳,值霖雨,阅旬余,[大忔木儿]前证复作",又经罗天益治愈④。息州即今河南息县,离襄阳不远。襄阳是当时蒙、宋双方争夺的焦点之一。己未年中路蒙古军由忽必烈率领,主攻方向是鄂州(今武汉),大忔木儿大概是率军在襄阳一带活动,对主力起配合的作用。罗天益显然是在大忔木儿的部队中。这一年七月,蒙哥汗战死于四川合州钓鱼山,形势大变,忽必烈迅速北还,争夺汉位,蒙、宋战争暂告一段落。次年(庚申,1260),忽必烈即汗位。罗天益在这一年曾为"顺德府张安抚"治病⑤,顺德府治即今河北邢台,离藁城不远,可见他在北返途中。但是,此后一段

---

① 《卫生宝鉴》卷二二《胁寒治验》,第362页。
② 《卫生宝鉴》卷一三《凡治病必察其下》,第180页。
③ 《卫生宝鉴》卷一六《瘅疟治验》,第260页。
④ 《卫生宝鉴》卷二二《胁寒治验》,第363页。
⑤ 《卫生宝鉴》卷八《风中腑兼中脏治验》,第90—91页。

时间罗天益的行踪，则是不清楚的。

罗天益记录，在"乙丑岁"（至元二年，1265）曾为"真定赵客"治病①。在"至元丙寅"（1266）他有几个病例，一是"真定赵吉夫"，"真定韩君祥"，说明他当时在真定②。同一年六月他还医好了"提学侍其公"③。"侍其公"即侍其轴，他是董俊在汴京开封陷落时救出带回家乡作家庭教师的，一直生活在真定、藁城一带④。另据罗天益记载，"中书左丞相史公，……至元丁卯九月间，因内伤自利数行，觉肢体沉重，不思饮食，……易数医，四月余不愈。予被召至燕，命予治之"。"至月余，其病乃得平复"⑤。"至元丁卯"是至元四年（1267）。"史公"即史天泽。又，刑部侍郎王立甫之婿"于"至元丁卯十一月间"得病，罗天益断定"至春必死"。果然⑥。可见他应在丁卯年冬末到达大都。"至元戊辰春"，"参政杨公""忽病头旋眼黑，目不见物，心神烦乱"，经罗天益用针灸得愈。"杨公"即杨果，他作诗谢道："罗君赴召来幽燕，与我似有前生缘。……方今草野无遗贤，姓名已达玉阶前"⑦。几乎同时还有"中书

① 《卫生宝鉴》卷一《下多亡阴》，第9页。

② 《卫生宝鉴》卷二三《阳证治验》、《阴黄治验》，第368页、369页。

③ 《卫生宝鉴》卷一六《中暑霍乱吐利治验》，第253页。

④ 《元史》卷一四八《董俊传》。按，侍其轴曾为李杲《医学发明》作序，其中讲述李杲、罗天益师弟之谊，可见他与李、罗均有交往。见前引。

⑤ 《卫生宝鉴》卷五《温中益气治验》，第50页。

⑥ 《卫生宝鉴》卷二《冬藏不固》，第18页。

⑦ 《卫生宝鉴》卷二二《风痰治验》，第365—366页。

左丞张仲谦",他在"至元戊辰春正月,在大都患风证,半
身麻木",罗天益对他的治疗方案提出了合适的建议①。
又有"中书右丞姚公茂","至元戊辰春。因酒病发,头面
赤肿而痛,耳前后肿尤甚",罗天益既用针灸,又开既济解
毒汤内服,"不旬日良愈"②。"至元戊辰十月初","太尉
忠武史公"因受风得病,罗天益推举一针灸名师用灸,又
用升麻汤加数味"发散风寒,数服而愈"③。至元己巳(六
年,1269)夏六月罗天益"住于上都",为"佥院董彦诚"治
病④。上都开平是元朝的夏都,皇帝每年到此避暑,百官
侍从,罗天益显然随朝而来。"夏月","太保刘仲晦"曾派
人向他咨询"淋疾"所由⑤。"刘仲晦"即忽必烈的亲信谋
士刘秉忠。在上都罗天益医治的病人还有"参政商公"
(商挺),此人"至元己巳夏,上都住。时值六月,霖雨大
作,连日不止,因公务劳役过度,致饮食失节",腹痛自利,
不喜饮食,身体倦困。罗天益开方,"不数服良愈"⑥。但
是,罗天益还记录了一个病例。"北京按察书吏李仲
宽,⋯⋯至元己巳春,患风证,半身不遂,四肢麻痹,言语蹇
涩,精神昏聩"。屡经治疗不愈,"遂还真定,归家养病"。
请罗天益诊治。罗认为他"所服药无考凭,故病愈甚"。

① 《卫生宝鉴》卷二三《时不可违》,第 372 页。
② 《卫生宝鉴》卷二三《上热下寒治验》,第 367 页。
③ 《卫生宝鉴》卷八《风中血脉治验》,第 89 页。
④ 《卫生宝鉴》卷六《阴证治验》,第 72 页。
⑤ 《卫生宝鉴》卷二《酸多食之令人癃》,第 17 页。
⑥ 《卫生宝鉴》卷二三《中寒治验》,第 371 页。

无法医治。果然"未几而死"①。可知在这一年,罗天益又返回乡里。

从《卫生宝鉴》记载的一些病例可以看出,此后一段时间,罗天益在家乡行医。癸酉(至元十年,1273),他为"代史侯出家"的真定华严寺和尚治病②。甲戌(至元十一年,1274)三月,路过真定的"南省参议官常德甫"请罗天益诊治③,同年秋天求治的还有"真定一秀士"④。丙子(至元十三年,1276)三月,"真定府武德卿"求治⑤。庚辰(至元十七年,1280)八月,"真定府临济寺赵僧判"中风,经罗天益治愈⑥。辛巳(至元十八年,1281)闰八月,"真定路总管刘仲美请罗天益诊治⑦。《卫生宝鉴》中有一条记载说:"至元戊寅五月间,霖淫积雨不止,鲁斋许平仲先生,时年五十有八,面目肢体浮肿,大便溏多,腹胀肠鸣,时痛,饮食短少,命予治之。"⑧至元戊寅是至元十五年(1278),"鲁斋许平仲"即国子祭酒许衡,据此则罗天益此一年应在大都。但文中明言许衡时五十八岁,许衡死于至元十八年,

① 《卫生宝鉴》卷二《用药无据反为气贼》,第 19 页。
② 《卫生宝鉴》卷二《肺痿辨》,第 15—16 页。
③ 《卫生宝鉴》卷六《阳证治验》,第 66 页。
④ 《卫生宝鉴》卷一六《葱熨法治验》,第 251—252 页。
⑤ 《卫生宝鉴》卷六《阴气有余多汗身寒》,第 72 页。
⑥ 《卫生宝鉴》卷八《风中脏治验》,第 101 页。
⑦ 《卫生宝鉴》卷二二《肝胜乘脾》,第 364 页。
⑧ 《卫生宝鉴》卷一四《胃气为本》,第 220 页。

年七十三①，因此这条记载是有问题的，按五十八岁推算，应为至元丙寅（至元三年，1266），"戊寅"是"丙寅"之误。与前面所说参证，可以认为在至元丙寅夏天，罗天益由真定到大都。而至元癸酉以后，他一直在真定。

《卫生宝鉴》所记时间最晚的一例病例，是"至元癸未季春下旬""奉圣旨"为"中书右丞合剌合孙"治病②。癸酉是至元二十年（1283），可知他在此时或稍前又来到了大都。不久，他参加了增修《本草》的工作。至元二十一年（甲申，1284）十二月，忽必烈下令增修《本草》③。"初，世祖以《本草》为未完书，命征天下良医为书补之。公（真定名医韩公麟——引者）承命往，以罗天益等二十人应诏"④。《本草》的增修，直到至元二十五年（戊子，1288）九月才告完成⑤。罗天益是否参加全过程，已不可得知⑥。而在此以后，各种文献中已不再有他活动的记载了。

罗天益在当时称为"太医"⑦。按，元朝设太医院，秩正二品，"掌医事，制奉御药物，领各属医职"。有院使、同

---

①　《元史》卷一五八《许衡传》。

②　《卫生宝鉴》卷一七《小便数而欠》，第274页。

③　《元史》卷一三《世祖纪十》。

④　苏天爵《太医院使韩公行状》，《滋溪文稿》卷二二。

⑤　《元史》卷一五《世祖纪十二》。

⑥　关于忽必烈修《本草》，请看我写的《忽必烈修〈本草〉》，见《元史研究论稿》，中华书局，1991年，第447—449页。

⑦　砚坚《卫生宝鉴序》，载《卫生宝鉴》卷首。《卫生宝鉴》卷二四《用热远热从乎中治》，第378页。

知、金院等官员,下设广惠司、御药院等机构①。从各种记载看来,太医院中设有太医,专为宫廷成员、贵族官僚治病。太医院一度称尚医监,故太医亦称尚医。元仁宗延祐年间,曾对"随朝太医"进行"试验分拣",并准备按科举例,对医生分级考试,"赴都会试"者"第一甲充太医"②。考试的计划虽未实现,但足以证明确有太医的存在。真定窦行冲以医术被征召。"赐对称旨,命为尚医"③。真定韩公麟受召,忽必烈亦"命为尚医"④。罗天益应与他们相同。但是,关于太医(尚医)的官阶、待遇,史无明文,有待进一步研究。

综上所述,罗天益至迟在丙午年(1246)已开始行医,甲申年(1284)甚至稍后仍参与修《本草》,其医学活动前后应有四十年或更久,其享年应在六十岁以上。

(三)

在四十年的行医过程中,罗天益接触到各阶层中的许多人物。《卫生宝鉴》中的若干记载,对于我们了解元初史事,不无裨益。

罗天益曾为不少达官贵人治病,如史天泽、姚枢、许衡、张仲谦、商挺、杨果、合剌合孙、不潾吉歹、董文忠等。

① 《元史》卷八八《百官志四》。
② 《元典章》卷三二《礼部五·学校二·试验医人》。
③ 《元故尚医窦君墓碣铭》,《滋溪文稿》卷一九,中华书局,1997年。
④ 苏天爵《太医院使韩公行状》,《滋溪文稿》卷二二。

一般公私文献中的人物传记,对于他们的病史,往往略去不载。《卫生宝鉴》中的有关记载,可以补充这方面的不足。以史天泽为例。他是"汉地诸侯"中的代表人物,深得忽必烈信任,先后任中书右、左丞相,枢密副使,在蒙哥、忽必烈两朝地位显要,举足轻重。《卫生宝鉴》中记载了他的两次病史。一次是"至元丁卯九月间,因内伤自利数行,觉肢体沉重,不思饮食,嗜卧懒言语,舌不知味,腹中疼痛,头亦痛而恶心"。"易数医,四月余不愈"。改由罗天益治疗,"至月余,其病乃得平复"①。此时应是次年(戊辰)夏天。至元丁卯是至元四年(1267),戊辰是至元五年(1268)。就在"至元戊辰十月初",史天泽"侍国师于圣安寺丈室中,煤炭火一炉在左侧边,遂觉面热,左颊微有汗。师及左右诸人皆出,因左颊疏缓被风寒客之。右颊急,口喎于右"。罗天益举"医学提举忽君吉甫"用灸、熨,自己开"升麻汤加防风、秦艽、白芷、桂枝,发散风寒,数服而愈"②。这一年史天泽已六十八岁。而在"年高体弱"接连患病的情况下,至元六年(1269)忽必烈又命史天泽前往襄阳经划军事,难怪到"七年",便"以疾还燕"了③。文中的"国师"无疑是藏传佛教领袖八思巴,受忽必烈尊奉④,

---

① 《卫生宝鉴》卷五《温中益气治验》,第50页。

② 《卫生宝鉴》卷八《风中血脉治验》,第89页。

③ 《元史》卷一五五《史天泽传》。按,至元八年正月,"史天泽告老,不允"。(《元史》卷七《世祖纪四》)其"告老",显然与久病有关。

④ 《元史》卷二○二《释老传》。

史天泽虽贵为丞相,仍在其侍从之列,可以想见八思巴当时的势力。罗天益记"丞相素不饮酒;肢体本瘦"①,也有助于了解史天泽的生活。

《元史·宪宗纪》载,宪宗七年(丁巳,1257)九月,"元帅卜邻吉觯军自邓州略地,遂渡汉江"。这个卜邻吉觯是元朝中期权倾一时的大臣铁木迭儿之祖。关于卜邻吉觯的情况,历来所记甚少。可幸的是,据《卫生宝鉴》记,"征南元帅不潾吉歹,辛酉八月初三戌时生,年七旬。丙辰春东征,南回至楚丘,诸路迎迓,多献酒醴,因而过饮"得病,经罗天益治愈②。同书又记,"中书粘合公,年四旬有余,躯干魁梧。丙辰春,从征至扬州北之东武隅,脚气忽作,遍身肢体微肿,其痛手不能近,足胫尤甚,履不任穿,跣以骑马,控两镫而以竹器盛之"。亦经罗天益针灸而愈③。罗天益为不潾吉歹治疗时,曾将病情与治疗方案向"中书粘合公"说明④。由此可知,不潾吉歹在丙辰年(1256)已率军南征扬州,"中书粘合公"亦在此军中。另据记载,"崔斌字仲文,马邑人。……世祖在潜邸召见,应对称旨,命佐卜怜吉带,将游骑戍淮南。斌负才略,卜怜吉带甚敬礼之。兵驻扬州西城,俾斌领骑兵觇敌形势"⑤。这个卜怜吉带

---

① 《卫生宝鉴》卷五《温中益气治验》,第 50 页。
② 《卫生宝鉴》卷二二《病有远近治有缓急》,第 361—362 页。
③ 《卫生宝鉴》卷二二《北方脚气治验》,第 360 页。
④ 《卫生宝鉴》卷二二《病有远近治有缓急》,第 361—362 页。
⑤ 《元史》卷一七三《崔斌传》。

和《卫生宝鉴》中的不潾吉歹无疑是同一人，也就是《元史·宪宗纪》中的卜邻吉䚟。这样，我们知道，卜邻吉䚟（不潾吉歹，卜怜吉带）在蒙哥汗六年（丙辰，1256）或稍前奉忽必烈之命在淮南一带活动，曾进攻扬州，这是一支“游骑”，旨在骚扰，并非蒙古军主力，所以在蒙（元）、宋双方文献中都没有给予足够的注意。《卫生宝鉴》的记载，使我们对蒙哥汗六年蒙古方面的军事活动，有更多的了解，同时也对卜邻吉䚟生平有较多的认识，包括此人的出生年月。显然，到了丁巳年（1257），为了加强长江中游的攻势，又把卜邻吉䚟调到了邓州、汉水前线。

上述《卫生宝鉴》记载中的“中书粘合公”，应是粘合重山之子粘合南合。粘合重山是女真贵族，早就投奔成吉思汗，得到信任。粘合南合在忽必烈称帝后曾任中书右丞、中书平章政事，故有“中书粘合公”之称。《元史》卷一四六《粘合重山附粘合南合传》，内容很简略，连年龄都没有记载，其他文献中有关他的记载也很少。《卫生宝鉴》的记载可补《元史》本传之不足，不仅知道南合在蒙哥时代参与对宋战争，而且了解他的大致年龄[①]。

《卫生宝鉴》的另一条记载亦是有关蒙宋战争的：“总帅相公，年近七旬，戊午秋南征，过扬州，俘虏万余口，内选

① “中书粘合公，年三十三岁，病脚膝痿弱，脐下尻臀皆冷，阴汗臊臭，精滑不固。省医黄道宁主以鹿茸圆，十旬不减。至戊申春，具录前证，始求于先师。”（《东垣试效方》卷九）戊申是1248年，据此推算，丙辰年（1256）应为四十一岁。

美色室女近笄年者四,置于左右。予因曰:'总帅领十万余众深入敌境,非细务也。况年高气弱,凡事宜慎。且新虏之人,惊忧气畜于内,加以饮食不节,多致疾病,近之则邪气相传,其害为大。'总帅笑而不答。……至腊月中班师,值大雪三日,新掠人不禁冻馁,皆病头疼、咳嗽、腹痛、自利,多致死亡者。逮春正月至汴,随路多以礼物来贺,相公因痛饮数次,遂病。……与新虏人病无异,其脉短涩,其气已衰,病已剧矣。三日而卒。"① 与其他病例不同,罗天益没有将这位"总帅相公"的姓名写出,从他的叙述看来,"总帅相公"应是蒙古札剌儿部的也柳干。此人在"岁乙未,从皇子阔出、忽都秃南征,累功授万户,迁天下马步禁军都元帅。及大将察罕卒,也柳干领其职,拜诸翼军马都元帅,统大军攻淮东、西诸郡。戊午,战死扬州"②。按,察罕是两淮地区蒙古军的统帅,死于乙卯年(1255)。也柳干继为统帅,故有"总帅相公"之称。戊午年(1258),也柳干统军到扬州一带,但从罗天益记载可知,他并未战死在扬州,而是回军途中因酒色过度而死。"战死"之说,显然是为了美化他的形象而有意采取的讳饰之词。戊午年扬州之役,不见于一般史书记载,应是一次旨在掳掠同时也配合长江上、中游攻势的行动。这次并不重要的行动"俘虏"便达"万余口",可以想见蒙宋战争中此类现象一定极其普遍,而从罗天益的叙述中,多少也可看出俘虏遭遇的

---

① 《卫生宝鉴》卷三《时气传染》,第 22 页。
② 《元史》卷一二九《阿剌罕传》。

悲惨。

　　前已述及,罗天益是李杲的弟子,《卫生宝鉴》中多处提到"先师东垣老人",说明他对老师的尊重。但是,罗天益并不因此故步自封,所到之处,常向学有专长的医师请教。从《卫生宝鉴》中可以查考的,如"太医太史齐正臣"鱼胆丸"①,邓州"儒医高仲宽传"人参款花散,"治咳嗽久不已者"②。在爪忽都与"善治疮疡瘰疬"的"曲阳县慈顺里刘禅师""朝夕相从,传得四方"③,等等。但罗天益除李杲外最为钦佩的,显然是当时的针灸名家窦默。他在《卫生宝鉴》中多次提到的窦默,自称在"爪忽都地面学针于窦子声先生"④。"子声"是窦默的字。又称:"癸丑岁,与窦子声先生随驾在爪忽都田地里住冬,与先生讲论,因视见《流注指要赋》及补泻法,用之多效。今录于此,使先生之道不泯云云。"⑤又一处"中风针法",下注"出窦先生《气元归类》"⑥。他的这些记录,对于研究窦默的生平和医学都有重要价值⑦。《卫生宝鉴》提到次数较多的还有当时的理学大师许衡。罗天益曾为许衡治病,已见前述。他在《卫生宝鉴》中几次引用许衡的话,其中两次是对治

① 《卫生宝鉴》卷一〇《眼目诸病并方》,第 131 页。
② 《卫生宝鉴》卷一二《咳嗽门》,第 151 页。
③ 《卫生宝鉴》卷一三《疮肿门》,第 169 页。
④ 《卫生宝鉴》卷二《灸之不发》,第 23 页。
⑤ 《卫生宝鉴》卷二〇《针法门》,第 333 页。
⑥ 《卫生宝鉴》卷七《中风门》,第 84 页。
⑦ 陈高华《论窦默》。

疗疾病有感而发①，一次则是就"治小肠气痛"发表的意见："许学士云：大抵此疾因虚得之，不可以虚骤补。"②一次讲"治积"："大抵治积，或以所恶者攻之，或以所喜者诱之，则易愈。"③许衡对医学颇有造诣，《卫生宝鉴》中的记载，有助于这方面的探讨。元初还有一位针灸名家忽公泰，字吉甫，官翰林集贤直学士，撰《金兰循经取穴图解》一卷，不传④。其人事迹亦不为人所知。罗天益记，自己学针于窦默，窦默说："凡用针者，气不至而不效，灸之亦不发。""异日，因语针灸科忽教授，亦以为然"⑤。至元戊辰，史天泽面受风寒，罗天益"举医学提举忽君吉甫专科针灸"，为史灸熨⑥。可知忽吉甫早已应忽必烈征召，与罗相同，至元戊辰年曾任医学提举。以上种种，对于研究元代医学，都有一定的参考价值。

罗天益对于流行疾病的记载，对于元初历史研究，亦不无启发。例如，"中书左丞董公彦明中统辛酉夏领军攻济南，时暑隆盛，军人饮冷，多成痢疾。又兼时气流行，左丞遣人来求医于予，遂以数药付之。至秋，城陷矣"⑦。董

---

① 《卫生宝鉴》卷二《用药无据反为气贼》，第19页；卷六《阴证治验》，第72页。

② 《卫生宝鉴》卷一五《疝气痛及腰痛膝无力及控睾证》，第233页。

③ 《卫生宝鉴》卷一四《治积要法》，第211页。

④ 钱大昕《元史艺文志》卷三。

⑤ 《卫生宝鉴》卷二《灸之不发》，第23页。

⑥ 《卫生宝鉴》卷八《风中血脉治验》，第89页。

⑦ 《卫生宝鉴》卷四，第27页。

彦明即董文炳,"攻济南"是中统辛酉(二年,1261)攻打山东军阀李璮之役。蒙古军于四月围济南,七月攻克,军人多得痢疾,战斗力减退,应是迟迟不下的原因之一。"征南副帅大忒木儿,己未奉敕立息州,其地卑湿,军多病疟痢,予合辰砂丹、白术安胃散,多痊效"①。"廉台王千户"(王庆端)"领兵镇涟水,此地卑湿,因劳役过度,饮食失节,至秋深,疟痢并作,月余不愈,饮食全减,形容羸瘦"②。可见疟疾和痢疾,是当时军中的常见病。罗天益治疗的病人中,有不少是蒙古人,他们的疾病以饮酒或马奶过度引起者居多,如马剌先食炙兔一枚半,又"渴饮湩乳斗余。是夜腹胀如鼓,疼痛闷乱"③;火儿赤纽邻,"久病疝气",又因"过饮湩乳"而加重,已见前述④。戊午年住曹州,"蒙古百户昔良海,因食酒肉饮湩乳,得霍乱吐泻"⑤。丙辰年征南元帅不潾吉歹因过饮酒醴"腹痛肠鸣,自利日夜约五十余行",引起多种疾病⑥。饮酒和马奶过度,又是造成蒙古人得脚气病的原因。罗天益说:"今观此方(指北方——引者)爽恺,而无卑湿之地,况腠理致密,外邪难侵,而有此疾者,何也? 盖多饮乳酪醇酒,水湿之属也。"他认为治

---

① 《卫生宝鉴》卷一六《瘴疟治验》,第 260 页。
② 《卫生宝鉴》卷一六《阴阳皆虚灸之所宜》,第 250 页。按,王庆端《元史》有传,附卷一五一《王善传》后。
③ 《卫生宝鉴》卷四《饮食自倍肠胃乃伤治验》,第 39 页。
④ 《卫生宝鉴》卷一五《疝气治验》,第 234 页。
⑤ 《卫生宝鉴》卷一六《内伤霍乱治验》,第 254 页。
⑥ 《卫生宝鉴》卷二二《病有远近治有缓急》,第 361—362 页。

南方人的脚气应与治北方的脚气不同①。前述"中书粘合公"、"征南副帅大忒木儿"得的都是脚气病。罗天益所述的这些病例，可以供研究元代蒙古人风俗习惯时参考。事实上，忽必烈本人便因"过饮马湩，得是疾"②，终生不愈，可见这种情况之普遍。

原载《文史》第 48 辑,1999 年

---

① 《卫生宝鉴》卷二二《北方下疰脚气论》,第 360 页。
② 《元史》卷一六八《许国桢传》。

元代江南税粮制度新证

——读《上虞县五乡水利本末》

税粮是元代重要赋税项目之一。顾名思义,这是一种以征收粮食为内容的税收项目。元代的税粮制度颇为复杂,南、北有很大的不同,官、民田又有明显的差别。过去我写过《元代税粮制度初探》①,对此有所论述。由于资料的欠缺,还有不少问题有待作进一步的研究。近年我读到《上虞县五乡水利本末》一书,其中记载,对于认识元代江南税粮制度,颇有帮助。此书迄今尚未引起治元代经济史者的注意。现将有关记载,结合其他资料,说明如下。

一

关于《上虞县五乡水利本末》一书,《光绪上虞县志》三六《经籍志》有介绍:

---

① 原载《文史》第 6 辑,后收入《元史研究论稿》,中华书局,1991 年。

《上虞五乡水利本末》二卷，陈恬著。有刘仁本、杨翮二序。嘉靖间邑令张光祖重刊。国朝朱鼎祚续刻。是书分上、下二卷，上卷乃陈恬所著……下卷乃朱鼎祚所增刻。历叙三湖兴废事迹暨堰壩成规，足备考镜。近时枕湖楼连氏有重刊本，连蘅又附刊《续水利》一卷。

按，此书刘仁本序云："县旧有三湖，曰夏盖，曰上妃，曰白马，五乡受田之家实蒙其利，疏治围筑之规，启闭蓄泄之法，自东汉逮今，既详且密。间有擅为覆夺更易者，赖载籍明白，持以证据，于是乎得不泯。乡之人陈恬又惧其久而或讹也，裒集古今沿革兴复事实以及志刻左验公规讼牍，锓梓成帙，将垂不朽，俾谂来者，其用心溥矣。"杨翮序云："盖夏盖、上妃、白马之为湖于上虞旧矣，幸而不为田则其乡之利甚厚，不幸而不为湖，则其乡之害有不可胜言者，利害之分较然明著。奈何细人之肤见，往往役于小利，率倒施之，可为浩叹。此晏如所为夙夜惓惓欲使后世长享厚利而毋蹈遗害焉。"文中"晏如"是陈恬的字。可以看出，陈恬作此书，目的在于保存文献，防止有人围湖造田，破坏当地的水利灌溉。此书所收资料，从时间上看，最晚到元顺帝至正二十一年（1361）。刘仁本、杨翮的序分别作于至正二十二年九月和十二月，当时已"锓梓成帙"。到明代中叶，"其板已坏，其书仅见而损，且将亡之矣"。嘉靖十五年（1536），上虞知县张光祖命人整理，捐俸重刊，见此书张光祖序。清代前期朱鼎祚将明代后期至清康熙年间的五乡水利,辑为一卷,和陈恬的著作合为一书,上卷是陈恬的原作,下卷是朱鼎祚的《续刻三湖水利本末》,全书沿用《上虞五乡水利本末》一名。清光绪十年(1884),上虞人连薲重刻,后附《水利案卷》,记录清道光、同治年间有关夏盖湖水利的争讼。这就是现在通常见到的枕湖楼连氏刊本,书名《重刻五乡水利本末》。

　　上虞县在元代属江浙行省绍兴路。全县共十四乡,"大抵九乡在东南,皆绵亘山谷,水利无所预。其西北五乡襟海带江,土多斥卤,雨泽不时,禾受其害"①,主要依靠三湖(夏盖、白马、上妃)之利灌溉。陈恬的《上虞县五乡水利本末》一书,如名称所示,主要内容便是搜集三湖灌溉的文献资料。因为五乡地处海边,又有海潮之患,所以书中亦有海堤情况的介绍。全书包括"四图"("夏盖湖图"、"上妃白马湖图"、"三湖源委图"、"五乡承荫图"),十三目("三湖沿革"、"植利乡都"、"沟门石闸"、"周围塘岸"、"抵界堰壩"、"限水堰闸"、"御海堤塘"、"科粮等则"、"承荫田粮"、"元佃湖田"、"五乡歌谣"、"兴复事迹"、"古今碑记")。对于研究元代水利和田赋制度,都有重要价值。但清代修《四库全书》时,未曾收入,所以没有受到人们的重视。

---

　　① 本书"植利乡都"目。

二

本书"科粮等则"中说:"田赋之起,因地定则,地有肥硗,赋有轻重,古法然也。并湖之地,虽曰滋饶,地力亦复不同。自宋至今,其法三变,而赋之上下亦第为三焉。"所谓"其法三变",是指"宋咸淳年间推排时等则","国朝至元年间抄籍后等则"和"至正十九年归类田粮等则",也就是南宋末、元初和元末三个时期的不同科征标准。

"咸淳"是宋度宗的年号,共十年(1265—1274)。这时已是南宋亡国的前夕。"推排"即南宋权臣贾似道推行的"公田法",政府强行收购民间的部分田土作为"公田",以"公田"收入弥补军饷的亏空①。与此同时,重新确定了田赋的标准。"至元年间抄籍"指元灭南宋后在江南推行的人口和资产登记,在登记的基础上确定了田赋的征收标准②。这次确定的"等则"实际上是元代通行的征收标准,因为"至正十九年"(1359)的"归类田粮等则"施行时,距离元朝灭亡(1368)已为时不远。

"咸淳年间推排时等则"和"至元年间抄籍后等则"都是以乡为单位分等征收的③。"至正十九年归类田粮等则",则是以都为单位分等征收的④。为便于比较,列表如下:

① 刘一清《钱塘遗事》卷五,《推排公田》。
② 见我写的《元朝的土地登记和土地籍册》,《历史研究》1998年第1期。
③ 均为民田。"勺"以下有"抄"、"撮",现略去不计。
④ "勺"以下有"抄"、"撮",现略去不计。

表 1:"咸淳年间推排时等则"和"至元年间抄籍后等则"

	永丰乡	上虞乡	宁远乡	新兴乡	孝义乡
咸淳一等	1斗4升2合7勺	1斗3升5合7勺	1斗4升2合2勺	1斗4升4合	1斗3升9勺
至元一等	6升8合4勺	6升5合	6升8合1勺	6升9合	6升2合7勺
咸淳二等	1斗2升8合4勺	1斗2升2合1勺	1斗2升7合9勺	1斗2升9合3勺	1斗1升7合9勺
至元二等	6升1合5勺	5升8合5勺	6升1合3勺	2升1合9勺	5升6合5勺
咸淳三等	1斗1升4合2勺	1斗 9合	1斗1升3合		1斗 4合9勺
至元三等	5升4合7勺	5升2合2勺	5升7合1勺	5勺	5升 3勺
咸淳四等	1斗	9升5合	9升9合5勺	1斗	9升1合7勺
至元四等	4升7合9勺	4升5合5勺	4升7合7勺	4升8合1勺	4升3合9勺

表 2:"至正十九年归类田粮等则"

	民田			官田		
	上等	中等	下等	上等	中等	下等
第二都①	6升5合	6升	5升3合	又役官田:2斗8升,湖田2斗2升1合5勺		
第三都		6升2合5勺	5升4合	官2斗8升2合5勺,湖田3斗6升6合7勺		
第四都	7升	6升6合	5升4合	2斗8升3合6勺		
第五都		6升2合5勺	5升6合6勺	3斗3升3合3勺		
	一保7升。二保6升9合6勺。三保6升5合8勺。					
第六都 四保	6升5合5勺	6升4合	6升3合	2斗9升6合		
第六都 五保	6升4合	6升2合	6升			
第六都 六保		6升4合	6升2合			
	七保6升1合。八、九、十保6升4合5勺					

① 第二都有"义役官田"。又有"万年庄田",亦分三等,地,山各一等。又有湖田。实即官田。见后。

续　表

	民田			官田		
第七都	5升5合	5升4合1勺	5升3合1勺	2斗6升	2斗	1斗
第八都 一、三保 三、五保		6升	5升	2斗8升		
		6升	4升			
四保5升9合5勺。六保6升1合5勺。八保6升2合9勺。九保6升8合9勺。十保6升3合5勺。						
第九都	6升1合2勺			2斗8升7合		
第十都①	6升2合5勺			3斗4升	2斗5升	
镇都	6升6合	6升	5升6合3勺	2斗8升		

① 第十都另有薪田、荡地田。薪田每亩2斗3升,荡地田2斗。

　　从以上二表可以看出，"至元等则"和"至正等则"所记田粮数额，实际上相差不大（后面还要具体讨论），而"至元等则"和"咸淳等则"相比，则减少了一半以上。为什么有这样大的变化？原因有二个。一是元朝在计量方式方面的变化，一是忽必烈减免江南租税的决定。

　　"宋咸淳年间推排时等则""用文思院圆斛"①。文思院原是宫廷器物制作场，后来职能扩大，承担度量衡器的制作②。"文思院圆斛"便是文思院制作的标准量器，在宋代广泛使用。元平江南以后在至元二十年（1283）五月，"颁行宋文思院小口斛"③。可见文思院圆斛仍继续沿用。但没有多久，中书省便另颁量器，称为"省斛"④。"省斛"比"文思院圆斛"大。过去我们讨论"文思院斛"与"省斛"关系时，曾指出当时有两种比例。一种是文思院斛一石折省斛七斗，亦即十与七之比。一种是文思院斛一斗五升折合省斛一斗，亦即十五与十之比⑤。按照后一种比例折算，文思院斛合省斛六升六合强。本书则提出了另一种比例："至元年间抄籍后等则""用省降方斛，假如文思院

---

　　①　本书"科粮等则"目。

　　②　关于文思院，请参看郭正忠《三至十四世纪中国的权衡度量》，中国社会科学出版社，1993年，第415—419页。

　　③　《元史》卷一二《世祖纪九》。

　　④　"省斛"颁行的准确时间待考。至元二十三年（1286）中书省要求"民间合用斛斗秤度照依省部元降样制成造"。（《元典章》卷五七《刑部十九·诸禁·禁私斛斗秤尺》）疑在此以前已颁"省斛"。

　　⑤　见《元代税粮制度初探》。

斛米一斗，展（？）省斛米六升八合五勺。"①正好在上述两种比例之间，上虞县通行的这一折合比例，我们在昌国州（今浙江定海）也可看到。昌国州秋税"该征二千八百三十一石六斗八升二合三勺，此文思院斛。以今省降斛折之，止该一千九百三十九石七斗一合。"②正好合上虞的比例。这就是说，在江南，征收税粮时，以文思院斛折合省斛，有三种不同的比例，因地区不同而差异。本书所载"至元等则"是按省斛计算的。这样，从具体数额来说，比起南宋的等则来，就减少了三分之一左右。

总起来说，元代前期江南地区两种量器系统同时存在，一种是文思院斛，一种是省斛。但官府征收税粮时，显然都以省斛为准，文思院斛都要折合为省斛。所谓"省斛"，应是元朝政府沿用金代的量器系统，原来行于北方，统一后又逐步推行到南方。元代北方并不存在两种量器系统。《元史·食货志·税粮》说：江南税粮，"其输米者，止用宋斗斛，盖以宋一石当今七斗故也"。这段话是很不确切的。江南税粮，在忽必烈时代，作为过渡，两种量器系统并行，但已经以省斛为主。到了元中期，文思院斛系统实际上已逐渐消失。而且，文思院斗斛和"今"斗的折算有三种比例，"一石"当"七斗"只是其中之一。

折合之外，又有减征。本书"至元年间抄籍后等则"

---

① 本书"科粮等则"目。

② 《大德昌国州志》卷三《叙赋·田粮》。

下注,当地税粮,"除免三分,实征七分"。另一处说:"世祖皇带悯念越民旧赋之重,岁纳秋粮,以十分为率,永蠲三分。德之至渥,万民感赖。"①在现存其他元代文献中,我们看到减免税粮三分的记载。有以下两次:至元二十年(1283)十月,忽必烈颁诏:"江淮百姓生受,至元二十年合征租税,以十分为率,减免三分。"②但这次减免,明显仅限于至元二十年。至元三十一年成宗即位时颁布的诏书中说:"诸色户计秋粮已减三分,其江淮以南至元三十一年夏税,特免一年,已纳官者,准充下年数目。"③"诸色户"应就全国范围而言,减免的秋粮应与夏税相同,亦限于当年。显然,这两条记载都不足以证明元朝政府曾对江南税粮"永蠲三分"。从上引本书记载来看,这是忽必烈"悯念越民旧赋之重"而采取的一项"德政",很可能是仅限于绍兴路(唐代称越州)范围之内的。

　　由于以上二个原因,至元等则中各类田的秋粮额和咸淳等则相比,相差很大。南宋末年交纳秋粮一斗(文思院斛),到了至元年间,折合成省斛6升8合5勺。再除免三分,就变成4升7合9勺5抄④。以永丰乡民田一等为例,南宋末每亩田税为1斗4升2合7勺,到至元间折合省斛

----

① 本书"元佃湖田"目。
② 《至顺镇江志》卷六《赋税·宽赋》。按,《元典章》卷三《圣政二·复租赋》亦载此诏节文,但作"减免二分",似误。《元史·世祖纪》未载。
③ 《元典章》卷三《圣政二·复租赋》。
④ 本书"科粮等则"。

便成为9升7合7勺4抄9撮;再减免三分,打个七折,就成为6升8合4勺2抄5撮了。永丰乡的其他等级和其余四乡各等级的税粮额,都可以此类推。

　　元代后期,浙东各地普遍实行核田定税①。至正十九年(1359),韩谏任上虞县尹,"议履亩以计田定赋而差役,思以均齐其民。其法每田一区,亩至百十,随其广袤高下形势,标其号若干,画为之图曰鱼鳞,以鱼鳞条号第载简册曰流水,每号署图一纸,具四至业佃姓名,俾执为券曰乌由。集各号所载得亩若干曰保总,集各保所积得亩若干曰都总。又自各都流水类攒户第计其实管田数曰鼠尾,小大相承,多寡分合,有条而不紊,为法可谓密矣。""由是积弊以革,民瘼以苏,贫富适均,征差有则,民输惟期,岁入用足。"②本书所载"至正十九年归类田粮等则",无疑就是这一次核田的结果。需要说明的是,这时包括上虞在内的绍兴地区,已经处于方国珍控制之下。方国珍是浙东台州路黄岩县(今浙江黄岩)人,至正八年(1348)起兵海上,后来归附元朝,但实际上是割据一方的封建势力。对于方国珍管辖地区内的社会状况,迄今缺乏研究,至正十九年核田定赋之事,可为此提供若干资料。

　　试以至正十九年等则与至元等则相比较,可以发现有两个明显的区别。一个是以乡为单位分等征收改为以都

---

　　①　参看《元朝的土地登记和土地籍册》。
　　②　朱右《韩侯核田事实序》,《白云稿》卷四。参见张守正《白马湖实田均粮记》,收在本书"古今碑记"内。

为单位分等征收,有的甚至以保为单位分等征收。另一个是由四等改为三等。元朝的基层组织,县以下是乡,乡以下是都,都以下有里、保、村。县、乡、都三级各地都是相同的,都以下的设置各地不尽相同。以乡为单位分等征收,改为以都、保为单位分等征收,意味着征收标准更加细致,显然更能反映土地的肥瘠程度。

三

元延祐七年(1320)的一件官方文书中说,江南"田地有高低,纳粮底则例有三、二十等,不均匀一般"[①]。分等征税,是元代江南税粮不同于北方的一大特点。元代北方地税每亩三升,是划一的。江南税粮则各地有不同的等级。如昆山(今江苏昆山)"悉以上中下三等八则计亩起科"[②]。常熟(今江苏常熟)亦同[③]。徽州路(今安徽南部)"一州五县税则,婺源六乡四十都田,但分上中下早晚凡六色,祁门六乡、黟县四乡田,但分上、中、下、次下、次不及凡五色,惟歙县十六乡三十七都田,四色之外,又有所谓天荒田、荒田、沙涨田、众荒田,水冲破田。"徽州路的税粮,是在元朝统一之初,因"无所依据",是用税钱折合的,比较复杂。各县、州每亩税钱不等,秋苗米相差也很大。但

---

①　《元典章》卷二四《户部十·租税·科添二分税粮》。

②　《嘉靖昆山县志》卷一《田赋》。

③　《嘉靖常熟县志》卷二《乡都志》。

可以肯定的是,各州、县均分色(等)征收,并不划一。可惜的是,现有文献只有部分县、乡"上田"的秋苗米数额①。歙县明德乡上田每亩税钱一百八十文,凡五亩二角为钱一贯,科夏税丝六两三钱一分四厘,绵一两四钱一分七厘,茶租中统钞一百四分二厘,秋苗米三斗三升二合二勺三抄。"也就是说五亩二角地纳秋苗米三斗三升多,折算起来,每亩应合六升多。按此类推,婺源州上晚田每亩不到一升,休宁县忠孝乡上田每亩约三升,祁门县上田每亩约一升六合,绩溪县仁慈乡上田每亩约七升,黟县会昌乡上田二升弱②。各州县相差悬殊,虽然有土地肥瘠的因素,但"轻重相悬",其不合理是很明显的。

　　相比之下,《上虞县五乡水利本末》所载至元等则和至正等则,是现在已知元代江南最完整的税粮分等征收的资料。它详细叙述了各乡分等的(至正等则是都、保)分等征收税粮的情况,这是其他同类记载中没有的。而且,它清楚地说明了与南宋粮税的继承关系,这在江南是有代表性的,不像徽州路的秋粮,是元平江南以后新定的。从上虞县五乡的情况来看,至元等则中民田每亩税粮最低为4升3合,最高为6升9合;至正等则最低为4升,最高为7升;上下差别是不大的。《水利本末》一处记载:"邑所垦田大率三十三万亩,公赋一万八千斛。濒湖五乡为田三

---

① 《弘治徽州府志》卷三《食货志二·财赋》。
② 我在《元代税粮制度初探》中以为歙县明德乡上田每亩秋粮三斗三升多,其他类此,这种说法是对文献的误解,应予更正。

之一,而粮乃当大半。盖因田为湖,租未尝减,再包湖面不耕之地,故赋视他乡为特重(上山诸乡每亩止科二升、三升,下五乡每亩起科六升、七升。"①可知上虞县其余各乡税粮比濒湖五乡要低得多,但六升、七升应指上等田而言,并非平均数。

与绍兴路毗邻的是庆元路,有民田 19675 顷强,交纳秋粮米 70173 石强。按此折算,每顷纳米 3 石 5 斗强,每亩纳3 升 5 合强。但庆元路各州县情况很不相同,请看下表②:

表3:庆元路民田交纳秋粮

	民田	秋粮	亩平均秋粮
鄞县	6139 顷 95 亩	25335 石 4 斗	4.1 升
奉化州	3204 顷 47 亩	10187 石 5 斗	3.18 升
昌国州	1382 顷 78 亩	2696 石 5 斗	1.95 升
慈溪县	4258 顷 5 亩	15809 石 9 斗	3.7 升
定海县	3410 顷 4 亩	13587 石 5 斗	3.98 升
象山县	1271 顷 59 亩	2556 石 5 斗	2.1 升

以绍兴路上虞县和庆元路相比较,可以认为,浙东一带每亩民田秋粮额数,自 2 升至 7 升不等,其平均数应在3、4升之间。江南其他地区民田秋粮数额,应与此相去不远。当时北方民田每亩税粮 3 升,南、北实际上是差不多的。南方民田的亩产量普遍比北方高,看起来南方百姓似

① 本书"承荫田粮"目。
② 《至正四明续志》卷六《赋役》。亩、斗以下不计。

乎负担轻些。但元朝政府在江南很多地区另征夏税①，民田税粮，包括夏、秋二税，这样一来，就比北方重多了。顺便还有一个问题需要讨论。延祐七年四月，元朝政府决定增加江南田赋，"除福建、两广外，其余两浙、江东、江西、湖南、湖北、两淮、荆湖这几处，验着纳粮民田见科粮数，一斗上添答二升"②。如此则江南税粮应增加百分之二十，这是一个很大的数字。不少论著以此作为元朝政府加重剥削的例子。但是，以上虞五乡的"至元等则"和"至正等则"相比较，显然变化不大，看不出增加百分之二十的迹象。这个决定是否真正贯彻执行，还是个值得进一步研究的问题。

以上讨论的是民田税粮。"至元等则"中只涉及民田，实际上五乡有不少官田。据载，五乡共有土地 13.9 万余亩，其中官田 2300 余亩③。"至正等则"中民田之外，有义役官田、官田、万年庄田、湖田、葑田、荡地田。所谓义役官田，应是实行"助役法"时强行从民间抽取的土地。元代差役繁重，应役者往往因此破产。元代中期，政府"命江南民户有田一顷之上者，于所输税外，每顷量出助役之田，具书于册，里正以次掌之，岁收其入，以助充役之费。"④"助役"在民间又称"义役"。推行"助役法"后，许

---

① 见《元代税粮制度初探》。
② 《元典章》卷二四《户部十·租税·科添二分税粮》。
③ 本书"承荫田粮"目。
④ 《元史》卷九三《食货志一·税粮》。

多地方"助役之田"实际上"入于官"①,这就成了义役官田。万年庄田情况不明,疑应是没收入官的土地,设官管理,当然也是官田的一种。至于湖田,指的是围湖造田新得的土地,也属于官田,但与原来官田有别。《水利本末》记载,"三湖官田总计二千二十三亩一角五十五步半",其中夏盖湖675亩多,白马湖田1270亩多,上妃湖田77亩多②。这就是湖田,不在五乡的官民田数内。葑田又称架田,"以木缚为田丘,浮系水面,以葑泥附木架上,而种艺之。其木架田丘,随水高下浮泛,自不淹浸。"③葑田都在湖田上,为数有限。荡地田应是水荡排水后开垦之地,不过数亩。葑田、荡地田都在湖田之列。

将官田、湖田与民田相比较,可以看出,官田、湖田纳税粮,要比民田高得多。官田一般均在2斗以上,最高可达3斗6升多。湖田租额与一般官田差不多,但万年庄田最高达4斗5升。葑田每亩2斗3升,荡地田2斗。总之,官田、湖田的税粮,要高出民田5倍甚至更多。这是因为官田的税粮实际上是租(地租)和税(田赋)合而为一。上虞西北五乡官田与民田的另一区别是,各都、保官田税粮一般不分等,只有个别例外,而民田都是分等的。江南其他地区的官田是否分等,也就是说上虞西北五乡官田的划一不分等是否具有普遍性,有待进一步研究。

① 黄溍《礼部尚书于公神道碑》,《金华黄先生文集》卷二七。
② 本书"元佃湖田"目。
③ 王祯《农书》,《农器图谱集之一·田制门》。

四

在讨论江南税粮时,还必须注意某些田土免征的问题。这是田赋研究中容易被忽略的一个问题。根据本书的记载①,上虞县西北五乡共有土地 139748 亩 2 角,名目繁多。除民田(121399 亩强)、官田(2379 亩强)外,还有 14 种土地,分别是没官田(12 亩强)、财赋官田(130 亩强)、灶户官田(16 亩强)、灶户民田(2416 亩强)、官员职田(537 亩强)、站户元签田(10053 亩强)、铺兵免粮田(46 亩强)、寺观免粮田(1272 亩强)、本路儒学田(35 亩强)、本县儒学田(1096 亩强)、义廪田(42 亩强)、稽山书院田(244 亩强)、民沙地田(62 亩强)、秋租地田(2 亩强)。民田、官田要交纳税粮,是没有问题的,其余 14 类田土中,没官田和民沙地田亦在纳粮之列。田既"没官",就成为官田的一部分,之所以另立"没官田"一类,应是新近没官的,以示与原有官田的区别。"民沙地田"既以"民"为名,显然属于民田。在本书中,官田、民田、没官田、民沙地田 4 项有纳粮数额的记载。此外 12 项田土,则没有纳粮数额的记载,说明它们是不纳税粮的。但这 12 项田土,情况并不相同,可以分为两类。

一类是国家规定可以免交税粮,有站户元签田、铺兵免粮田、寺观免粮田、儒文书院田、义廪田。元代南方签发

---

① 本书"承荫田粮"目。

站户,以税粮七十石出马一匹为则,各户应纳的税粮数额不同,有的一户应当一匹,有的数户出马一匹。也就是说,以税粮七十石作为供养一匹站马的费用。站户的土地,为供应站役所需,便可以不纳税粮,免当差役。但是,有些站户在入站后又购买民户的土地,这部分土地原来要交纳税粮,转入站户之手后仍需交纳。本书记载所说"站户元签田",就是把免纳税粮的站户原有土地与后来购置的土地分开来。后置的土地,虽然所有权属于站户,但其性质仍属于民田。铺兵就是急递铺兵。元朝设急递铺,专门传递官府的文书,于民户中签发铺兵,承担传递工作。江南铺兵"于三石之下丁多户内差拨,全免各户差役,据各户合该税粮,依弓手例,却令各户均纳,须要不失元额。"①也就是说,充当铺兵的人户可以免纳税粮,故称之为"铺兵免粮田"。寺观的土地,原来都可免纳税粮,后来改为宋代旧日有的常住土地和朝廷赏赐的田土可以免纳,但入先后新收买的田土照例纳税②。"寺观免粮田"即指前一种情况而言,后一种情况仍在民田之列。义廪应即义仓。元朝政府规定,五十家为一社,"每社立义仓,社长主之。如遇丰年收成去处,各家验口数,每口留粟一斗,……以备歉岁就给各人自行食用。"③义廪田应是以田土所出供义仓储

---

① 《元典章》卷二四《户部十·租税·铺兵户免科粮》。

② 请参看我写的《元代佛教与元代社会》,《元史研究论稿》,第362—384页。

③ 《元典章》卷二三《户部九·农桑·劝农立社事理》。

存之用,故亦可享受免税的优待。学校(路学、县学、书院)的土地,亦可免纳税粮:"江南学田钱粮,……令学交官管领,赡养生徒,官司不为理问。"[①]

另一种田土要纳税粮,但上交其他机构(官员),不归地方政府。如财赋官田,一般指拨赐给贵族、重臣的官田,因设财赋府管理而得名。这类土地的收入归受赐者。灶户是从事盐业生产的人户,他们种的田地,一般是要交纳税粮的[②]。但"盐民苗税各输本场",不归地方政府[③]。官员职田一般从荒闲田土中拨给,实际上是官田。但职田子粒由佃户直接交给分得职田的官员,与地方政府不发生关系。

还有一种秋租地租地田,在不向地方政府纳粮之列,但情况不详,难以归类。

根据以上所述,可知上虞县西北五乡中,在一般的官、民田土之外,有14种不同隶属关系的土地,其中12种是不向地方政府交纳税粮的,共计田土19000亩左右,约占全部土地的13%强。也就是说,大约有六分之一田土是不向地方政府交纳税粮的。

江南其他地区的记载可资比较。镇江路共有田地36611顷强,内纳粮田地27200顷强,免粮9410顷强。免粮田土包括财赋府田、王府田、僧道寺院田、职田、赡学田、贡士庄田(学田的一种)、站户田、急递铺田。免粮田占全

① 《庙学典礼》卷四《庙学田地钱粮分付秀才每为主》。
② 见我写的《元代盐政及其社会影响》,《元史研究论稿》,第67—98页。
③ 《正德松江府志》卷六《田赋志上》。

部田土的四分之一强①。庆元路纳粮田土共计 23475 顷强，免纳税粮田土 3627 顷强，免纳田土包括职田（99 顷强）、驿（站）户民田（543 顷强）、僧道民田（1387 顷强）、灶户官民田（1597 顷强）。其实还应加上"赡学田土" 13981 亩强，折合 139 顷强，免纳税粮的田土总数应为 3767 顷左右。庆元路在元代后期田土总数为 27241 顷左右（纳粮田土，免粮的职田、站户民田、僧道民田、灶户官民田，加上学田），而免粮田土为 3767 顷左右，占到田土总数的 14% 弱②。根据以上几个统计，可以看出，各地免粮田土比重是相当大的。我们研究国家的田赋收入时，对此是应认真加以考虑，不能忽视的。

还应该提到的是，元代江南税粮分为夏、秋二税。"成宗元贞二年，始定征江南夏税之制。……其所输之数，视粮以为差。粮一石或输钞三贯、二贯、一贯，或一贯五百文、一贯七百文。……输一贯五百文者，若江浙省绍兴路、福建省漳州等五路是已。皆因其地利之宜，人民之众，酌其中数而取之。"明代绍兴地方志中记载，"泰定籍夏税钞一万九千六百七十贯九文五分九厘"③，可见当地确是征收夏税的。但是《上虞县五乡水利本末》中只记

①　《至顺镇江志》卷五《田土》。

②　庆元纳粮田土（包括官田、民田）数及免纳田土如职田，驿户民田、僧道民田、灶户民田（分官田、民田）数见《至正四明续志》卷六《赋役·田土》，赡学田土见同书卷七《学校》。赡学田土亦是免纳税粮田土，见前述。

③　《万历绍兴府志》卷一四《田赋志》。

"科粮等则",实则秋粮(税),而没有记载夏税,这应是限于体例造成的疏忽①,并不是当地田土不征夏税。

五

通过对《上虞县五乡水利本末》所载资料的分析,并以之与江南其他地区有关记载相比较,可以认为:(1)元代江南田土,从征收税粮角度而言,可以分为两类。一类是纳粮田土,一类是免粮田土。免粮田土中又有不同的情况。它在全部田土中所占比重各地不等,相当可观。在研究元代江南田赋时,应加考虑。(2)元代江南纳粮田土可以分为官田、民田两大类,每类中又有不同名目。官、民田的比重各地相差很大。(3)江南民田税粮一般均分等征收,或以乡为单位,或以都、保为单位。所分等级各地不同,少的三等,多的六等。数额每亩高的六、七升,低的二、三升,而官田税粮与民田差别很大,要高得多。(4)江南税粮征收时既用省斛,又用文思院斛,而以省斛为主。文思院斛与省斛的折合,各地不同,存在三种不同的比例。

原载《中国社会科学院研究生院学报》1998 年第 5 期

---

① 如上所述,征收复税始于成宗元贞时,"宋咸淳等则"和"至元等则"施行时都无夏税。只有"至正等则"实施时应有夏税,可能本书的记录时为了前后体例一致,只登载了田粮部分,而略去了钱钞部分。

黑城元代站赤登记簿初探

一

20世纪初,俄国探险家科兹洛夫从我国内蒙古额济纳旗黑城遗址,盗走大批古代文书。这批珍贵的文献,一直收藏在俄国科学院东方研究所圣彼得堡分所,很少有人问津。90年代,在中、俄两国学术界共同努力下,得以问世,名为《俄藏黑水城文献》,由上海古籍出版社出版。此书由汉文部分、西夏文世俗部分、西夏文佛教部分组成。汉文部分共6卷,主要是西夏时期的佛教经典和世俗文献,亦有一部分元代官私文书,收在汉文部分第4卷内。

众所周知,新出土的各个时代官私文书是一种真正的原始文献,对于研究该时代的社会面貌具有重要的价值。唐代的敦煌吐鲁番文书便是最典型的例子。额济纳旗黑城遗址先后出土的元代文书,虽然数量或质量都无法与敦煌吐鲁番文书相提并论,但对于元史研究来说,仍有不容忽视的价值。在《俄藏黑水城文献》问世以前,已经出版的刊布元代黑城文书的文献主要有:《斯坦因中亚第三次探险所获汉文文书》(*Les Documents Chinois de Troisième Expedition de Sir Aurel Stein en Asie Centrale*,edited by The Henri Maspero,London,1953),此书第5章《西夏和蒙古时期的黑城文书》收录斯坦因在黑城所获元代文书。《黑城出土文书(汉文文书卷)》一书,由内蒙古文物研究所、阿拉善盟文物工作站、李逸友共同编著,科学出版社1991年出版。此书收录的是我国学者于1983、1984年两次在黑城发掘所得。还有一些元代黑城文书,散落于各处,有待整理。总的说来,这两种文献中的元代黑城文书,得到了较多的利用;而上面所说《俄藏黑水城文献》中的元代文书,由于出版较晚,以及其他原因(如只有图版而没有抄录文字,等等),迄今没有引起足够的重视。

本文拟对《俄藏黑水城文献》中的元代文书作初步的探讨,对象是其中被定名为《甘肃行省宁夏路支面酒肉米钞文书》的两件文书。图片序号分别是TK204和TK248,均收在该书汉文部分第4卷。我们拟从转录文字入手,力求准确,不加标点,然后再对其中的史实作一些考订,说明其特有的价值。同时也援引上述其他两种文献中的同类文书,以资比较。在抄录文字时,每遇提行在原文每行结尾用⌐表示,缺损字每个用□表示,缺漏较多时则用▨表示。原件登记地方官员时都要比诸王位下使臣低半行,以示身分的区别,本文转录时对此不加区别。

本文的写成,是与上海古籍出版社蒋维崧同志的热情帮助分不开的,在此我谨向他表示衷心的谢意。

二

下面转录的文书,原件无顺序号,这是我为了方便加上的。

(一)TK248

(1)初五日一起

亦令只失加普宁肃王位下使臣哈孩等三人前赴┘必立杰帖木儿大王位下计禀军情勾当住至初六日起计支二日

　　　　正二人　　面四斤　　酒四升　　肉四斤
　　　　　　　　米四升　　杂支钞一两
　　　从一人米二升

(2)初六日一起

必立杰帖木儿大王位下使臣答孩沙都事朵列帖木儿断事官等四人前赴巴立忽火者地面整治军┘民百姓勾当住至初七日起程计支二日

　　　　正三人　　面六斤　　酒六升　　肉六斤
　　　　　　　　米六升　　杂支钞一两五分
　　　从一人米二升

(3)一起

必立杰帖木儿大王位下使臣奥都剌赤等三人前

赴⌐唐兀歹大王位下催取军数差发勾当住至初七日
起程计支二日

> 正二人　面四斤　酒四升　肉四斤
> 　　　　米四升　杂支钞一两
> 从一人米二升

（4）一起

蒙古元帅府使臣朵卜歹等二人前来本路给散本
管军人军粮钱勾⌐当住至初七日起程回还计支二日

> 正一人　面二斤　酒二升　肉二斤
> 　　　　米二升　杂支钞五钱
> 从一人米二升

（5）初七日一起

必立杰帖木儿大王位下使臣奥都刺等三人前赴
⌐岭北地面于本管人户处催取帐毡勾当回还住至⌐
初九日起程计支二日

> 正二人　面四斤　酒四升　肉四斤
> 　　　　米四升　杂支钞一两
> 从一人米二升

（6）一起

孛罗帖木儿大王位下使臣大宗政府使臣八合失
巴撒儿等三人前去肃沙等处催取军力差发⌐回还住
至初八日起程计支二日

> 正二人　面四斤　酒四升　肉四斤
> 　　　　米四升　杂支钞一两

　　从一人米二升

（7）初八日　一起

怯乩肃王位下使臣也赤帖木儿等三人前赴⌐岭
北行枢密院计禀军情回还住至初九日⌐起程计支
二日

　　　　正二人　面四斤　酒四升　肉四斤
　　　　　　　米四升　杂支钞一两
　　从一人米二升

（8）一起

［亦］令只巴柳城王位下使臣忻都哈剌等三人前
赴⌐阿章王位下计禀军情回还住至初八日起程计支
二日

　　　　正二人　面四斤　酒四升　肉四斤
　　　　　　　米四升　杂支钞一两
　　从一人米二升

（9）一起

怯乩肃王位下使臣答立赤等三人前赴⌐孛罗帖
木儿大王位下计禀军数回还住至初九日起程计支
二日

　　　　正二人　面四斤　酒四升　肉四斤
　　　　　　　米四升　杂支钞一两
　　从一人米二升

（10）一起

本路差司吏杨行义正一人前赴⌐省府告禀关拨

只应钱住至十二日计支二日

　　　　　面二斤　酒二升　肉二斤

　　　　　米二升　杂支钞一两

　（11）一起

阿章王位下使臣忻都蛮等三人前赴⌐嵬力齭王位下计禀军情勾当住至十一日起程计支二日

　　　　　正一人　面四斤　酒四升　肉四斤

　　　　　　米四升　杂支钞一两

　　从一人米二升

　（12）十二日　一起

也可斡立脱使臣帖木立等三人前赴⌐朵立只巴安定王位下计禀军花名勾当住至十三日起程计支二日

　　　　　正二人　面四斤　酒四升　肉四斤

　　　　　米四升　杂支钞一两

　　从一人米二升

　（13）一起

本路差司吏王思明正一人前赴⌐省府查勘各站倒死驰马回还计支二日

　　　　　面二斤　酒二升　肉二斤

　　　　米二升　杂支钞五分

　（14）一起

与伦大王位下使臣马麻火者等二人前赴⌐怯乩肃王位下起遣逃移军户勾当住至十三日起程计支

二日

　　　　正二人　　面四斤　　酒四升　　肉四斤
　　　　　　　　米二升　　杂支钞一两

　　（15）十五日　　一起

　　唐兀歹大王位下使臣薛不干等三人前赴永昌等
处取勘避回军回还住至十六日起程计支二日

　　　　正二人　　面四斤　　酒四升　　肉四斤
　　　　　　　　米四升　　杂支钞一两

　　　　从一人米二升

　　（16）一起

　　与伦大王位下使臣答答木薛非等三人前赴」必
立杰帖木儿大王位下计禀军情回还住至十六日起程
计支二日

　　　　正二人　　面四斤　　酒四升　　肉四斤
　　　　　　　　米四升　　杂支钞一两

　　　　从一人米二升

　　（17）十八日　　一起

　　宁夏路差祇候德胜虎杨□二人前来本路取发欠
少府学官钱□□」□□等住至十九日起程计支回还
共二日

　　　　　　　面□□　　□□升

　　（18）一起

　　甘肃行省差宣☑来本路催取稽迟等事勾当住至
」☑计支二日

　　　　　　　☐

　　　　　　　　　米二升　　杂支钞五钱
（19）　十九日　一起
蒙古☐本路取勘军数回还起⌐☐

　　（二）TK204。此件背部有文字，曾作他用，以致有些字迹不很清楚。现转录如下：
　　（1）一起
亦令只失［加］大王位下使臣☐前☐亦令只巴柳城王位下计禀☐勾当住至十三日起程计支一日
　　　　　正二人　　面二斤　　肉二斤　　酒二斤
　　　　　　　　米二升　　杂支钞五口
　　从一人米一升
　　（2）一起
本路差站吏任口济前赴⌐甘肃行省告禀申诸项☐
　　　　　正一人　　面二斤　　肉一斤　　酒一升
　　　　　　　米一升　　杂支☐
　　（3）　一起
亦令只失加大王位下使臣卓力口口等三人前赴⌐怯乩肃王位下计禀军情勾当住至十三日起程
　　　　　正二人　面二斤　肉二斤　　☐
　　　　　　　从一人　米一升
　　（4）　十三日　一起
必立杰帖木儿大王位下差使臣哈剌章等三人前

赴┘孛罗帖木儿大王位下计禀军情勾当住至十四日
起程

　　　正二人　　面二斤　　肉二斤　　酒二升
　　　　　　米二升　　▨

从一人米一升

（5）十四日　　一起

朵只巴太子亲行五人前赴┘必立杰帖木儿大王
位下为起遣军人勾当住至十五日起程

　　　正三人　　面三斤　　肉三斤　　酒三升
　　　　　　米三升　　杂支钞▨

从二人米二升

（6）一起

蒙古元帅府差使臣都立迷失等三人前赴┘速来
蛮大王位下取索军户勾当住至十五日起程

　　　正二人　　▨

三

以上两件文书格式相同，无疑属于同一类型。《俄藏
黑水城文献》将两者都定名为《甘肃行省宁夏路支面酒肉
米钞文书》。但两件文书中涉及宁夏路的只有一处，见
（一）17。即以这条记载而言，"本路"才是文书写作之地，
而"本路"无疑就是黑城遗址所在的元代亦集乃路。因此
这件文书用宁夏路（元代的宁夏路即宁夏府路，治今宁夏

银川）来命名显然是不妥的。再则,从内容来看,两件文书都是按时间顺序,记录来往人员的来历、使命、住宿天数,然后是供应食物的数量。这些内容,都与站赤有关。"站赤者,驿传之译名也"①。中国古代的驿传,是封建国家建立的交通体系,有专门管理系统,"盖以通达边情,布宣号令,古人所谓置邮而传命,未有重于此者焉"②。蒙古语称驿为站(jam),在突厥语中则称为 yam,蒙古语的 j 和突厥语的 y 有对应关系,jam 和 yam 实际上是同一个词,yam 很可能即来自汉语"驿"。在元代蒙古语中,可以看到有不少以"赤"结尾的专有名词,如火儿赤、速木赤、云都赤等。这类名词都是以某一名词加"赤"(chi)构成的,即指从事与该名词有关的某项工作的人。如火儿赤是"火儿"(蒙古语 qor 的音译,义为箭筒)加上"赤",义为箭手;云都赤是"云都"(ildu)加赤,义为带刀人,等等。因此,元代的站赤,原意为管站的人,但又常常被用来泛指站的管理制度。元代中期官修政书《经世大典》,列有"站赤"一门,内容全与站的制度有关③,这也正是《元史·兵志》中"站赤"门的由来。从以上两书,可以知道,元朝的站赤作为一种制度,主要包括:在适当的地点设站,通过一系列的站将交通路线联接起来,形成全国范围的交通网

---

① 《元史》卷一〇一《兵志四·站赤》。

② 《元史》卷一〇一《兵志四·站赤》。

③ 《经世大典》原书已散佚,只有部分保存下来。"站赤"门即其中之一。

络;每站都有一定数量的人员和交通工具,并有专用的房舍,负责接待来往的使臣;使臣必须持有专门的证明(铺马圣旨、圆符)才能在站上住宿,并使用交通工具;各站要为使臣及其从人提供定额的饮食,等等。明乎此,我们再来看上述两件文书,就会焕然冰释,它们正是站的工作人员为往来使臣所作的登记簿册。我们可以称之为站赤登记簿。

元朝在蒙古草原设岭北行省,联系岭北行省和内地的,有三条站道,其中西边的站道称为纳怜道,纳怜在蒙古语中是"小"的意思。这条站道以东胜州(今内蒙古托克托)为起点,沿黄而西,经甘肃行省东北,到甘州(今甘肃张掖)折向北行,经亦集乃路前往和林。亦集乃一路共设有八站,即在城站、盐池站、普竹站、狼心站、即的站、马木兀南子站、山旦站、落卜克站。在城站在亦集乃路城内[1]。上述两件文书应即在城站的来往使臣登记簿。

应该指出的是,类似的文书在《斯坦因中亚第三次探险所获汉文文书》和《黑城出土文书(汉文文书卷)》中亦可看到。前书有两件残片,转录于下:

(1)$N^0$499—KK. I, 0231(e)

……○○丁差宝儿丁长事答里巴失等…… |甘肃行省起遣逃军……| 九日起程盐池去讫|正二人

(2)$N^0$518—KK. I, 0231(f)

---

① 《黑城出土文书(汉文文书卷)》,第29—30页。

……○迷失答海答○丨…等三人前赴丨撒昔宁肃
王位下　　丨开读　　丨圣旨本路住至十五……

原书没有这两件残片的图版,尽管怀疑有误,亦只能
将该书的录文转载于此,格式亦保持原样。尽管残缺过
多,但只要与前面两件文书作比较,便可肯定,应是同一类
型的站赤登记簿册。

后书中亦有一件残片:

一起沙州路☐

　　圣旨前来甘州为支直钱勾当支至初五日计五
日分

　　　面五斤　米五升

　　　柴伍束

　　初二日一起凤翔府差哈剌☐圣旨前来甘州管押
军粮勾当支至十五日计一十四日分

　　　正一人

　　　☐一十四斤

此书图版40刊载了这件文书的照片,可以看出其形
式与《俄藏黑水城文献》所刊上述文书完全一样,但文字
格式略有差别,无疑亦应是站赤文书。以上移录文字则见
于此书的205页。还应提及的是,此书在上篇第五部分
"亦集乃路的站赤"中列有"站赤的祇应"一节,引用了这
件文书,这是正确的。但在下篇收录文书原文时,却没有
将它收入"站赤类",而是收在"杂类·官私钱物账"中,令

人不解。

以上文书为我们了解元代站赤的祗应提供了有价值的资料。元朝关于站赤的祗应，根据至元二十一年（1284）的规定，正使米一斤、面一斤、肉一斤、酒一升，此外还有柴一束和油盐杂支钞三分，从人则支米一升、柴一束和杂支钞一分①。这就是说，《俄藏黑水城文献》中TK204所载6起人员的祗应，是符合标准的。而TK248所载18起人员的祗应，都比国家的原定标准，高出一倍。可知祗应的标准，曾有过较大的变动。同时似可说明，TK204的记录年代，应在TK248以前，两者并非同时的产物。而《黑城出土文献（汉文文书卷）》中一件残片所载两起，供应标准与TK204同，时代亦应在TK248以前。而TK248中所见各起，杂支钞均为每人五钱，比起原规定每人三分来，已高出十余倍。这是因为元代纸币（钞）不断贬值所致。

四

纳怜道是"专备军情急务"而设的，相对来说，来往的使臣不是很多②。从以上文书可以看出，每日住宿的使臣不过一、二起，而且大多与"军情"有关，或"计禀军情"，或"起遣逃移军户"，这些记载，有助于我们认识亦集乃路站

① 《经世大典·站赤》，《永乐大典》卷19418。
② 《黑城出土文书（汉文文书卷）》，第29页。

赤与纳怜道的特色。其中 TK248(5)记必立杰帖木儿大
王位下使臣前往岭北地面催取帐毡,TK248(7)记怯乩肃
王位下使臣前往岭北行枢密院计禀军情,正是纳怜道经亦
集乃路通往岭北的具体例证。

　　上述两件站赤登记簿的价值,还在于为我们提供了有
关河西蒙古宗王的珍贵资料。众所周知,元代河西地区是
众多蒙古分布屯牧之地,他们的活动对元朝历史以至中亚
的历史都有很大的影响。但是由于记载的缺乏,对于河西
蒙古宗王的情况,一直是不大清楚的。不少学者就此做过
努力,贡献最大的当属日本京都大学教授杉山正明。现在
我们可以根据黑城站赤文书的记载,对此做一点补充。

　　TK204 和 TK248 两件文书中提到的蒙古宗王有:"亦
令只失加普宁肃王位下"、"必立杰帖木儿大王位下"(7
次)、"孛罗帖木儿大王位下"(3 次)、"怯乩肃王位下"(4
次)、"亦令只巴柳城王位下"(2 次)、"阿章王位下"(2
次)、"嵬力豳王位下"、"朵立只巴安定王位下"、"与伦大
王位下"(2 次)、"唐兀歹大王位下"(2 次)、"亦令只失加
大王位下"(2 次)、"速来蛮大王位下",以及朵只巴太子。
"亦令只失加普宁肃王"和"亦令只失加大王"可能是同
一人。

　　元代河西蒙古宗王以豳王系最大。最初的豳王是察
合台系宗王出伯的封号。忽必烈登上大汗宝座后,占据中
亚的察合台和窝阔台两系诸王大多持反对态度,只有出伯
等少数几个归附元朝。元朝先封出伯为威武西宁王,大德

十一年(1307)进封豳王。他屯牧于瓜(今甘肃安西)、沙(今甘肃敦煌)一带。出伯死后,其子孙仍享有豳王封号。《黑城出土文书(汉文文书卷)》中收有与"术伯大王"有关的文书①。而在站赤文书中出现了"嵬力豳王"一名。据《元史》记载,顺帝至正十二年(1352)七月,"以杀获西番首贼功,锡岐王阿剌乞巴钞一千锭,邠王嵬厘、诸王班的失监、平章政事锁南班各金系腰一"②。"嵬厘"与"嵬力",无疑是同名异译。屠寄将嵬厘归于豳王系统,并说:"邠、豳异文同地,……魏氏源云:'旧表别之为二,岂印文一作豳一作邠欤? 寄按,直是简牍异文,明初修史者疑误析之耳。"③魏源、屠寄都认为,邠王就是豳王,因为豳是古国名,唐代改为邠,实指同一地。文书中说"嵬力"是豳王,为他们的见解提供了例证。

我们再来讨论肃王系。文宗天历二年(1329)八月,"封诸王宽彻为肃王"④。宽彻是出伯的侄子。出伯的父亲阿鲁浑是察合台之孙,他有三个儿子,即合班、出伯和脱黑一帖木儿。合班和出伯一样,都归附忽必烈,也屯牧于河西地区。宽彻是合班的儿子,他的领地应在瓜、沙与哈密之间⑤。现在所知元代文献中出现的肃王,只有宽彻一

---

① 《大德四年军粮文卷》,见上引书第138—139页。
② 《元史》卷四二《顺帝纪五》。
③ 《蒙兀儿史记》卷一五〇《诸王表二》。
④ 《元史》卷三三《文宗纪二》。
⑤ 胡小鹏《元代河西出伯系诸王初探》,《西北师大学报》1991年第6期。

人。两件站赤文书中见到的"亦令只失加普宁肃王位下"和"怯乩肃王位下",都应是宽彻的后人。值得注意的是,在黑城遗址发现的一件钱粮房文书中,曾出现"亦令只失加普大王位下"一名①,很可能即是"亦令只失加普宁肃王"。而在上述斯坦因发现的站赤文书中,我们又曾见到"撒昔宁肃王"一名。这些都为我们进一步探索肃王系提供了线索。

此外还有几个蒙古宗王都可与其他记载印证。(1)"速来蛮大王"。据《元史》记载,至顺元年(1330)三月,文宗"封诸王速来蛮为西宁王"②。日本学者杉山正明指出,根据中亚波斯文史籍,速来蛮是出伯的孙子、那木达失之子③。他的名字在敦煌莫高窟的至正八年造像记和碑刻《重修皇庆寺记》中都出现过。其领地应在沙州④。(2)必立杰帖木儿。杉山正明指出,出伯之子那木忽里(Num-quli),有一个孙子名叫 Bilkā-Timūr,应该就是站赤登记簿中的必立杰帖木儿⑤。明洪武二十四年(1391),明军攻占哈密,俘获王子别儿怯帖木儿,应即此人。上述站赤登记簿中有关必立杰帖木儿大王的记载最多,而且不少与"军情"有关,可以想见此人当时在河西有较大的势力。(3)

---

① 《黑城出土文书(汉文文书卷)》,第 85 页。按,书中图版(3—2)所示,"普"字以下不清楚。
② 《元史》卷三四《文宗纪三》。
③ 《豳王出伯及其系谱》,《史林》65 卷 1 号。
④ 《元代河西出伯系诸王初探》。
⑤ 《豳王出伯及其系谱》。

"朵立只巴安定王"。《元史》记，泰定二年（1325）二月，"赈安定王朵儿只班部军粮三月"①。这位安定王朵儿只班，《元史》说他是成吉思汗幼子阔列坚的后代②，其实也应是察合台的后人③。明初在河西地区立安定卫，即应是元代安定王的分地。站赤登记簿中的安定王朵立只巴，应即《元史》中的朵儿只班。（4）"亦令只巴柳城王"。《元史》载，天历二年（1329）五月，明宗"封亦怜真八为柳城郡王"④。同书另一处作柳城王。站赤登记簿中的"亦令只巴柳城王"应即此人。关于柳城王，无其他记载可考，据此则柳城王可能亦在河西一带。

从以上初步的研究来看，这些事迹可考的宗王，都活动在元代后期，由此可以推断两件站赤登记簿应产生于元代后期。同时，前面已指出，从祗应的标准来看，两件文书时间应有先后。这便是我们的结论。两件文书中还有一些宗王的事迹，有待进一步考订。由以上简单的叙述，可以看出，黑城元代文书对于元史研究，具有特殊的价值，我们应该加强这一方面的工作，同时也期待有新的发现。

原载《中国社会科学院研究生院学报》2002 年第 5 期

---

① 《元史》卷二九《泰定帝纪一》。
② 《元史》卷一○七《宗室世系表》。
③ 杉山正明《两处察合台家族》，见《明清时代の政治と社会》（1983年）。
④ 《元史》卷三三《文宗纪二》。

元代墓碑简论

刻有纪念性或标志性文字的石头，称为碑。中国传统，墓葬立碑作为标志，统称为墓碑。元代的墓碑大体来说，可以分为两类。一类是标题型的，一类是传记型的。标题型墓碑比较简单，上面书写死者官衔、籍贯和姓氏，没有官衔的平民则称处士。有的在姓名后面还题有建墓时间、建墓人（通常是死者亲属）的名字。一般来说，标题型墓碑，通常树立在墓前，作为标识。名儒杜瑛"将终，命诸子曰：'我死，棺中第置《杜甫诗集》一编，题其志石云处士杜缑山墓'。"①这就是标题型的墓碑。普通家庭的墓葬，通常只有标题式的墓碑。这类墓碑传世很多。有身份的死者，除了墓前树立标题型墓碑外，还有叙述死者生平的墓志或墓志铭，以及神道碑，这都是传记型的墓碑。

传记型墓碑都要先写成文字，然后再刻在碑上，这类

---

① 苏天爵著，陈高华、孟繁清点校《滋溪文稿》卷二二《杜公行状》，中华书局，1997年，第376页。

文字统称为碑铭,是元代文学中一大门类。碑铭一般都是以行状为据写成的。当时有名的文人、学者几乎都有这方面的作品,有的数量很多。近代著名学者叶昌炽在他的名著《语石》中说:"元人极重碑志,苏滋溪(天爵)《元文类》,以此为主。"①《元文类》(即《国朝文类》)七十卷,碑铭(包括行状)共十九卷,虽不能说"为主",但占有比重确实是很大的②。而安放或树立刻有文字的石碑,则是当时葬礼中不可缺少的重要部分。

下面我们试对元代的传记型墓碑作一些说明。

(一)行状

碑铭文字一般都是根据行状写成的。行状是记述死者生平事迹的文体,至迟在汉末已有之③。元代,行状的写作仍是很流行的。有一定社会地位的人死后,家属在举办丧事的同时,都要设法撰写行状。行状有比较固定的格式,开头是死者的籍贯、家世④,正文是其生平经历,然后是评价,结尾是行状作者的姓名。行状的内容一般比较具

①　叶昌炽、柯昌泗《语石·语异异同评》卷一,中华书局,1994年,第57页。

②　苏天爵编《国朝文类》,《四部丛刊》本。

③　赵翼著,栾保群、吕宗力校点《陔余丛考》卷三二《行状》,河北人民出版社,1990年,第656—657页。

④　虞集撰《临川先生吴公行状》,开头是"本贯"和三代(曾祖、曾祖妣,祖、祖妣,考、妣)名录、追封官爵,然后是吴澄经历和著作状况。见虞集《道园学古录》卷四四,《四部丛刊》本,第2页上—10页上。

体,堆砌资料,文字冗长。《元文类》收行状4篇,短的近
三千字,长的近五千字。著名学者虞集为儒学大师吴澄作
行状,长达八千余字,这可能是现在存世的最长的行状①。

行状有的由死者亲属撰写,如浙东道宣慰使陈祐死
后,其弟陈天祥为之撰行状②。乡贡进士庐陵(今江西吉
安)萧济美,"自状其父俊民甫之行"③。永丰(今江西永
丰)高师文去世,"卒之三月,其孤世安摭其所见于家庭、
所闻于师友者辑为行述"④。"行述"也就是行状。同知宁
都州(今江西宁都)事计初死,"孤恕述其父之所行,命其
弟毅走京师乞铭"⑤。为女性作行状罕见,忽必烈时代名
臣郝经为其父母作行状⑥。有的则由门人撰写。如婺源
(今安徽婺源)汪炎昶是著名儒生,死后家属请汪炎昶的
门人赵汸"辑群行为状","赵君乃为状"⑦。也有家人提供
资料,再请文人加以润饰。地位高的官员常以有关资料请
有名望的文人作行状。例如,中书平章梁德珪死后,"前

---

① 《临川先生吴公行状》。
② 王恽《秋涧先生大全文集》卷五四《陈公神道碑铭》,《元人文集珍本
丛刊》第2册,台湾新文丰出版公司,1985年,第139页。
③ 吴澄《吴文正公集》卷四〇《故逸士庐陵萧君墓铭》,《元人文集珍本
丛刊》第3册,台湾新文丰出版公司,1985年,第642页。
④ 《吴文正公集》卷四〇《故逸士高周佐墓志铭》,第653页。
⑤ 《吴文正公集》卷四〇《计府君墓志铭》,第643页。
⑥ 郝经《郝文忠公陵川文集》卷三六《先父行状》《先妣行状》,《北京图
书馆古籍珍本丛刊》第91册,书目文献出版社,第809—812页。
⑦ 宋濂著,黄灵庚编辑校点《宋濂全集》卷六六《汪先生墓铭》,人民文
学出版社,2014年,第1549页。

翰林修撰知高邮府张某次公遗事，命桷演润，将求鸿藻，以表墓道"①。这是说张某搜集梁德珪的事迹，再请"桷"即著名学者袁桷写成行状。济南军阀张荣死后，其子"元节偕其诸兄，以公平昔事迹"，求张起岩"为行状"②。张起岩是延祐二年科举首科汉、南人榜的状元，中举后长期在翰林院任职，在当时文坛有很高的声望。宗教人士去世后亦作行状。忽必烈封藏传佛教萨迦派领袖八思巴为帝师。八思巴死后，"翰林学士王磐等奉敕述《行状》"③。忽必烈下旨撰行状似仅此一例。蒙古国时期北方佛教领袖海云去世，其弟子"嗣法庆寿朗公禅师作行状"④。全真道掌门张志敬死，"丧事毕，提点刘志敦持行状，致嗣教真人王志坦之命"，求翰林学士王磐作道行碑⑤。可知亦有行状之作。

　　苏天爵为中书左丞王结作行状："谨具公官勋行实卒葬寿年为行状一通，请谥奉常，征铭太史，以诏后世。"⑥黄溍为于九思作行状，文后说："谨具公世出、行事、年寿、卒

① 袁桷著，魏崇武、钟彦飞点校《袁桷集》卷三二《梁公行状》，吉林文史出版社，2010 年，第 470 页。

② 《国朝文类》卷五〇（张起岩）《济南路大都督张公行状》，《四部丛刊》本。

③ 《佛祖历代通载》卷二一，《大正大藏经》本，第 707 页。

④ 王万庆《大庆寿寺西堂海云大禅师碑》，见《北京元代史迹图志》，北京燕山出版社，2009 年，第 184 页。

⑤ 李道谦编《甘水仙源录》卷五《诚明真人道行碑》，《正统道藏》本，第 3 页上。

⑥ 《滋溪文稿》卷二三《王公行状》，第 387 页。

葬如右,上奉常及太史氏,副在私家,庸俟立言之君子。"①
"奉常"指太常礼仪院,主管封赠谥号等事。"太史"指翰
林国史院,主修国史。这就是说,高级官员的行状要上报
这两个机构,用作封赠谥号和朝廷"赐铭"(神道碑,见下)
的申报材料。但副本留在家中,供请人作墓志铭、神道碑
之用。当然,对大多数人来说,行状只有后一种功能。

　　行状都是由死者家属、友人、学生、部属提供资料写成
的,因而隐恶扬善,刻意美化,是免不了的。为此,行状之
作往往受人非议。束阳(今浙江东阳)胡助曾为翰林国史
院编修,致仕后"戒二子曰:我死敛以时服……亦不必求
人作行状、墓铭",只留下一份自传,以遗后人②。也有人
自作行状。如儒生赵文,"自状其平生"③。陕西行省讲议
官来献臣,"临终神识不乱,命家人具纸笔,乃自序其世族
谱系暨入仕止官本末,仍手书之以付门生骆天骧、李惟善,
俾求当世立言之士,以志其墓"④。作自传、自作状都是为
了不让别人作行状,但这是不多见的。

　　行状之作,没有身份的限制。从现存记载看来,行状
大多为达官贵人而作,但其他阶层人士死后亦可作行状。

　　① 黄溍《金华黄先生文集》卷二三《于公行状》,《四部丛刊》本,第15
页上。

　　② 胡助《纯白斋类稿》卷一八《纯白先生自传》,《金华丛书》本。

　　③ 刘将孙著,李鸣、沈静校点《刘将孙集》卷二九《赵青山先生墓表》,吉
林文史出版社,2009年,第39页。

　　④ 李庭《寓庵集》卷六《来献臣墓志铭》,《藕香零拾丛书》本,第71页下。

郝经之父郝思温是隐居民间的儒生,"身无一命之爵",母许氏是家庭妇女,郝经自己为父母作行状,已见前述。张之翰为王政作行状,此人是一个"往来之商贾,积有丰赀"①。处州(今浙江丽水)紫虚观道士吴自福死后,其徒孙梁惟适持自福侄"世昌《状》",请刘基作墓铭②。这是一个普通道士。至于中下层官吏、儒生、僧人死作行状者,更比比皆是。

行状旨在为墓志铭、神道碑提供资料,但墓志铭、神道碑写作时对行状的内容都不免有所取舍,因而行状仍有其不容忽视的价值。上面讲到虞集为吴澄写的行状有八千余字,而揭傒斯自言据行状写成的吴澄神道碑不到三千字,许多重要的内容都删去了。例如仁宗时延祐经理引发民变,事后元朝"蠲虚增之税",但江西官吏反而增税;英宗时在江南征收包银。吴澄多次对两事提出意见,终于得到蠲除。可见这位理学名家有关心民瘼的一面,并非完全脱离现实。但神道碑有些内容又是行状没有的,显然揭氏还利用了其他资料。因而在研究吴澄这位元代大思想家时,行状和神道碑都应重视。史天泽行状,早已散佚,近年重新发现,全篇近6000字,与神道碑互有详略。其中几段

---

① 张之翰著,邓瑞全、孟祥静校点《张之翰集》卷二〇《王君行状》,吉林文史出版社,2009年,第217—218页。

② 刘基著,林家骊点校《刘基集》卷一二《紫虚观道士吴梅涧墓志铭》,浙江古籍出版社,1999年,第184页。

用口语记录忽必烈的圣谕,很有特色①。有些历史人物,没有墓志铭和神道碑流传下来,行状是唯一可依赖的传记资料。如大科学家、水利专家郭守敬,传世的只有齐履谦的《知太史院事郭公行状》②。这便成为研究这位大科学家生平最重要的文献。苏天爵编纂的《元朝名臣事略》,是公认的元代一部重要的当代史著作。此书卷九《太史郭公》全部摘引上述《行状》,而《元史》中的《郭守敬传》完全是将《事略》此篇删削而成的。《元朝名臣事略》卷一一《宣慰张公》(张德辉)篇,全用"汲郡王公"所撰行状。"汲郡王公"就是王恽。但是王恽的文集《秋涧先生大全文集》中没有收这件行状。张德辉也没有墓志铭、神道碑传世,《元朝名臣事略》此篇就成为研究张德辉的重要资料。元末权臣脱脱的幕僚吴直方,以集贤大学士、荣禄大夫(从一品)致仕。有元一代"大江之南韦布之士品登第一而以劳烈自见者"仅四人,吴居其一。以平民出身的"南人"能身致高位,吴氏是有独到之处。但《元史》无传,也没有关于他的其他碑铭,只有宋濂为他撰写的行状传世,其中记叙了他在顺帝秉政初期参与的机密,如贬逐伯颜事件中所起的作用,很值得重视③。

①　孟繁峰《谈新发现的史氏残谱及史氏元代墓群(续)》,《文物春秋》1999 年第 4 期。

②　《国朝文类》卷五〇。

③　《宋濂全集》卷七六《吴公行状》,第 1844—1849 页。

（二）墓志铭

元代通行的葬礼，安放墓志铭是不可缺少的重要环节。"葬而不得铭，犹无葬也"[①]。"不得铭，无以葬"[②]。一般来说，有一定社会地位的人物，死亡以后，家属便着手准备行状，然后多方设法，请求有名望的文人根据行状撰写墓志铭。墓志铭有的在正式埋葬时和遗体一起安放在墓室内或墓道中，有的则在改葬时放置，距离初葬往往有一段时间。

墓志铭正文一般是用散文写成的。内容包括墓主家世谱系、生平经历、对墓主的评价以及哀悼之情。但也有例外，如刘将孙为萧榛作墓志铭，正文全篇四言，共一百三十句，前面有简单的序[③]。姚燧作《故民钟五六君墓铭》，全篇七言诗四十句[④]。墓志文字大多以"铭"结尾，"铭"原来是刻在器物之上颂扬生平功德的文字，一般是韵文，以四言居多，也有五言、七言甚至散文等多种形式。如果没有"铭"就称为墓志。墓志和墓志铭都是死者家属请人撰

---

① 柳贯著，魏崇武、钟彦飞点校《柳贯集》卷一一《刘彦明墓志铭》，浙江古籍出版社，2014年，第306页。

② 戴良著，李军、施贤明校点《戴良集》卷一四《方大年墓志铭》，吉林文史出版社，2009年，第157页。

③ 《刘将孙集》卷三二《南谷先生萧君墓志铭》，第264—265页。

④ 姚燧著，查洪德编辑点校《姚燧集》卷二九，人民文学出版社，2011年，第453页。

写的,执笔者大多是地方儒学的官员或文人,有地位的官员则要请有名望的学者、文人执笔。元代中、后期,翰林院的官员、进士出身的官员是墓志铭作者的首选。死者家属甚至不远千里上门请求。苏天爵编《元文类》,卷五一—五四收"墓志"31篇,卷五五为"墓碣"12篇,卷五六为"墓表"12篇,"墓碣"、"墓表"实际上与墓志(墓志铭)没有多大差别①,三类加在一起共6卷、55篇。从这些作品来看,死者身份多种多样,有高官、名士,亦有"处士"、"隐士",还有不少妇女。作者有元好问、许衡、杨奂、王恽、刘因、卢挚、徐琰、元明善、程钜夫、阎复、姚燧、吴澄、邓文原、元明善、袁桷、虞集、宋本、李道源、马祖常、王士熙、张养浩、揭傒斯、欧阳玄。他们都是元代文坛上的佼佼者。可以说,墓志铭的写作,是元代文人必不可少的一项修养。大多数元人文集都有墓志一类作品。元代文坛和学术界的领袖人物如吴澄、姚燧、黄溍、虞集、苏天爵、宋濂等人的文集都有大量此类作品。元代大儒吴澄曾任国子司业,有很高的声望,因而成为人们乞求的对象。在他现存的文集中,撰写的墓志铭、墓碣铭、墓志有150篇左右。黄溍现存作品中,有墓志铭130篇左右。宋濂是元、明之际的文章大家,

---

① "唐旧制五品以上碑,七品以上碣。若隐沦道素,孝义著闻,虽不仕亦立碣……宋初犹然……其后卑官及无位者,多用墓表。"(《语石·语石异同评》卷三,第164—165页)从元代来看,三者似无严格的区别。

所作墓铭、墓碣一类文字在 200 篇以上①。柳贯撰写的墓
志铭较少,亦有 30 篇左右②。苏天爵自己的文集《滋溪文
稿》中也有墓志铭 50 篇左右③。墓志铭没有身份的限制,
上自王公贵族,下至平民百姓,皆可为之。但作墓志铭所
费不菲,请人作文要钱,石料要钱,镌石要钱,一般贫苦百
姓是负担不了的。葬礼需墓铭,是汉族的文化传统,在元
代,绝大多数墓志铭是为汉人而作。《元文类》中墓铭、墓
表、墓碣共 55 篇,除个别契丹人外,其余均为汉人,而契丹
人在元代属于四等级中广义的“汉人”。上面说黄溍撰写
墓志铭有 130 篇左右,但其中蒙古、色目人不过寥寥数篇。

　　墓志都是在死者亲属送来的行状基础上删削而成的。
这在墓志铭中都会有所交代。一般来说,求人写作墓志、
墓志铭,在呈递行状的同时都要送上钱钞或礼物。白彦隆
是姚燧的同学,死后其妻求姚作墓碣,“持币泣请”,姚“还
其币”为之作文。姚燧特别讲明此事,可见“持币”是普遍
的现象,而还币则是少见的例外,故姚燧以此自我标榜④。
死者行状,其中必然充满溢美之词。据行状写成的墓志、
墓志铭自然为死者歌功颂德,成为众所周知的惯例。吴澄
说:“为人子者思有以思其亲,与其求虚文于人,孰若修实

---

　　① 据黄灵庚编辑校点《宋濂全集》统计,见该书卷五六至卷七二,第
1307—1748 页。宋濂活动时代较晚,所以他的作品没有进入《国朝文类》。

　　② 见《柳贯集》卷一〇至卷一二,第 260—329 页。

　　③ 《滋溪文稿》卷八至卷二一,第 110—361 页。

　　④ 《姚燧集》卷二六《白公墓碣》,第 408 页。

学于己,真孝子之事也。"①但这位理学名家同样不能免俗,写下大量"虚文"。黄溍为"外舅王公"作墓记,文中称:"溍所书若甚简略,而皆有可征,不敢效世俗巧饰诬言以为欺也。"②可知此类文字盛行弄虚作假,欺世盗名。虞集在当时很有名望,"然碑板之文,未尝苟作。南昌富民有伍真父者,赀产甲一方,娶诸王女为妻,充本位下郡总管。既卒,其子属丰城士甘悫求集文铭父墓,奉中统钞五百锭准礼物,集不许,悫愧叹而去"③。此为请人作铭文要致送礼物或钱钞之实例,同时也说明撰写此类作品例应谀墓,虞集才会加以拒绝。元朝中期到元顺帝统治初,米价大体为每石二十至四十贯④。中统钞一锭五十贯,五百锭可购米两千石甚至更多。这虽是特例,亦可见为求墓铭所费不菲。东阳(今浙江东阳)胡助,官太常博士,生前作自传,戒其子:"不必求人作行状、墓铭。"已见前述。浦江(今浙江浦江)吴直方官一品致仕,"以无大功业,不必乞铭于人,以为识者之所讪鄙。乃自序历官世第而系之以辞……人以为实录云"⑤。自作传记,不求他人作墓铭,从而说明墓铭之作往往为"识者""讪鄙",但这在当时是很少见的。

---

① 《道园学古录》卷四三《袁仁仲甫墓志铭》,第9页下。
② 《金华黄先生文集》卷四〇《外舅王公墓记》,第16页上。
③ 《元史》卷一八一《虞集传》,第4181页。
④ 彭信威《中国货币史》,上海人民出版社,2015年,第442页。
⑤ 《宋濂全集》卷七六《吴公行状》,第1848页。

　　完整的墓志铭分上、下两层,上层称为盖,下层称为底。有正方形,亦有长方形。上层刻标题(死者姓名、官衔),下层刻志和铭。盖上的文字一般为篆书或楷书,志文则以楷书居多。在已发掘的元代墓葬中,不少墓中都发现有墓志铭,为研究元代历史提供了很有价值的资料。北京龙潭湖迤北发现铁可墓,出土墓志铭,大理石制。铁可是乞失迷儿(今克什米尔)人,其父、叔在蒙哥时代入朝。这个家族在元朝有很高地位。元朝色目人的墓志铭为数不多,这是很有价值的发现。陕西户县贺氏一号墓,出土石墓志一合,盖上阴刻隶书"大元故丞相开府仪同三司上柱国赠推忠宣力保德功臣太傅谥惠愍贺秦国公墓志铭",底为志、铭。可知墓主为元朝名臣贺胜。二号墓出墓志一合,阴刻篆书"大元光禄大夫平章政事商议陕西等处行中书省事贺公墓铭",底为志、铭。可知墓主为贺胜之父贺仁杰。贺氏父子是元代政坛重要人物,《元史》两人有传,墓志可作补充①。河南焦作先后出土许氏墓志二合,一合志盖阴刻楷书"有元故潜斋先生许仲和墓志",墓主许衎字仲和,是元代著名理学家许衡之弟。另一合志盖楷书"大元故承务郎新济州脱脱禾孙副使许公墓志铭",墓主许师义是许衎之子。这二合墓志对研究理学大师许衡家族有帮助②。洛阳赛因赤答忽墓,有石墓志一合,青石质,

---

　　①　咸阳地区文管会《陕西户县贺氏墓出土大量元代俑》,《文物》1979年第4期。

　　②　索全星《焦作市出土的二合元代墓志略考》,《文物》1996年第2期。

盖内阴刻篆书"大元故太尉翰林学士承旨银青光禄大夫
赛因赤答忽之墓"。墓主赛因赤答忽是元末元军统帅扩
廓帖木儿之父,碑文中有元军与起义军争夺河南的记
载①。山东嘉祥发现曹元用夫妻合葬墓,出土墓志二合。
方形青石,阴刻正楷书。曹元用志盖 1.08×0.89×0.15
米,其妻郭志墓盖为 0.82×0.74×0.14 米,显然墓志铭亦
反映出男女有别②。

　　墓志的作者、书者和篆额有的各有其人,也有兼而为
之者。有的墓志文字本身就是文学和书法的珍品。名书
法家周伯琦撰并书篆的《有元儒学提举朱府君墓志铭》,
纸本,现藏故宫博物院③。近年发现的赛因赤答忽墓志,
志文楷书 35 行,前载"翰林学士承旨荣禄大夫知制诰兼
修国史张翥撰","中奉大夫国子祭酒陈祖仁书","集贤大
学士光禄大夫滕国公张璟篆"④。按,张翥、陈祖仁都是著
名儒生,元末都任高官,两人《元史》有传。张璟"字公弁,
保定人,官至集贤大学士,封滕国公。少而岐嶷,早以才学

---

① 洛阳市铁路北站编组站联合考古发掘队《元赛因赤答忽墓的发掘》,
《文物》1996 年第 2 期。

② 山东省济宁地区文物局《山东嘉祥县元代曹元用墓清理简报》,《考
古》1983 年第 9 期。

③ 中国古代书画鉴定组编《中国书法全集》第 11 卷"元三",文物出版
社,2011 年。

④ 洛阳市铁路北站编组站联合考古发掘队《元赛因赤答忽墓的发掘》,
《文物》1996 年第 2 期。

知名,篆书亦淳古可取"①。此碑由此三人合作,很有价值。张璂传世书法作品罕见。

　　上述上、下两层的墓志铭,一般放在墓室内。墓志也有立碑,碑额是标题,下面是志文。较早的如大同冯道真墓出土墓志,有碑座及碑身两部分。碑的背面为买地契,这是很奇特的②。河北涿州元代壁画墓出土墓志一方,大理石质,立碑式,由底座和碑身组成,碑身正背面均有楷书志文及家族世系。死者李仪,曾任大都路府判,阶承德郎③。西安南郊王世英墓出土墓志一件,长方形,上端横向隶书"元故耀州同知王公墓志铭",下端是志铭全文。此碑由"儒林郎国子司业同恕撰","王瓒书"。同恕是元代有名的儒生,曾任国子司业,著作有《榘庵集》。这篇墓志不见于《榘庵集》,可作补充④。西安曲江张达夫墓志,碑额是"元故张君达夫墓铭",下面是直行碑文。据推测,这件墓志"应是靠墓道北壁竖立放置"⑤。北京颐和园发现耶律铸夫妇合葬墓,出土两块墓志,并立于墓门外墓道上。耶律铸是蒙古国时期大政治家耶律楚材之子,本人官至中书左丞相。他的墓志铭汉白玉质,高 1.4 米、宽 0.88

　　①　陶宗仪《书史会要》卷七《大元》,上海书店影印武进陶氏景刊洪武本,1984 年,第 319 页。

　　②　《山西省大同市元代冯道真、王青清理简报》,《文物》1962 年第 10 期。

　　③　河北省文研所等《河北涿州元代壁画墓》,《文物》2004 年第 3 期。

　　④　《西安南郊元代王世英墓清理简报》,《文物》2008 年第 6 期。

　　⑤　《西安曲江元代张达夫及其夫人墓发掘简报》,《文物》2013 年第 8 期。

米、厚 0.195 米,题《大元故光禄大夫监修国史中书左丞相耶律公墓志铭》,另一块夫人奇渥温氏墓志铭,高 0.83 米、宽 0.47 米、厚 0.22 米①,为研究耶律铸本人和耶律楚材家族提供了有价值的资料。河南焦作出土元代怀孟路总管靳德茂的墓志,没有铭,应立在墓道上②。

与墓志、墓志铭类似的有墓表、墓碣,此外还有阡表、葬志、圹志、圹记等名称。阡表与墓表相同。葬志、圹志一般是家人所为,简述死者生平、家世,刻石后置于墓中。江西出土圹记,都在墓中,其中一种说:"不能求铭于当世君子,姑书其大概,纳诸圹中云。"③

墓志铭一般都用石,亦有用陶。济南历城洪家楼元代砖雕壁画墓发现陶墓志一合,志盖、志身各一。志文系用朱砂直接书写于灰色方砖面,文字已漫漶不清。方砖边长 34 厘米,厚 5 厘米④。"墓志用砖,犹先于石刻也。"⑤秦汉时期流行墓砖,后来逐渐由坚固的石材代替。元代还有墓志砖,就是在砖上书写亡者生平,一般比较简单。学者柳贯作有《亡妻墓砖志》《殇孙墓砖志》。后者是柳贯"洒涕

---

① 《北京市颐和园元代耶律铸夫妇合葬墓》,《中国文物报》1999 年 1 月 31 日。

② 焦作市文物工作队、焦作市博物馆《焦作中站区元代靳德茂墓道出土陶俑》,《中原文物》2008 年第 1 期。

③ 《江西鹰潭发现纪年元墓》,《南方文物》1993 年第 4 期。

④ 刘善沂、王惠明《济南市历城区宋元壁画墓》,《文物》2005 年第 11 期。

⑤ 《语石·语石异同评》卷四,第 246 页。

濡朱,识童子卒葬月日于玄砖,纳之圹中"①。河北满城张弘略墓出土墓志砖一方,长方形,正面阴刻楷书"蔡国夫人李氏"②六字。河南郑州卷烟厂工地元墓发现墓志砖一块,青灰色,长约30厘米,宽6厘米,正面刻"晋宁路贾润僧"六字,侧面刻"至正二年四月初八日"③九字。墓志砖一般都比较简单,大多只能称为标题式的。

道士墓葬,通常亦称墓碑或墓志铭,如胡祗遹作《女冠左炼师墓碑》④,袁桷文集中有《空山雷道士墓志铭》《戴道士墓志铭》等⑤。北京房山发现《玄靖达观大师刘公墓志铭》,"刘公"是全真道士刘志厚⑥。和尚墓志铭大多称塔铭。程钜夫文集中有僧人塔铭五篇⑦。胡祗遹有《雄辩大师塔铭》《大圣山孝思禅院广公和尚塔铭》等⑧。或称塔记,如耶律楚材作《和公大禅师塔记》⑨。"释氏之葬,起塔而系以铭,犹世法之有墓志也。然不尽埋于土中,或建碑,

①　《柳贯集》卷一二,第342页。

②　河北省文物保护中心等《元代张弘略及夫人墓清理报告》,《文物春秋》2013年第5期。

③　汪旭《郑州首次发现元代平民墓》,《中原文物》1996年第3期。

④　胡祗遹著,魏崇武、周思成校点《胡祗遹集》卷一七,吉林文史出版社,2008年,第332—333页。

⑤　《袁桷集》卷三一,第463—465页。

⑥　《北京元代史迹图志》,第150—154页。

⑦　程钜夫著,张文澍校点《程钜夫集》卷二〇、二一,吉林文史出版社,2009年,第240、248、256—257、257—258、262—263页。

⑧　《胡祗遹集》卷一八,第349—350页。

⑨　耶律楚材著,谢方点校《湛然居士文集》卷一三,中华书局,1986年。

树幢"①。佛寺中的经幢,大多是八面,也有六面、四面。
"金元僧塔铭,如琛公、策公之类,凡八面刻者,亦皆以第
一面为额。如云某寺某公塔铭,通行直下,四周雕琢,中为
一龛,如坛庙所供神牌式。"②北京门头沟潭柘寺的《归云
大禅师塔》,六角三级密檐式墓幢,幢身六面,刻有楷书铭
文,第一面为额③。又有《慧公禅师幢塔》《宗公长老寿
塔》,幢身均为八面,以第一面为额④。

(三)神道碑

墓路称为神道,自来已久。神道立碑称为神道碑。墓
志铭人人得为之,但神道立碑,是身份的标志,限于有较高
地位的官员、贵族。唐朝五品以上用碑,龟趺螭首⑤。

蒙古国时期,政局混乱,群雄纷起。各地新兴的地方
军阀得势以后,仍在不同程度上沿用前代的某些制度,为
自己增添光彩,丧葬制度便是一个重要的方面。请名人为
先人作神道碑、先德碑,仍是颇为流行的风气。东平军阀
严实死后,其子忠济等以行状请元好问作神道碑⑥。保定

---

① 《语石·语石异同评》卷四,第264页。
② 《语石·语石异同评》卷四,第271页。
③ 《北京元代史迹图志》,第158—160页。
④ 《北京元代史迹图志》,第161—166页。
⑤ 《陔余丛考》卷三二《碑表、志铭之别》,第654页。
⑥ 元好问著,姚奠中主编《元好问全集》卷二六《东平行台严公神道
碑》,山西人民出版社,1990年,第618页。

军阀张柔及严实下属千户乔惟忠、赵天锡等死后,家属也请元好问作神道碑[1]。范阳张子良为归德路总管,回到乡里,"用侯伯之服之礼,展省坟墓。考之令甲,诸仕及通贵,庙与墓俱有碑,应用螭首龟趺之制",因而请元好问作先德碑[2]。先德碑就是神道碑,"考之令甲"就是查考亡金的制度,而贵人之墓有碑,用螭首龟趺之制,无疑就指神道碑而言。但这一时期各地军阀立神道碑都是任意为之,没有正式的制度可言。

忽必烈即位,逐步推行"汉法",在丧葬制度方面,亦有一些措施。就立碑而言,现存资料缺乏明确的记载。英宗朝御史中丞杨朵儿只因权臣陷害被杀,泰定帝时得到平反,其子说:"顾于法得立碑神道,愿载其事于贞石,以昭陛下之明圣。"[3]于九思官至湖南道宣慰使,其子云:"先公官三品,法当定谥立传,勒铭乐石。"[4]畏兀儿人买闾对虞集说:"先人在延祐中遂启王封于故国……今葬于城西三十里之田村者,法得树碑神道。"[5]张熙祖是张留孙之侄,得任路总管,其父追赠亚中大夫、集贤学士,"阶三品,于

---

① 《元好问全集》卷二九《千户乔公神道碑铭》《千户赵侯神道碑铭》,第 682、684 页。

② 《元好问全集》卷二八《归德府总管范阳张公先德碑》,第 661 页。

③ 《道园学古录》卷一六《御史中丞杨公神道碑》,第 1 页上。

④ 《金华黄先生文集》卷二三《于公行状》,第 15 页上。

⑤ 《道园学古录》卷一六《大宗正府也可札鲁火赤高昌王神道碑》,第 4 页下。

法当树表于神道"，于是请虞集作神道碑①。可见元朝立神道碑有"法"为据，但起于何时，现在已无从查考。所谓"法"，最重要是碑主的身份限制。以上数例都是阶三品以上的官员。秦仲曾知昭州，一子官中宪大夫（正四品），一子官奉训大夫（从五品）。秦仲因数贵赠官，亦应是正四品。"昭州以子贵赠某官，夫人封某郡君，于法得立碑神道。"②文天祥之子文陞死，元明善为之作神道碑。文陞官集贤直学士、奉训大夫（从四品）③。唐珏"至大元年升奉议大夫、同知汀州路总管府事"，死后亦立神道碑。奉议大夫阶正五品④。潘琚，"以劳得五品服，转奉训大夫、淮东淮西都转运副使"，死后立神道碑⑤。可以认为，和前代一样，五品以上官员死后皆可立神道碑。英宗时，监察御史锁咬儿哈的迷失因谏阻兴建佛寺被杀，泰定帝时平反，"赠锁咬儿哈的迷失资德大夫、御史中丞、上护军，追封永平郡公，谥贞愍。赐其妻子钞五百贯，良田千亩，仍诏树碑神道"⑥。监察御史正七品，不够立碑的标准，这显然是按追赠的官阶给予特殊的优遇。

从现存记载来看，朝廷的元老重臣死后，皇帝下诏给

① 《道园学古录》卷四一《张公神道碑》，第9页上。
② 《国朝文类》卷六六《知昭州秦公神道碑铭》。
③ 《国朝文类》卷六五《集贤直学士文君神道碑》。
④ 《刘将孙集》卷二九《唐珏神道碑铭》，第234—235页。
⑤ 刘敏中著，邓瑞全、谢辉校点《刘敏中集》卷七《潘公神道碑铭》，吉林文史出版社，2008年，第68—69页。
⑥ 《元史》卷一二四《塔本附锁咬儿哈的迷失传》，第3046页。

予各种荣誉，赐谥、立碑是其中必备的两项，同时还指定有名望的学者型官员执笔。在世祖时代，史天泽死于至元十二年二月，三月下葬，"明年春二月有旨，命臣磐制墓隧碑文"[①]。"臣磐"是翰林学士王磐。张柔死后，"至元十年春，(其子张)弘略请于朝，得谥曰武康，仍降旨翰林院，定撰碑石文字"，于是指定翰林学士王磐执笔[②]。忽必烈亲信谋士刘秉忠去世，"诏赠太傅、仪同三司，下太常议，谥曰文贞，仍命翰林学士王磐撰碑文字"[③]。昭文馆大学士、理学家窦默去世，"皇太子令旨，命翰林学士王磐定拟碑文"[④]。以上数例似可说明，世祖时已有立碑的制度，而王磐是钦定的神道碑作者。以后诸帝延续了这一传统。廉希宪之子廉恂为中书平章政事，"天子嘉之，诏中书曰：其命翰林学士明善，制恂父恒阳王碑文"[⑤]。即命元明善为廉希宪撰神道碑。贺世杰、贺胜父子相继为上都留守，武宗指定姚燧为贺世杰作《贺公神道碑》，"仍俾胜驰十五乘传入秦，身视镌立"[⑥]。有的高官贵族后代提出申请，皇帝核准予以立碑。上述杨朵儿只神道碑，便是御史台向泰定帝报告杨不华的要求，"制曰：'可'"，并指定虞集执笔。

---

① 《国朝文类》卷五八（王磐）《中书右丞相史公神道碑》。

② 《畿辅通志》卷一〇七《蔡国公神道碑》，见李修生主编《全元文》第二册，江苏古籍出版社，1998年，第270页。

③ 《佛祖历代通载》卷二一，《大正大藏经》本，第706页。

④ 《畿辅通志》卷一〇七《大学士窦公神道碑》。

⑤ 《国朝文类》卷六五《平章政事廉文正公神道碑》。

⑥ 《姚燧集》卷一七，第268—272页。

有的已故者经大臣上奏推荐，皇帝同意，亦得赐碑。邓文原曾任国子祭酒，"今天子以邓公先朝旧臣，用臣僚奏请，特赐以神道之碑铭"①。大学士史惟良去世，"故事：大臣之葬，必著石章，载其世系官职，行能劳烈。于是宰相、执政以闻于上，命臣潝为之文，仍敕河南江北等处行中书省左丞王守诚、翰林学士承旨张起岩书篆，以赐其嗣子铨，俾揭于墓之原"②。

　　五品以上官员去世后，都可树神道碑，皇帝赐碑的是少数，多数是家属自行请人撰文、书写、琢碑、篆额。以欧阳玄为例，他撰写许衡、赵孟頫、张起岩、马合马沙、董士珍等神道碑，都是皇帝的旨意；而为贯云石、虞集、许熙载等作神道碑，则是应这些人家属的请求。如虞集死后，其子安民"奉状踵门"，请欧阳玄作神道碑③。

　　子孙为高官，其上代得追赠改葬，亦可树神道碑。这也分两类：有的是皇帝赐与。李孟是元仁宗的亲信谋士，仁宗即位后，"集贤大学士荣禄大夫臣陈颢奉圣旨：李道复父母既葬，碑石未立，其令翰林承旨刘敏中撰文，集贤大学士刘赓书，翰林侍讲学士郭贯篆额"。李孟字道复。刘敏中"承诏，谨按鲍思义所为状，序而铭之"④。张思忠是

---

　　①　《金华黄先生文集》卷三二《倪公墓志铭》，第27页上。
　　②　《金华黄先生文集》卷二六《史公神道碑》，第10页上。
　　③　欧阳玄著，魏崇武，刘建立校点《欧阳玄集》卷九《虞雍公神道碑》，第105页。
　　④　《刘敏中集》卷六《李公神道碑铭》，第54页。

河南巩县平民,其子张毅为江浙参政,"其孙为吏部侍郎,
近臣为之奏请于上,有敕翰林侍讲学士欧阳玄撰公神道之
碑以赐。惟公赠典致以子,赐碑致以孙"①。刘敏中官翰
林学士承旨、荣禄大夫,其祖刘鼎赠资德大夫,其父刘景石
赠正奉大夫,可以树神道碑。刘敏中向朝廷奏请,"皇庆
二年秋,翰林君追述祖德,疏上,恩属铭其墓道",朝廷指
派程钜夫撰次而铭之②。浦江吴直方是顺帝的亲信,参预
机密,以集贤大学士致仕。其父吴伯绍是平民,追赠翰林
学士承旨。"承旨公薨,墓碑未立,丞相欲为奏敕词臣撰
文以遗之。公曰:'先君隐约田间,少见于事为,若挟天子
威命以弥文夸侈之,固无不可,是非以诚遇先君也。'卒辞
之。"③不要词臣撰文,这是特殊的例子。由此可知高官可
申请为先人立碑,并由朝廷指派词臣撰文。但更多则是受
朝廷封赠后,自行物色作者为之。"国制,诸封赠,父与子
同,子升亦升。"陈安曾为进义副尉、盐场管勾,阶从八品。
但其子陈惟德进中议大夫、户部员外郎,阶正四品;陈安得
封赠中顺大夫、河中府知府,阶正四品,可立神道碑。陈惟

---

① 欧阳玄《张公神道碑铭》,《巩县志》卷一八,见国家图书馆善本金石
组编《辽金元石刻文献全编》第三册,北京图书馆出版社,2003 年,第 919—
921 页。

② 《程钜夫集》卷一九《刘府君神道碑》、卷二〇《刘文靖公神道碑》,第
234—235、239—240 页。

③ 《宋濂全集》卷七六《吴公行状》,第 1848 页。

德便"走书友人张养浩",请他执笔①。

朝廷的元勋重臣,所作神道碑,则称为"勋德碑""世德碑""世勋碑""先茔(德)碑"等,以示尊重②。内蒙古翁牛特旗国公村有《大元敕赐故蓟国公张氏先茔碑》,表彰张应瑞功绩。此碑是元顺帝命奎章阁学士尚师简、翰林侍讲学士张起岩共同撰文,奎章阁承制学士嵕嵕书,翰林学士许师敬篆额的,保存完好。《先茔碑》附近还有《大元张公住童先德碑》,住童是张应瑞之子。两碑均龟跌螭首,也都是神道碑一类③。为佛教、道教的领袖人物所作碑文,称为"道行碑""功德碑",可以说是神道碑的变种。海云大禅师碑,王万庆"奉护必烈大王命"作。文后有赞,赞后是嗣法弟子名单,长达七千余字,螭首龟跌④。北京房山《故大行禅师通圆懿公功德碑》,文后有赞,碑阴开列门人和俗弟子姓名,螭首龟跌⑤。赵孟頫奉英宗之命为玄教领袖张留孙撰碑,螭首龟跌⑥。或称"道行碑",如王恽《故普济大师刘公道行碑》《玄门掌教大宗师尹公道行碑》⑦。

① 张养浩著,李鸣、马振奎校点《张养浩集》卷一七《陈公神道碑》,吉林文史出版社,2008年,第149—150页。

② 见《国朝文类》卷二三至卷二六,《元朝名臣事略》卷一、卷三、卷四各篇。

③ 王大方、张文芳编著《草原金石录》,文物出版社,2013年,第117—152页。

④ 《北京元代史迹图志》,第182—186页。

⑤ 《北京元代史迹图志》,第115—118页。

⑥ 《北京元代史迹图志》,第175—178页。

⑦ 《秋涧先生大全文集》卷五三,第15页上;卷五六,第8页上—下。

有的也称"神道碑",如玄教第三代宗师夏文泳死后,黄溍作《神道碑》①。

在众多为高官建立的神道碑中有一个例外。江西弋阳谢枋得是南宋遗民,曾参与抗元斗争。元朝强迫他进大都,"至京师,不食死"。谢氏气节在当时及后代都为人敬仰。其弟子为他立祠。死后二十四年,翰林侍读学士李源道应其子之请,为之作神道碑文。其他神道碑均书官爵,谢氏碑则题《故宋文节先生谢公神道碑》,可以说是特例。碑文收入《元文类》卷五七。

元代神道碑的内容,主要包括家世、经历、评价等方面,以铭结束,和墓志铭大体相同。和墓志铭一样,神道碑作者主要依据的也是死者家属送来的行状。姚燧为阿里海牙作碑,其子提供死者所"受制书与御笔及公平生行实"。"平生行实"即行状②。李庭作《奥屯公神道碑》,自称:"一依来状次序,而赘以铭。"③黄溍为道士夏文泳作碑,"按状而述,序而铭之"④。但如前所说,墓志铭一般比较简略,字数较少;而神道碑则内容比较丰富,每篇文字少则二三千,多则四五千。长的如元明善《平章政事廉文正公神道碑》,有六千余字⑤。姚燧的《中书左丞姚文献公神

---

① 《金华黄先生文集》卷二七,第 19 页下。
② 《姚燧集》卷一三《湖广行省左丞相神道碑》,第 192 页。
③ 《寓庵集》卷七,第 78 页下。
④ 《金华黄先生文集》卷二七,第 19 页下。
⑤ 《国朝文类》卷六五。

道碑》,有七千字左右,其中铭文将近 400 字①。总的来说,传世文献中,神道碑的数量不如墓志铭。这是因为墓志铭没有身份的限制,故传世的数量很多。神道碑只有五品以上才得为之,故传世数量相对较少。墓志铭作者范围较广,一般文人均可为之。神道碑作者则大都是有声望的名流,特别是翰林院的官员。死者地位越高越要请文坛领袖人物来撰写。皇帝指定的神道碑作者和书家,更是当时学界的顶尖人物。《元文类》有神道碑 40 篇,作者有元好问、宋子贞、王磐、李谦、卢挚、姚燧、元明善、赵孟頫、虞集、王思廉、李源道、马祖常、孛术鲁翀等。其中王磐、姚燧、元明善、虞集、孛术鲁翀数人撰写神道碑较多,尤以姚燧最为突出。目前可考的姚氏所作神道碑有 50 余篇②,在元人文集中居于首位。"当时孝子顺孙,欲发挥其先德,必得燧文,始可传信,其不得者,每为愧耻。故三十年间,国朝名臣世勋、显行盛德,皆燧所书。每来谒文,必其行业可嘉,然后许可,辞无溢美。"③除以上诸人外,元代前、中期作神道碑较多的还有刘敏中、袁桷等。元代后期,则有黄溍、欧阳玄等。黄氏出身进士,曾在翰林院、国子监任职,"中统、至元以来,如先生者二三人而已,故凡国家典册诏

---

① 《姚燧集》卷一五,第 214—225 页。

② 《姚燧集》卷一三至卷二五,第 178—397 页。又,集后附《牧庵集辑佚》,有神道碑 5 篇,第 603—615、617—620 页。

③ 《元史》卷一七四《姚燧传》,第 4059—4060 页。

令及勋贤当得铭者,必命先生为之"[1]。黄溍传世文集中所作达官贵人神道碑不下 20 篇。欧阳玄也是神道碑的重要作者,"海内名山大川,释老之宫,王公贵人墓隧之碑铭,得玄文辞以为荣"[2]。除蒙古国时期的元好问、宋子贞以外,以上这些作者都有在翰林院、国子监等文化教育部门任职的经历,可以说都是官方文坛的领袖人物。

墓志铭和神道碑还有两个方面的区别。(1)墓志铭绝大多数是为汉人而作,蒙古、色目人很少;而神道碑中蒙古、色目人占相当大比例。这与神道碑限于五品以上有关。(2)墓志铭中有大量女性,而神道碑中女性极少。马祖常的《故贞节赠容国夫人萨法礼氏碑铭》,是为于阗(今新疆和田)女性萨法礼而作,她是蒙古国时期大断事官雅老瓦实的孙女,丈夫的父亲土土哈是钦察人,元代著名军事统帅。萨法礼在丈夫死后守节不嫁,被表彰为"贞节"。文宗时其子治书侍御史"请于朝,追封容国夫人"。皇帝下诏,令马祖常"制其碑辞"[3]。皇帝钦命制作碑铭,无疑是神道碑。这是极罕见的。

高官名士墓葬时,要请人作墓志铭,又作神道碑,有的还要制作标题式墓碑,分放在墓区的不同地方。王构官翰林承旨,其子王士熙求袁桷撰墓志铭时说:"墓上碑,则父

---

① 《宋濂全集》卷七六《金华先生黄公行状》,第 1850—1855 页。

② 《元史》卷一八二《欧阳玄传》,第 4198 页。

③ 马祖常著,王媛校点《马祖常集》卷一五,吉林文史出版社,2010 年,第 254 页。

友翰林学士陈公俨属比铭之矣。今葬日薄,知吾先公莫若子,幸志其历官行事,纳诸幽堂。""墓上碑"指神道碑,是陈俨作;请袁桷作的是"纳诸幽堂"的墓志铭①。道教领袖吴全节为其父母合葬,请袁桷"述我先公先夫人之世系而铭之。隧道有碑,翰林学士元公则为之矣"。他请袁桷撰父母合葬的墓志铭,在此前已请"翰林学士元公"即元明善撰写神道碑②。应该提到的是,在虞集的文集中,既有《贺丞相墓志铭》,又有《贺丞相神道碑》,都为贺胜作,墓志铭和神道碑出于同一作者之手,是不多见的③。一般来说,墓志铭在举行葬礼时要做好,这样可以埋入墓内,而神道碑则可以在后。例如揭傒斯死于至正四年七月,其子揭汯请欧阳玄作墓铭。九月,"汯将扶护登舟",回家埋葬,欧阳玄便将墓铭写成④。至正七年七月,顺帝在上都下诏命黄溍作揭傒斯神道碑。黄溍便根据"前修撰刘闻所上容台之状及前学士承旨欧阳玄所为幽堂之铭",写成神道碑⑤。但二者前后并不严格,主要是物色到合适的作者。

姚燧为人作神道碑,其家"广置燕乐,燧则为之喜而援笔大书,否则弗易得也"⑥。可知必须要殷勤招待,才能下笔。中书右丞陈天祥死,其子陈孟温遣孙允中"奉币若

① 《袁桷集》卷二九《王文肃公墓志铭》,第 436 页。
② 《袁桷集》卷二九《饶国吴公饶国夫人舒氏墓志铭》,第 438 页。
③ 《道园学古录》卷一八,第 1 页上—4 页下;卷一三,第 2 页下—5 页上。
④ 《欧阳玄集》卷一〇《揭公墓志铭》,第 139—141 页。
⑤ 《金华黄先生文集》卷二六,第 16 页下—22 页下。
⑥ 《元史》卷一七四《姚燧传》,第 4060 页。

事状来济南",请张养浩作铭,养浩"辞不允,乃反币,按事状谨为铭"①。显然,求人作碑文需"奉币",在当时是普遍的现象。神道碑作者既奉皇帝之命,又受人之币,所依据的是家属认可的行状,当然不免有许多讳饰不实夸大溢美之词。"龟趺负穹石,浮语极褒侈"②。所谓姚燧"辞无溢美"是不可信的,其他作者也是一样。例如,畏兀儿人阿里海牙官至湖广行省左丞相,后因多有不法之事遭朝廷追查,自杀身亡,但在姚燧所作《湖广行省左丞相神道碑》中,他是因病死亡,上述情节完全被抹煞了③。

神道碑的形制似无明确的规定。一般以高七八尺,广三四尺居多。但官阶高者一丈以上亦颇多。据清代记载,董文用神道碑,高一丈二尺,广四尺一寸④。董士珍碑,高一丈一尺,广四尺五寸⑤。巩昌汪氏祖孙三代世系碑,原在陇西城南。据清末方志记载:"汪氏神道碑在今巩昌府城南坛左侧,旧有五碑,今存三,均高二丈余,广五尺余,额趺俱完好。"⑥高二丈余可谓巨制。《亦都护高昌王世勋碑》仅存中段,存石高广俱四尺八寸,"其高当为十有二

---

① 《张养浩集》卷一八《陈公神道碑铭》,第158页。

② 《袁桷集》卷四《善之金事兄南归述怀百韵》,第50页。"龟趺"指神道碑碑座。

③ 《姚燧集》卷一三,第191页。

④ 《常山贞石志》卷二一,《辽金元石刻文献全编》第三册,第352页。

⑤ 《常山贞石志》卷二三,《辽金元石刻文献全编》第三册,第383页。

⑥ 《陇右金石录》卷五引《宣统甘肃通志》,《辽金元石刻文献全编》第三册,第1034页。

尺,崇以碑额,真巨刻也"①。《西宁王忻都公神道碑》,在永昌石碑沟,"碑高近二丈,广五尺余,首刻蟠螭,下有龟跌,制作甚精"②。可惜这些巨碑都残缺或不存了。现存太师窦默碑,通高4.7米(碑座未量入),应在1丈4尺以上③。北京东岳庙的《张公碑》(张留孙道行碑),通高约644厘米,宽155厘米,厚155厘米④。折算高2丈以上。

完整的神道碑,分为碑身、碑额和碑座。碑有额,额在碑首,上面题写死者官衔、姓氏,一般为篆书,类似墓志铭的盖。"碑用额,志用盖,此常例也。"⑤前面说过,神道碑"螭首龟跌","螭首"就是碑额周围雕螭(无爪龙)形,"龟跌"即碑座刻作龟形。神道碑的文字作者、书丹者⑥和书额者往往各有其人。由皇帝批准的神道碑,通常同时指定碑文作者、书字作者和篆额的人员。咬住神道碑,指定翰林学士承旨刘敏中撰文,同时指定国子祭酒刘赓书,王颙篆额⑦。许衡碑,欧阳玄文"以赐其子师敬使刻之",并指

①　《陇右金石录》卷五,《辽金元石刻文献全编》第三册,第1056页。

②　《陇右金石录》卷五,引《新通志稿》,《辽金元石刻文献全编》第三册,第1069页。

③　尚金芬、刘秋果《窦默及其墓冢考》,《邢台师专学报》1997年第3期。

④　《北京元代史迹图志》,第175—178页。

⑤　《语石·语石异同评》卷四,第235页。

⑥　"书碑之例,通称某人书,或曰:书丹。金碑称书丹者过半。"见《语石·语石异同评》卷六,第404页。

⑦　《[道光]河内县志》卷二一《金石志下》,《辽金元石刻文献全编》第二册,第858页。

定张起岩书,尚师简篆额①。元顺帝传诏,命揭傒斯为董守中作神道碑,别敕新南台治书侍御史巙巙书其文,翰林学士许师敬"篆其额"②。《张公碑》(张留孙道行碑)是赵孟頫"奉敕撰并书丹、篆额",三者一人为之,这是很罕见的。至正七年,顺帝命黄溍作揭傒斯神道碑,"仍敕河南江北等处行中书省左丞臣守诚、礼部尚书臣期颐书、篆以赐焉"③。内蒙古赤峰翁牛特旗张应瑞先茔碑,张起岩、尚师简二人同撰,巙巙书,许师敬篆额④。

　　存世的元代神道碑为数不多,如杨琼神道碑。杨琼曲阳(今河北曲阳)人,"以石工进",官至武略将军、判大都留守司,兼少府少监,阶从五品。杨琼对大都城的修建作出很大贡献。他的神道碑是其次子请求姚燧写的,此碑现存河北曲阳北岳庙⑤。又有窦默神道碑(已断),在河北肥乡县城东。窦默曾任翰林侍讲学士,是一位理学家,又是针灸名家。姚天福神道碑,在山西稷山马村青龙寺博物馆⑥。姚天福曾任参知政事、大都路总管。张弘略曾任宣慰使、行省参知政事,其墓在河北满城,墓中有墓志铭,神

　　① 《[道光]河内县志》卷二一《金石志下》,《辽金元石刻文献全编》第二册,第864页。

　　② 揭傒斯著,李梦生点校《揭傒斯全集》"文集"卷七《董公神道碑》,上海古籍出版社,1985年,第385页。

　　③ 《金华黄先生文集》卷二六《揭公神道碑》,第16页下。

　　④ 《草原金石录》,第122页。

　　⑤ 《姚燧集》后附《姚燧集辑佚》,第617—620页。

　　⑥ 郑祥林《古碑为鉴》,《中国文物报》2001年10月12日。

道碑立于神道西侧①。另有张留孙碑、海云碑等。上述
《亦都护高昌王世勋碑》残碑仍存。存世神道碑纸本有赵
孟頫《胆巴碑》(藏北京故宫博物院)、《仇公墓碑》(藏日
本京都阳明文库)。虞集撰并书《广东道宣慰使都元帅刘
公神道碑铭》(藏上海博物馆),碑主刘垓是刘整之子,共
1404 字。

(四) 各种文字墓碑

以上所述,都是汉字撰写的碑铭。元朝通行多种文
字,除汉字外,还有畏兀儿字(回鹘文)书写的蒙古文及八
思巴字等。著名学者虞集撰《亦都护高昌王世勋碑》,亦
都护是畏兀儿人首领的称号,元朝封亦都护为高昌王。此
碑是元文宗命虞集撰写的,记叙畏兀儿历史、历代亦都护
的功绩,树立在永昌(今甘肃永昌)亦都护纽林的斤墓
前②。此碑仅存半段,刻有汉文、畏兀儿文两种文字,内容
大体相同,有一些区别③。前述《蓟国公张氏先茔碑》碑身
正面为汉文,背面为畏兀儿字蒙古文④。"世勋碑""先茔

---

① 河北省文物保护中心等《元代张弘略及夫人墓清理报告》,《文物春
秋》2013 年第 5 期。

② 《道园学古录》卷二四《高昌王世勋之碑》,第 4 页下—7 页上;《陇右
金石录》卷五,《辽金元石刻文献全编》第三册,第 1054—1057 页。

③ 耿世民《回鹘文亦都护高昌王世勋碑研究》,《考古学报》1980 年第
4 期。

④ 《草原金石录》,第 118—142 页。

碑"记述祖先功业,性质与"神道碑"相近。而且以上两碑都是"奉敕"撰写的。另有《大元敕赐诸色人匠府达鲁花赤竹公神道碑》,亦刻两种文字。汉文是揭傒斯撰,巎巎书,尚师敬篆额,咬住译成畏兀儿字蒙古文。原碑不存,但有拓本传世①。

元世祖忽必烈命藏传佛教领袖八思巴创造新字,指定为官方文字,主要用来拼写蒙古语,兼用以音写汉语。元代有些墓碑,就是用八思巴字书写的。现存有一件兖州达鲁花赤墓碑拓片,碑文汉译是"济宁路前兖州达鲁花赤兼管本州诸军奥鲁劝农事拜都之墓记"。"拜都之墓记"为蒙古语,前面 20 余字为汉语音译②。泉州发现数块八思巴文的基督教徒墓碑,文字比较简单,应是标题式墓碑,都是八思巴字居中,旁有汉字记建碑岁月③。

元代还有域外的拉丁、叙利亚、波斯、阿拉伯等文字墓碑,主要是来自海外的基督教徒和伊斯兰教徒使用的。

扬州、泉州和内蒙古的一些地区都有基督教徒的墓碑发现。1952 年,扬州出土两块拉丁文墓碑。第一块碑上圆下方,碑面上半部为天主教中殉教者的故事图,下半为老式哥特文书写的拉丁文墓志,共 5 行。由碑文可知,墓

---

① 《草原金石录》,第 142—152 页。

② 蔡美彪《八思巴字碑刻文物集释》[19]"兖州达鲁花赤墓碑",中国社会科学出版社,2011 年,第 257—259 页。

③ 吴文良著,吴幼雄增补《泉州宗教石刻(增订本)》,科学出版社,2005 年,第 406—410 页;牛汝极《十字莲花》,上海古籍出版社,2008 年,第 158—162 页。

主女性,名喀德邻,死于 1342 年。第二块碑与前者大体相同而略小,上半为末日审判图,下半为老式哥特字母书写的拉丁文墓志,共 6 行。由碑文可知,墓主男性,名安东尼,死于 1340 年。两碑主人是兄妹,同属一富商家庭,其父维利翁尼来自义大利①。1981 年扬州又出土基督教徒墓碑一通,上段画面中间双线勾成十字,十字下一朵莲花,两旁各有一天使,双手前伸,守护十字架。下段右为汉字 3 行:"岁次丁巳,延祐三月初九日,三十三岁身故,五月十六日明吉,大都忻都妻也里世八之墓。"左为古叙利亚文 12 行,大意亦是记死者姓名、死亡时间和一些宗教语言。也里世八亦即伊莉莎白,基督教女教徒常见的名字②。

泉州是元代中国对外联系的最重要海港,许多来自海外的商人、水手、教士在此居留,有的还在当地成家立业。泉州发现大量基督教徒的墓碑,大多用辉绿岩石琢成。碑上大多有十字和莲花、云浪纹以及天使像。不少碑上书写叙利亚文、回鹘文和拉丁文。有的同一块碑上有汉文和其他文字。碑文内容一般是叙述死者生平、原籍、生卒年月以及一些宗教语言。其中一块是叙利亚文回鹘语—汉语

————————

①　耿鉴庭《扬州城根里的元代拉丁文墓碑》,《考古》1963 年第 8 期。夏鼐《扬州拉丁文墓碑和威尼斯银币》,《考古》1979 年第 6 期。《十字莲花》,第 121—123 页。

②　王勤金《元延祐四年也里世八墓碑考释》,《文物》1989 年第 6 期。朱江《扬州发现元代基督教徒墓碑》,《文物》1986 年第 3 期。耿世民《扬州景教碑研究》,《西域文史论稿》,兰州大学出版社,2012 年,第 322—330 页。《十字莲花》,第 114—121 页。

两种文字的墓碑,左边是汉字两行:"管领江南诸路明教秦教等也里可温马里失里门阿必斯古八马里哈昔牙,皇庆二年岁在癸丑年八月十五日帖迷答扫马等泣血谨志。"右边是叙利亚文,译文是:"这是马可家族的主教大人马里失里门·阿必斯古八之墓。牛年八月十五日扫马领(队)来此并题铭。""马里哈昔牙"是叙利亚语"主教"和"圣者"之意①。内蒙古某些地区元代曾流行景教。内蒙古百灵庙的敖伦苏木古城、四子王旗王墓梁耶律氏家族陵园等处都有基督教徒墓碑出土。碑上有十字、莲花图案,用叙利亚文书写,个别碑上有叙利亚文、汉文两种文字。1984年,内蒙古赤峰松山区城子乡出土景教徒墓碑,是一块瓷制白釉墓砖。碑体外缘勾勒边框,框内绘十字架,将碑分成四部分。十字架中心绘有一圆环,内有一朵六瓣莲花。十字架底部是一朵九瓣莲花。十字架上部两空区竖写两行古叙利亚文,译文是:"仰之,信之。"(出于《圣经旧约全书》)下半部两空区是 8 行畏兀体蒙古文,译文是:"亚历山大帝王纪年一千五百六十四年,桃花石纪年牛年正月二十日,这位军帐首领药难部队的将军,在他七十一岁时完成了上帝的使命。愿这位大人的灵魂永久地在天堂安息吧!"②"桃花石"是中亚各族对中原王朝或汉人的称呼。内蒙古发现的基督教徒墓碑,从族属来说,很可能属于汪

---

① 夏鼐《两种文字合璧的泉州也里可温(景教)墓碑》,《考古》1981 年第 1 期。《十字莲花》,第 150—152 页。

② 《十字莲花》,第 106—113 页。

古(雍古)部,又称白鞑靼①。

　　泉州有大量来自海外的伊斯兰教徒。近百年来,泉州发现伊斯兰教徒墓碑已不下六七十件②。这些墓碑碑顶一般作尖拱形状,用辉绿岩石和白花岗石琢成。碑上刻古阿拉伯文,有的则有古阿拉伯文和汉文两种文字。内容大多是死者名字,来自何处,生卒年月,以及一些宗教语言(《可兰经》)。这些死者以来自波斯者居多,也有的来自中亚布哈拉等处。有一块墓碑碑面刻古阿拉伯文字6行,大意是死者名哈桑。在第5、6行之间有三个汉字"蕃客墓"③。"蕃客"一名始于唐代,宋、元时流行,用来指侨居中国的外国商人、水手。有一块墓碑,正面是古阿拉伯文6行,大意是死者名阿卜杜拉。背面有汉字6行:"先君生于戊辰十二月初九日,卒于癸卯二月初七日,享年三十六岁,安葬于此。时大德七年七月初一日,孤子吴应斗泣血谨志。"④显然,死者之子吴应斗已采用汉人姓名,"孤子"、"泣血"是汉人墓志中常用的语言。还有一块墓碑,中间部分刻阿拉伯文4行,系《古兰经》文字,碑下部两翼伸出部分刻汉字"潘总领四月初一日身亡",则死者采用汉姓⑤。

　　① 周清澍《汪古部的族源——汪古部事辑之二》,《文史》第10辑,1981年。

　　② 《泉州宗教石刻(增订本)》,第61—117页。

　　③ 《泉州宗教石刻(增订本)》,第95—97页。

　　④ 《泉州宗教石刻(增订本)》,第69、331页。

　　⑤ 《泉州宗教石刻(增订本)》,第111、348页。

元代杭州是江浙行省的首府,江南最繁荣的都市,许多域外人士居留之地。当时杭州有一处聚景园,是回回人的公共墓地。杭州伊斯兰教古寺凤凰寺迄今仍保存有一批元代伊斯兰教的墓碑。最近由中外学者协力整理译读,编成《杭州凤凰寺藏阿拉伯文、波斯文碑铭释读译注》一书,已经问世。书中公布了20方阿拉伯文、波斯文墓碑。由墓碑铭文显示,"墓主为波斯人,或波斯化的中亚人和突厥人,其职业有商人、行省高官、军事官员以及纯粹的宗教人士。从宗教派别看,有什叶派、逊尼派、苏菲派。他们多从陆路来,有一位墓主甚至就来自汗八里即大都(今北京),也有个别通过海路而来"①。

(五)余论

上面我们对行状、墓志铭和神道碑作了简单的说明。总的来说,这类碑铭文字数量很多,信息量很大,是元代历史研究的重要资料来源。众所周知,明初成书的《元史》,其中人物列传,很大一部分就是利用碑铭文字删改而成的②。也就是说,碑铭文字是原始的第一手资料。不仅如此,有不少碑铭中的记载提供了元代历史研究的新线索,有些甚至是唯一的。例如,前述《杨琼神道碑》对大都城

---

① 刘迎胜《杭州凤凰寺藏阿拉伯文、波斯文碑铭释读译注序》,中华书局,2015年,第6页。

② 20世纪70年代出版的《元史》点校本在这方面有卓越的贡献。

研究具有重要的意义。黄溍《杨枢墓志铭》证实了元朝与伊利汗国(波斯)之间的海道交通,是元代海上丝路的珍贵文献①。据朝鲜古代史籍记载,元代印度马八儿王子孛哈里曾到中国定居,刘敏中的《不阿里神道碑》帮助我们解开了孛哈里之谜②。至于近年发现的域外文字碑铭,更为我们研究元代中外交通、宗教、民族开辟了新的途径。我们期待元代碑铭有更多的发现,相信利用碑铭研究元代历史一定会有更多的成就。

原载《隋唐辽宋金元史论丛》第 7 辑,
上海古籍出版社,2017 年

---

① 《金华黄先生文集》卷三五,第 15 页下—17 页上。
② 《刘敏中集》卷四,第 40—41 页。

《述善集》两篇碑传所见
元代探马赤军户

　　《述善集》是元末唐兀人崇喜编著的一部文集,崇喜后人珍藏于家,近年始为人所知,不久将公开出版。河南《史学月刊》2000 年第 4 期刊载了《〈述善集〉选注(二篇)》(以下简称《选注》),以及朱绍侯的《试论〈述善集〉的学术价值》(以下简称《试论》)。我觉得《述善集》的两篇碑传,对于认识元代探马赤军户的状况颇有价值,故写此文,略作讨论。

一

　　关于崇喜生平,《正德大名府志》卷七《人物志》和《嘉靖开州志》卷六《人物志》都有记载,文字基本相同。现引《府志》记载如下:

> 杨崇喜,本唐兀氏也。国子生,博学好义。至正

末,中原多事,兵食方亟,崇喜请输米五百石、草万束以助国用,而不求名爵。又创建庙学养士,割良田五百亩为赡。朝廷以其事下中书,赐号崇义书院。有《龙乡祠社义约》、《劝善直述》行于世。

但是,《〈述善集〉选注(二篇)》披露的两篇碑传,都不是崇喜本人的作品。一篇是潘迪撰写的《大元赠敦武校尉军民万户府百夫长唐兀公碑铭并序》(以下简称《碑铭》),碑主"唐兀公"是崇喜的祖父闾马。潘迪曾任国子司业,是崇喜的老师,此文即应崇喜之请而作,时间是至正十六年(1356)。收在《述善集》卷二。另一篇《伯颜宗道传》(以下简称《传》),作者佚名。伯颜字宗道,哈剌鲁人,元代后期理学家。至正十八年(1358)为农民起义军所杀。伯颜与崇喜两家结为婚姻,关系亲密。《传》结尾说:"侯无后,唐兀崇喜颇知梗概,予亦为同郡,遂叙云。"可见《传》的有关资料是崇善提供的,大概因为这个原因,被收入《述善集》作为附录。

应该指出的是,《碑铭》刻石尚存,1983年在濮阳城东杨什八郎村南重新发现,文字大体清晰。1986年被定为河南省文物保护单位。《碑铭》全文在此前已二度披露,一篇是穆朝庆、任崇岳的《〈大元赠敦武校尉军民万户府百夫长唐兀公碑铭〉笺注》(以下简称《笺注》)①,另一篇

---

① 《宁夏社会科学》1987年第1期。

是张相梅的《河南濮阳元代唐兀公碑》①。两篇均移录碑
刻原文，前者加以标点"并略加笺注"，并校以《述善集》所
载《碑铭》文字。《传》则在《正德大名府志》卷十《文章
志·文类》中已经收录，我曾写过一篇札记《读〈伯颜宗道
传〉》，略作介绍。该文发表在南京大学《元史及北方民族
史研究集刊》第10期，后来收入《元史研究论稿》（中华书
局，1991年）。以《府志》与《〈述善集〉选注（二篇）》相比
较，两者文字大体相同，略有出入。但后者所载《传》的结
尾有缺字错字，又有"近三十个字漶漫不清"。这应是原
钞本的问题。而《府志》所载则是完整的，可以用来校补，
所补不止"近三十个字"，而是八十余字。此外，任崇岳、
穆朝庆的《略谈河南省的西夏遗民》②，已经利用了两篇碑
传的资料（以下简称《略谈》）。

二

《碑铭》记述崇喜祖先事迹时说："府君讳闾马，唐兀
氏。其父唐兀台，世居宁夏路贺兰山。岁己未，扈从皇嗣
昆仲，南收金破宋，不避艰险，宣力国家。尝为弹压，累著
功效，方议超擢，年六十余，以疾卒于营戍。其妻名九姐，
年五十余卒。时府君甫十岁许，别无恒产，依所亲营次以
居，即崇喜之祖也。及长成丁，优于武艺，攻城野战，围打

---

① 《中原文物》1996年第3期。
② 《宁夏社会科学》1986年第2期。

襄樊,诸处征讨,多获功赏。然性恬退,不求进用。大事既定,遂来开州濮阳县东,拨付草地,与民相参住坐。……至元八年,籍充山东河北蒙古军户。十六年,奉旨选充左翊蒙古侍卫亲军。三十年,编类入籍。"宁夏路贺兰山是原来西夏立国之地,唐兀即党项,原是西夏的主体民族。西夏灭亡以后,不少唐兀人被收编入蒙古军队,唐兀台即其中之一。《传》记述伯颜祖先事迹时说:"其部族为曷剌鲁氏。宪宗之己未,其祖从大兵征宋,衽金革者十余年。宋平,天下始偃兵弗服,乃土著,隶山东河北蒙古军籍,分赐刍牧地为编民,遂家濮阳南之月城村。"①曷剌鲁即哈剌鲁的异译。哈剌鲁人原居中亚阿力麻里、海押立之地,成吉思汗兴起后,归附蒙古,出军从征,不少哈剌鲁人此后来到中原②。

从以上所述,可知唐兀人间马和哈剌鲁人伯颜的祖先的事迹,有几点是相同的。(1)都是己未年(蒙哥汗九年,1259)加入蒙古军队的行列;(2)都参加了统一南方的战争;(3)全国统一以后,都定居在濮阳县。

蒙哥汗八年(1258)起,蒙古大举攻宋,蒙哥汗和他的兄弟忽必烈都亲临前线,指挥军队。唐兀台和伯颜之祖在九年(1259)从军,显然为了战事发展的需要。世祖至元三年(1266)清查户籍时,曾明确规定:"西路凭乙卯年军

---

① 《选注》中《传》文作:"隶山东河北蒙古右军籍","右"疑是衍字。
② 参见拙作《元代的哈剌鲁人》,《西北民族研究》1988年第1期。

籍,山后凭丁巳年籍,山前凭己未年查定军册。"①可见己未年确有征兵之举。此次攻势因蒙哥汗死亡而中断,但两人因此便隶名军籍,不再离开。唐兀台病死时,闾马尚未成年,而在他"成丁"以后,便正式成为军队的成员。元代军户世代相继,不能变更,后来闾马的子孙仍然如此。伯颜一家亦应如此。元文宗天历年间发生内讧,朝廷"起遣渐丁",崇喜之父达海被委派为百户。直到崇喜,虽曾进入国学,"已预会试,候贡有期",但因为"户隶蒙古兵籍",仍不得不"俯就武职"(《碑铭》)。

　　蒙古(元朝)南征的军队,有蒙古军、探马赤和汉军之分。但实际上蒙古军和探马赤军常常是混淆的。关于探马赤军的起源及其后来的发展变化曾引起热烈的讨论。多数研究者认为,最初的探马赤军,是指从蒙古某些千户中签发来的到远方从事出征或镇戍的蒙古军队,在发展过程中吸收了大批其他民族的成员,因而成分复杂。元代文献中说"探马赤则诸部族也","实际上有两层意思。一是指探马赤军是从蒙古各部中签发来的,一是指探马赤军士兵大多数是蒙古族以外的各族人"。"探马赤军只是蒙古军的一部分,是执行镇戍任务的蒙古军队"②。忽必烈派遣出征南宋的蒙古军,有时也称为探马赤军,两者并无明确的区别。至于唐兀人唐兀台、闾马父子和哈剌鲁人伯颜

---

① 《通制条格》卷二《户令·以籍为定》。

② 史卫民《元代军事史》,《中国军事通史》第 14 卷,军事科学出版社,1998 年,第 89—91 页。

的祖父,作为参加南征蒙古军的其他民族成员,无疑应称为探马赤军人,他们世代相继应军役,当然就是探马赤军户。

现在我们来讨论两家在濮阳定居的问题。《试论》一文认为元朝灭宋后,"进行过一次大裁军,把军中的蒙古人、色目人分遣至中原,赐给刍牧地(草地)使其定居,并仍隶属蒙古军籍"。这个说法是值得商榷的。元朝在统一以后,并未进行裁军,而是将军队在全国范围内加以调度配置。其主要措施之一是:"河洛、山东据天下腹心,则以蒙古,探马赤军列大府以屯之"①。这里所说的蒙古、探马赤军",实际上是出征南宋的蒙古、探马赤军,可以说是当时元朝最精锐的军队。这样做为的是占据"天下腹心"之也,便于控制四方。一有动乱,可以迅速出兵平定。所谓"大府"指的是山东河北蒙古军都万户府和河南淮北蒙古军都万户府,属于前者有攻宋时先隶于河南行省、后由淮东蒙古军都元帅府统辖的五万户蒙古军,属于后者的有攻宋时隶属于淮西行院的四万户蒙古军。"蒙古军都万

---

① 《元史》卷九九《兵志二·镇戍》。按,《经世大典序录·军制》称:"大率蒙古军、探马赤军戍中原,汉军戍南土,亦间厕新附军。"《经世大典序录·屯戍》则云:"及天下平,……以蒙古军屯河洛山东,据天下腹心,汉军、探马赤军戍淮江之南,以尽南海,而新附军亦间厕焉。"(《国朝文类》卷四一)两说有所不同,《元史·兵志》显然是以前者为据的。但如上所说,蒙古军与探马赤军并无严格的区别,而出征或到他处镇守的蒙古军常被称为探马赤军,则两说都是讲得通的。

户府实际上就是探马赤军都万户府"①。河南淮北蒙古军都万户府设置在洛阳县龙门山之南，伊水之东，在今河南伊川县境内。其所属军人分布在附近各地，约当今河南西北部。山东河北蒙古军都万户府原开府地不详，但在天历二年（1329）元朝政府"迁山东河北蒙古军大都督府于濮州"②。元代濮州属腹里济宁路，今山东鄄城。可以认为，山东河北蒙古军都万户府原治所及军人分布之地应离此不远，也就是今河南、河北、山东三省交界之地。除了开府濮州以外，还有几条理由可以证明：一是与名称（山东河北）相符；二是与河南淮北蒙古军都万户府东西并列，共据腹心，布局合理；三是这一地区在蒙古对宋战争中便是后方的基地，蒙古军南征时冬季休整之所③。濮阳县当时属腹里大名路开州（今河南濮阳市），与濮州邻近，无疑正是山东河北都万户府军人分布之地。《传》中说，伯颜之祖在宋平以后"乃土著，隶山东河北蒙古军籍……遂家濮阳南之月城村"。所谓"山东河北蒙古军籍"就是编入山东河北蒙古军都万户府的军籍，伯颜之祖因此在濮阳县定居下来。

崇喜祖父闾马的情况和伯颜祖父有所不同。据《碑

---

① 《元代军事史》，第 265—269 页。

② 《元史》卷三三《文宗纪二》。

③ 蒙哥汗时代，南征的蒙古军每到冬天，常在曹州（今山东菏泽）一带休整，曹州在濮州之南，与开州相邻，见拙作《罗天益和〈卫生宝鉴〉》（《文史》第 48 辑）。

铭》记载,他在"至元八年,籍充山东河北蒙古军户。十六年,奉旨选充左翊蒙古侍卫亲军"。这里有两个问题需要讨论。第一,山东河北蒙古军都万户府成立时间较晚。据记载,南宋灭亡后,元朝政府于至元二十一年(1284)"罢统军司都元帅府,立蒙古军都万户府"。到大德七年(1303),改为山东河北蒙古军都万户府。天历二年(1329)改为大都督府①。因此,至元八年(1271)"籍充山东河北蒙古军户"之说明显是不正确的。比较合理的解释是,至元八年间马正式成为蒙古军(探马赤军)的一名士兵。而他所在的队伍,后来是山东河北蒙古军都万户府的组成部分。第二,关于左翊蒙古侍卫亲军问题。左翊蒙古侍卫亲军是元朝中央侍卫亲军的一支,由蒙古侍卫总管府演变而成。"至元十六年前后,设蒙古侍卫总管府,以斡耳那部人相兀速和别速惕部人阿必察为总管,统率由参加攻宋战争蒙古各万户军中抽选入卫的蒙古军"。不久,改名为蒙古侍卫亲军都指挥使司。大德七年分为左翊、右翊。"蒙古侍卫所统军队,和蒙古军都万户府一样,都是留在中原戍守的探马赤军"②。元朝中央侍卫亲军都是由其他军队中抽调的,蒙古侍卫亲军也不例外。《碑铭》说"十六年奉旨选充左翊蒙古侍卫亲军"是不准确的,应是选充蒙古侍卫亲军,这一机构后来才分成左、右二翊蒙古侍卫亲军。潘迪显然对这一演变并不清楚。间马被选充

---

① 《元史》卷八六《百官志二》。
② 《元代军事史》,第220—221页。

蒙古侍卫亲军后,他的子孙世代相继,都是蒙古侍卫亲军(后来的左翊蒙古侍卫亲军)辖下的军人,这一家也就成了左翊蒙古侍卫亲军军户。侍卫亲军是定期服役的,闾马原来所在队伍归入山东河北蒙古军都万户府,前往濮阳一带居住,他们家庭也随之前往,本人则定期前往左翊蒙古侍卫亲军服役。到了崇喜仍充当"左翊侍卫百夫长",可见仍是左翊侍卫的军户。也就是说,唐兀人闾马和哈剌鲁人伯颜的祖父,原来都在征南宋的探马赤军中,南宋平定后,他们的队伍归入山东河北蒙古军都万户府,到濮阳一带定居,但闾马又被签充左翊蒙古侍卫亲军人,因而和伯颜一家在隶属关系上已有所不同。这些被签的军人家在濮阳,定期到左翊所在地服役。

顺帝元统元年(癸酉,1333)举行科举考试,右榜(蒙古、色目)及第50人。其中二甲第十名阿虎歹"贯大名路滑州内黄县,左翊蒙古[侍卫军]户"。三甲第六名明安达耳,"贯左翊蒙古侍卫军户,居曹州。唐兀氏"。三甲第十名托本,"贯大名路濮阳县军籍,哈剌鲁人民"。他的曾祖"管军百户",祖"百户",父那海"忠显[校尉]"。三甲第十四名买闾,"贯濮州蒙古军户,斡罗台氏"。"曾祖八朗,千户。祖丑妮子,千户。父唐兀台,□□"①。以上四人和上述崇喜、伯颜家庭情况可以互相印证。四人之中,托本既是哈剌鲁人,又隶大名路濮阳县军籍,其情况与伯颜完

---

① 萧启庆《元统元年进士录校注》,《食货月刊》(复刊)第13卷第1、2期。

全相同,无疑亦是隶属于山东河北蒙古军都万户府的探马赤军户。阿虎歹族属不明①,明安达耳是唐兀人,两人都是左翊蒙古侍卫亲军军户,分别居住在与濮阳相邻的曹州(今山东菏泽)与滑州内黄(今河南内黄),他们的情况应与崇喜相同,其祖先原是征南探马赤军军人,后所隶万户归入山东河北蒙古军都万户府,但本人则被抽调入左翊蒙古侍卫亲军。买闾是蒙古族,他居住在濮州,而且祖先都是千户,显然是山东河北蒙古军都万户府下属的高级军官家族。根据以上记载,可以认为,山东河北蒙古军都万户府属下军人分布之地,是今天山东、河北、河南交界处,至少包括当时的开州、滑州和曹州、濮州等地。同时也可看出,左翊蒙古侍卫亲军从山东河北都万户府所属军队中签发了不少军人。或者说,山东河北都万户府所属各万户应是左翊蒙古侍卫亲军的重要来源。

元人虞集作《平江路达鲁花赤黄头公神道碑》,黄头"唐兀氏,别名世雄,世居濮州鄄城县,占籍于塔思火你赤万户之军"②。按,塔思火你赤又作塔四火鲁赤、塔思火儿赤,是元初"探马赤官人"之一③。其孙忙兀台为万户,率五翼军攻宋④,是构成山东河北蒙古军都万户府的五万户

---

① 钱大昕《元史氏族表》卷一《蒙古》称:"阿虎歹,蒙古侍卫军户,不言氏族,居大名路内黄县(见《元统元年进士录》)。但左翊蒙古侍卫军户不等于蒙古人,钱氏将阿虎歹归入蒙古之列,理由是不够充分的。

② 《道园类稿》卷四四。

③ 王恽《中堂事记》,《秋涧先生大全文集》卷八一。

④ 《元史》卷一三一《忙兀台传》。

军之一。唐兀人黄头的先人隶籍于塔思火你赤万户的行列，又居住在后来成为山东河北蒙古军大都督府所在地的濮州鄄城县，显然与前面所说一些家庭的情况一样，也是山东河北蒙古军都万户府（大都督府）属下的探马赤军户。

三

《笺注》和《略谈》两文认为，唐兀闾马来到濮阳是"解甲屯田"，"闾马由野战部队变成了屯田部队"。这个说法也是值得商榷的。

蒙古军在出征时，"不以贵贱，多带妻孥而行，自云用以管行李衣服钱物之类"①。每遇作战，军人上前线，随军家属和辎重留在后方，称为"奥鲁"，"奥鲁者，盖本朝军人族属之名也"②。蒙古、探马赤军万户、千户都设有奥鲁，便是为了管理随军家属的需要③。《碑铭》中说，唐兀台和妻九姐死后，闾马"别无恒产，依所亲营次以居"，便是一个比较典型的全家从征的例子。这些探马赤军人长期从征，全家都在军营之中，他们的生活来源，主要依靠军人的战利品。由于长期从事征战，这些军人和家属与原来的部族、居地已经完全失去了联系。这和汉军的情况有很大的

---

① 赵珙《蒙鞑备录》。
② 王利用《周侯神道碑》，《山右石刻丛编》卷二七。
③ 《元史》卷八二《选举志二》。

区别。汉军只身从军,家属都在原地。为了管理汉军家属,亦设有奥鲁,但都在当地,而且由地方官兼任。汉军家属要负担军人的装备和部分给养。汉军和他的家乡,仍有密不可分的联系①。

全国统一以后,大规模战争基本停止,为数庞大的军人及其家属的给养成为必须解决的重大问题。元朝政府的对策是,汉军、新附军实行屯田,蒙古、探马赤军主要分给牧地或农田,也有少数参加屯田。关于屯田,已有不少论述。但对蒙古、探马赤军的牧(土)地分配,由于文献记载的不足,则没有引起足够的重视。《述善集》二篇碑传提供了这方面的资料。

蒙古探马赤军及其家属习惯于游牧生活,所到之处,便将土地变为牧场。早在蒙古国时期,探马赤军将领肖乃台镇戍东平,"朝廷以肖乃台功多",命东平军阀严实为他"分拨牧马草地"②。这是较早的在中原为探马赤分拨牧地的记载。在此以后,大批蒙古、探马赤军携带家属涌入中原,有的由政府拨给草地,有的便自行占据土地作为牧场。史载,探马赤军"金亡之后,散居牧地,多有入民籍者"③。可见他们的"牧地"都在中原,与"民"杂居。因此不少地方发生了农牧矛盾。忽必烈即位以后,"南北民户,主客良贱杂糅,蒙古军牧马草地互相占据",需要官府

---

① 拙作《元代的军户》,见《元史研究论稿》,中华书局,1991年。

② 《元史》卷一二〇《肖乃台传》。

③ 《元史》卷一六六《石高山传》。

差断事官"理之，军民各得其所"①。山东滨州（今山东滨州市）"田菜多荒，往往为行营军马占为牧地，……差断事官某分拨草地、民地，封土为畔，豪夺不复行"②。调整牧地和耕地，成了政府的一项重要工作。忽必烈推行"汉法"，鼓励耕作，要求蒙古军从事农业，例如，至元二年（1265）正月，"以河南北荒田分给蒙古军耕种"；三年五月，诏"凡良田为僧所据者，听蒙古人分垦"③。但是收效不大。全国统一以后，元朝政府对于蒙古、探马赤军的安置，采用多种方法，一种是屯田，元代军屯规模之大，超过前代，"内而各卫，外而行省，皆立屯田，以资军饷"④。但军屯主要是由汉军、新附军承担的，蒙古、探马赤军屯田的很少。一种是分给耕地，如至元二十一年（1284）闰五月，"给西川蒙古军钞，使备铠仗，耕遂宁沿江旷土以食，四顷以下者免输地税"⑤。四顷免税是汉军军户的待遇，显然是将土地直接分给这些蒙古军人，由他们耕种自给。但这种情况似乎也不多。第三种是分给牧地，由他们继续放牧为主。这种现象大概相对要多一些。《述善集》二篇传记所说都是这种情况。《碑铭》说，闾马在全国统一后"遂来开州濮阳县东，拨付草地，与民相参住坐"。《传》说伯颜

---

① 《元史》卷一三五《塔里赤传》。
② 赵孟頫《姜公墓志铭》，《松雪斋文集》卷八。
③ 《元史》卷六《世祖纪三》。
④ 《元史》卷一〇〇《兵志三·屯田》。
⑤ 《元史》卷一三《世祖纪十》。

之祖隶山东河北蒙古军籍,"分赐刍牧地为编民,遂家濮阳南之月城村"。而这些"北方人初至,犹以射猎为俗",可见仍过着游牧的生活。

据记载,成宗大德四年(1300)九月,"曹州探马赤军与民讼地百二十顷,诏别以邻近官田如数给之"①。前已述及,曹州是山东河北蒙古军都万户府所属探马赤军户的居地,"曹州探马赤军"无疑就是山东河北蒙古军都万户府属下的探马赤军人。他们与当地居民争讼显然应是牧地、耕地之争。开州有阿术律官人祠,"至元初,散军卫于河北,良民多被其虐,公(阿术律——引者)悉绳以法"。此祠明代尚存②。应即指探马赤军人与民间因牧地引起的纠纷而言。阿术律应即元朝征南的大将阿术,他是山东河北蒙古军都万户府的首任都万户。至大四年(1311),"河东、陕西、巩昌、延安、燕南、河北、辽阳、河南、山东诸翼卫探马赤争草地讼者二百余起"③。其中必然包括山东河北蒙古军都万户府军人在内,可见因分配探马赤军人草地引起的纠纷长期存在。

值得注意的是,从《碑铭》《传》所述,可以看出,探马赤军户在分得草地以后不久,便逐渐由放牧为生过渡到经营农业。《传》说:"时北方人初至,犹射猎为俗,后渐知耕垦播殖如华人。"《碑铭》中说,间马在濮阳定居后,"勤于

---

① 《元史》卷二〇《成宗纪三》。
② 《正德大名府志》四《祠祀志》。
③ 《元史》卷一三二《拔都儿传》。

稼穑"。间马之子达海组织民间会社,规定:"纵放头匹,践蹂田禾,非礼饮酒,失误农业",都要处罚。达海的次子卜兰台"深通农务,晓知水利"。这是一个具有重要意义的转变。这种转变至迟在元代中期业已发生。生活在农业区中的探马赤军人,尽管在起初可以继续他们的游牧生活,但时间一久,不能不受周围环境的影响,由射猎放牧转向耕垦播殖。这是社会经济发展的不依人的意志为转移的必然趋势。这种转变在当时应是相当普遍的,崇喜和伯颜两家便是两个很好的例证。与这种转变相联系的,则是这些探马赤军户中的阶级分化。崇喜一家已经成为颇具规模的地主,占有大量耕地,仅"赡坟地"即有二百余亩,荒年出粮赈济,战乱时出粮草赡军。家中"子孙及家人无虑近万指","万指"即千人,其子孙虽盛,人数亦不到百人,"家人"(奴仆)数是很可观的。荒年时"贫不能自存"的"客户"(佃户),即不下于"十余家",总数肯定更多,"田土契券"已被视作"家业之基"。而在探马赤军户中亦有"贫弗能育其子女者",有因贫困"不能袭荫"者。

　　与定居经营农业相适应,发生了探马赤军户的儒学化趋势。间马"厚礼学师,以教子孙。乡人家贫好学者,悉为代其束脩礼"。可见接受儒学已相当普遍。间马长子达海有"子二人,长即崇喜,次卜兰台"。崇喜是"国子上舍生",卜兰台则"攻习儒书及蒙古文字"。间马第三子间儿"性体纯粹,儒吏兼优"。第四子当儿的后代中有人是国子生。元代国子生人数有限,最多时不过400人,色目为四分之一。间马一家即有两名国子生。崇喜还创建了崇义书院，其招收的主要应是探马赤军的子弟①。崇喜字象贤，他的 13 个堂兄弟"因象贤之学类推以为名"，分别取字思贤、师贤、齐贤、敬贤等等②。而哈剌鲁人伯颜，更潜心向学，成为当时北方很有名望的理学大师。前已述及，元统元年进士蒙古色目榜中有 4 人应是出身于山东河北蒙古军都万户府分布地区的探马赤军户，这个比例是很大的。以上种种，说明这一带军户中儒学的影响是相当可观的。

四

《碑铭》对崇喜家族的婚姻状况记载颇详，现引述如下：

> 第一代　唐兀台，妻九姐，族属不详。
> 第二代　间马，妻哈剌鲁氏。
> 第三代　男五人：达海娶孙氏，镇花台娶盖氏、王氏，间儿娶王氏，当儿娶马氏、盖氏，买儿娶乃蛮氏。
> 女一人：迈纳，嫁哈剌鲁氏宝童。
> 第四代　男十五人，内一人早死，一人未娶。其

---

① 崇义书院"在州东十八郎里"（《嘉靖开州志》卷二《建置志》）。十八郎里即十八郎寨。"相传元设千户屯兵于诸寨，因名"（同上，卷一《地理志》）。亦即间马家族"置庄"之地（《碑铭》）。《碑铭》刻石亦在十八郎村附近发现。这一带原是探马赤军户聚居之地。

② 《述善集》所载，转引自任崇岳、穆朝庆《略谈河南省的西夏遗民》（《宁夏社会科学》1986 年第 2 期）。

余十三人中，娶汉姓妇女八人（李氏、袁氏、高氏、彭氏、张氏、孔氏、刘氏、李氏），娶旭申氏三人，娶哈剌鲁氏、乃蛮氏、怯烈氏各一人①。女六人，分别嫁哈剌鲁氏（三人）、乃蛮氏、蒙古氏，另一人嫁武卫亲军千户所达鲁花赤长安，族属不明，但无疑应为蒙古或色目人。

第五代　男二十一人，女十四人，多数未婚。已婚男性分别娶哈剌鲁氏、高氏、乃蛮氏。已婚女性分别嫁旭申氏、国子生燕山、儒士间间、山东河北蒙古军都万户府左手万户府镇抚宝宝、左翊蒙古侍卫关住。后四人族属不详，但应为蒙古、色目则是没有疑问的。

据《传》载，哈剌鲁人伯颜之妻怯烈氏。

元统元年所取进士中与山东河北蒙古军都万户府有关者四人。阿虎歹母孟氏、生母王氏，娶王氏。明安达耳母秦氏，娶护都伦氏。托本母铁真氏、钦察氏，娶王氏。买间母宋氏，未娶。

综上所述，可以看出，在山东河北蒙古军都万户府所属探马赤军户中间，不同民族之间互相通婚是很普遍的。这种现象的出现，是由探马赤军户这个群体的特殊性导致的。前已指出，探马赤军是由各部族组成的，民族成分复杂。定居以后，仍属同一机构管辖，居地相近，很自然便在彼此之间结成了婚姻关系。这是这个群体的婚姻特点之一。其次，在这些探马赤军户中，与汉人通婚的比例是很

———————

①　其中拜住先娶李氏，李氏死后续娶旭申氏。

高的。以崇喜家族为例，第三代男性五人，内四人所娶为汉人妇女，第四代男性所娶亦以汉人妇女居多。元统元年进士四人，或母亲是汉人，或妻子是汉人，或母、妻均为汉人。为什么与汉人通婚如此频繁，我想也只有从探马赤军的特殊性寻求答案。前已指出，蒙古、探马赤军经常是携带家属行动的，但可以肯定的是，还有很多探马赤军人是没有妻室的单身男子。一旦定居以后，单身军人寻求配偶，在探马赤军内部很难有合适的妇女，便只好求之于地方。于是大量汉族妇女便进入了这个群体，与单身探马赤军人组成家庭。这种情况在定居之初比较普遍，经过一、二代以后，许多探马赤军人都有了自己的子女，男女性别渐趋平衡，与汉人通婚的比例也就逐渐下降了。崇喜家族第四代娶汉人为妻者比例减少，第五代更少，便是很好的例子。这是这个群体婚姻特点之二。《略论》把"与汉人通婚"作为"汉化"的一种表现，不能说没有理由，但似嫌简单化。第三，从崇喜家族来看，男性可以娶汉族女性为妻，但女性出嫁的对象，都是蒙古人或色目人，没有汉人。这种情况并非偶然，正好反映了蒙古探马赤军户中盛行的民族歧视观念：蒙古、色目高贵，汉人、南人低下。在男性为中心的社会里，处于上层的民族，其女性择偶时，一般是不会选择其他民族成员的。这是民族歧视心理的表现。有的论者认为"这说明血缘交流晚于文化交流"，似乎没有注意问题的关键所在。山东河北蒙古军都万户府属下探马赤军户的婚姻状况，对于我们认识元代各民族之间的婚姻关系,应该说是有重要参考价值的。

五

以上所述,概括起来就是:(1)西夏(唐兀)人崇喜和哈剌鲁人伯颜的先人,都是军人,参与平宋的战争。全国统一以后,元朝将南征的蒙古军,也就是探马赤军,调到中原腹心之地,建立两个都万户府(后改大都督府),以控制四方。崇喜和伯颜的先人隶属于山东河北蒙古军都万户府,因而来到濮阳屯驻(崇喜先人又被抽调入左翊蒙古侍卫亲军,但家在濮阳)。今天山东、河南交界的地区,包括河南的濮阳、内黄,山东的鄄城、菏泽,都是这个都万户府军人屯驻之地。(2)元代一入军籍,便要世代当军,称为军户。这批出征南宋的军队,既称为蒙古军,又称为探马赤军,因而都万户府属下的军户,很自然便是探马赤军户。(3)这批军人初到时,政府分给他们牧地,仍然过着游牧生活,但很快就在环境影响下转而定居经营农业,并导致贫富分化,其中有不少人的子弟攻读诗书,偃武修文。(4)定居的探马赤军户与汉人通婚的现象相当普遍,但以娶汉人女子为主,实际上仍反映了民族歧视的心态。

元代探马赤军是个很复杂的问题。我们的一些看法,是否正确,衷心希望得到指正。

原载《庆祝何兹全先生九十岁论文集》,
北京师范大学出版社,2001 年

元代内迁的一个阿里马里家族

——"也里可温"的新资料

一

道光《巨野县志》卷二〇《金石》收录元代碑文十余篇,其中四篇都与一个西北内迁的家族有关。这四篇是:

(1)《表庆之碑》,作者广东海右道肃政廉访使胡祖宾。见该书 19 页下至 22 页下。

(2)《少中大夫按檀不花暨夫人辛氏陈氏合葬神道碑》,作者姓名佚。见该书 23 页上至 27 页下。

(3)《乐善公墓碑》,作者嘉祥县主簿苏若思。见该书 28 页上至 31 页下。

(4)《济宁路达鲁花赤睦公善政颂碑》,作者佚名。见该书 36 页下至 39 页下。

《表庆之碑》和《睦公善政颂碑》文字大多残缺,《合葬神道碑》文字部分残缺,《乐善公墓碑》残缺数字,大体完好。《表庆之碑》收入《全元文》第 47 册（南京：凤凰出版社，2004 年）第 352—354 页，题为《驸马陵表庆之碑》[①]。《乐善公墓碑》收入《全元文》第 56 册第 108—111 页。其他两碑未收[②]。据道光《巨野县志》卷二〇《金石》在各碑题目下注，《表庆之碑》"在北门外演武场后，地名石碑坡"。《合葬神道碑》在"北门外教场后驸马陵"。《乐善公墓碑》在"驸马陵侧"。演武场与教场应即一地。也就是说三碑应在一处，应是该家族的墓地。《合葬神道碑》称，碑主按檀不花死后"葬于济宁郡北先茔"。《乐善公墓碑》称，碑主骚马死后，"葬于郡北先茔之兆"。"先茔"即指其家族墓地而言。济宁在元代是弘吉剌部首领的分地，该部首领家族世代尚公主（见下），故有驸马之称。巨野北门外应曾是某位驸马的墓地所在，故称驸马陵。这个内迁家族中有人长期任济宁府、路达鲁花赤，地位特殊，故能在驸马陵及其周围安葬。另一篇《善政颂碑》系碑主生前所立，类似德政碑，故不在驸马陵墓地。

据《乐善公墓碑》记载："公讳骚马，乐善自号也，其先

---

① 《全元文》中此篇题目《驸马陵表庆之碑》，沿袭道光《巨野县志》而来，是有问题的。道光《巨野县志》在《驸马陵表庆之碑》题目下注云："碑首惟存'表庆之碑'四字，其余文义悉残阙不全。"显然，"表庆之碑"前有阙字。将"驸马陵"加在"表庆之碑"前面，是《县志》编者所为，意为驸马的《表庆之碑》，并非原文。不如暂称为《表庆之碑》较妥。

② 本文作者在 2007 年 12 月北京师范大学召开的"中国传统文化与元代文献"国际学术讨论会上，曾以《乐善公墓碑》中有关也里可温的记载为例，说明编纂《全元文》的意义。

阿里马里人氏。□□□藩。曾王父讳岳雄,佐太祖,特授
□睦哥职事,佩金虎符。王父讳别古思,袭前职,仍佩金虎
符旨。父讳按檀不花,国初侍忠武王,勋绩日闻于朝,佩金
符,中顺大夫、济宁府达鲁花赤。后改府为路,进少中大
夫、济宁路总管府达鲁花赤,兼管本路诸军奥鲁劝农事。"
碑文并记按檀不花有八个儿子,他们的名字是:变(燮?)
德古思、骚马、录硕霸、岳出谋、业里通瓦、伯颜帖木儿、岳
忽难、山柱。《少中大夫按檀不花暨夫人辛氏陈氏合葬神
道碑》云:"公讳按檀不花,世为阿里马里人氏。"碑文虽有
残缺,但大体完好,讲述按檀不花生平事迹,和八个儿子情
况,可和《乐善公墓碑》相印证。

　　《表庆之碑》残缺甚多,开头有"阿里马里"四字。其
中云"曾祖讳岳雄,……乃命别古思□□□袭父之职,即
公之祖也。公之父讳按檀普化。"又云:"七旬,恳请致仕,
升嘉议大夫、都路都总管府达鲁花赤"。据《乐善公墓碑》
记,按檀不花有八子,"次四岳出谋,奉政大夫、湖南道肃
政廉访副使,今致仕,嘉议大夫、大都路达鲁花赤。"可以
考定,《表庆之碑》所述是按檀不花第四子岳出谋的事迹,
碑文中官衔"都路都总管府达鲁花赤"前漏"大"字。

　　《济宁路达鲁花赤睦公善政颂碑》只存上半截,残缺
甚多,其中云:"公小字忒木儿不花,其乡曰阿里马里。"忒
木儿不花一名不见以上三碑。但道光《巨野县志·金石》
另收一篇《济宁路总管府记碑》,记述济宁府改济宁路经
过。碑后署名是"少中大夫济宁路总管府达鲁花赤兼本

路诸军奥鲁总管府达鲁花赤兼管内劝农事铁木儿不花,至元二十四年七月二十日立"①。"铁木儿不花"无疑即《睦公善政颂碑》中忒木儿不花的异译。而从官职和任职时间来看,铁(忒)木儿不花和上述按檀不花显然是同一人,当然也可能临时有一个同是阿里马里家族的人代理按檀不花的职务。为什么会出现一人二名或二人担任相同职务的情况,因文字残缺,只能存疑。

　　根据以上四碑所述,可知这个家族来自阿里马里。阿里马里在元代又有阿里马、阿力马里、阿力麻里、阿里麻里等名称。根据考古学家黄文弼研究,阿力麻里城遗址在今天新疆霍城县境内克干山南麓,当地人称为阿勒泰古城②。元代(1206—1368)是我国历史上民族大迁徙、大融合的时代,新疆各地各族居民大量内迁,其中以哈剌火州(今吐鲁番)、别失八里(今吉木萨尔)居民最多,哈密里(今哈密)次之。此外还有于阗(今和田)、曲先(今库车)、阿力麻里等。关于内迁的阿力麻里人物,钱大昕《元史氏族表》卷二仅载有"乌马儿"一例,源自《元统元年进士录》。原文是:"乌马儿,本贯阿里马里,回回人氏,大名路,[见居]襄阳"③。济宁阿里马里家族的发现,无疑为研究元代西北民族内迁提供了新资料。

---

① 见该书卷二〇《金石》,第34页上。
② 《元阿力麻里古城考》,《考古》1963年第10期。
③ 萧启庆《元统元年进士录校注》,《食货月刊》(复刊)第13卷第1、2期。

二

阿里马里(阿力麻里、阿力马里、阿里马)在 13 世纪上半期开始见于中国的文献。契丹人耶律楚材于 13 世纪 20 年代跟随成吉汗出征中亚,著《西游录》,记载西行见闻。其中说:"既出阴山,有阿里马城。西人目林檎为阿里马,附郭皆林檎园囿,由此名焉。附庸城邑八九,多蒲桃梨果,播种五谷,一如中原。又西有大河曰亦列。"①亦列河即现在的伊犁河。甲申年(成吉思汗十九年,1224)耶律楚材曾在"西域阿里马城"居住②。与之同时,全真教领袖长春真人丘处机应成吉思汗之招,前往中亚,路过"阿里马城"。"铺速满国王暨蒙古塔剌忽只领诸部人来迎,宿于西果园。土人呼果为阿里马,盖多果实,以是名其城。其地出帛,目曰秃鹿麻,盖俗所谓种羊毛织成者。……农者亦决渠灌田"③。"塔剌忽只"即达鲁花赤,蒙古大汗派驻各地的代表。"秃鹿麻"是棉花。蒙哥汗时,常德在己未年(1259)奉命西行前往旭烈兀大王处,"至阿里麻里城,市井皆流水交贯。有诸果,惟瓜、蒲萄、石榴最佳。回

---

①　向达校注本,中华书局,2000 年,第 2 页。

②　耶律楚材《万松老人评唱天童觉和尚颂古从容庵录序》,《湛然居士文集》卷八,中华书局,1986 年,第 192 页。

③　王国维校注本,见《王静安先生遗书·蒙古史料四种》,第 30 页上至 31 页上。

纥与汉民杂居,其俗渐染,颇似中国"①。从上所述,可知
阿里马里是城市的名称,位于亦列河(今伊犁河)之东。
当地有农耕,以出产水果、棉花闻名。居民有"回纥",也
有汉人。"回纥"原是"回鹘"的异译,唐代的回鹘(回纥)
是今维吾尔族的祖先。但12至13世纪初期汉文文献中
的"回纥",似为一个相当模糊的概念,泛指中亚许多民
族。例如《长春真人西游记》中,对中亚各地不同信仰的
各民族都以"回纥"相称。

根据近代史家的研究,12至13世纪初在今新疆西部
伊犁河流域及其毗邻地区居住的主要是哈剌鲁人。哈剌
鲁即唐代的葛逻禄,原居金山之西,后南迁北庭(今新疆
吉木萨尔)。8世纪中叶以后西迁伊丽水(即亦列水,今伊
犁河)、碎叶川(今哈萨克斯坦、吉尔吉斯斯坦两国七河流
域)一带。后成为西辽藩属。"西辽的哈剌鲁人主要分为
三支,一支为海押立哈剌鲁,一支为虎牙思哈剌鲁,另一支
为斡思坚哈剌鲁。""西辽末期,亦列水(今伊犁河)中、上
游为另一支源出于虎牙思的哈剌鲁人控制,其中心在阿力
麻里,首领称为斡扎儿"②。成吉思汗兴起后,三支哈剌鲁
相继归附蒙古。阿力麻里(阿里马里)哈剌鲁首领斡扎儿
(一译斡匝儿)与西辽(哈剌契丹)不和,互相交战。他归
附蒙古,"受到恩宠和抚慰以示奖掖,并奉成吉思汗之命,

① 刘郁《西使记》,载《秋涧先生大全文集》卷九四《玉堂嘉话二》,《四
部丛刊》本,第5页上。

② 刘迎胜《察合台汗国史研究》,上海古籍出版社,2006年,第19—20页。

与术赤结为姻亲"。术赤是成吉思汗的长子。但斡扎儿
很快便为西辽捕杀,其子昔格纳黑的斤嗣位,"也蒙成吉
思汗的恩宠,奉命治理阿力麻里"。斡扎儿是虔诚的伊斯
兰教信徒①,昔格纳黑的斤的信仰亦应相同。丘处机说阿
里马出面欢迎他的是"铺速满国王","铺速满"应即元代
文献中常见的木速儿蛮、谋速儿蛮的异译,今译穆斯林。
丘处机见到的"铺速满国王"显然就是昔格纳黑的斤。阿
里马里(阿力麻里)居民主要应是哈剌鲁人,常德所说"回
纥"应指哈剌鲁人而言。当然这个地区也有其他民族,丘
处机、常德都提到阿里马(阿里麻里)有汉人,上引《元统
元年进士录》中"本贯"阿里马里的乌马儿是回回人。

　　有元一代,进入内地的哈剌鲁人为数相当可观,不少
家族身世显赫,我在《元代的哈剌鲁人》一文中曾作过说
明②。内迁的哈剌鲁人分别来自不同地区,有的来自海牙
里(即海押立)③,有的来自斡思坚④,还有来自阿里马里。
上述几篇碑文都说岳雄、别古思家族"世为阿里马里人
氏",但不言其族属,令人费解。这个家族与基督教有很
深渊源(见下),不可能是回回人,应是哈剌鲁人。当然也
不能完全排除其他民族的可能性。只能期待有更多的资

---

　　①　(波斯)志费尼《世界征服者史》,何高济译,内蒙古人民出版社,1981
年,第87—88页。

　　②　见《元史研究新论》,上海社会科学院出版社,2005年,第288—303页。

　　③　黄溍《太傅文安忠宪王家传》,《金华黄先生文集》卷四三,《四部丛
刊》本,第6页上。

　　④　《元史》卷一三三《也罕的斤传》,中华书局,1976年,第3226页。

料发现。

三

蒙古传统,凡归附者必须出兵助战。波斯史家拉施特说,成吉思汗西征时,"畏兀儿亦都护从别失八里带着自己的左右,速黑塔黑别乞,从阿力麻里带着自己的军队都来为[成吉思汗]效劳。""速黑塔黑别乞"即上述昔格纳黑的斤[1]。《乐善公墓碑》说,骚马的曾祖父岳雄,"佐太祖,特授□睦哥职事,佩金虎符"。《表庆之碑》、《合葬神道碑》亦有同样的记载,但文字有残缺。似可认为,岳雄原是阿里马里首领速黑塔黑别乞(昔格纳黑的斤)的部属,在蒙古西征时即已从军,追随成吉思汗。"□睦哥职事"待考。

这个来自阿里马里的家族与蒙古弘吉剌部首领家族有特殊的关系。众所周知,成吉思汗之妻孛儿帖是弘吉剌部首领特薛禅之女,在成吉思汗统一草原的过程中,弘吉剌部是他的坚定支持者。因此,弘吉剌部首领特薛禅家族与成吉思汗家族世代联姻。按陈是特薛禅之子,"从太祖征伐,凡三十二战,平西夏,断潼关道,取回纥寻斯干城,皆与有功。岁丁亥,赐号国舅按陈那颜。……丁酉,赐钱二十万缗。有旨:'弘吉剌氏生女世以为后,生男世尚公主,

---

① (波斯)拉施特《史集》第一卷第二分册,余大钧、周建奇译,商务印书馆,1983年,第272页。

每岁四时孟月,听读所赐旨,世世不绝。'又赐所俘军民五
千二百,仍授万户以领之。按陈薨,葬官人山。元贞元年
二月,追封济宁王,谥忠武;妻哈真,追封济宁王妃"①。
"丁酉"是窝阔台汗九年(1237)。《乐善公墓碑》载,按檀
不花"国初侍忠武王,勋绩日闻于朝。"忠武王就是按陈那
颜。按陈死于戊戌年(1238)或较早②,从时间上推断,"侍
忠武王"的应是按檀不花的祖父岳雄和父亲别古思。《乐
善公墓碑》把岳雄和别不思的贡献加在按檀不花身上了。
《睦公善政颂碑》中说:"(前缺)太祖圣武皇帝朝,入侍密
近,授玺书、虎符,岁时持圣训谕宏吉烈部,班济宁忠武王
下,诸驸马皆列坐其次。事无巨细。一听裁(中缺十余
字)命摄忠武职,统宏吉烈一军平河南,继从忠武平辽东,
后归松州,因家焉。既薨,父别(下缺)"这段文字讲的正
是岳雄的功绩。"入侍密近"大概指岳雄在蒙古大汗怯薛
之列。"岁时持圣训谕宏吉烈部"中的"圣训",即上引生
女为后、生男尚主的圣旨。应是岳雄奉大汗之命前去弘吉
剌宣读,所以得到特殊的优遇,举行仪式时位于济宁忠武
王(按陈)之下,"诸驸马"之上。《合葬神道碑》亦有类似
的记载:"圣朝既与洪吉烈氏约,……圣训四时聚其族属
读示,戒按□驸马下讯驸马上,其□宠任若是。及殁,父别
古思袭前职。"此段文字错讹甚多,但与上文比较,似应作

---

① 《元史》卷一一八《特薛禅传》,第 2915 页。

② 按陈去世年代无记载,但其弟斡陈"岁戊戌受万户"(《元史》卷一一
八《特薛禅传》,第 2915 页),可知此时按陈已故。

"班按陈驸马下诸驸马上"。两者说的是同一件事情。

　　岳雄在奉命宣读圣旨后即已归属弘吉剌部,追随按陈征战。几篇碑文都说他佩金虎符,这是可疑的。按照蒙古制度,"万户佩金虎符"①,在蒙古前四汗时期得到金虎符的将领屈指可数。上述弘吉剌部首领按陈,得封万户,作为按陈属下的岳雄、别古思父子,似不可能佩金虎符。万户、千户世代相袭,从别古思之子按檀不花佩金符来看(见下),岳雄、别古思所佩应该也是金符。

　　蒙古制度,诸王公主各有分地和属民,称为位下(投下)。弘吉剌部的草原分地应昌路,应昌城在今内蒙古克什克腾旗。岳雄、别古思在追随按陈"平辽东"后到松州,"因家焉"。松州城在今内蒙古赤峰市西南,离应昌路不远。据《乐善公墓碑》记载,按檀不花的第一个妻子辛氏"卒于松州",埋葬在当地。可见按檀不花原来就住在松州。"弘吉剌之分邑,得任其陪臣为达鲁花赤者,有济宁路及济、兖、单三州,巨野、郓城、金乡、虞城、砀山、丰县、肥城、任城、鱼台、沛县、单父、嘉祥、磁阳、宁阳、曲阜、泗水一十六县。此丙申岁之所赐也。至元六年,升古济州为济宁府。十八年始升为路,而济、兖、单三州隶焉"②。这是弘吉剌部在"汉地"(原金朝统治下的农业地区)的分地。"丙申岁"是窝阔台汗八年(1236),这一年蒙古灭金后第一次向诸王、功臣分封中原户口。弘吉剌部首领得到"济

<hr />

① 《元史》卷九八《兵志一》,第 2508 页。
② 《元史》卷一一八《特薛禅传》,第 2920 页。

宁路三万户"①。设置济宁府和改路的时间各书记载略有
不同,有记载说,至元八年升济宁府,十六年,"济宁升为
路,置总管府"②。忽必烈即位后,各级地方政府正官都由
中央任命,但位下(投下)分地官员的任命不同,"凡诸王
分地与所受汤沐邑,得自举其人,以名闻朝廷,而后授其
职"③。济宁路是弘吉剌部首领的"汤沐邑",亦即"汉地"
的分地。按檀不花就是弘吉剌部首领指派经朝廷任命的
分地济宁府(路)达鲁花赤。《合葬神道碑》记,按檀不花
"至元十年三月,佩金符,中顺大夫、济宁府达鲁花赤。至
元十有六年,改□□□□(府为路,升)少中大夫、济宁路
总管府达鲁花赤兼管本路诸军奥鲁兼管内劝农事。……
岁历三纪,一如始至之日,政成而民歌思之。"至元六年或
八年(1269或1271)升济州为济宁府,至元十年(1273)按
檀不花即被弘吉剌部首领指定为济宁府达鲁花赤,由松州
来到济宁府任职。至元十六年或十八年(1279或1281),
升府为路,他又相应改为济宁路达鲁花赤。"岁历三纪"
即在任三十六年。《乐善公墓碑》说按檀不花"在任四十
余年,惠泽在人。"《表庆之碑》说按檀普化"至元十年三月
内悬金虎符,授中顺大夫、济宁府达鲁花赤署事。至元十

---

① 《元史》卷九五《食货志三·岁赐》"鲁国公主位",第2429页。
② 《元史》卷五八《地理志一》。胡祗遹《济宁路总管府记碑》也说:"至
元十六年六月,中书省奏奉圣旨,济宁府改济宁路总管府。"见道光《巨野县
志》卷二〇《金石》,第33页上。
③ 《元史》卷八二《选举志二》,第2051页。

年□□□□□□□大夫、济宁路总管府达鲁花赤□□□（兼管内）劝农事。元贞改元，升太中大夫。历任三十五年，勤于善政，始终如一，甚得民心。"中顺大夫正四品，少中大夫、太中大夫从三品。几篇碑文残缺，无法知道按檀不花离职的准确时间。但按三十五年或三十六年计，自至元十年（1273）算起，其离职大约是武宗至大元年（1308）前后。若按四十年计，则到仁宗朝（1312—1319）了。

曲阜是孔府所在地。元代曲阜隶兖州，兖州归济宁路管辖。《合葬神道碑》中有一段文字叙述按檀不花修葺曲阜孔庙的经过，但残缺过多，难以卒读，可根据其他记载加以说明。元成宗即位后，"诏中外崇奉孔子"①。"济宁守臣按檀不华恭承诏旨，会府尹、僚佐、乡长者谋曰：'方今圣天子守成尚文，此乡风化之源，礼义之所从出，为守臣者敢不对敭休命，以庙役为任。'首出泉币万缗，众翕然助之。……经始于大德二年之春，属岁祲中止。蒇事于五年之秋，不期月而告成。殿矗重檐，亢以层基，缭以修廊。大成有门，七十二贤有庑，泗沂二公有位。黼座既迁，更塑郓国像于后寝。缔构坚贞，规模壮丽。大小以楹计者百二十有六，费用以缗计者十万有畸。"朝廷"特敕中书，赐田五千亩，以供粢盛，复户二十八，以应洒扫"②。

① 《元史》卷一八《成宗纪一》，第386页。
② 阎复《曲阜孔子庙碑》，《国朝文类》卷一九，《四部丛刊》本，第5页上。

这是元朝崇儒的重要举动,在当时有很大影响。也是我们现在从元代文献中得知按檀不花(华)任职期间所做的一件大事①。

蒙古前四汗时期,"汉地"的地方官员大多由大、小军阀充任,世代相继,长期不迁,都成了割据一方的土皇帝,他们"自行威福,进退生杀惟意之从"②,给百姓带来很大苦难。忽必烈即位后积极推行"汉法",进行改革,其一是推行任期制,地方官员定期考核,三年一迁。但实行之初,位下(投下)系统并不在内。至元十九年(1282),忽必烈"诏:各投下长官,宜依例三年一次迁转"③。将位下(投下)官员纳入整个行政管理系统,定期迁转,无疑对加强中央集权以及廉政建设是有益的。这项规定曾多次重申。但是,分地官员特别是达鲁花赤都是诸王公主驸马的亲信,这项规定有损他们的利益,因而受到抵制,难以严格执行。有元一代,朝廷与各位下(投下)之间的关系是错综复杂的。朝廷需要各位下(投下)的支援,给予种种优遇。但各位下(投下)总是多方扩张自己的势力,这就会对国家的利益造成损害。朝廷又要设法加以限制。位下(投下)分地达鲁花赤的任期制便反映了朝廷和位下(投下)

---

① 陈高华《金元二代的衍圣公》,见《元史研究论稿》,中华书局,1991年,第328—345页。

② 《元史》卷一五七《刘秉忠传》,第3689页。

③ 《元史》卷八二《选举志二·铨法上》,第2052页。《元典章》卷九《吏部三·官制三·投下官·投下达鲁花赤迁转》,台北故宫博物院影印元刻本,第6页上至下。

的矛盾。大德八年(1304)三月戊辰,"诏:诸王、驸马所分郡邑,达鲁花赤惟用蒙古人,三年依例迁代,其汉人、女直、契丹名为蒙古者皆罢之"①。此时按檀不花任济宁路达鲁花赤已三十年,但并未"依例迁代",仍然在位。泰定四年(1327)五月丁卯,"罢诸王分地州县长官世袭,俾如常调官,以三载为考"②。正好说明在此以前分地的长官没有定期迁转,按檀不花在济宁府(路)任达鲁花赤长达三四十年,便是一个很有代表性的事例。反映出朝廷对位下(投下)的限制是何等软弱无力。

不仅如此,据《乐善公墓碑》,按檀不花有八个儿子,七个出仕,只有幼子"隐居未仕"。八子中第三子录硕霸是鱼台县达鲁花赤,第六子伯颜帖木儿任单州达鲁花赤,第七子岳忽难任兖州达鲁花赤,另有侄子䍥珥,任巨野县达鲁花赤。鱼台、单州、兖州、巨野,都隶属于济宁路。这种情况,完全违反了"父子兄弟做官回避"原则③。由此不难想见,按檀不花家族在济宁路的势力是何等强大。元代中期,监察御史韩中指出,"诸王所辟监郡、监县,往往非才,或父兄方官路、府,子侄又列州、县,上下缔构,蚕食其民。当同守令三年迁转,仍父子相避,及不许需次官所"④。

---

① 《元史》卷二一《成宗纪四》,第458页。

② 《元史》卷三〇《泰定帝纪二》,第679页。

③ 《元典章》卷八《吏部二·官制二·选格·父子兄弟做官回避》,第6页上。

④ 苏天爵《韩公神道碑铭》,《滋溪文稿》卷一二,中华书局,1997年,第187页。"需次"是依次补缺之意。

可知在诸王位下分邑中,路府州县的监郡(达鲁花赤)由同一家族成员分别充当是相当普遍的现象。按檀不花家族便是一个典型。尽管缺乏记载,这个家族在济宁路势力强大,不受制约,"上下缔构,蚕食其民"是可以确定无疑的。还值得注意的是,按檀不花的长子变德古思官至奉议大夫、全宁路达鲁花赤①,全宁路也是弘吉剌部首领的分地,"元贞元年,济宁王蛮子台亦尚囊加真公主,复与公主请于帝,以应昌路东七百里驻东之地创建城邑,复从之。大德元年,名其城为全宁路。……其应昌、全宁等路则自达鲁花赤、总管以下诸官属,皆得专任其陪臣,而王人不与焉"②。变德古思能够出任全宁路达鲁花赤,说明他是得到弘吉剌首领特殊信任的"陪臣"。弘吉剌部共有三处分地(两处草原分地和一处"汉地"分地),这个家族成员竟是其中两处分地的达鲁花赤,可见其在弘吉剌部首领位下中地位之特殊。按檀不花家族的状况对于我们了解元代投下制度很有价值。

四

按檀不花家族第二代的别古思,第四代的骚马、岳出

---

① 《合葬神道碑》,见道光《巨野县志》卷二〇《金石》,第 36 页上。《乐善公墓碑》作"奉议大夫、全济宁路达鲁花赤","济"字衍。同上书卷二〇《金石》,第 28 页上。

② 《元史》卷一一八《特薛禅传》,第 2920 页。

谋、岳忽难等,都是元代常见的基督教名字①。而据《乐善公墓碑》记载,骚马"之筮任,钦受圣旨玉宝,管□也里可温掌教司官,重修也里可温寺宇,祝□圣寿,其移孝以尽忠也又如此。继而宣授承务郎、打捕鹰房诸色人匠总管府达鲁花赤,在任八年,号称廉平,民不扰而赋已集。进退从容,无丝毫过差。其究心儒术、也里可温经、蒙古字译语、阴阳方书,诸子百家,无不详览。人但知公忠孝大节难能可贵,而不知学问之功实有大过人者。"也里可温是元代基督教的称呼。元朝设崇福司,"秩从二品,掌领马儿哈昔列班也里可温十字寺祭享等事。……延祐二年,改为院,置领院事一员。省并天下也里可温掌教司七十二所,悉以其事归之"②。也里可温掌教司是管理某一地区也里可温的机构。骚马任此职,显然与他出身基督教家庭有关。《墓碑》说骚马"重修也里可温寺宇",并"究心"各种学术,其中有"也里可温经",无疑指基督教经典。从名字到所作所为,都可说明骚马是一个虔诚的基督教徒。"也里可温掌教司"、"也里可温寺宇"、"也里可温经",在元代汉文文献中,记载甚少,弥足珍贵。特别是"也里可温经",似仅见于此,说明当时存在"也里可温经",而且有人诵读。元代的"也里可温经"是汉字本,还是叙利亚文字

---

① 伯希和《唐元时代中亚及东亚之基督教徒》,冯承钧译,见《西域南海史地考证译丛》第一编,商务印书馆,1962年,第49—70页。我怀疑岳雄是岳难之误,岳难即岳忽难(Johanan),也是元代常见的基督教名字。

② 《元史》卷八九《百官志五》,第2273页。

或其他文字本,还有待探索。

　　元代的也里可温,即指基督教而言,这是没有疑问的。这个内迁的阿里马里家族与也里可温即基督教有很深的渊源,并非偶然。"盖元起朔漠,先据有中央亚细亚诸地,皆昔日景教(聂斯托尔派)流行之地也"①。景教是基督教的一个派别,在东方流传甚广。丘处机一行在抵达阿里马之前,途经轮台之东,"迭屑头目来迎"②。迭屑就是景教长老的称呼。13 世纪 50 年代前往蒙古的教士鲁不鲁乞(William of Rubruck)经过海押立,该地在阿里马里之西,是哈剌鲁人居住的地方。他说:"那个地区的聂斯脱里派教徒也向来用当地的语言来举行他们的仪式,并且用当地的文字来写书。"鲁不鲁乞还记述当地有"偶像崇拜者"即佛教③。哈剌鲁人主要信奉伊斯兰教,但从鲁不鲁乞的记载来看,海押立有人信奉作为基督教一支的景教(聂斯脱里教)和佛教。14 世纪 30 年代,西班牙传教士巴斯喀尔(圣方济各派)到阿力麻里传教,他在致友人的信中说:阿力麻里在"契丹总牧师管理区境内"。可见当地一直有基督教活动。1340 年,当地统治者强迫基督教徒改信伊斯

　　① 陈垣《元也里可温考》,见《陈垣学术论文集》第一集,中华书局,1980 年。

　　② 《长春真人西游记》卷上,《道藏》第 34 册,文物出版社、上海书店、天津古籍出版社,1988 年,第 486 页下。

　　③ 道森编、吕浦译《出使蒙古记》,中国社会科学出版社,1983 年,第154 页。

兰教,巴斯喀尔等不从被害①。在阿力麻里古城遗址自 20
世纪初以来不断发现刻有叙利亚文字的石刻,"有的上刻
有十字架纹。"可以作为当地存在基督教的物证②。哈剌
鲁人以信奉伊斯兰教为主,应无疑问③。海押立和阿力麻
里都有基督教信徒,他们中间应该有哈剌鲁人,也可能是
其他民族。但由此可以肯定的是,岳雄、按檀不花家族信
奉基督教,不是内迁以后的选择。而是与其来自阿里马里
有密切的关系。

　　另据《合葬神道碑》记,骚马之父按檀不花"识会畏吾
儿文字言语,深通佛法,持戒甚谨。……又念累叶蒙皇家
公主驸马恩宠,一无报效,于郡北郭建□□□□□□□□
□□寺,请明师,聚徒众,且□香□,为国焚修,祝延圣寿。
意未已,择济州南郭明爽之地,大建寺宇,与郡寺相甲
乙。"则按檀不花又是虔诚的佛教徒。这种情况在元代并
不罕见。进入内地的基督教家族成员为了适应环境,有的
改信其他宗教,有的则在原奉宗教之外,又信奉别的宗教。
陈垣先生的《西域人华化考》中,专辟"佛老篇",对此已有

---

　　① 张星烺编注、朱杰勤校订《中西交通史料汇编》第一册,中华书局,
2003 年,第 381—392 页。

　　② 黄文弼《元阿力麻里古城考》,《考古》1963 年第 10 期。参见科科夫
措夫撰、陈开科译《阿力麻里出土的叙利亚基督教徒墓碑碑文考释》,《西域
文史》第 2 辑,科学出版社,2007 年,第 245—254 页。

　　③ 内迁的一个来自海押立的哈剌鲁家族,曾祖马马,祖阿里,父哈只,
子答失蛮,都是伊斯兰教信徒常见的名字,见黄溍《定国忠亮公神道碑》,《金
华黄先生文集》卷二四,《四部丛刊》本,第 12 页下。

所论述。值得注意的是，他的儿子骚马"究心儒术，也里可温经、蒙古字译语、阴阳方书、诸子百家，无不详览"。显然掌握多种语言文字。而按檀不花"识会畏兀儿文字言语"。这个家族成员有在语言文字方面有较高的修养，这应是他们受到青睐的一个重要原因。

五

　　道光《巨野县志》卷二〇《金石》还收录一篇《武略将军济宁路总管府达鲁花赤先茔神道碑》，作者胡祖广。碑文中记，党项人赫思是弘吉剌部首领纳陈（按陈之弟）的部属。"岁己未，天兵南下，纳陈驸马受命统所部定山东，收河南，……至济州，营于昌邑城北。纳陈驸马与诸将谋曰：'河南已平，山东实控制之。无山东是无河南也。吾虑大军北去，百姓新附，情有不可测。欲简宿谨厚者分军刍牧□田，□镇二方。'"于是选中赫思留在济州，"与编氓杂处"。赫思"叹曰：'吾世族河西，朔汉本非乡里。从军转徙，幸宁于兹。土沃民和，牛羊稼穑，自足以养。今老矣，复不能逐水草居也。'因家焉。后北使屡促召，竟不往。公少时好田猎弓矢，至是释弓矢绝不畋猎，□□□□□力农积粟，务施惠□。"赫思与其妻夏氏死后，"合葬于济宁巨野昌邑"[①]。这段记载中所说"定山东，收河南"，并不确切。纳陈"岁丁巳袭万户，奉旨伐宋，攻钓鱼山。又

---

①　见该书卷二〇《金石》，第47页上至48页上。

从世祖南涉淮甸,下大清口,获船百余艘。又率兵平山东济、兖、单等州"①。"丁巳"是蒙哥汗七年(1257),弘吉剌部首领纳陈在这一年袭封万户。此后他参加对南宋的战争,大概是忽必烈即位之初来到分地济州②,留下党项人赫思驻守。"昌邑"是济州即巨野的一处地名③。赫思原来"好田猎弓矢",在济州定居后,与当地百姓"杂处",逐渐改为农耕,"力农积粟","释弓矢绝不畋猎",而且不愿再回草原再过"逐水草居"的游牧生活。这是生活方式的重大改变。赫思的妻子夏氏,无疑是汉人。他的儿子咬住娶妻邵氏。长孙秃满台,娶妻荣氏;次孙睦里赤,娶田氏、刘氏、赵氏。也就是说祖孙三代的配偶都是汉族女性。咬住"潜德弗耀",秃满台"幼习书史,尤精天朝语",出仕后官至济宁路达鲁花赤④。

道光《巨野县志》卷二〇《金石》还有一篇《相哥八剌鲁王元勋世德碑》,亦出于胡祖广之手。文中记载,按陈的儿子帖木儿,参加元朝统一南方的战争。南宋平定后回师北上,来到济宁,"乃以驱虏及从行蒙古军三千余户,分为十七奕,散居济、兖、单三州,俾安居遂生,官各主其

---

① 《元史》卷一一八《特薛禅传》,第 2916 页。

② "阿里不哥叛,中统二年与诸王北伐",击败阿里不哥后纳陈病死。见《元史》卷一一八本传,第 2916 页。可知纳陈到济州必在北伐之前。

③ 道光《巨野县志》在标题《先茔神道碑》下注:"昌邑保。碑高九尺二寸,广四尺,现中断。"可知"昌邑"一名直到清代仍保留。见该书卷二〇《金石》,第 46 页上。

④ 见该书第 48 页上至下。

事"。这一次在济宁地区定居的蒙古军和"驱虏"多达三千余户①。据至元七年统计,济宁府共有"户一万五百四十五,口五万九千八百一十八"②。现在增加了三千多户,相当于原有居民三分之一强,这对济宁地区社会生活必然会带来很大的影响。"今蒙古、色目人之臧获,男曰奴,女曰婢,总曰驱口"③。碑文中所说从南方带回的"驱虏",实即强行掠取的平民或士兵,抑迫为奴隶。他们被安置在当地,或从事农耕,或从事手工业生产。而在济宁定居的蒙古军人,一定也和党项人赫思一样,逐渐放弃弓矢畋猎,转而走上经营农业的道路。"农事趋时田畯喜,桑麻禾麦方千里"④。济宁地区在金元改朝换代之际遭受很大的破坏,元朝统一以后各民族杂处,互相影响,社会生产逐步得到恢复。

岳雄和别古思原来居住在松州,按檀不花的原配辛氏便葬在松州。元代的松州属上都路,州城在今内蒙古赤峰市西郊,与弘吉剌部分地应昌路(路治在今内蒙古克什克腾旗境内)相邻。按檀不花来到济宁路任达鲁花赤,其子侄大多在当地任职,已见上述。据《乐善公墓碑》记载,按檀不花死后,便在济宁安葬,"昔太夫人辛氏卒于松州,去

---

① 见该书卷二〇《金石》,第 52 页上至下。

② 《元史》卷五八《地理志一》,第 1366—1367 页。

③ 陶宗仪《南村辍耕录》卷一七《奴婢》,中华书局,1958 年,第 208 页。

④ 胡祗遹《济宁路总管府记碑》,道光《巨野县志》卷二〇《金石》,第 23 下页。

此四千余里,舆榇来归,与继母陈夫人同袝先公之兆。为营冢圹,备极坚致,塞泉以炭,椁棺以石,砖堙于上"。骚马还"庐于侧迄三年如一日。既免丧,复筑报德堂四楹,塑像于中,四时祭享,以展孝思"。完全采用中原传统的丧葬制度。前面说过,这个家族有自己的墓地,按檀不花之子岳出谋、骚马与其父母葬在一处。说明这个家族已在济宁定居,不想再返回松州了。按檀不花娶妻辛氏、陈氏,无疑都是汉人。据《合葬神道碑》记载,其第三子娶萧氏,第五子娶刘氏,第七子娶郭氏,第八子娶陈氏。另据《乐善公墓碑》载,第二子骚马先娶弘吉烈氏,继娶拓跋氏。又据《表庆之碑》,第四子岳出谋的夫人金氏。长子、六子婚姻情况不清楚。由此可知,这个家族内迁以后主要与汉人联姻。这种情况和上述同在济宁的党项赫思家族是一样的。

这种情况并非济宁地区特有的现象。济宁路与濮阳(今河南濮阳)相邻。元朝平南宋后,将南征的探马赤军调到中原腹心之地屯驻,以控制四方。为此成立了两个都万户府,濮阳是其中之一山东河北蒙古军都万户府屯驻之地。在元末唐兀人崇喜编著的《述善集》中有两篇碑传文字,一篇是《大元赠敦武校尉军民万户府百夫长唐兀公碑铭》,记唐兀人闾马家族事迹;一篇是《伯颜宗道传》,记曷剌鲁(哈剌鲁)人伯颜生平,追溯其祖先情况。闾马是参与平宋战争的军人,全国统一以后到濮阳屯驻,"拨付草地,与民相参住坐"。伯颜的祖先也隶名军籍,"分赐刍牧地为编民"。定居以后,他们的生活方式逐渐发生变化。"时北方人初至,犹射猎为俗,后渐知耕垦播殖如华人"。阊马的后裔接受儒学,有的还成为国学学生。伯颜则是元末著名的学者。阊马的后裔大多娶汉人女子,亦有娶蒙古、哈剌鲁女性者。这种婚姻关系有利于民族之间的交流,必然会对他们的生活方式带来影响①。元代,濮阳和济宁两地相邻,都是多民族杂居的地区,两地定居的北方民族成员都经历了由放牧向农耕转化的过程,普遍与汉族通婚。这样的民族关系在元代的"腹里"地区无疑是相当普遍的②。有元一代是民族关系复杂多变的时代。在研究有元一代民族关系时,既要看到矛盾、冲突的一面,又要看到交流、融合的一面。后一方面对历史的影响甚至可以说是更为深远的。

原载《隋唐辽宋金元史论丛》第 1 辑,
紫禁城出版社,2011 年

---

① 陈高华《〈述善集〉两篇碑传所见元代探马赤军户》,本书编委会编《庆祝何兹全先生九十岁论文集》,北京师范大学出版社,2001 年,第 456—470 页。
② 元朝以今河北、山东、山西及内蒙古部分地区直隶中央,称为"腹里"。

元史史料简述

第一节 概况

从 12 世纪末到 13 世纪初，蒙古族在北方草原兴起。
1206 年，蒙古族首领铁木真统一各部，建立大蒙古国，自
号成吉思汗。大蒙古国遂即接连发动对外战争，一面南下
进攻金、夏，一面西出略取中亚各地。1227 年，灭西夏；
1234 年，灭金；紧接着蒙古国与南宋发生冲突，双方之间
的战争断断续续进行了四五十年。1251 年，蒙古第四代
大汗蒙哥即位，任命其弟忽必烈经理"漠南汉地军国庶
事"[①]，"漠南汉地"即原金朝统治下的农业区。忽必烈便
在漠南滦水之北建造一座新城，定名开平，作为经营"汉
地"的基地。蒙哥又命令另一个兄弟旭烈兀"征西域素丹

---

① 《元史》卷四《世祖纪一》，中华书局，1976 年。

诸国"①,攻克名城报达(今伊拉克巴格达),建立伊利汗
国。蒙哥在出征四川时战死,1260年,忽必烈嗣位,他积
极推行汉法,即中原传统的各种制度。立国号为大元,在
原金中都城郊建立一座新城,命名大都,作为元朝的首都
(今北京);以开平为上都,作为避暑之地,形成两都制。
忽必烈继续对南宋用兵,1279年,南宋灭亡,元朝统一全
国。统一以后的元朝,疆域广大,人口众多,国势强盛,为
世界之冠。但元朝上层争权夺利,官僚机构贪污腐败,自
然灾害不断发生,各族人民生活困苦,因此不断激起各族
人民的反抗斗争,不到八十年,便爆发了全国规模的农民
战争。1368年,兴起于南方的明朝攻克元都城大都,元朝
灭亡。蒙古统治者逃到草原上,仍然用元朝的名义发号施
令,历史上称为"北元"。由于明朝的打击和蒙古贵族内
部的矛盾冲突,"北元"很快就崩溃了。

和历史上其他封建王朝相比,元朝统治的时间不算
长,从成吉思汗建大蒙古国到灭亡,不过一百六十年左右。
但是,这一段历史的内容却是丰富多彩的。在这期间,我
国出现了前所未有的大一统局面,各地区各民族之间的联
系得到空前的加强。也正是这一时期,中国和世界其他地
区的交往,有很大的发展。这一时期的历史资料,既继承
了前代的传统,也具有一些与以前不同的特点。

忽必烈及其以后的元朝诸帝,推行汉法,其中包括采

---

① 《元史》卷三《宪宗纪》。

用中原历代封建王朝举行的修史制度,如编写历朝皇帝实录、撰修后妃功臣列传和政书等,这些都是用汉字撰写的。但是早在大蒙古国时期,已经出现了用蒙古文书写的以记述统治者活动为主要内容的史书,称为《脱卜赤颜》("历史"),这就是著名的《元朝秘史》,它主要记录了成吉思汗和窝阔台汗两朝的事迹,后来的元朝历代皇帝继续纂修《脱卜赤颜》。元文宗至顺二年(1331)四月,"奎章阁以纂修《经世大典》,请从翰林国史院取《脱卜赤颜》一书以纪太祖以来事迹,诏以命翰林学士承旨押不花、塔失海牙。押不花言:'《脱卜赤颜》系关秘禁,非可令外人传写,臣等不敢奉诏。'从之。"①《脱卜赤颜》不许"外人"传写,指的无疑是汉人、南人,说明此书属于国家机密,是不能随便查阅的。至顺三年五月,"撒迪请备录皇上登极以来固让大凡、往复奏答,其余训敕、辞命及燕铁木儿等宣力效忠之迹,命朵来续为《蒙古脱卜赤颜》一书,置之奎章阁。从之。"②"初,文宗在上都,将立其子阿剌忒纳答剌为皇太子,乃以妥欢帖穆尔太子乳母夫言,明宗在日,素谓太子非其子。黜之江南,驿召翰林学士承旨阿邻帖木儿、奎章阁大学士忽都鲁笃弥实书其事于《脱卜赤颜》,又召集使书诏,播告中外。"③阿邻帖木儿和忽都鲁笃弥实是畏兀儿人,官阶从一品。由以上记载可知,元朝各帝一直用蒙古

---

① 《元史》卷三五《文宗纪四》。
② 《元史》卷三六《文宗纪五》。
③ 《元史》卷一八一《虞集传》。

文修撰《脱卜赤颜》，由皇帝指定蒙古、色目大臣负责，用蒙古文书写。这样以两种文字分别修史是元代不同于前代的制度。但除《元朝秘史》之外，诸帝《脱卜赤颜》均已散失，不可一见了。除了用蒙古文修史外，元朝还有人用藏文修史。13 世纪中期，吐蕃（藏族地区）归附大蒙古国。元朝在乌思藏（前后藏，今西藏自治区）立乌思藏宣慰司，下辖十三万户，其中搽里八万户府在今拉萨东郊蔡贡塘。至治三年（1323），公哥朵儿只（即蔡巴·贡噶多吉）任搽里八万户长。至正十二年将万户长职位让给其弟，出家为僧。他的著作很多，以《红史》最有名。这是藏族史学中第一部综合性的通史著作，讲述吐蕃王统及藏传佛教各宗派的历史，以及中原王朝世系和蒙古王统。蒙古族的《脱必赤颜》和藏族的《红史》问世，对元史研究有特殊的意义。以蒙、藏文字书写历史，这是中国史学史的大事，也是元代史料一个特点。

　　元代历史文献中，行纪独具特色。行纪可分域外、国内两个系统。我国古代的域外交通，可分陆、海二道。汉代以陆路为主，由长安（今陕西西安）出发，经过河西走廊，向西延伸，直至中亚。海道交通在汉代已初步形成，向东、向南，逐渐进步，形成广州、庆元（今浙江宁波）、泉州三大港口。元代，陆、海二道都呈现出繁荣的局面。这一时期反映陆路交通的著作，有李志常的《长春真人西游记》和耶律楚材的《西游录》、《湛然居士文集》等；反映海外交通的著作，有《岛夷志略》、《真腊风土记》、《大德南海志》等。从这些著作可以看出中国与中亚、东南亚、西南亚有密切的交往，直至东北非洲。随着统一多民族国家的形成，国内交通也得到很大的发展。重要著作有《经世大典·站赤》、《河朔访古记》、《扈从诗》、《云南志略》等。行纪的发达，可以说是元史史料的又一特点。

大蒙古国时期发动三次西征，在欧洲引起了极大的震动，在西南亚建立了伊利汗国。13 世纪中期，在欧洲，鲁不鲁乞（William of Rubruck）和柏兰诺·加宾尼（Plano Carpini）两个教士先后访问蒙古，他们的行纪记录了旅行的经过。13 世纪下半期，意大利威尼斯人马可·波罗（Marco Polo）访问中国，生活了十余年，回国后写下了他的行纪，主要报道在中国的见闻。此外还有一些欧洲和非洲的教士、旅行家有来中国的行纪。这些域外的文献大多有较高的价值。伊利汗国先后产生了《世界征服者史》和《史集》两部叙述蒙古历史的重要著作，此外，与元朝相邻的高丽，有许多用汉字书写的文献，如《高丽史》、《朴通事》、《老乞大》以及高丽作家文集等，往往涉及元朝的政治、经济和文化。域外文献的记载，或可与中国文献相印证，或可补中国文献之不足。研究元史，必须重视外国文献，这是元史史料的第三个特点。

明初官修的《元史》，主要是利用元代各种官私文献写成的。《元史》在清代被列为正史"二十四史"的一种，无疑是研究元代历史最重要的文献。元初用蒙古文写成但只有汉字标音本流传下来的《元朝秘史》，以及元代官修的政书《通制条格》、《至正条格》、《经世大典》等,都是研究元代历史的重要史料(《通制条格》和《至正条格》残缺不全,而《经世大典》只有少量传世)。民间编纂的《元典章》,保存了大量法律文书。以上几种著作,记录了元代社会生活的各个方面,叙事比较翔实,是研究元史必须反复精读的,可称之为"基本史料"。

　　元人的著作,可考的应有三千种左右(不包括戏曲、白话小说)。但是其中相当多只是手稿,未曾刊印①。有文字的著作,都可以作为史料,根据研究不同课题时分别使用。在各种文献中,元代私家修史之风不盛,有价值的著作很少。官修政书和奏议有价值,但数量有限。个别藏文文献很有特色。边疆和域外行纪,远胜前代,不仅是探索中外关系的重要资料,也有助于政治、经济、文化史的研究。方志传世的不多,有的质量上乘。元代诗文集为数颇多,传世约有三百余种,相当可观。部分诗文集蕴藏有珍贵的史料,但大多缺乏特色。诗文集作者以南方汉人居多,从时间上说大部分生活在元代中、后期,因而反映元代前期北方情况的作品并不多。元代笔记数量有限,作者的情况及其内容和诗文集大体相同。碑刻文字数量可观,可补史籍和诗文集之不足。民间流行的类书,对研究社会生活很有用处。域外文献对元史研究有特殊的意义。除了文字史料之外,元代考古报告和文物资料不多,但可与文

---

　　① 陈高华、张帆、刘晓《元代文化史》第四编第二章"一、元人著作概况",广东教育出版社,2009年。

献相印证,不应忽视。

第二节　基本史料

研究元朝历史最重要的资料,最重要的是《元史》,其次是《元朝秘史》、《通制条格》、《至正条格》、《元典章》和《经世大典》。

(一)《元史》二百一十卷,宋濂等撰。

这是明初官修的史书,正史"二十四史"的一种。元顺帝至正二十八年(1368)正月,朱元璋在应天(今江苏南京)称帝,国号大明,年号洪武。同年八月,明军攻占元朝都城大都(今北京),元顺帝北逃,元朝灭亡。这一年冬天,朱元璋下令修《元史》,以文臣宋濂、王祎为总裁,从各地征求"山林遗逸之士"十六人为纂修。第二年二月,正式在应天天界寺置立史局,以元十三朝《实录》和《经世大典》等书为参考。同年八月,完成了自元太祖至宁宗列朝史事的编纂工作,共一百五十九卷[①]。顺帝一朝的史事,因为缺少《实录》和其他资料,当时并未着手。宋濂等将已修成部分上进于朝[②],史局工作告一段落。朝廷便分派使者十一人,遍行天下,"凡涉史事者悉上送官"。仅北平(明初改大都为北平,后改北京——引者)一地所得的资

[①]　《明太祖实录》卷五六,台北史语所校订本。

[②]　李善长《进元史表》,按,此表由宋濂执笔,见《宋文宪公全集》卷一,《四部备要》本。

料"以帙计者八十",所拓碑文四百通;山东所得资料四十
帙,所拓碑文一百通①。以各地征集的资料为依据,洪武
三年(1370)二月重开史局,仍以宋濂、王祎为总裁,纂修
人员十五人,只保留原有人员一人,其他均系新从各处调
集。同年七月,将顺帝一朝史事纂成,共五十三卷。前后
两次共二百一十卷。宋濂等"合前后二书,复厘分而附丽
之,共成二百一十卷"②。最后成书的《元史》,保留了两次
纂修的痕迹。如"表"中《三公表》、《宰相年表》均分为两
卷,后一卷专记顺帝一朝;"志"共十三门,其中五门("五
行"、"河渠"、"祭祀"、"百官"、"食货")记录了顺帝一朝
有关制度,均单独立卷。其余八门均无顺帝一朝制度。

　　《元史》成书仓促,纰漏甚多,历来受到学者的讥议。
"书始颁行,纷纷然已多窃议,迨后来递相考证,纰漏弥
彰"③。清代著名学者顾炎武、朱彝尊、钱大昕、赵翼、魏源
等都曾加以批评。顾炎武指出,《元史》中有一人两传之
误,"本纪有脱漏月者,列传有重书年者";"诸志皆案牍之
文,并无熔范",等等④。朱彝尊说,《元史》一书,"其文芜,
其体散,其人重复"。

　　"至于作佛事则本纪必书,游皇城入之《礼乐志》,皆

① 宋濂《吕氏采史目录序》,《宋文宪公全集》卷七。
② 宋濂《元史目录后记》,《宋文宪公全集》卷一。
③ 《四库全书总目》卷四六《史部·正史类二》,中华书局,1965 年。
④ 《日知录集释》卷二六《元史》,《四部备要》本。

乖谬之甚者"①。钱大昕是清代中期最渊博的学者,对元代历史下过很大的工夫。他对《元史》深为不满,指出《元史》两次纂修加起来不过三百三十一日,"古今史成之速,未有如《元史》者,而文之陋劣,亦无如《元史》者。""开国功臣首称四杰,而赤老温无传;尚主世胄不过数家,而郓国亦无传。丞相见于表者五十有九人,而立传者不及其半。太祖诸弟止传其一,诸子亦传其一,太宗以后皇子无一人立传者。本纪或一事而再书,列传或一人而两传。《宰相表》或有姓无名,《诸王表》或有封号无人名。此义例之显然者,且纰漏若此,固无暇论其文之工拙矣。"②他还指出《元史》"不谙地理"及其他种种问题。魏源是中国近代的启蒙学者之一,晚年致力于元史研究。他说《元史》"疏舛四出,或开国元勋而无传,或一人而两传。顺帝一朝之事虽经采补,亦复不详。至其余诸志,刑法、食货、百官,全同案牍。在诸史中,最为荒芜"③。总起来说,他们对《元史》的批评,一是认为不合修史的体例,没有对原始资料作认真的熔铸和加工;二是史实有许多错误、脱漏。

为什么《元史》会有如此多的问题呢? 据这些学者分析,原因主要有三个。一是朱元璋急于成书,用以宣布元朝终结和新朝建立的合理。纂修者因时间仓促,来不及认

---

① 《史馆上总裁第三书》,《曝书亭集》卷三二,《四部丛刊》本。

② 《答问十》,《潜研堂文集》卷一三,《嘉定钱大昕全集》第 9 册,江苏古籍出版社,1997 年。

③ 《拟进呈元史新编表》,见《元史新编》卷首。

真推敲,只好照抄各种资料,略加删节,辑集成书,应付了事。二是主持修史的宋、王二人是"词华之士",会写文章,"本非史才"。而临时征召的"山林遗逸之士","皆草泽腐儒,不谙掌故,一旦征入书局,涉猎前史,茫无头绪,随手捃扯,无不差谬"①。第三,元代文献的贫乏荒陋,也增加了修史者的困难。"人知《元史》成于明初诸臣潦草之手,不知其载籍掌故之荒陋疏舛,讳莫如深者,皆元人自取之"。元代官修的《经世大典》、《大元一统志》等书,其中有不少问题已不甚了了,甚至"虚列篇名","又何怪文献无征之异代哉!"②所谓"荒陋疏舛",主要应指元朝诏旨文书常用白话书写而言。

但是,《元史》尽管存在很多缺点,从史料学的角度来看,却没有任何理由加以轻视。《元史》的"本纪"部分,除顺帝一朝之外,其他均是现已失传的列朝《实录》的摘编。《元史》的志、表部分,除顺帝一朝以外,绝大部分应采自元文宗时官修的政书《经世大典》。列朝《实录》和《经世大典》,对于元代历史的研究,是最重要的史料。它的许多内容,只能在《元史》中看得到。《元史》的列传,一部分采自元朝官修的后妃功臣列传,一部分采自《经世大

---

① 《十驾斋养新录》卷九《元史不谙地理》,《嘉定钱大昕全集》第 7 册,《潜研堂文集》卷一三《答问十》。

② 魏源《拟进呈元史新编表》,《元史新编》卷首。

典》①，还有一部分采自家传、神道碑、墓志铭等。后妃功臣列传已佚，《经世大典》大部散失，作为《元史》列传依据的家传和碑铭很多亦不复存在，因此，《元史》的列传部分，实际上成为原始资料，具有不可忽视的价值。前面已指出，《元史》编纂工作草率，往往只对所依据的资料作一些删节，改动不多。这种做法，对于一种历史著作来说，难免有"荒芜"之讥；但作为史料来说，能够尽可能保存它所依据的史料的本来面目，应该说比起那些经过更多加工润饰的正史来，是更有价值的。我们现在把《元史》看成研究元代历史的最基本的史料，不仅因为它是一部叙述元代全部历史的史书，而且还因为它具有较高的史料价值。

《元史》成书后，当年便刻版付印，最早的版本称为洪武本。明代还有南监本和北监本。清代有殿本、乾隆四十六年本、道光四年本等。其中最差的是乾隆四十六年（1781）本。这次的刊本对《元史》译名进行了错误百出的妄改，而且就在殿本的木版上剜刻。"有时所改之名不能适如原用字数，于是取上下文而损益之，灭裂支离，全失本相"②。这种做法，造成了不少混乱。1935 年，商务印书馆的百衲本《元史》，是以九十九卷残洪武本和南监本合配在一起影印的，在各本中最接近洪武本的原貌。1976 年

---

① 《经世大典·治典》中的"臣事"目，有人物的传记资料，见我写的《元代政书〈经世大典〉中的人物传记》。

② 张元济《百衲本〈元史〉跋》，《元史》（百衲本）后附，商务印书馆，1935 年。

中华书局出版的点校本《元史》,以百衲本为底本,并大量地利用了各种原始资料,从而使许多史文的讹误,得以校正。这是目前最好的一个本子。

《元史》成书草率,受到许多指摘,因而不断有人企图重修。先后成书的有明代胡粹中的《元史续编》;清代邵远平的《元史类编》、魏源的《元史新编》、洪钧的《元史译文证补》、曾廉的《元书》;民国有屠寄的《蒙兀儿史记》、柯劭忞的《新元史》。

《元史续编》十六卷,永乐元年刊本。作者胡粹中,明成祖时曾任楚府长史。全书采用编年体,起自世祖至元十三年(1276),终于顺帝至正二十八年(1368)。此书"编年系月,大书分注,有所论断,亦随事缀载,全仿《通鉴纲目》之例"①。从史料价值来说,此书没有多少可取之处,事实上也没有广泛流传。

《元史类编》四十二卷,常见有扫叶山房本。作者邵远平,清康熙时曾任詹事府少詹事兼翰林院侍讲学士。其祖邵经邦曾续郑樵《通志》撰《宏简录》二百五十四卷,记唐宋辽金史事。邵远平志在继其祖父之业,撰《元史类编》以记元代史事,故此书又名《续宏简录》。成书后,曾在康熙三十八年(1699)进呈。此书体例与《通志》相近,只有纪、传,没有志、表。"凡天文、地理、历律制度,皆按年入纪,令人一览而尽,故于本纪独详"②。全书是以《元

---

① 《四库全书总目》卷四七《史部·编年类·元史续编十六卷》。
② 《元史类编》卷首《凡例》,扫叶山房本。

史》为基础改编的。但邵远平已注意利用《元典章》和其他一些资料，并补写了一些人物传记①，并采取在正文下加注的形式，对若干史实进行了考订。尽管做得还很粗糙，但这些工作还是有一定意义的。

《元史新编》九十五卷②，魏源撰。作者去世后半个世纪始得于光绪三十一年（1905）刊行，此即邵阳魏氏刊本。全书分纪、传、表、志，与一般官修正史相同。在资料方面，他"采四库书中元代各家著述百余种，并旁搜《元秘史》、《元典章》、《元文类》各书，参订旧史"③。用《秘史》来补《元史》，可见魏源的眼光，尽管他并没有很好的利用。魏源是中国近代最早注意外国情况的先进知识分子，著有《海国图志》，介绍当时世界形势。他以元代的各种记载，"更加《海国图志》中所载英夷印度之事"，来考订元代西北地理④，虽然粗疏，但在这方面有开创之功。

《元史译文证补》三十卷，洪钧撰。洪钧是清朝的状元，光绪十五年（1889）起，出使俄、奥、荷、德等国，接触到西方有关蒙古史的著作。他以《多桑蒙古史》和波斯文史籍《史集》的俄译本为主，参考其他资料，编成此书。洪钧

---

① 例如，此书卷二五的《赵天麟传》和《郑介夫传》，分别记载二人《太平金镜策》和《太平策》的主要内容，这是《元史》没有的。

② 其中"本纪自世祖而下袭用邵氏《类编》，《艺文志》、《氏族表》全取之钱詹事（钱大昕——引者）。"（魏光焘《元史新编》序）此外还有部分有目无传。

③ 魏源《拟进呈元史新编表》，《元史新编》卷首。

④ 《元史新编》卷首《凡例》。

死于光绪十九年（1893）[①]，此书在光绪二十三年始得出版。有元和陆润庠刊本。由于洪钧的介绍，中国学术界才知道，研究元史除了中国的文献以外，还有丰富的波斯史料和其他文字史料。在这个意义上，洪钧此书对于中国元史研究的贡献是巨大的。也是《元史续编》、《元史类编》、《元史新编》等书所无法比拟的。河北人民出版社于1990年出版了田虎的《元史译文证补校注》。当然，随着《多桑蒙古史》中译本及《史集》、《世界征服者史》等波斯史籍译本的相继问世，《元史译文证补》也逐渐失去了它的价值。

《元书》一百零二卷，曾廉撰。宣统三年刻本。曾廉是湖南邵阳人，在戊戌变法时期曾上书光绪皇帝，要"斩康有为、梁启超，以塞邪慝之门"，是一个顽固的守旧派。《元书》是他丢官失意时所作，以《元史新编》为蓝本，主要突出所谓"《春秋》之义"[②]。在史料汇集和史实考订方面都未能在前人基础上有所进步，可以说没有什么可取之处。

《蒙兀儿史记》一百六十卷，现存一百四十六卷，屠寄撰。有结一宧自刊本。屠寄是清末进士，生平致力于元史研究。"曾亲身到东北、内蒙古进行考察。他除了广泛搜集汉文文献，并辅以实地调查之外，还让儿子学习外文，翻译有关资料，用作参考。他用一生精力写成《蒙兀儿史

---

① 周清澍《洪钧与〈元史译文证补〉》，《元蒙史札》，内蒙古大学出版社，2001年，第566—584页。

② 《元书》卷一〇二《自序》。

记》一书。采用正史体,分纪、传、志、表。"自为史文而自注之,其注纯属《通鉴考异》的性质而详博特甚。凡驳正一说,必博征群籍,说明所以弃彼取此之由"①。他的很多考订,从现在来看还是有参考价值的。但是他利用的西方资料,没有多少可取之处。

《新元史》二百五十七卷,柯劭忞撰。柯劭忞也是清末进士,历任要职,入民国后以遗老自居,从事著述。《新元史》是他的主要著作,初刻于民国十一年(1922),民国十九年(1930)著者自订定本。《新元史》出版后,当时北洋政府大总统徐世昌下令列于正史,这便是"二十五史"("二十四史"加《新元史》)一名的由来。日本东京帝国大学因此书授予柯氏文学博士的学位,扩大了此书的影响。柯劭忞的这部著作,搜罗中文资料相当丰富,有不少可供参考的地方,例如为水利专家任仁发立传等。但此书的缺点是很明显的。梁启超批评说:"然篇首无一字之序,无半行之凡例,令人不能得其著书宗旨及所以异于前人者在何处,篇中篇末又无一字之考异或案语,不知其改正旧史者为某部分,何故改正,所根据者何书。"②《元史类编》、《元史新编》、《元史译文证补》、《蒙兀儿史记》都采取史文加注的方式,使读者便于查考,易于鉴定得失。《新元史》改变了这一传统,全书不注出处,不仅给读者带

---

① 梁启超《中国近三百年学术史》十五《清代学者整理旧学之总成绩(三)》,中国书店,1985 年。

② 同上。

来不便,而且也必然降低了本身的价值①。

　　除了上面几部全面重修《元史》的著作外,还有一些学者从事《元史》中表、志的补订工作。最著名的是钱大昕的《元史氏族表》三卷和《元史艺文志》四卷。钱大昕在《廿二史考异》、《十驾斋养新录》、《潜研堂文集》、《潜研堂金石文跋尾》等书中对元代历史都有不少精彩的考证。他有志重修《元史》,"尝欲别为编次,以成一代信史,稿已数易,而尚未卒业",只完成《氏族表》和《艺文志》②。这一表一志搜罗之广,考订之精,都远在同类著作之上。遗憾的是,除《氏族表》中少数条目之外,一般都没有出处。钱大昕还有《宋辽金元四史朔闰表》。此外,黄大华有《元分藩诸王世表》、《元西域三藩年表》;吴廷燮有《元行省丞相平章政事年表》;倪灿、卢文弨有《补辽金元艺文志》;金门诏有《补三史艺文志》等;均可备参考。以上作品,在《二十五史补编》第六册(开明书店版,中华书局重印)都有收录。

　　(二)《元朝秘史》

　　作者佚名。此书名《元朝秘史》,用汉字注音是《忙豁仑·纽察·脱察安》,"忙豁仑"即"蒙古的","纽察"义为"秘密的","脱察安"即"脱卜赤颜"的异译。故又有人称之为《蒙古秘史》。它应是十三世纪大蒙古国官修的史

　　① 柯劭忞死后,北京大学研究院文史部刊行其遗著,中有《新元史考证》五十八卷,但相当简陋,远不如《蒙兀儿史记》精详。
　　② 黄钟《元史氏族表后记》。

书。书后记："鼠儿年七月""写毕"。对"鼠儿年"中外学术界有各种不同的意见,计有戊子(1228)、庚子(1240)、壬子(1252)、甲子(1264)诸说,尚无定论。一般认为,此书原来应用畏兀儿体蒙古文书写①。明朝初年,四夷馆用它作为教学资料,就用汉字音写蒙古语原文,逐词旁注汉译,并将全书划分为二百八十二节(段),每节(段)后面都有摘要的总译,定名为《元朝秘史》。后来,畏兀儿体蒙古文本散失了②,只有汉字标音本辗转传抄,流传了下来。汉字标音本又有两种。一种分十二卷,一种分十五卷,但内容没有区别。明代的十二卷本和十五卷本都已不可见,通行的《连筠簃丛书》本(十五卷)、叶氏观古堂刊本(十二卷)和《四部丛刊》本(十二卷,即顾广圻本),都是清人传钞的,存在不少错讹。其中《四部丛刊》本的错讹相对来说少一些③。20世纪以来,中外学术界有不少人对此书作文献学的研究,我国学者也做了很多有益的工作。1979年,内蒙古人民出版社出版了额尔登台、乌云达来合作的《蒙古秘史》校勘本。2001年,河北人民出版社出版了余大钧译注的《蒙古秘史》。2012年,中华书局出版了乌兰

① 蒙古族原无文字,成吉思汗征乃蛮部时,俘获畏兀儿人塔塔统阿,命他以畏兀儿文字书写蒙古语,是为畏兀儿体蒙古文。见《元史》卷一二四《塔塔统阿传》。

② 一种意见认为,在蒙古文史书《黄金史》(罗布藏丹津作)中可能保存部分佚文,但已经改写,并非原貌。

③ 1962年,前苏联影印出版了一种十五卷本《元朝秘史》,这是俄国传教士巴拉第在中国期间获得的,后藏于圣彼得堡大学。

的《元朝秘史（校勘本）》，是目前最好的校勘本，完整可信，很有价值。

《元朝秘史》记载了成吉思汗祖先的谱系、蒙古各氏族部落的源流、成吉思汗生平事迹，以及窝阔台汗统治前期的活动，是研究12至13世纪上半期蒙古族社会历史的最重要的历史资料。但是，书中有不少年代和史实的记载是不准确的，例如个别记事发生在窝阔台时代之后，很可能是成书之后增加的。这是需要注意的。

清代学者中最早注意《秘史》的是孙承泽，他编的《元朝典故编年考》第九卷将《秘史》收入。钱大昕很重视《秘史》，他说：“元太祖创业之主也，而史述其事迹最疏舛，惟《秘史》叙次颇得其实，而其文俚鄙，未经词人译润，故知之者鲜，良可惜也。”“论次太祖、太宗两朝事迹者，其必于此书折其衷与！”①经过钱大昕的提倡，特别是研究工作的实践，研究者日益认识到此书的重要性。魏源、屠寄、柯劭忞都利用《秘史》的资料，李文田为之作注②。此外，还有不少人对此书从各个方面进行研究。从19世纪下半期起，《秘史》先后被译成日、俄、德、英等多种文字。据不完全统计，截至1975年，世界各国有关《秘史》的专著和论文，已达三百余种③。《元朝秘史》的研究，可以说是世界历史学界的一门显学。

---

① 《跋元秘史》，《潜研堂文集》卷二八。
② 《元朝秘史注》十五卷，渐西村舍汇刻本。
③ 日本原山煌编《元朝秘史关系文献目录》，日本蒙古学会刊行，1978年。

（三）《通制条格》、《至正条格》

元朝建立以后，很长一段时间没有修律，只是根据施政的需要，不时颁布各种条画和法令。元仁宗即位后，指派官员汇集各种条画和法令，编成《大元通制》一书。此书分三部分："一曰诏制，二曰条格，三曰断例。……大概纂集世祖以来法制事例而已。"① 完成于延祐三年（1316），英宗至治三年（1323）正式颁行。原书久佚，20世纪 30 年代北平图书馆将原内阁大库所藏明初墨格写本《大元通制》影印出版，但残缺不全，只有"条格"部分二十二卷，即卷二至卷九（户令三卷，学令、选举、军防、仪制、衣服各一卷），卷十三至卷二十二（禄令、仓库、厩牧、田令、赋役、关市、捕亡、赏令、医药、假宁各一卷），卷二十七至三十（杂令二卷、僧道、营缮各一卷）。故此书以《通制条格》之名问世。日本学者冈本敬二编《通制条格研究译注》三册（国学刊行会刊），将《通制条格》译成日文，并有详细的注释。其他整理本有黄时鉴点校的《通制条格》，浙江古籍出版社 1986 年版；方龄贵的《通制条格校注》，中华书局 2001 年版。方著征引广博，校订细致，便于使用。

元顺帝时，将《大元通制》重新修订，编成《至正条格》一书，在至正六年（1346）正式颁行。此书结构与《大元通制》相同，也由诏制、条格、断例三部分组成。以

---

① 《元史》卷一〇二《刑法志一》。

"至正"年号和"条格"作为全书的名称，显然是不合适的，当时已有人提出意见，但没有被接受："时纂集《至正条格》，〔中书参知政事〕朵尔直班以谓是书上有祖宗制诰，安得独称今日年号；又律中条格乃其一门耳，安可独以为书名？时相不能从，唯除制诰而已。"①此书和《大元通制》一样，早已散佚。2002年，韩国的韩国学中央研究院在韩国庆州调查古文书时，发现了《至正条格》两册，应是元代刻本。一册是"条格"部分，存十二卷，分别是：仓库、厩牧、田令（二卷）、赋役、关市、捕亡、赏令、医药、假宁、狱官（二卷）。另一册是"断例"部分，存目录和十三卷，分别是：卫禁、职制（五卷）、户婚（二卷）、厩库（四卷）、擅兴（不全）。韩国学中央研究院在2007年出版了影印本和校注本。

　　《通制条格》和《至正条格》是元朝的法典，内容涉及元代政治、经济以及社会生活的许多方面，对研究元史具有很高价值。

　　（四）《元典章》六十卷

　　《通制条格》和《至正条格》是官修的，元朝还有一部《元典章》，是民间编纂的法律文书汇编，收录自元世祖至元英宗即位为止的诏旨、条画及各种案例。"其纲凡十，曰诏令，曰圣政，曰朝纲，曰台纲，曰吏部，曰户部，曰礼部，曰兵部，曰刑部，曰工部。其目凡三百七十有三，每目之中

---

① 《元史》卷一三九《朵尔直班传》。

又各分条格。"此书后面又有"新集",体例略同,"皆续载英宗至治元、二年事,不分卷数,似犹未竟之本也。"此书在清代尚有流传。修《四库全书》时,馆臣认为"所载皆案牍之文,兼杂方言俗语,浮词妨要者十之七八。又体例瞀乱,漫无端绪"。讥为"吏胥钞记之条格,不足以资考证"。仅列于"存目"之中①。其实,此书好就好在它的内容主要是"案牍之文",没有经过文人的润饰,是真正的第一手资料。

《元典章》有英宗时建阳坊刻本,1976年台北"故宫博物院"影印问世。此本因成于吏胥和民间书商之手,错讹甚多。1908年,清朝修订法律馆将董康从日本抄回的稿本(杭州丁氏八千卷楼藏书)刊行问世,由著名法学家沈家本作序,世称沈刻本,在元刻本问世以前,沈刻本流传很广。但此本质量很差,陈垣先生用元刻本对沈刻本进行校勘,并参考其他几种钞本,撰《沈刻〈元典章〉校补》十卷,1931年北京大学研究所国学门刊行,后收入《励耘书屋丛刻》。日本学者对《元典章》的"刑部"、"兵部"、"礼部"分别作过点校或译注。2011年,中华书局和天津古籍出版社出版了陈高华、张帆、刘晓、党宝海点校的《元典章》,在前人已有局部整理成果的基础之上,作全面的系统的整理,方便研究者的使用。2016年,台北史语所出版了洪金富校定的《元典章》。

① 《四库全书总目》卷八三《史部·政书类存目一·元典章前集六十卷附新集》。

　　黄时鉴辑点的《元代法律资料辑存》(浙江古籍出版社,1988 年)将一些散见、稀见的元代法律资料辑录在一起,可与《通制条格》、《至正条格》、《元典章》互相参证。

　　(五)《经世大典》

　　元文宗时,按照《唐六典》和《宋会要》的体例,采辑元朝的典故,纂成《经世大典》一书。始于天历二年(1329),成于至顺二年(1331)。全书共八百八十卷,另有《目录》十二卷,《公牍》一卷,《纂修通议》一卷。此书大体上是将有关的案牍文字略加删削而成的,没有做多少加工润色,用编者的话说,就是"质为本而文为辅"①。这部八百多卷的著作,又分十篇,"君事"四篇(帝号、帝训、帝制、帝系),"臣事"六典(治典、赋典、礼典、政典、宪典、工典)。"臣事"六篇又分若干子目,举凡职官、赋役、礼仪、宗教、军事、刑法、造作等各方面的典章制度,无不包括在内。元顺帝至正七年(1347),下诏修《六条政类》。次年三月,《六条政类》书成②。此书性质应是《经世大典》的续编,"六条"应即《大典》的"臣事六典"。明初修《元史》时,志的部分,主要利用了《经世大典》的资料③。表中的"宗室世系表"来自《经世大典》的"帝系"④,人物传记部分也有不

---

　　① 欧阳玄《进经世大典表》,《国朝文类》卷一六,《四部丛刊》本。
　　② 《元史》卷四一《顺帝纪四》。
　　③ 赵翼《廿二史劄记》卷二九《元史》。
　　④ 钱大昕《廿二史考异》卷九一《宗室世系表》,《嘉定钱大昕全集》第3 册。

少根据《大典》写成。但是,这样一部篇幅浩繁内容极其丰富的著作,在明代中叶以后即已散佚,清代前期修《四库全书》时,已不可得见,而"其散见《永乐大典》者,颠倒割裂,不可重编"①。目前我们所能见到《经世大典》遗文,主要有以下几处。(1)《国朝文类》(关于此书见本文第三节)卷四十至四十二所载之《经世大典序录》,即将《大典》各类子目中的"序录"部分辑集而成。这些"序录"对各类子目的内容有提纲挈领的作用,对于了解元朝各种制度很有用处。其中"政典"部分若干子目,除"序录"之外,还收录了该子目中的内容,其中以"征伐"、"招捕"两子目收录较多,内容涉及元朝的统一、民族关系、对外关系和各族人民的反抗斗争等方面。(2)现存《永乐大典》残本中保存的一部分《经世大典》的内容,主要有出自《政典·驿传》目的"站赤",见《永乐大典》卷 19416—19423;出自《赋典·漕运》目的"海运",见《永乐大典》卷 15949—15950。此外还有一些零星内容。值得注意的是有些人物传记,如卷 2806 的《鲜卑仲吉附子鲜卑准传》、卷 7329 的《只儿哈郎传》、卷 10889 的《别鲁古传》和《别里古传》、卷 20205 的《毕泉传》等。这些人物传记应出自《经世大典》的"臣事"篇中的"治典"。文廷式《纯常子枝语》以《元史》的《张柔传》、《张德辉传》、《张禧传》为纲,分别将《经世大典》相关内容录入,应亦来自此书《臣事·治典》,是从《永

---

① 《四库全书总目》卷八三《史部·政书类存目一·元典章前集六十卷附新集》。

乐大典》中钞出的。可知《经世大典》是明初修《元史》时
"人物传记"部分的一个重要来源①。（3）《广仓学窘丛
书》中，收录了《大元马政记》、《大元仓库记》、《大元毡罽
工物记》、《元代画塑记》、《元高丽记事》、《大元官制杂
记》等六篇，都是清朝末年徐松和文廷式从《永乐大典》残
本中钞出的。前五篇分别出自《政典·马政》、《宪典·仓
库》、《工典·毡罽》、《工典·画塑》、《政典·征伐·高
丽》，只有最后一篇，原来散见于《治典》各目，杂抄而成。
除了载有"仓库"的一卷《永乐大典》尚存（卷7511）外，其
余《永乐大典》各卷均已散失。（4）《经世大典》有一幅
"西北地"图，对研究元代西北地理有重要价值。原来也
收在《永乐大典》中，魏源在《海国图志》初印本中转载②。
刊载原图的《永乐大典》已散失，只能见《海国图志》初印
本了。自清代以来，学术界对《经世大典》有许多研究，其
中我国台湾地区学者苏振申的《元政书经世大典之研究》
对此书作了全面系统的探讨，很有价值。2020年，中华书
局出版了周少川、魏训田、谢辉的《经世大典辑校》，在前
人的基础之上，收集现存的各种佚文，并加校勘考证，汇编
成一个较为全面的辑本，贡献很大。

---

　　① 陈高华《元代政书〈经世大典〉中的人物传记》，《中国史研究》1992
年第1期。
　　② 此图是著名学者张穆从《永乐大典》中绘出，赠予魏源的。魏源在图
上有所增添。

第三节　其他史料：杂史、政书、奏议、传记、碑刻

除了上述几种基本史料之外，元代民间修撰的杂史为数有限，政书、奏议、传记亦不多，碑刻甚多，可补杂史、传记之不足。

（一）杂史

记述大蒙古国时期历史的著作，有《圣武亲征录》、《蒙鞑备录》、《黑鞑事略》等。记述元朝建立以后史事，有《平宋录》、《庚申外史》、《保越录》、《北巡私记》等。

《圣武亲征录》，作者佚名。记太祖成吉思汗、太宗窝阔台两朝史事，作于元世祖忽必烈统治时期。此书记事与《史集·成吉思汗纪》相近，有些记载为《元史》、《元朝秘史》所无。最早注意这部书的是钱大昕，他说："虽不如《秘史》之完善，而元初事迹，亦可藉以考证。"①何秋涛作有《校正圣武亲征录》（《渐西村舍汇刻》本），李文田、沈曾植对何氏《校正》本作校注（《知服斋丛书》本）。洪钧、屠寄都很重视这本书，在自己著作中多次提及。王国维综合各本，存其异同，疏其事实，写成《圣武亲征录校注》一卷，收在《海宁王静安先生遗书》内。2020年，中华书局出版了贾敬颜校、陈晓伟整理的《圣武亲征录》（新校本）。

《蒙鞑备录》作者是南宋人赵珙。南宋宁宗嘉定十四年（蒙古太祖十六年，1221），遣使节出使蒙古，赵珙是使

---

① 《十驾斋养新录》卷一三《圣武亲征录》。

者之一。《蒙鞑备录》是作者出使期间的见闻,对蒙古的种族、风俗,成吉思汗的经历,皇族功臣的情况,蒙古的军事组织等,都有比较清楚的记载。

《黑鞑事略》,作者是南宋人彭大雅、徐霆,两人曾前后作为南宋使节的随员,前往蒙古大汗居留的草原,他们将自己见到的草原风土习俗以及各方面的情况,各自作了记录,后来互相补充,编成《黑鞑事略》一书。此书关于大蒙古国政治、军事、经济生活的报道,比起《蒙鞑备录》来更加深入。这两种书都是作者亲身见闻,因而是研究 13世纪前半期大蒙古国历史的珍贵资料。王国维为两书作了笺证,收在《海宁王静安先生遗书》内。近年许全胜作《黑鞑事略校注》(兰州大学出版社,2014 年)。两书严格来说是宋人的作品,但内容与蒙古有密切关系,故亦收入。

《平宋录》三卷,作者刘敏中。此书原题平庆安撰,后经考证,应是刘敏中撰。刘敏中曾任翰林学士承旨。此书"记至元十三年巴颜(即伯颜——引者)下临安及宋幼主北迁之事,与史文无大异同"。但其中有些诏、表,可资参考①。有《守山阁丛书》本。

《庚申外史》两卷,作者权衡。此书记顺帝一朝历史。权衡是江西吉安人,元末农民战争期间流落河南,很可能曾在元军将领扩廓帖木儿部下任职。后到山东,曾任历城

---

① 《四库全书总目》卷五一《史部·杂史类》,第 466 页。《十驾斋养新录》卷一三《平宋录》。

县主簿。明初回到江南①。他根据自己的见闻写下了《庚申外史》一书。元顺帝出生于庚申年(1320),故称"庚申帝",《庚申外史》即庚申帝时代的外史。全书采用编年体,起自元统元年(1333)顺帝即位之年,终于至正二十八年(1368)。其中所记史实,很多为《元史》及其他著作所无,叙事具体、生动,对于研究顺帝一朝特别是元末农民战争的历史,有很高的价值。此书常见有《宝颜堂秘笈》本,还有《学海类编》本、《学津讨原》本、《海山仙馆丛书》本、《豫章丛书》本等,各本文字略有不同。1991年中州古籍出版社出版了任崇岳整理的《庚申外史笺证》。

《保越录》一卷,作者徐勉之。至正十九年(1359),朱元璋部进攻为张士诚占据的浙东绍兴,双方苦战,朱军未能取胜。此时张已降元。作者站在元朝的立场,为张氏歌功颂德,对朱军多有污蔑。但对战争经过所述颇为详尽,可资考证。常见有《学海类编》本,还有《十万卷楼丛书》本,文字多经明人改窜。

《北巡私记》一卷,作者刘佶。此书记至正二十八年(1368)明军逼近大都,元顺帝仓皇北逃事。关于这一段史实,此书是唯一的汉文记载。有《云窗丛刻》本。薄音湖等编辑点校的《明代蒙古汉籍史料汇编》第一辑收入此书,内蒙古大学出版社1994年版。

---

① 关于权衡生平,见我写的《〈庚申外史〉作者权衡小考》,《元史论丛》第4辑(1992年)。

　　至正十三年（1363），蔡巴·贡噶多吉所著《红史》完成。此书叙述吐蕃、印度、汉地、蒙古、西夏的历史，是藏族史学中第一部综合性的历史著作，对研究元史特别是元代西藏有重要价值。其中有南宋瀛国公在萨思迦出家为僧，后为元英宗处死的记载①。此书原以抄本流传，1981年，民族出版社出版了东嘎·洛桑赤列的校注本。1988年，西藏人民出版社出版了陈庆英、周润年的校注本汉译本。此后，还有几种藏文典籍有助于元史研究，如达仓宗巴·班觉桑布的《汉藏史集》（成书于1434年）、宣奴贝的《青史》（成书于1476—1478年）。《汉藏史集》的藏文本，四川人民出版社1985年版；陈庆英汉译本，西藏人民出版社1986年版。《青史》藏文铅印本1985年四川人民出版社版；郭和卿汉译本，西藏人民出版社1985年版；王启龙等译《青史》（第一部、第二部），中国社会科学出版社2012年版。

　　（二）政书

　　政书一般指与政府机构运作有关的文书资料。第一节"基本史料"中所说《通制条格》、《至正条格》都是政书。此外，还有《宪台通纪》、《宪台通纪续集》、《南台备要》、《秘书监志》、《元统元年进士录》、《三场文选》、《为政忠告》（《三事忠告》）、《吏学指南》等。

　　《宪台通纪》、《宪台通纪续集》、《南台备要》，前二者

---

①　王尧《南宋少帝赵㬎遗事考辨》，《西藏研究》1981年第1期。

是元朝御史台(中央监察机构)编撰的御史台典章制度文件汇编,《宪台通纪》编于顺帝后至元二年(1336),《宪台通纪续集》编于至正十二年(1352)。元代中央设御史台,在地方分设江南行御史台和陕西行御史台,南台的地址屡变,最后驻在集庆,即今江苏南京。西台原设云南中庆(今昆明),后迁陕西安西(今西安)。《通纪》和《续集》收录的是御史台的资料。《南台备要》是南御史台收集的与该台有关的资料汇编,成书在《续集》之后。这三种书的刊本早已散佚,现在只能在《永乐大典》残本(卷2608、卷2609、卷2610—2611)中见到。这三种书是研究元代官制特别是监察制度的重要文献,也有一些社会经济的资料。《南台备要》还保存了元朝政府策划镇压南方农民起义的文书。王晓欣点校《宪台通纪(外三种)》①,浙江古籍出版社2002年版。洪金富点校的《元代台宪文书汇编》收资料十种,前三种即是《宪台通纪》、《宪台通纪续集》和《南台备要》。洪氏书由中研院史语所于2003年出版。

《秘书监志》十一卷,王士点、商企翁编。秘书监是至元九年(1272)设立的,"秩正三品,掌历代图籍并阴阳禁书"②。从本书所收文书来看,秘书监实际还兼领天文历数的部分工作。《秘书监志》成书于至正二年(1342),汇集了有关这个机构的文件资料,对于研究元代科学文化有

① "外三种"是《宪台通纪续集》、《南台备要》和王恽的《乌台笔补》。《乌台笔补》原见《秋涧先生大全文集》。

② 《元史》卷九〇《百官志六》。

很高的价值。例如,关于《大元一统志》编纂的过程,此书便有详细的记载。又如,书中登录了北司天台"合用经书"的名称,这些经书都是波斯、阿拉伯文典籍的译作,对于研究元代科技和中外文化交流有重要意义。钱大昕曾对此书作过介绍①。王国维曾对钞本加以订正付印,列入《广仓学窘丛书》。1992 年,浙江古籍出版社出版了高荣盛的点校本。

《庙学典礼》六卷,作者佚名。此书按时间前后,辑录自窝阔台汗九年(1237)至成宗大德五年(1301)有关官学事宜的各类文书八十件,是研究元代学校教育的重要文献。此书原来只有《四库全书》本,从《永乐大典》中辑出。1992 年,浙江古籍出版社出版了王颋的点校本。

《元统元年进士录》、《辛卯会试题名记》。元代科举,始于元仁宗延祐二年(1315),自此至元朝灭亡,共举行殿试十六科,但只有顺帝元统元年(1333)的《进士录》三卷流传下来。上卷为进士题名,中、下两卷为进士制策十三篇。上卷系根据进士应试时所呈家状汇印而成,记有各人姓名、榜别、甲次、里贯、所属种族氏族、户计类别、专治经书名称、表字、出生年月日时辰、父系三代名字、母亲姓氏、长辈存殁、会试名次、初授官职。内容丰富,不仅对元代科举研究有很高价值,而且有助于元代社会生活许多方面的认识。此书收在《宋元科举三录》内,另有 1923 年徐乃昌

---

① 《十驾斋养新录》卷一三《秘书志》。

影印本。萧启庆作《元统元年进士录校注》(台北《食货》复刊第十三卷一、二期),考订精详。后收入作者的《元代进士辑考》(台北中研院史语所2012年版)。《辛卯会试题名记》又称《至正十一年进士题名记》,是元代科举第十一科(至正十一年,1351)的进士名录。《题名记》系国子监石刻上的题名,只有进士的甲第和姓名,其价值远逊于《元统元年进士录》。现北京国子监有此碑,但系清代重刻。罗振玉《金石萃编未刻稿》收有元刻此碑文。萧启庆为此碑作校注,亦收入《元代进士辑考》。同书还收录了其他各科进士的资料。

《类编历举三场文选》、《皇元大科三场文选》。元代科举考试分乡试、会试、殿试(廷试)三个等级,先后举行乡试十七科,会试、殿试十六科,录取进士约一千二百人。考试中选的文章常被坊间书商编集出版,称为程文,供应试者揣摩之用。《类编历举三场文选》成书于至正元年(1341),分十集,编者刘贞、刘霁、刘霖,所收是前八科的程文。此书序中说"盖欲以便观览,明矜式,以授其徒"。意图是很清楚的。全书共收程文四百六十五篇,作者二百五十八人。每篇程文前都有作者的姓名、里贯、名次及考官评语,对研究元代进士制度很有用处。福建建安的务本堂、勤德堂两家书铺联合出版。此书初刻于顺帝元统三年(1335),当年权臣伯颜废科举。后至元六年(1340),顺帝重开科举,此书重新刊刻。钱大昕曾见过此书,后来再无人提及。目前国内仅国家图书馆藏有残本,日本静嘉堂文库藏有完本(有缺页)。《皇元大科三场文选》成书于至正四年(1344),周霁编,分十二卷,所收是至正元年乡试和至正二年会试的程文,每篇乡贡程文前均载作者姓名、籍贯、名次及所试经书名称,以及部分作者年龄。日本内阁文库藏全本,北京图书馆藏残本两册①。以上两书是研究元代科举制度的珍贵史料。此外,还有《青云梯》一书。收一百余篇古赋,大多是乡试、会试的程文。由书名可知,此书性质与以上两种《文选》相同。有《宛委别藏》本。

《为政忠告》又名《三事忠告》,张养浩著。张氏山东济南人,曾任县尹、监察御史、路总管、礼部尚书、奏议中书省事、行台中丞。此书包括三篇,即《牧民忠告》、《风宪忠告》、《庙堂忠告》,分别作于任不同官职时。作者是元朝很有声望的廉吏,此书意在告诫各级官员遵纪守法,从中可见元代官僚系统的弊病以及当时的社会矛盾。常见有《四部丛刊》本。杨讷点校收入《吏学指南(外三种)》,浙江古籍出版社 1988 年版。

《吏学指南》,徐元瑞著。徐氏吴郡(今江苏苏州)人。生平不详。此书作于大德五年(1301)。元朝重吏,由吏入官是元朝平民入仕的重要途径。"吏人以法律为师,非法律则吏无所守。然律之名义,不学则不知也"。《吏学

---

① 陈高华《两种〈三场文选〉中所见元代科举人物名录——兼说钱大昕〈元进士考〉》,《中国社会科学院历史研究所学刊》第一集(2002 年)。

指南》(全名是《习吏幼学指南》)就是一种吏学的启蒙读物①。此书对各种法律名词,一一予以解释。其中有些名词的涵义,今人已不甚了了。例如:"怯怜户,谓自家人也。"即家内奴仆之意。又如,"断按打奚罪戾,谓断没罪过也"。因而此书对研究元代政治、经济、法制等都有价值。存世有明刊《居家必用事类全集》本。杨讷点校《吏学指南(外三种)》,浙江古籍出版社 1988 年版。

(三)奏议

元代重要的奏议有两种。一种是世祖末、成宗初赵天麟上书,集成《太平金镜策》,元刊本八卷,有单刻本。明永乐十四年编纂的《历代名臣奏议》②已加收录,散见于该书有关各门。另一种是元成宗大德七年(1303)起,郑介夫三次上书,集成《太平策》,未见单刻本传世,也收在《历代名臣奏议》之内。这两种奏议涉及元代政治、经济和社会生活的许多方面,如投下、驱口、匠户、钞法、盐法、军制、马政、站户、田制、赋税等,对于了解元代各种制度,有很大的帮助。当代有两种整理本,一是浙江古籍出版社在 1998 年出版的《元代奏议集录》,卷上陈得芝辑点,收赵天麟《太平金镜策》;卷下邱树森、何兆吉辑点,收郑介夫《太平策》。另一种是李修生主编、凤凰出版社出版的《全元文》,第 28 册收赵天麟《太平金镜策》;李军校点;第 39 册,收郑介夫的

---

① 石抹允敬《吏学指南序》。
② 此书有上海古籍出版社 1989 年影印本。

《太平策》,邱居里校点。

（四）传记

《国朝名臣事略》十五卷,苏天爵编。此书编成于元文宗天历二年（1329）以前。全书共收录元代前、中期著名政治家、军事家、学者共四十七人的资料,每卷一人或数人,在每人名下按时间前后将有关资料加以编排。这些资料选自一百二十余篇碑传和其他文字,其中不少篇已失传,赖此书得以保存下来。苏天爵是元代著名学者,此书材料剪裁得当,比较能够反映这些人物的主要经历和活动。明初编纂《元史》,从此书取材颇多,例如官名人物传记部分排列次序,先蒙古、色目,后汉人、南人,即依此书体例。又如,《元史·木华黎传》,差不多全部采自此书。过去通行的武英殿聚珍版刊本,人名、地名、官名多有窜改,以致面目全非。1962 年,中华书局影印此书的元元统乙亥余志安勤有书堂刊本,姚景安以影印元本为底本,校以各种钞本、刊本,这个点校本在 1996 年由中华书局出版。

《稗史集传》一卷,徐显撰。徐氏绍兴（今属浙江）人,后居平江（今江苏苏州）。所记多为元代后期两浙地区的人物故事,如王冕、柯九思、王艮等。应作于张士诚据吴时。叙事详备,多他书所未道①。有《历代小史》本。

（五）碑刻。

过去对元代碑刻的研究,首先要推钱大昕。他收集了

---

① 《四库全书总目》卷六一《史部·传记类存目·稗传一卷》。

大量拓片,作了很多有价值的考证,见《潜研堂金石文跋尾》(《潜研堂全书》本)和《十驾斋养新录》等处。他的名著《元史氏族表》就广泛利用了碑刻资料。叶昌炽撰《语石》,被誉为近代研究古代石刻最有学术水平的著作,柯昌泗作《语石异同评》,对叶书加以补充修正。中国社科院考古所将二者合为一书《语石·语石异同评》整理出版(中华书局,1994年),其中不少地方论及元代碑刻。

元代流传下来的碑刻,大部分已编入各地区的金石志和方志的"金石"门,杨殿珣编的《石刻题跋索引》(商务印书馆,1957年)已有收录。国家图书馆善本金石组编辑的《辽金元石刻文献全编》(北京图书馆出版社,2003年)从各种金石志书中辑得辽金元时期石刻二千余篇,其中大多数属于元代,为研究者提供了方便。陈垣先生编纂的《道家金石略》一书,陈智超、曾庆瑛校补,文物出版社1988年出版,其中元代碑刻所占比重最大,不少录自拓片,是研究元代道教的必备文献。

在已收录的石刻资料中,比重最大的是人物墓碑(神道碑、墓志铭等),其次是寺院和儒学碑刻。这些已经著录的石刻中,有相当一部分已收入作者的文集或总集中,有些文字往往有出入,可资考证,例如虞集的《高昌王世勋碑》,是关于畏兀儿人历史的要文献,而碑刻文字与虞集文集《道园学古录》所载碑文有些地方并不相同[1]。还

---

① 黄文弼《亦都护高昌王世勋碑复原并校记》,《文物》1964年第2期。

有一些已著录的碑文,却没有收入作家文集、总集,或原书已佚,可以弥补空白。例如《山右石刻丛编》第三十七所载《忽神伯里阁不花碑》,作者孛术鲁翀,所述蒙古许兀慎氏族的世系,可补《元史》之不足,而孛术鲁翀的文集已佚①。除了已经著录于各种金石志的碑刻外,还有不少碑刻文字,散见于各处,其中不乏珍贵的史料。例如,王万庆所撰《海云和尚道行碑》,记述了佛教临济宗长老海云的事迹,对于研究大蒙古国时期北方农业地区的政治、经济、文化有很高的价值。这样一篇重要的碑刻,却未被金石志或石刻丛编收录。近年来,不断有新的元代石刻发现,如1978年陕西户县出土贺仁杰墓志铭和贺胜墓志铭,两人是父子,先后任上都留守,地位重要②。近年全国各地都在搜集整理碑刻资料。由南开大学李治安教授主持的国家社科基金重大项目《元代北方金石碑刻遗存资料的抢救、发掘及整理研究》前期成果已交付出版,即将问世。

第四节　其他史料:行记和方志

行记颇多,是元代文献一大特色,对于研究这一时期历史,很有用处。

---

① 孛术鲁翀文集已佚,清末缪荃孙重辑他的文集《菊潭集》,收入此碑,见《藕香零拾》。

② 咸阳地区文管会《陕西户县贺氏墓出土大量元代俑》,《文物》1979年第4期。贺胜墓志铭作者虞集,文见《道园学古录》,贺仁杰墓志铭没有发表过。

境外行记有陆路，有海道。陆路有《长春真人西游记》、《西游录》、《西使记》《安南行纪》；海道有《真腊风土记》、《岛夷志略》。这些境外行记对研究元代以及中国古代对外关系，都有重要的价值。

《长春真人西游记》二卷，作者李志常。长春真人是金元之际全真道首领丘处机的道号，李志常是他的弟子。成吉思汗西征时，派遣使者到山东邀请丘处机前来自己营帐讲道，实际上是想得到长生之术。丘处机于1220年启程，经蒙古草原、天山到大雪山（今兴都库什山），谒见成吉思汗，并于1224年回到燕京（今北京），1227年逝世。李志常追随丘处机西行，后同回到燕京，丘处机死后，他写成《长春真人西游记》一书，记述西行的经过和一路的见闻，以及丘回到燕京的活动。此书叙事清晰平实，对于研究13世纪初我国北方和中亚地区的历史地理、交通路线以及蒙古西征，都有很高的价值，有的学者认为可与唐玄奘的《大唐西域记》相提并论①。《西游记》埋没已久，清乾隆六十年（1795）钱大昕在苏州玄妙观阅读《道藏》，从中发现并抄出此书，为之作跋，指出它"于西域道里风俗，颇足资考证"②。后来，王国维为之作注，见《海宁王静安先生遗书》。党宝海译注的《长春真人西游记》由河北人民出版社在2001年出版。2016年，尚衍斌、黄太勇的《长春

---

① 陈得芝《李志常和〈长春真人西游记〉》，《长春真人西游记校注》（尚衍斌、黄太勇校注）前言，中央民族大学出版社，2016年。

② 《跋长春真人西游记》，《潜研堂文集》卷二九。

真人西游记校注》由中央民族大学出版社出版。

《西游录》一卷,作者耶律楚材,是大蒙古国时期著名政治家。成吉思汗十三年(1218),他追随成吉思汗西征,前往中亚。《西游录》记载了作者在中亚的见闻,但比较简略,可以和《长春真人西游记》相互补充印证。最早收录《西游录》的是元代盛如梓的《庶斋老学丛谈》,清人李文田曾为之作注,见《灵鹣阁丛书》第四集。后来在日本宫内省图书寮发现一钞本,比起《庶斋老学丛谈》所载,后面多了一部分,其内容是对全真道和丘处机的抨击。《六经堪丛书》曾予重刊。向达校注的《西游录》全文,列入中华书局的《中外交通史籍丛刊》,1981 年版。

《西使记》一卷,刘郁撰。蒙哥汗即位后,命皇弟旭烈兀西征,征服西亚大片土地。蒙哥汗九年(1259),常德奉命前往旭烈兀营帐所在地,往返凡十四个月。归国后口述此行的见闻,由刘郁加以记录,即成《西使记》。常德此行,比起耶律楚材和丘处机来,要晚四十年左右,在此期间,中亚的面貌有了很大的变化。常德的见闻,正是汉文文献所缺乏的,为人们了解 13 世纪中期中亚的形势很有用处。《西使记》原载王恽的《玉堂嘉话二》(《秋涧先生大全文集》卷九十四),后来收入多种丛书之中。王国维为《西使记》作过校录,收在《古行记校录》中(见《海宁王静安先生遗书》)。尚衍斌《刘郁〈西使记〉校注》,载《清史论集——庆贺王钟翰教授九十华诞》,紫禁城出版社2003 年版。陈得芝《刘郁[常德]〈西使记〉校注》,载《中华文史论丛》2015年第1期。

《安南行纪》(一作《天南行纪》)一卷,徐明善作。元世祖至元二十五年(1288),命李思衍出使安南(今越南),以徐明善为副使。《安南行记》即记此次出使事。有《说郛》本。

《真腊风土记》一卷,作者周达观。元成宗元贞元年(1295),遣使节到真腊(今柬埔寨),周达观是随行人员之一。作者元贞二年启程,大德元年(1297)回国,在真腊二年左右,回国后写成此书,其中对真腊的山川城池、人情风俗、语言文字、经济生活、宗教信仰,都有详细的叙述。柬埔寨对本国历史缺乏记载,此书对于研究13世纪柬埔寨的历史,以及中柬的经济文化交流,都是非常重要的。夏鼐的《真腊风土记校注》(中华书局1981年版)广征博引,便于使用。

《岛夷志略》二卷,作者汪大渊。汪氏"当冠年尝两附舶东西洋,所遇辄采录其山川风土物产之诡异,居室饮食衣服之好尚,与夫贸易赍用之所宜,非其亲见不书,则信乎其可征也"[1]。可知此书所记,都是他自己的亲身见闻。很可能他就是一个舶商,即从事海外贸易的商人。此书叙述海外九十多个国家和地区的风土人情,遍及东南亚、印度洋地区、波斯湾,直至东北非,对于研究元代海外贸易、中外关系,以及13、14世纪亚、非地区的历史,都是极其珍

---

[1]　张翥《岛夷志略序》,《岛夷志略》卷首。

贵的资料。本书有多种刊本、钞本。沈曾植作《岛夷志略
广证》(见《古学汇刊》,1912—1913),但问题颇多。日本
学者藤田丰八作《岛夷志略校注》(《雪堂丛刻》第二集,
1914,1935 年重版)。此书部分条目被译成英文、法文。
苏继顾著《岛夷志略校释》,1981 年中华书局出版,总结前
人研究成果,新意颇多,很有贡献。

　　国内行记,有《纪行》(《岭北纪行》)、《开平纪行》、
《大理行纪》、《河朔访古记》、《扈从诗前后序》、《滦京杂
咏》等,也都有一定的价值。

　　《纪行》一卷,作者张德辉,原是金朝的下级官员。金
朝灭亡后,成为真定军阀史天泽的幕僚。定宗贵由二年
(1247),忽必烈在漠北,闻其名,邀请他北上,询问当世事。
《纪行》是他记录这次北上的经历,对于草原风土人情叙述
颇详。《纪行》原载《玉堂嘉话八》(《秋涧先生大全文集》卷
一百),后来有不少丛书转载。姚从吾作《张德辉岭北纪行
足本校注》,载台湾大学《文史哲学报》第 11 期(1962 年),
后收入《姚从吾先生全集》第七集(台北正中书局 1982 年
版)。贾敬颜作《张德辉〈岭北纪行〉疏证稿》,载《五代宋金
元人边疆行记十三种疏证稿》,中华书局 2004 年版。

　　《开平纪行》(《中堂事记》)三卷,作者王恽。蒙哥汗
登基后,命兄弟忽必烈管理"漠南汉地军国庶事"[1]。蒙哥
汗六年(1256)忽必烈命刘秉忠在漠南今正蓝旗境内建立

----

　　① 《元史》卷四《世祖纪一》。

一座新城。1260 年,忽必烈称帝,命名新城为开平府,实际上起着都城的作用。中统五年,"以阙庭所在,加号上都"①。中统元年(1260),汲县人王恽由地方推荐,为中书省详定官。世祖中统二年(1261),王恽由燕京前往上都任职,此文记途中及在上都期间的见闻。原载《秋涧先生大全文集》卷八十至八十二。元朝实行两都制,上都是两都之一,此文对研究上都地理形势以及忽必烈建国之初的历史有重要价值。贾敬颜作《王恽〈开平纪行〉疏证稿》,载《五代宋金元人边疆行记十三种疏证稿》。

　　《大理行纪》一卷,作者郭松年,记述游历云南大理地区的见闻,对山川风土记述颇详。有《奇晋斋丛书》本。

　　《河朔访古记》二卷,作者哈剌鲁(葛逻禄)人廼贤。哈剌鲁人原居住在新疆阿力马里(今新疆伊犁)及其附近地区,元代大批进入中原及江南,其中一支定居庆元(今浙江宁波)。廼贤在庆元学习中原的传统文化,至正五年(1345)自庆元出游,前往大都。"溯大河而济,历齐、鲁、陈、蔡、晋、魏、燕、赵之墟,吊古山川城郭、丘陵宫室、王霸人物、衣冠文献、陈迹故事,暨近代金宋战争疆场更变者,或得于图经地志,或闻诸故老旧家,流风遗俗,一皆考订。夜还旅邸,笔之于书,又以其感触兴怀,慷慨激烈。成诗歌者继之,总而名曰:《河朔访古记》。凡一十六卷。"此书以访古、考古为宗旨,但作者并不局限于古,"于今京都国家

_____

　　① 《元史》卷五八《地理志一》。

之典礼,宫署城池,庙廷祭享,朝班卤簿,圣德臣功,文武士庶,一代威仪制作,尤加详备。"①可知对于当代典章制度、风土人情,也是很注意的。可惜的是,这样一部内容丰富的著作,很早便已散佚了。清代修《四库全书》时,从《永乐大典》中辑得一百三十四条,编成三卷。上卷真定路,中卷彰德路,下卷河南路。所记以文物考古为主,例如下卷所载阎复撰《大元重修释源大白马寺赐田功德之碑》,对研究元代前期北方佛教和藏传佛教领袖胆巴的活动,很有价值,此碑他书未载。此本还保存了一些当代城市生活的资料。通行有《四库全书》本、《守山阁丛书》本。

《扈从诗前后序》,周伯琦作。元朝实行两都制,每年夏天,皇帝到上都避暑。至正十二年(1352),周伯琦为监察御史,扈从元顺帝到上都,他详细记录来往两都之间的见闻。此书分前序、后序两部分,元朝皇帝往来两都,"东出西还",走不同的路线。前序记由大都前往上都的路程,后序记由上都返回大都的路程。周氏对经过之处的风土人情,都有记载,而且"所至赋诗,以纪风物",诗是主体,前后序是介绍作诗的经过。《扈从诗》是研究两都制特别是上都历史地理的珍贵资料。有《四库全书》本。贾敬颜作《周伯琦〈扈从诗前后序〉疏证稿》,载《五代宋金元人边疆行记十三种疏证稿》。

《滦京杂咏》一卷　杨允孚作。杨氏吉水(今属江西)

① 刘仁本《河朔访古记序》,《羽庭集》卷五,《四库全书》本。

人,曾在宫廷任职,前往上都。上都旁有滦水,故称滦京。杨氏以见闻作七言绝句一百另八首,近半数诗后有注,解释各种事物。有《知不足斋丛书》本。

现存元代地方志书为数不多,可以分为三类。

第一类是全国性的地理志书,有《大元一统志》和《大元混一方舆胜览》。

《大元一统志》,至元二十二年(1285),元世祖下令“大集万方图志而一之,以表皇元疆里无外之大”。由秘书监负责这一工作。至元三十一年(1294)告成。“编类天下地理志书,备载天下路府州县古今建置沿革及山川、土产、风俗、里至、宦迹、人物,赐名《大一统志》。”但这次编成的志书是不完整的,还有一些边远地区的资料并未收齐。不久,“续有辽阳、云南远方报到沿革及各处州县,多有分拨陆改不同去处”,因而又作了补充修改,由孛兰肸(禧)、岳铉主其事,大德七年(1303)最后定稿。全书总计六百册,一千三百卷,除文字外,还有“彩画”地理图[①]。这部篇幅浩繁的地理著作有很多内容取材于前代志书,也有一部分是当代的记录,它不仅有关于山川形势物产方面的记载,也有城市生活、武装斗争、宗教信仰等多方面的宝贵资料。此书在元末曾刊行,但早已散佚。金毓黻曾有辑本并加考证,收在《辽海丛书》内。后来赵万里又加辑录,分成十卷,以《元一统志》为名,1966年由中华书局出版。

---

① 《秘书监志》卷四《纂修》。

　　《大元混一方舆胜览》,刘应李编,詹友谅改编。上述
《元一统志》是官书,《大元混一方舆胜览》则是一部民间
修撰出版的全国地理书。主要依据前代地理著作,亦有一
些当代资料,错讹较多。钱大昕说:"盖坊间书肆所刊,其
文简陋,然今时流传已少矣。"①此书原为类书《新编事文
类聚翰墨大全》的一部分,亦有单刻本。郭声波整理的
《大元混一方舆胜览》2003 年由四川大学出版社出版。另
一种流传较广的类书《事林广记》,内有《地舆类》,收"大
元混一图"、各行省图和"地理沿革"等,与《方舆胜览》相
近,亦很粗糙②。

　　另一类是行省范围的志书。

　　《齐乘》六卷,于钦纂。于钦曾任兵部侍郎,"是书专
记三齐舆地,凡分八类,曰沿革,曰分野,曰山川,曰郡邑,
曰古迹,曰亭馆,曰风土,曰人物。叙述简核而淹贯,在元
代地志中最有古法。"③但此书着重于古今沿革,对当代制
度则很简略。有《四库全书》本、乾隆周氏刻本。

　　《云南志略》一卷,李京著。李京在成宗大德五年
(1301)被任命为乌撒乌蒙宣慰副使,参与了镇压当地民
众的反抗斗争。"巡行调发,馈给填抚,周履云南,悉其见
闻,为《略志》四卷。"④李京说:"撮其古今兴废人物山川草

　　① 《跋元混一方舆胜览》,《潜研堂文集》卷二九。

　　② 《事林广记》(至顺本)前集《地舆类》,中华书局,1963 年。

　　③ 《四库全书总目》卷六八《史部·地理类一》。

　　④ 虞集《云南志序》,《道园学古录》卷五,《四部丛刊》本。

木类为一编。"①可知内容广泛，既有历史沿革，又有地理环境和人物活动等。但现存的一卷，只有《云南总叙》和《诸夷风俗》两部分，并非完本②。但现存部分还是很有价值的，因为它是元代有关云南民族状况的仅存较有内容的文献。

第三类是路府州县的方志。元代地方修志成风，但历经战乱，保存下来的不多。

《至顺镇江志》二十一卷，俞希鲁纂。这是元代编得比较好的一部方志，记载详赡，内容丰富。对于研究元代地方政府机构、城市经济、宗教活动以及中外关系都很有价值。例如书中有关于也里可温（基督教）的记载，又有关于舍里别（饮料）的记载，都与中外文化交流有密切关系。常见有清道光丹徒包氏刻本；杨积庆等校点本，江苏古籍出版社 1990 年版。

《至正金陵新志》十五卷，张铉纂。张氏曾任书院山长。此书详于历史沿革，其他部分比较简略，但其中有关元代官制（特别是南御史台）、兵制的记载，颇有价值。国家图书馆藏有元刻本。常见有《四库全书》本③。

《延祐四明志》二十卷，袁桷、王厚孙纂。《至正四明

---

① 《云南志略·云南总叙》。

② 《说郛》的商务印书馆本和宛委山堂本，都有此书一卷，但后者内容较少，中有古今沿革部分。在现存《永乐大典》中还保存了少量佚文。

③ 书名作《至大金陵新志》，误。见《四库全书总目》卷六八《史部·地理类一·至大金陵新志十五卷》。

续志》，王厚孙纂。这是先后修成的庆元路（路治今浙江宁波）的两部方志。资料比较丰富。庆元路在元代曾设市舶司，管理海外贸易。两书除了一般方志共有的职官、赋役、寺院等名目外，还著录了"市舶"的情况。特别是《续志》中关于"市舶物货"的记载，是元代海外贸易的珍贵资料。两书有《宋元四明六志》本。

《大德昌国州图志》七卷，郭荐纂。昌国州即今浙江舟山，元代属庆元路。此书记事比较简略，但对普陀佛寺比较详细。有《宋元四明六志》本。

《至元嘉禾志》，徐硕纂。此书"修于前至元甲申（至元二十一年，1284），至戊子岁刊行，其时江南初入版图，惟沿革、城社、户口、赋税、学校、廨舍、邮置数门稍有增改，其余大率沿宋《志》之旧文耳"①。有《四库全书》本。

《昆山郡志》六卷，杨譓撰。杨譓字履祥，昆山人，"尝以州之志籍多散漫疏漏，更而新之。积劳于是者，盖十余年而获成此编"②。钱大昕说此书"简而有要"③。有《宛委别藏》本，《太仓旧志五种》本。

《大德南海志》二十卷，陈大震等纂。陈大震曾任广东儒学提举。成宗大德年间，廉访使"命里耆旧陈大震、

---

① 钱大昕《跋至元嘉禾志》，《潜研堂文集》卷二九。
② 杨维桢《昆山郡志序》，《铁崖文集》卷四，明弘治刻本。
③ 《跋杨譓昆山郡志》，《潜研堂文集》卷二九。

路教授吕桂孙求旧志增修之。"成《南海志》一书①。原本已散佚,现存的《永乐大典》残卷中保存了部分内容,见卷11905—11907"广·广州府"门。其中卷七"舶货"门有舶货和"诸蕃国"的名称,是海外交通和中外经济交流的珍贵资料。以上方志中有几种,中华书局出版的《宋元方志丛刊》(2000年版)已收入,可以查考。

此外,今人对元代方志的辑佚工作值得重视。一种是《析津志》,元末熊梦祥编纂。熊梦祥豫章(今江西南昌)人,曾为书院山长,在大都生活过很长时间②。辽朝在今北京地区设析津府,《析津志》即元大都的方志。此书早已散佚,北京图书馆(今国家图书馆)善本部将散见于各处的佚文辑成《析津志辑佚》一书,北京古籍出版社1983年版。虽然残缺,但仍有许多不见于他处的文字,对研究大都社会和元代政治、经济、风俗都有重要的意义。另一种是常州地方志的辑佚工作。现存明永乐《常州府志》十九卷,实际是永乐以前常州一府四县多种地方志的汇编,杨印民以此书为主,兼及《永乐大典》残本等,辑得《大德毗陵志辑佚(外四种)》一书,凤凰出版社2013年版。内有《大德毗陵志》、《泰定毗陵志》、《江浙须知》、《宜兴风土旧志》、《毗陵续志》五书。前二书分别编成于成宗大德

① 陈大震《南海县志序》,《[同治]县志》卷二二,转引自《全元文》第九卷,江苏古籍出版社,1998年,第315页。

② 有的记载说他曾任"大都路儒学提举、崇文监丞"(《元诗选三集》庚集)。待考。

十年(1306)和泰定帝泰定二年(1325),前者内容比较简略,后者比较丰富。后者关于户口、财赋的记载对研究元代赋役很有用处,如夏秋二税数额、助役田、课程等。特别是其中提到"哈尊钱粮","哈尊"又作"合尊",南宋最后一位皇帝降元后出家,成为藏传佛教的僧侣,以此为号。据此记载可知"哈尊"在常州仍有一部分土地,由官府代收钱粮。《江浙须知》主要内容是地理位置(至到)和官制,而以官制为主。应作于元代,作者佚名,永乐《常州府志》收录此书文字不多。《宜兴风土旧志》作者佚名,著作年代不详,所记以宋代史事为主,有关元代史事是个别的。《毗陵续志》明初张度修,谢应芳纂。明洪武十年(1377)成书。张是常州知府。谢是常州人,著述甚多,是书的主要作者。此书有大量元代史事的记载,如"元秩官题名"、"贡举"乡试人名等,都是有价值的。由此书可知,明、清二代的方志中,也有许多有关元代历史的材料,有待我们去发掘。

第五节　其他史料:诗文集、笔记、类书

元代各类文献中,诗文集的数量最多。据统计,辽、金、元三代诗文集有四百七十余种,其中元代的在四百种以上①。但是,有不少已经散佚了。清代修《四库全书》时,著录元人的诗文集(包括"存目"在内)共二百另五

---

① 倪燦、卢文弨《补辽金元艺文志》;钱大昕:《元史艺文志》。

种①。目前统计,元人诗文集现存的约有二百五十种左右,其中文集(一般也有诗词)约一百五十种,诗集(没有文章,只有诗词)约一百种②。需要说明的是,所谓"元人"的界限不是很明确的,例如,金亡以后著名诗人元好问还在大蒙古国统治下活了二十余年,他的文集中很多诗都是在此期间写的,但一般习惯都说他是"金人"。又如,牟巘的《陵阳文集》中有不少文章是入元以后写的,有的甚至晚到成宗大德时,但一般将他列为"宋人"。又如,有不少作者由元入明,朱元璋的文学侍从宋濂、王祎的很多文章是在元末写的,对研究元史很有用处,但因为他们是明朝的开国功臣,所以都算是"明人"。研究元史,不仅要注意元人诗文集,而且要重视金人和明初作家的作品。

使用元人诗文集必须注意版本。清代编纂的《四库全书》,收录元人文集很多,其中有些是仅见的本子,他处所无,很有价值。但清人对《四库全书》本往往有意窜改,如蒙古、色目人的族名、人名,以及有些触犯统治者禁忌的字句,使用时必须注意。台北先后影印出版了《元代文集善本丛刊》和《元人文集珍本丛刊》,北京图书馆(现国家图书馆)出版了《北京图书馆古籍珍本丛刊》,都收录了不少较好版本的元人诗文集。许多有价值的诗文集,近年相继有整理本出版,便于使用。

---

① 见《四库全书总目》卷一六六至一六八、卷一七四。

② 陆峻岭编《元人文集篇目分类索引》(中华书局,1979年)收录元人文集一百五十一种,总集三种。

　　元人诗文集内容丰富,历来为研究者所重视。钱大昕、屠寄、柯劭忞等都大量利用诗文集中的资料。陈垣的名著《元西域人华化考》,主要便是利用诗文集中资料写成的。但是,元代诗文集的情况是很不一样的,有的史料价值很高,有的没有多大用处。这里不能一一介绍。现按照时间的先后,分成几个阶段,列举一些比较有价值的诗文集。

　　(一)大蒙古国前四汗时期(1206—1259)。这一时期的重要作家和诗文集有:(1)《遗山文集》,元好问撰。元好问太原秀容(今山西忻州)人。金朝进士,金亡时辗转于北方军阀之间,对金元之际北方政治、经济以及汉人军阀的活动,多有记述。《遗山文集》有《四部丛刊》本。姚奠中主持点校《元好问全集》,山西人民出版社 1990 年版,山西古籍出版社 2004 年增订本。狄宝心作《元好问诗编年校注》,2011 年中华书局版;同一作者《元好问文编年校注》,2012 年中华书局版。(2)《湛然居士文集》十四卷,耶律楚材撰,常见有《四部丛刊》本。耶律楚材是契丹人,在成吉思汗和窝阔台两朝历任要职。但他的诗文集以诗为主,其中以西域为题材的诗最具特色,对研究中亚史和中西交通有很高的价值。他的文章大多与佛教有关,涉及时政的不多。谢方的点校本,中华书局 1986 年版。(3)《陵川文集》三十九卷,郝经撰。郝经泽州陵川(今属山西)人,曾为军阀张柔幕僚,后为忽必烈招致,忽必烈称帝,受命出使南宋,被拘禁十余年。他有些文章,为忽必烈出谋划策,对了解忽必烈即位初期政治动向、"汉地"社会状况以及宋元关系等,很有用处。此书有明正德刊本,收入《北京图书馆古籍珍本丛刊》。

（二）元世祖、成宗时期（1260—1307）。这一时期元朝实现了全国统一,逐渐建立各项制度。主要活动于这一时期的文人,大体可以分为两类。一类出生于北方"汉地",他们大多是元朝政府的中、下级官员,诗文集中有许多关于社会状况、政治措施的记载。比较重要的有:

（1）《鲁斋遗书》十四卷,许衡撰。许衡怀州河内（今河南沁阳）人,是元代知名的理学家,他的《时务五事》对忽必烈推行"汉法"有重要作用。明万历刊本,收入《北京图书馆古籍珍本丛刊》。毛瑞方、谢辉、周少川校点《许衡集》,吉林文史出版社2010年版。（2）《紫山大全集》二十六卷,胡祗遹撰。胡氏磁州武安（今属河北）人,长期在地方任职,精明能干,很多文章切中时弊,如军政、钞法、吏治等,有《三怡堂丛书》本。魏崇武、周思成校点《胡祗遹集》,吉林文史出版社2008年版。（3）《秋涧先生大全文集》一百卷,王恽撰。王恽卫州汲县（今河南卫辉）人,先在中书省、后在御史台和地方监察部门任职,熟悉政务,他的《中堂事记》、《乌台笔补》、《上世祖皇帝论政事书》等,都与朝政有密切关系。《四部丛刊》本。杨亮、钟彦飞《王恽全集汇校》,中华书局2013年版。（4）《静修先生文集》二十二卷,刘因撰。刘因是著名理学家,但他主要在民间讲学,有经学著作传世,在政治上没有什么表现。《四部丛刊》本。商聚德点校《刘因集》,人民出版社 2017 年版。
(5)《藏春集》六卷,刘秉忠撰。刘氏保定容城(今属河北)人,是忽必烈的亲信谋士,元朝建国各项制度,很多是他策划。但文集只收各体诗词,多为吟咏山水、和友人唱和之作,"所上万言书及其他奏疏见于本传者,概阙焉"①。明刻本,收入《北京图书馆古籍珍本丛刊》。李昕太等《藏春集点注》,花山文艺出版社 1993 年版。(6)《青崖集》五卷,魏初撰。世祖一朝在监察系统任职。《集》中有"奏议"多篇,多与朝政有关。有《四库全书》本。(7)《双溪醉隐集》六卷,耶律铸撰,《知服斋丛书》本。耶律铸是耶律楚材之子,"早从征伐,足迹涉历,多西北极远之区,故所述塞外地理典故,往往详核"。"又其家在金元之间,累世贵显,谙习朝廷旧闻,……而《帝京景物略》诸书均未纪录,亦足以资博识也"②。

另一类作者是南人,其中不少人是出仕元朝的官员,诗文中有许多当时政治、经济、文化方面的资料。如:(1)《雪楼集》三十卷,程钜夫撰。程氏建昌南城人。在元军南下时随其叔归附,受到忽必烈赏识,先后在翰林院、御史台任职,"被遇四朝",官至翰林学士承旨(从一品),在南人中官阶最高。文集中"奏议存稿"涉及"民间利病"、"吏治"等,都与朝政有关。所作大量碑铭文字,反映当时政治、经济、宗教各方面情况。例如,《嵩山少林寺裕和尚

---

① 《四库全书总目》卷一六六《集部·别集类一九·藏春集六卷》
② 《四库全书总目》卷一六六《集部·别集类一九·双溪醉隐集八卷》。

碑》，记述少村寺长老福裕生平，是佛教史的珍贵资料。此书有陶氏涉园刻本。张文澍校点《程钜夫集》，吉林文史出版社 2009 年版。（2）《松雪斋文集》十卷，赵孟頫撰。赵氏湖州（今属浙江）人，是元代最杰出的画家、书法家、文学家，他的诗文是研究赵氏生平和元代文化的重要文献。文集有《四部丛刊》本。任道斌编辑点校《赵孟頫文集》，上海书画出版社 2010 年版。（3）《桐江集》八卷，《桐江续集》，方回撰。方回歙县（今属安徽）人，南宋进士，任地方官，后降元。集中文字有不少涉及宋末政治及元初浙西地方状况。《集》有《宛委别藏》本。《续集》有《四库全书》本。

　　还有一些南宋遗老，他们的文集中作品以反映南方社会状况居多。如：（1）《水云村泯稿》二十卷，作者刘壎。刘氏江西南丰人。宋亡时年三十六，不得志，晚年曾为学正、教授。集中文字，如《汀寇钟明亮事略》记农民起义领袖钟明亮事迹，《义犬传》记轰动一时的永嘉江心寺长老祖杰杀人案等，都是很有价值的。此书有清道光刊本。（2）《陵阳文集》二十四卷，牟巘撰。牟氏湖州（今属浙江）人，南宋进士，官大理少卿，入元不仕，闭户三十六年。文集中关于元代浙西一带佛寺、儒学、书院的文字较多。有《吴兴丛书》本。（3）《剡源先生文集》三十卷，戴表元撰。戴氏奉化（今属浙江）人，南宋进士，任建康（今江苏南京）教授。宋亡，隐居授徒。晚年一度任信州教授。集中诗文多有与当时江南名士赵孟頫、周密、鲜于枢、方回、张炎、仇远等交游之作。其中《王伯善农书序》记录了他与王祯共事的见闻，是研究《农书》的珍贵资料。此书有《四部丛刊》本。李军、辛梦霞《戴表元集》，吉林文史出版社2008年版。陆晓冬、黄天美点校《戴表元集》，浙江古籍出版社2014年版。(4)《巴西文集》一卷，邓文原撰。邓氏杭州人，曾任集贤直学士、国子祭酒(从三品)。《集》中"仅录其碑志记序等文七十余篇，……盖出后人摘选，非其完帙"①，但其中有些文字很有价值。如《刑部尚书高公行状》，"高公"即高克恭，"西域人"，元代杰出画家，在政治上亦很有作为，其生平事迹以此碑最详。国家图书馆藏清钞本，收入《北京图书馆古籍珍本丛刊》。(5)《湖山类稿》五卷，汪元量撰。汪氏钱塘(今浙江杭州)人，是南宋宫廷乐师，经历了元军进入杭州、南宋朝廷投降、奉命北上大都等事迹，用诗篇记录下来，称得上是南宋亡国的"诗史"。有《武林往哲遗著》本。孔凡礼辑校《增订湖山类稿》，中华书局1984年版。(6)《心史》七卷，郑思肖撰。郑氏连江(今属福建)人，宋太学生。此书在明末出现，其真伪历来有争议。《四库全书总目》认为"此必明末好异之徒，作此以欺世"②。此后其真伪一直有不同意见。近年学者研究肯定《心史》是郑所南(郑思肖)的作品。此书

---

① 《四库全书总目》卷一六六《集部·别集类一九·巴西文集一卷》。
② 《四库全书总目》卷一七四《集部·别集类存目一·心史七卷》。

中有关元代史事的记载,应受到重视①。《心史》有多种钞本、刻本,收入陈福康校点的《郑思肖集》,上海古籍出版社 1991 年版②。

（三）武宗至宁宗时期(1307—1332)。　这一时期元朝各种矛盾日益尖锐化,文人活动比较活跃。反映这一时期史事为主的诗文集较多,作者有南人,也有北人(汉人)和色目人。价值较高的有:(1)《牧庵集》二十五卷,姚燧撰。姚燧是忽必烈时代名臣姚枢之侄,又是许衡的学生,仕途比较顺利,武宗时官荣禄大夫(从一品)、翰林学士承旨,显赫一时。"当时孝子顺孙,欲发挥其先德,必得燧文,始可传信,其不得者,每为愧耻。故三十年间,国朝名臣世勋,显行盛德,皆燧所书。"③姚氏作品中有大量碑铭,记述了许多重要的史实。例如《湖广行省左丞相神道碑》,碑主阿里海牙是率领元军灭宋的统帅之一。苏天爵《国朝名臣事略》卷二的《丞相楚国武定公阿里海涯》篇即节录碑文而成。又有《杨公神道碑》,记曲阳石工杨琼事迹,此人对大都建造有重要贡献④。此书有《四部丛刊》

---

① 杨志玖《〈心史〉中记载的阿合马被杀事件——兼论〈心史〉真伪问题》,《中国民族史研究》,中国社会科学出版社,1987 年。杨讷《〈心史〉真伪辨》,《元史论集》,国家图书馆出版社,2012 年。陈福康《井中奇书考》,上海文艺出版社,2001 年。

② 前述陈氏《井中奇书考》附录收入《心史》校点本。

③ 《元史》卷一七四《姚燧传》。

④ 此碑至今尚存曲阳县北岳庙,《牧庵集》未收。见查洪德《姚燧集》的"辑佚"部分。

本。查洪德编辑点校《姚燧集》，人民文学出版社 2011 年版。（2）《清容居士集》五十卷，袁桷撰。袁氏庆元鄞县（今属浙江）人。曾任书院山长，后任翰林国史院检阅官，升翰林待制、集贤院直学士、翰林直学士（从三品）、侍讲学士（从二品）。袁桷数次随皇帝到上都，先后写下二百多首上都纪行诗，涉及上都风土人情各个方面，对上都研究有重要意义。他主持《延祐四明志》的纂修，前已介绍。此书有《四部丛刊》本。李军、施贤朋、张欣校点《袁桷集》，吉林文史出版社 2010 年版。（3）《中庵集》二十五卷，刘敏中撰。刘氏山东章丘人。长期在监察部门任职，官至翰林学士承旨。集中有"奏议"一门，所述都是朝廷弊政，可供研究参考。《元史》有些人物传记，即以此书中碑铭为据，但忽略了某些重要内容，"疏脱实多"①。集中有一篇《景义公不阿里神道碑》，不阿里即《元史·马八儿传》中的马八儿国丞相不阿里，后投奔元朝。马八儿即印度南部的潘底亚王国，都城马杜赖。此碑有助于海外交通和中印交流史的研究。国家图书馆藏有此书元钞本，收入《北京图书馆古籍珍本丛刊》。邓瑞全、谢辉校点《刘敏中集》，吉林文史出版社 2008 年版。（4）《石田文集》十五卷，马祖常撰。马氏是蒙古汪古部人，出身于景教世家，延祐元年进士。先后在翰林院、礼部等处任职，文宗时任南台御史中丞。集中有"章疏"数篇，《建白一十五事》涉及

① 《四库全书总目》卷一六七《集部·别集类二十·中庵集二十卷》。

朝廷人事、军政等制度。《容国夫人萨法礼氏碑》记录"大断事官雅老瓦实"家族史,雅老瓦实即牙老瓦赤,是大蒙古国时期管理"汉地"的重要人物①。此书有《北京图书馆古籍珍本丛刊》本(元后至元五年刊本);《元四家集》(上海古书流通处影印明弘治刻本)本。李叔毅、傅瑛点校《石田先生文集》,中州古籍出版社1991年版。王媛校点《马祖常集》,吉林文史出版社2010年版。(5)《顺斋闲居丛稿》二十六卷,蒲道源撰。蒲氏兴元(今陕西兴元)人。仁宗时为国史院编修,进博士。《丛稿》所记,主要是元代关中人物史事。如《西乡宣差燕立帖木儿遗爱碣》云:"又以邑民不知种木绵之利,自兴元求子给社户,且教以种之之法,至今民得其利,而生理稍裕。"可知陕西在元代已种植棉花。此书有元至正十年刻本、《四库全书》本。(6)《燕石集》十五卷,宋褧撰。宋褧泰定元年进士,曾任监察御史、国子司业、翰林直学士。他曾出巡京畿东道察看灾情,回来有《建言救荒》,敢于陈说"所至之处,人民告诉,百端生受"。宋褧的诗颇有名,其中不少描述大都风土人情,很有特色。国家图书馆藏清钞本,收入《北京图书馆古籍珍本丛刊》。(7)《文忠集》六卷,王结撰。王氏易州定兴(今河北)人,历任县尹、监察御史、路总管,顺帝初拜中书右丞。文集已散佚,清代修《四库全书》时从《永乐大典》辑为六卷。王结任顺德路总管时"定拟到人民合行

---

① 何高济、陆峻岭《元代回教人物牙老瓦赤和赛典赤》,《域外集》第53—79页。

事理,名曰《善俗要义》,凡三十三件",在民间颁布,作为
教化百姓的文书①,对于了解当时农村的社会结构和各种
矛盾,都有参考价值。此书有《四库全书》本。杨讷点校
《善俗要义》,收在《吏学指南(外三种)》内,浙江古籍出
版社 1988 年版。(8)《归田类稿》二十卷,张养浩撰。张
氏济南人,曾任堂邑县尹、监察御史、礼部尚书、参议中书
省事、陕西行台中丞,有《为政忠告》,前已介绍。《集》中
收武宗时所上《时政书》,列举当时"害政太甚者一十事",
揭发社会各种弊端,在元朝政坛中是罕见的。还有一篇
《驿卒佟锁住传》,作者为一个地位低卑的驿站服役者立
传,讲述拐卖儿童的罪恶,以及草原的游牧方式,是元代社
会生活的珍贵资料。《归田类稿》有元元统三年刊本。李
鸣、马振奎校点《张养浩集》,吉林文史出版社 2008 年版。
(9)《吴文正公集》四十九卷,《外集》三卷,吴澄撰。吴澄
抚州崇仁(今属江西)人,曾任国子监丞,升司业,后为翰
林学士,任经筵讲官。吴澄与许衡齐名,是元代最渊博的
学者,对经学各种著作,以及宋代程朱理学,都有论述。
《集》中有《经筵讲议》两篇(卷四十四),是研究元代白话
的珍贵资料。此书有明成化刊本,收入《元人文集珍本丛
刊》。(10)《金华黄先生文集》四十三卷,黄溍撰。黄氏婺
州义乌(今属浙江)人,延祐二年进士,先任地方官,后转
国子博士、儒学提举、翰林直学士(从三品)。传世诗文甚

---

① 《文忠集》卷六。

多,有千余篇(首),其中碑铭文字不下二百篇。有些蒙古、色目贵族以及汉人重臣的神道碑,都是奉皇帝之命而作。黄溍还为一些上层僧侣作塔铭。这些文字,很有价值。但来源主要是各家所上行状,不免讳过饰非,需认真鉴别。此书有《四部丛刊》本。王颋点校《黄溍全集》,天津古籍出版社 2008 年版。(11)《柳待制文集》二十卷,柳贯撰。柳贯婺州路浦江(今属浙江)人,曾任县学教谕、学正,湖广儒学副提举、江西儒学提举,翰林待制(从五品)。元代中期,柳贯与虞集、黄溍、揭傒斯齐名①,传世诗文甚多。他为全宁路(今内蒙古翁牛特旗)的护国寺所作碑铭指出,这是一座"摩诃葛剌神专祠",摩诃葛剌"汉言大黑神",是藏传佛教的护法神,帝师八思巴的弟子胆巴"以其法来国中,为上祈祠"。(卷九《护国寺碑铭》)这篇碑对研究元代藏传佛教和胆巴事迹都有价值②。此书有《四部丛刊》本。柳遵杰点校《柳贯诗文集》,浙江古籍出版社 2004年版。魏崇武、钟彦飞点校《柳贯集》,浙江古籍出版社 2014 年版。(12)《揭文安公全集》十四卷,揭傒斯撰。揭傒斯龙兴富州(今江西丰城)人,年四十由布衣授翰林国史院编修,历任应奉翰林文字、奎章阁授经郎、集贤直学士、翰林侍讲学士(从二品)。顺帝修宋、辽、金三史,揭傒斯是总裁之一。所作诗文,有名于时。"朝廷大典册及元

---

① 《元史》卷一八一《黄溍传附柳贯传》。

② 王尧《摩诃葛剌(Mahagala)崇拜在北京》,《藏汉文化考述》,中国藏学出版社,2011 年,第 78—90 页。

勋茂德当得铭辞者,必以命焉"①。所作《大元敕赐修堰碑》,记元顺帝时整治四川水利工程都江堰事,有重要意义。此书有《四部丛刊》本,《豫章丛书》本。李梦生标校:《揭傒斯全集》,上海古籍出版社1985年版。(13)《道园学古录》五十卷,《道园类稿》五十卷,均虞集撰。虞氏抚州崇仁(今属江西)人,曾任大都路学教授、国子司业、国子祭酒、奎章阁侍书学士、翰林侍讲学士(从二品)等职。元文宗时,纂修《经世大典》,虞集任总裁。现存人物碑铭即近二百篇,其他"记"、"序"中很多亦与当代人物有关,是元史研究一大宝库。如《高昌王世勋碑》记畏兀儿亦都护家族事迹②,所述畏兀儿(今维吾尔族祖先)起源的传说,可与《世界征服者史》相印证。又如《刘正奉塑记》,记宝坻刘元先从道士学艺,后"又从阿尼哥国公学西天梵相,神思妙合,遂为绝艺"。成为元代雕塑寺观人物像第一人③。《道园学古录》有《四部丛刊》本、《四部备要》本。《道园类稿》有明初翻印元刊本。王颋整合各书所载虞氏诗文,成《虞集全集》,天津古籍出版社2007年版。(14)《圭斋文集》十六卷,欧阳玄撰。欧阳玄浏阳(今属湖南)人,延祐二年进士,曾任芜湖县尹,翰林待制兼国史院编修官。参与《经世大典》的修撰。顺帝时修"三史"(宋、辽、金),为总裁之一。后官至翰林学士承旨(从一品)。欧阳

---

①　《元史》卷一八一《揭傒斯传》。

②　《道园学古录》卷二四。"亦都护"是畏兀儿首领的称号。

③　《道园学古录》卷七。阿尼哥,尼泊尔人。

玄在顺帝前期是文化界领袖人物，"海内名山大川，释、老之宫，王公贵人墓隧之碑，得玄文辞以为荣"①。很多文化界名人的碑铭，出自他的手笔，如赵孟頫、贯云石、虞集、揭傒斯等。他还奉皇帝之命，为大食国人也黑迭儿撰文，此人对大都城建造作出了贡献（《马合马沙碑》）。《圭斋文集》有《四部丛刊》本。魏崇武、刘建立校点《欧阳玄集》，吉林文史出版社 2009 年版。(15)《楚石北游诗》一卷，楚石梵琦撰。楚石，庆元路象山县（今属浙江）人，湖州护圣万寿寺僧人。英宗至治三年（1323）奉召北上大都，缮写金字《藏经》，泰定元年（1324）秋南还。他将在大都、上都以及途中见闻，作诗三百余首，辑成一集，对大都、上都以及当时佛教的研究，都有价值。吴定中、鲍翔麟校注，浙江古籍出版社 2010 年版。(16)《萨天锡诗集》二卷，萨都剌撰。萨都剌字天锡，一说蒙古人，一说色目人。泰定四年进士，长期在地方任职，以诗著称。所作《上京杂咏》《上京即事》等篇，都是研究上都的重要资料。《记事》篇指明宗为文宗图帖睦尔所弑，历来为研究者重视②。《萨天锡诗集》有《四部丛刊》本，《雁门集》有清嘉庆刊本。殷孟伦、朱广祁点校《雁门集》，上海古籍出版社 1982 年版。

（四）元顺帝时期（1333—1380）。这一时期元代社会矛盾加剧，爆发了全国规模的农民战争，导致元朝灭亡。诗文集数量很多，作者以南人为主。重要的有：(1)《至正

---

① 《元史》卷一八二《欧阳玄传》。

② 此篇见《归田诗话》。

集》八十一卷,《圭塘小稿》十三卷别集二卷续集一卷,均
许有壬撰。许氏汤阴(今属河南)人。曾任监察御史、中
书左右司郎中、顺帝时为中书参知政事、中书左丞、集贤大
学士。以上两书"虽大略相同,亦互有出入"①。集中碑铭
文字很多,碑铭主大多是各级官员,其中有些人物地位重
要,如《右丞相怯烈公神道碑》,此人即成吉思汗部下大将
田镇海,此碑是研究田镇海的重要资料②。又如《释源宗
主洪公碑铭》,记大白马寺住持法洪事迹,此人后来任大
昭孝寺(卧佛寺)住持,阶光禄大夫,是元代后期佛教界显
赫人物。《至正集》有清宣统三年石印本。收入《元人文
集珍本丛刊》。《圭塘小稿》有《三怡堂丛书》本。(2)《存
复斋文集》十卷,《存复斋续集》一卷,均朱德润撰。朱氏
昆山(今属江苏)人。长于书画。元英宗时,授镇东行省
儒学提举。英宗死,南归不仕。元末农民战争爆发,一度
出任中书省照磨,参议军事。朱氏曾在大都任职,长期在
浙西生活,所作诗文少数与大都有关,但大多是浙西的人
和事。作《平江路问弭盗策》(《文集》卷七),指出各级衙
门苛政暴敛,"直致生民困苦,饥寒迫身,此其为盗之本情
也。"又有《轧赖机酒赋》,轧赖机"盖译语,谓重酿酒也"。
即蒸馏酒。或译"答刺速"、"阿刺吉"。这是蒸馏酒传入
中国的重要文献。《文集》有《四部丛刊续编》本。《续

---

① 《四库全书总目》卷一六七《集部·别集类二十·圭塘小稿十三卷》。
② 陈得芝《元称海城考》,《蒙元史研究丛稿》,人民出版社,2005年,第
55—60页。

集》有《涵芬楼秘笈》本。(3)《滋溪文稿》三十卷,苏天爵撰。苏氏河北真定(今正定)人。由国子学生贡举出仕任蓟州判官,历任应奉翰林文字、监察御史、肃政廉访使、集贤侍讲学士、江浙行省参知政事、两浙都转运使等职。至正十一年,全国农民战争爆发,重任江浙行省参知政事(从二品),总兵镇压农民起义,病死于军中。苏天爵"为学,博而知要,长于记载",他编撰的《国朝名臣事略》和《国朝文类》,都是当时的史学名著。《文稿》中有《奏疏》二卷,涉及元代后期社会生活的许多方面,如《灾异建白十事》、《山东建言三事》、《乞免饥民夏税》等篇指出,社会矛盾尖锐化,"田亩荒芜,蒿莱满野","愤怨蕴于人心,灾异形于天变",请求朝廷改革时政。《文稿》三十卷,碑志、行状共十七卷,一百八篇,占全书篇幅一半以上,这样的结构在元人文集中是罕见的。这些碑版文字"于元代制度人物,史传阙略者多可藉以考见"①。此书有《适园丛书》本,徐氏退耕堂刻本。陈高华、孟繁清点校《滋溪文稿》,中华书局1997年版。(4)《侨吴集》十二卷,郑元祐撰。郑氏祖籍遂昌(今属浙江),父居杭州,父死后定居平江(今江苏苏州),故《集》以"侨吴"为名。《集》中所述,多为元末平江、杭州二地人物和故事。国家图书馆藏清抄本,收入《北京图书馆古籍珍本丛刊》。邓瑞全、陈鹤、童晓峰校点《郑元祐集》,吉林文史出版社2010年版。(5)

---

① 《四库全书总目》卷一六七《集部·别集类二十·滋溪文稿三十卷》。

《东维子文集》三十一卷,杨维桢撰。杨氏诸暨(今属浙江)人。泰定四年进士。曾任天台县尹、钱清盐场司令、杭州四务提举、建德路判官、江西儒学提举(未上)。杨氏出仕时间不长,多数时间来往于浙西各地,与文人、书画家多有交往,与张士诚集团既有联系,又保持距离。传世诗文很多,有"文章巨公"之誉①。是元末两浙文坛的领袖人物。他的诗歌,多记事之作,如《铜将军》"刺伪相张士信,丁未六月六日,为龙井炮击死"。《文集》有《四部丛刊》本。邹志方点校《杨维桢诗集》,浙江古籍出版社1999年版;孙小力《杨维桢全集校笺》,上海古籍出版社2019年版。(6)《玩斋集》十卷,贡师泰撰。贡氏宁国路宣城县(今属安徽)人。曾任绍兴路推官、应奉翰林文字、翰林待制、国子司业。元末农民战争爆发后,元朝为调和内部矛盾,决定中书省、枢密院、御史台皆用南人。贡师泰出任监察御史,后升平江路总管。张士诚据浙西,后归附元朝,贡氏又任江浙行省参知政事,分管福建盐政、漕运。他的活动,在诗文中都有表现,从中可以了解农民战争期间江浙、福建的动向。《玩斋集》有清乾隆南湖书塾刊本。邱居里、赵文友校点:《贡氏三先生集(贡奎、贡师泰、贡性之)》,吉林文史出版社2010年版。(7)《东山存稿》七卷,赵汸撰。赵氏徽州休宁(今属安徽)人,元末徽州著名的经学家,长于《春秋》,在民间讲学,明初曾参与《元史》的

---

① 宋濂《元杨君墓志铭》,《宋文宪公文集》卷一〇。

修撰。《存稿》中对苏天爵、虞集等文化名人的活动有很多记载。《克复休宁县碑》、《休宁县达鲁花赤八侯武功记》、《哈密公纪功之碑》等文,详细纪录了元军和农民起义军在徽州的争夺。此书有清康熙辛酉刊本、《四库全书》本。(8)《云阳集》十卷,李祁撰。李祁茶陵(今属湖南)人,元统元年进士,曾任婺源州同知、江浙儒学副提举。李氏作《刘纶刘琚传》,叙述元末农民战争期间,江西永新一带奴隶造反的情况,这是很少见的资料。国家图书馆藏清抄本,收入《北京图书馆古籍珍本丛刊》①。(9)《青阳集》九卷,余阙撰,余阙党项族,庐州(今安徽合肥)人,元统元年进士,曾任监察御史、淮西宣慰副使、淮南行省右丞,镇守安庆。后安庆为陈友谅攻破,余阙自杀。余氏《送归彦温赴河西廉使序》,叙述元代党项人风俗及其变化,是民族史的珍贵资料。他的数篇《上贺丞相书》以及其他文章,分析当时长江中游形势,有助于农民战争史研究。此集有《四部丛刊》本、《四库全书》本。(10)《夷白斋稿》三十五卷,陈基撰。陈氏台州路临海(今属浙江)人。曾任经筵检讨,因受排挤,南还居平江(今苏州)。后归附张士诚。《稿》中诗文,大多作于南还后。至正十五年朱元璋部自淮西南下攻集庆,十二月陈基声讨"淮西寇",为镇守集庆的元朝官员歌功颂德(《南台御史大夫西夏永年公勋德诗序》)。次年夏,张士诚部自淮东南下,陈

① 常见有清嘉庆甲戌(十九年,1814)刊行的四卷本,不全。例如,记述元末奴隶暴动的《刘纶刘琚传》,便被删掉了。

基立即称赞张氏集团是"为国远谋","敢与国人称愿之"
(《左丞潘公射吴江佛寺浮图诗序》),从此完全归附张氏,
出任江浙行省郎中,迁学士院学士。陈基的作品,有助于
研究张士诚在浙西的活动以及元末浙西士人的动向。此
书有《四部丛刊三编》本。邱居里、李黎校点《陈基集》,吉
林文史出版社 2009 年版。(11)《梧溪集》七卷,王逢撰。
王逢江阴(今属江苏)人,在民间读书教学。张士诚部据
有浙西,王逢与之有联系,但又保持距离,未曾出仕。他辗
转各地,最后定居于上海。传世有诗一千二百余首,文四
十余篇。他的诗文主要记录元末浙西一带人物和史事,
"足补史传所未及"①。例如水利专家任仁发,移植纺织技
术的黄道婆。此集有《知不足斋丛书》本。李军点校《梧
溪集》(《元代古籍集成》第二辑),北京师范大学出版社
2016 年版。(12)《经济文集》六卷,李士赡撰。李士赡,
荆门(今属湖北)人,曾任中书左司掾、刑部主事、吏部侍
郎、户部尚书,出督福建漕运,后入朝为中书参政、翰林学
士承旨。《集》中有《上中书总兵书》,是至正十八年
(1358)红巾军攻占济南挥师北上时所作,分析当时双方
形势,是很有价值的资料。还有大量信件,是李士赡出督
漕运时写给福建各地官员的,可见当时福建的形势。此集
有《四库全书》本,《湖北先正遗书》本。(13)《羽庭集》六
卷,刘仁本撰。仁本天台(今属浙江)人,元末进士乙科

---

① 《四库全书总目》卷一六八《集部·别集类二·梧溪集二》。

（乡试中选）①，至正十九年（1359）江浙行省左右司郎中。方国珍据浙东，仁本为其幕僚。方氏为元朝海运粮食，并与北方元军统帅察罕帖木儿、扩廓帖木儿父子交往，《集》中多有记载。还记录了方氏兄弟在浙东的某些活动。国家图书馆藏清抄本。有《四库全书》本。（14）《危太朴文集》十卷，《续集》十卷，危素撰。危素金溪（今属江西）人，曾任经筵检讨、国子助教、监察御史、中书参知政事、翰林学士承旨，明初任翰林侍讲学士，免职。顺帝后期，危素"独以文鸣天下，凡朝廷制作，皆自公出，四方欲显白先德者，皆造公门"②。程钜夫、欧阳玄、黄溍等名人的神道碑、行状都出于他的手笔。危素还有《文殊师利菩萨无生戒经序》，记印度僧人指空来中国事迹。《文集》和《续集》有《嘉业堂丛书》本。收入《元人文集珍本丛刊》。（15）《诚意伯集》二十卷，刘基撰。刘基青田（今属浙江）人，元统元年进士，曾任高安县丞、江浙行省儒学副提举、江浙行省郎中。朱元璋渡江南下，刘基受聘为幕僚，成为明朝开国功臣。历来都以刘基为"明人"，但刘基文集所收诗文，主要作于元代，对元史研究很有意义。此集有《四部丛刊》本。林家骊点校《刘基集》，浙江古籍出版社1999年版。（16）《宋文宪公全集》五十三卷，宋濂撰，宋濂是明朝建国的重要文臣，和刘基一样，一般都作"明人"，但他的诗文

①　《明史》卷一二三《方国珍传附刘仁本》，中华书局，1974年。
②　宋濂《危侍讲新墓碑》，《宋文宪公全集》卷二七。

很多涉及元代人物和史事,反映元代社会状况,研究元史不可不读。此书有《四部丛刊》本、《四部备要》本。黄灵庚编辑校点《宋濂全集》,人民文学出版社2014年版。

以上介绍的是比较重要的作家个人诗文集。还有一种"总集",就是按一定原则,将不同作家的诗文辑集在一起。据统计,元人总集现存有七十余种①,其中价值较高的有:(1)《国朝文类》七十卷,苏天爵编。苏氏"蒐撷国初至今(元顺帝即位之初——引者)各人所作,若歌诗、赋颂、铭赞、序记、奏议、杂著、书说、议论、铭志、碑传,皆类而聚之,积二十年,凡得若干首,为七十卷。名曰《国朝文类》,百年文物之英,尽在是矣"。苏天爵选编的原则是经世致用,"然所取者,必其有系于政治,有补于世教,或取其雅制之足以范俗,或取其论述之足以辅翼史氏,凡非此者,虽好弗取也"②。因此之故,不少元代重要文献,赖此书得以保存。如《经世大典序录》,由此可以窥见《大典》一书的结构。又如,著名政治家耶律楚材的神道碑和杰出科学家郭守敬的行状,也仅见于此书。研究元代历史,此书是必不可少的参考书。常见有《四部丛刊》本。(2)《天下同文》前甲集五十卷,周南瑞编。缺七卷,存四十三卷,《雪堂丛刻》本。此书编成于成宗大德年间,所收诗文限于元代前期,内容远不及《国朝文类》丰富。但其中有些篇章为他书所无,有一定价值。如黄文仲的《大都赋》有

---

① 　王媛《元人总集叙录·前言》,天津古籍出版社,2018年。

② 　陈旅《国朝文类序》,见《国朝文类》卷首。

助于了解大都的繁荣,赵璧的《大藏新增至元法宝记》可以增加对元代佛教的认识等。(3)《草堂雅集》,顾瑛辑。"草堂"是昆山人顾瑛的私家园林,经常招徕文人墨客,吟诗作画。此书是顾瑛编辑友人投赠之作,有十六卷(十八卷)本、十四卷本两个系统。十六卷本共收入八十位诗人的三千余首诗。

北京师范大学古籍所编纂《全元文》,经过十余年的努力,由凤凰出版社(江苏古籍出版社)于2005年出齐,此书只收文,共六十一册,三千万字,收录元代作家二千余人。上面介绍的各家诗文集中的"文",都已收录在内。这是另一种形式的总集,一项浩大的文化工程,它的完成为研究者提供了极大的方便。除了《全元文》以外,其他几种文体也都有总集问世。

清代前期,顾嗣立广事搜罗,先后编成《元诗选》三编,每编分十集,以天干即甲乙丙丁戊己庚辛壬癸为号先后排列,但实为九集(三编的癸集合在一起另编《元诗选癸集》)。三编共收诗人三百三十七家。《元诗选癸集》收录散见于各种文献的元人诗篇,共计二千四百余家。《元诗选》三编在顾氏生前已经问世,但《元诗选癸集》只有稿本,后经席世臣校补,刻印成书。1987年,中华书局出版了《元诗选》三编(初集、二集、三集);2001年又出版了吴申扬点校的《元诗选癸集》。这是规模很大的一部元诗总集,但仍是选编性质,元人诗散佚现象严重,赖此书得以部分保存。2013年,中华书局出版了杨镰主编的《全元诗》,

共收元代诗人的诗作十三万两千首,是元诗集大成之作,贡献极大。

明代万历四十四年(1616)臧晋叔编《元曲选》,收元代杂剧百种,有中华书局1958年印本。中华书局又在1959年出版了隋树森编的《元曲选外编》,将传世的元代杂剧《元曲选》未收者,辑成一书,共得六十二出。1964年,中华书局出版了隋树森编的《全元散曲》,将已知的元人散曲加以辑集。1979年,中华书局出版了唐圭璋编《全金元词》。就反映现实生活、揭露社会矛盾来说,诗文的作用最大,杂剧次之,散曲、词又次之。但散曲、词中也有积极的作品,例如刘时中的《[正宫]端正好·上高监司》,形象地叙述元朝钞法的弊病和人民生活的困苦;欧阳玄的《渔家傲》十二首,描写大都十二月的风俗生活;都是很好的史料。文艺作品是社会生活的反映,在这方面还有待进一步发掘。

元人笔记传世的有四十余种,比较重要的有《齐东野语》、《癸辛杂识》、《山居新语》、《至正直记》、《草木子》和《南村辍耕录》。《齐东野语》二十卷,周密撰,有《学津讨原》本、《津逮秘书》本;张茂鹏点校本,中华书局1983年版。《癸辛杂识》六卷,周密撰。有《学津讨原》本、《津逮秘书》本;吴企明点校本,中华局1988年版。周密祖籍济南,故以"齐东"为书名;又居杭州癸辛街,故以"癸辛"为书名。宋亡后,周密以遗老自居,交游很广,见闻甚博,俨然江南文坛领袖。两书所记,多为宋元之际史事,兼及民间逸闻琐事，很多可补史籍之不足。如《齐东野语》中之"李全始末"、"端平之洛"、"二张援襄"，《癸辛杂识》中之"襄阳始末"、"杨髡发陵"，都是很有价值的史料。后一书中的"佛莲家赀"条，不过六十余字，但对于了解宋元之际海外贸易的情况，极为珍贵，常为研究者使用。《山居新语》四卷①，作者杨瑀，顺帝时曾于中瑞司、太史院任职。此书是他退休后隐居杭州时作，所记大多是本人有关朝廷政事的见闻。《至正直记》四卷，孔齐撰。孔齐是山东曲阜人，随父迁居溧阳，元末农民战争爆发后，又移居四明（今浙江宁波）。此书是他移居四明时所作，内容庞杂，有些可供参考，如《国朝文典》记元代出版物；《豪僧诱众》记白云宗活动。有《粤雅堂丛书》本；庄葳、郭群一校点本，上海古籍出版社 2012 年版。《草木子》四卷，龙泉（今属浙江）人叶子奇撰。有明正德本；吴东昆校点本，上海古籍出版社 2012 年版。此书涉及许多方面，其中有关元朝制度和农民战争的记载，历来为研究者注意。《南村辍耕录》三十卷，黄岩（今属浙江）人陶宗仪撰。有《四部丛刊三编》本；李梦生校点本，上海古籍出版社 2012 年版。这是一部享有盛名的笔记，内容庞杂，漫无条理。从资料来源说，书中很多条目是从前人或同时代人著作中抄录得来的，前面提到的《国朝文类》、《梧溪集》、《山居新语》等，都有一些内容被摘录。如此书卷二十中便有三条（"夫妇

---

① 一作《山居新话》。

同棺"、"狷洁"、"雁书")见于《梧溪集》,只是题目不同。
又如卷二一"宫阙制度"条,应出自《经世大典》,原书已
佚,此条藉《南村辍耕录》得以保存。还有一部分条目,是
陶宗仪本人的见闻,如卷二七的"扶箕诗"、卷二九的"纪
隆平"等,都是研究元末农民战争的重要资料。

　　此外,还有几种笔记也是应该注意的。《遂昌山樵杂
录》一卷①,郑元祐撰,《学海类编》本。《庶斋老学丛谈》
三卷,盛如梓撰,《知不足斋丛书》本。《乐郊私语》,姚桐
寿撰,《学海类编》本;李梦生校点本,上海古籍出版社
2012 年版。《农田余话》二卷,长谷真逸撰,《宝颜堂秘
笈》本。

　　分类搜集各种资料以备查考的书称为"类书"。现存
元代比较重要的日用百科全书型的类书有以下几种:

　　《事林广记》,陈元靓编,最早成书于南宋末年,元代曾
多次增广删改重印。此书内容广泛,上至天文、地理,下及
文艺、饮食,无所不有。现存有元至顺建安椿庄书院刻本、
后至元建阳郑氏积诚堂刻本、日本元禄十二年翻刻元泰定
二年刻本等三种。1963 年,中华书局影印出版了元至顺
本。1999 年,中华书局又将后至元本和日本翻刻泰定本合
成一册,影印出版。三种刻本内容互有出入,以至顺本较为
完整,资料比较丰富。此本分前、后、续、别四集,前集的"郡
邑类"可资地理考订;续集的"文艺类"所收"蒙古字体"(八

---

① 又作《遂昌山人杂录》、《遂昌杂录》。

思巴字)、"蒙古译语"(蒙语汉字标音)对于研究元代蒙古语言文字和典章制度,都有重要价值。别集的"官制类"所载元朝内外官职,别集"刑法类"所载"大元通制",以及"公理类"所载告状新式,对于研究元代政、经济,都是很有用的资料。其余两种刻本都有若干不同的资料,应互相参看。

《新编事文类聚启札青钱》[①],此书分前、后、续、别、新、外、遗共七集,顾名思义,此书主要收录当时通用的各种文体格式和典故出处,如来往书信、婚丧文状等。前、后、续、别数集为宋人祝穆撰,新、外二集为元人富大用撰,遗集为元人祝渊撰[②]。外集中的"公私必用"门,有事产、人口、头匹的买卖雇佣典当契式,对于研究社会经济关系很有意义。此书有《四库全书》本;日本古典研究会影印的元泰定甲子刊本。

《居家必用事类全集》,此书分十集,最早刻于元代,后经多次补修重刊。现在能见到的较早刊本是明嘉靖刊本。内容庞杂,无所不有。最有意义的是该书辛集所收《习吏幼学指南》(简称《吏学指南》)。这是大德五年(1301)吴郡(今江苏苏州)徐元瑞编纂的一部法学词典,对当时通行的法律词语作了解释。此书还有农桑、饮食方面的材料,从不同侧面为中外以及国内各民族经济文化交流提供了例证。《北京图书馆古籍珍本丛刊》收入此书朝鲜刊本。

---

① 此书一作《事文类要》。
② 《四库全书总目》卷一三五《子部·类书类一·事文类聚》。

　　上面介绍了元史研究的各类资料。元代还有一些科技、文艺、宗教等方面的专门文献，值得重视。

　　（一）科技方面有：（1）《河防通议》二卷，赡思撰。赡思大食（阿拉伯）人。曾任监察御史、浙西廉访司佥事。博学多闻，著作甚多，但大多散失。此书系清代编纂《四库全书》时由《永乐大典》中辑出，汇集历代治理黄河的措施。有《守山阁丛书》本。（2）《熬波图》，陈椿撰。陈椿天台（今属浙江）人。此书是陈氏在下砂场①任职时因前人旧图而补成者，有图四十七幅，每图有文字说明，详细叙述叙述海盐生产过程，是研究盐业史的珍贵资料。有《雪堂丛刻》本、《四库全书》本。（3）《农桑辑要》，元朝官修。忽必烈称帝后，成立大司农司，"专以劝课农桑为务。"这个机构"遍求古今所有农家之书，披阅参考，删其繁重，摭其切要，纂成一书，目曰：《农桑辑要》，凡七卷。"②此书在元代曾多次刊印，颁行天下，指导农业生产，发挥了积极的作用。有多种版本。缪启愉：《元刻农桑辑要校释》，农业出版社 1988 年版。（4）《农书》，王祯撰。王祯东平（今属山东）人，曾任丰城、旌德县尹。此书由《农桑通诀》《百谷谱》《农器图谱》三部分组成，对当时农业生产技术和生产工具作了全面、系统的论述。有多种版本，王毓瑚校《王祯农书》，农业出版社 1981 年版。（5）《卫生宝鉴》二十四

---

　　①　下砂场属松江（今上海松江）。

　　②　王磐《农桑辑要序》，《元刻农桑辑要校释》，农业出版社，1988 年，第549—550 页。

卷,罗天益撰。罗氏真定藁城(今属河北)人,金朝名医李杲的弟子,应忽必烈召,供奉宫廷,并曾随军出征。此书是罗氏多年医疗实践的总结,罗列不少医案,从中可见若干贵族、大臣的健康状况,以及元军出征时的活动。有《惜阴轩丛书》本;1959年商务印书馆据《惜阴轩丛书》本排印出版。1983年人民卫生出版社用商务本标点出版。(6)《回回药方》,三十六卷,存四卷,这是一部在中国土地上以伊斯兰(回回)世界各种医学名著为基础编纂而成的伊斯兰医典,成书应在明洪武年间,是元朝中国与伊斯兰世界文化交流的产物。原抄本存北京图书馆,宋岘作《回回药方考释》,中华书局2000年版。(7)《饮膳正要》三卷,忽思慧撰。忽思慧是元仁宗至文宗时代的饮膳太医。此书是一部宫廷饮食的专著。叙述各民族的食料、饮料和烹饪方式,反映各民族饮食文化的交流。有《四部丛刊》本;尚衍斌《饮膳正要注释》,中央民族大学出版社2009年版。

(二)文艺方面有:(1)《录鬼簿》二卷,钟嗣成撰。钟氏汴(今河南开封)人,屡试不第,应以布衣终身。著录元戏曲作家一百五十余人,不少人赖此书以传。《续录鬼簿》一卷,明初无名氏撰。著录元明之际戏剧散曲作家七十余人。两书均收在上海古典文学出版社出版的《中国古典戏曲论著集成》内。(2)《画鉴》一卷,汤垕撰。汤垕丹阳(今属江苏)人。此书评论历代画家,"凡所辨论,皆甚精到"①。但元画家只举龚开与陈琳二人,都有很高的评价,特别对画工陈琳,"子昂相与讲明,多所资益,故其画不俗。宋南渡二百年,工人无此手也"。有《学海类编》本;于安澜标点,《画品丛书》本,上海人民美术出版社1982年版。(3)《图绘宝鉴》五卷,夏文彦撰。夏氏华亭(今上海松江区)人。曾任余姚州同知(正七品)。其父爱好古玩书画,夏文彦也热衷收藏,"蓄画凡百十家"②。元末战乱,夏文彦隐居乡间,编写《图绘宝鉴》。此书收录历代画家姓名,并有简介。元以前画家千余人,大多取材于前代画史。收录元代画家一百八十六人,有的评价根据他人(如陈琳,见前),但大多则是夏氏本人的见闻,对研究元代绘画和文化有重要价值。常见有《宸翰楼丛书》本;近藤秀实、何庆先编著《图绘宝鉴校勘与研究》,江苏古籍出版社1997年版。(4)《书史会要》九卷,陶宗仪撰。收录历代书家姓名事迹,卷六"大元"和卷九"补遗"共收元代书家三百人左右。常见为武进陶氏景刊明洪武本。(5)《青楼集》,夏庭芝著。夏氏华庭(今上海松江区)人。此书收录元代戏剧演员七十余人的事迹,以及许多官员、文人与演员的交往。有《双梅景闇丛书》本;孙崇涛、徐宏图《青楼集笺注》,中国戏剧出版社1990年版。

(三)宗教方面有:(1)《佛祖历代通载》二十二卷,释

① 余绍宋《书画书录解题》卷六《著录·鉴赏·画鉴一卷》,浙江人民出版社1982年据1932年北平图书馆排印本影印。

② 杨维桢《文竹轩记》,《东维子文集》卷十。

念常撰。念常号梅屋,嘉兴祥符寺僧人。至治三年应召赴大都,缮写金字佛经。《通载》是一部佛教编年史,详于元代,"惟此书撰自元代,时有佚闻。如瀛国公之死,宋、元史皆阙载。此书于卷末至治三年条,载是年四月赐瀛国公合尊死于河西,……此释典之有补世典者"[①]。有《大正大藏经》本。(2)《甘水仙源录》十卷,李道谦撰。李氏汴梁(今河南开封)人,本儒生,金亡,为全真道士,曾任京兆路道录、陕西四川道教提点。这是一部全真道上层人物的碑传集。有《道藏》本,文物出版社 1988 年版。

第五节　国外史料

研究元史,必须注意利用国外文献,这是不同于其他断代史的地方。与元史研究有关的国外文献颇多,下面对其中重要者作简略的介绍。

(1)波斯文献　蒙古三次西征,使波斯及西南亚其他地区成为大蒙古国的组成部分,在这一带建立了伊利汗国。伊利汗国的史学家对当时的历史写下了不少著作,其中两种比较重要,一种是《世界征服者史》,一种是《史集》。

《世界征服者史》　作者志费尼(Juvaini),出身于波斯一个古老的显贵家庭,其祖父是花剌子模国王的大臣,

---

① 陈垣《中国佛教史籍概论》卷六《佛祖通载二十二卷》,中华书局,1962 年。

其父则为蒙古征服者效劳,得到信任。志费尼曾追随伊利汗国的创始者旭烈兀出征巴格达等地,并被委任为巴格达州的长官。他曾三次前往蒙古地区,第三次在大蒙古国都城哈剌和林居住一年零五个月之久。《世界征服者史》是1252—1253 年在哈剌和林时开始写作的,13 世纪 60 年代初完成,很长时间只有抄本流传。19 世纪二三十年代法国学者多桑的《蒙古史》问世,其中大量引用了此书的材料。1912—1937 年,此书的波斯文集校本分三册先后出版。1958 年,英国曼彻斯特大学出版部出版了英国学者约翰·安德鲁·波义耳的英译本。1981 年,内蒙古人民出版社出版了何高济根据英译本翻译的中文本。

《世界征服者史》共分三卷,第一卷叙述成吉思汗和窝阔台、贵由、术赤、拔都、察合台等人的事迹,还有畏兀儿人的历史等。第二卷为花剌子模王朝史。第三卷为拖雷、蒙哥、旭烈兀等人的事迹等,以及亦思马因派王朝兴亡史。此书被认为是 13 世纪上半期蒙古和中亚历史的重要文献。

《史集》 作者拉施德丁(Rashid-ad-Din),出身于波斯哈马丹地区的一个医生世家,本人曾任伊利汗国的御医。因为合赞汗(伊利汗国的第七代统治者)赏识,任宰相,备受宠遇。最后因统治集团内部倾轧,惨遭杀害。合赞汗在伊斯兰历 700 年(公元 1300—1301 年)命拉施德丁编纂蒙古史,但未见此书完成便已死去(1304)。蒙古史完成于 1307 年,拉施德丁进呈于嗣位的完者都汗(合赞汗之弟),受到赞赏。完者都汗又要他编著世界各民族历史和世界地理志,并将三部分统称为《史集》。《史集》全本完成于伊斯兰历 710 年(公元 1310—1311 年),但流传下来只有第一部蒙古史和第二部世界史。第一部蒙古史共分三卷,第一卷(上)突厥蒙古部族志,第一卷(下)成吉思汗先祖及成吉思汗纪。第二卷伊利汗国蒙古诸汗以外的成吉思汗后裔史(窝阔台、察合台、拖雷、贵由、蒙哥、忽必烈、铁穆耳等)。第三卷伊利汗国史。拉施德丁在编写蒙古史时,广泛参考了波斯文和阿拉伯文的历史著作,还利用了伊利汗国宫廷中收藏的档案资料(《金册》)①。此外,他采访了蒙古、印度、畏兀儿等族的学者,收集各种口头传说资料。特别是来自元朝的蒙古朵儿边氏族的孛罗丞相,对他帮助很大。因此,《史集》的蒙古史部分,内容丰富,具有很高的价值。它的很多记载,可以和《秘史》、《元史》互相参证,有的可补二书之不足。例如,关于蒙古各部起源、分支和亲属关系的叙述,各种记载中以《史集》最为清楚:又如,关于忽必烈和阿里不哥及西北诸王的斗争,《史集》也比《元史》和其他记载详尽。《史集》的部分内容来自《世界征服者史》,但总的来说,《史集》记事比后者更为广泛。

《史集》完成后,长期只有抄本流传。多桑《蒙古史》就从它的抄本中征引了很多资料。1836 年,法国出版了

---

① 《金册》与元朝宫廷中的"脱卜赤颜",应是一事。

卡特麦尔的《史集·旭烈兀传》波斯文校注本和法文译本。1858—1888 年，俄国出版了贝勒津的《史集》蒙古史部分第一卷（包括部族志、成吉思汗先祖及成吉思汗纪）波斯文校注和俄译本。洪钧《元史译文证补》第一卷上、下《太祖本纪译证》，就是根据这个本子转译的。20 世纪初，法国学者伯劳舍出版了《史集》蒙古史部分第二卷波斯文校定本（1911 年）。邵循正在 1947 年发表的《剌失德丁集史忽必烈汗纪译释（上）》（《清华学报》第 14 卷第 1 期）即是从此本转译的。前苏联科学院东方学研究所（后改称亚洲民族研究所）从 1946 年起分卷出版了《史集》蒙古史部分的波斯文校勘本和俄译本。英国学者波义耳在完成了《世界征服者史》的英译以后，又将《史集》蒙古史部分的第二卷译成英文，1971 年由美国哥伦比亚大学出版部出版，题为《成吉思汗的继位者们》。波义耳的翻译是以伯劳舍本为底本的，但参考了俄译本。这个译本在名词译写和注释方面都有较高的水平。1992 年，天津古籍出版社出版了周良霄的中文译注本，书名是《成吉思汗的继承者（史集第二卷）》。余大钧、周建奇将《史集》蒙古史部分俄译本译成中文，1983 年起由商务印书馆分成四册（第一卷第一分册、第二分册，第二卷，第三卷）先后出版。距离《元史译文证补》的问世，已近百年。

（二）欧洲文字史料　大蒙古国两次西征，震动了欧洲。13 世纪中期，教皇和法国国王先后派出使节访问蒙古，以传教为名，实为刺探情报。教皇的使节柏兰诺·加宾尼(Plano Carpini)于1245年从里昂出发,前往蒙古,参加了选举贵由为大汗的忽里勒台大会,在贵由的营帐附近住了近四个月。1247年秋返回里昂,向教皇提交了这次旅行的报告,标题是《被我们称为鞑靼的蒙古人的历史》。报告共分九章,详细记录了他们所见所闻的有关蒙古人的情况:土地、人民、风俗、习惯、国家的起源和发展、皇帝和诸王的权力、军队组织和装备、战争特点,等等。最后一章则记述了经过的地方和遇到的情况。

1253年,法国国王遣教士鲁不鲁乞(William of Rubruck)出使蒙古。鲁不鲁乞在这一年年底到达蒙古国都城哈剌和林以南的蒙哥汗营帐所在地,后来又到哈剌和林,逗留五个月之久。回国后向法国国王呈递了这次出使的报告,后来被称为《鲁不鲁乞东游记》。他的报告共分三十八章,叙述了这次旅行的见闻。他的路线与柏兰诺·加宾尼有所不同,见闻也有区别,可以互作补充。其中关于大汗宫廷、和林城面貌、蒙古境内各种宗教活动以及畏兀儿等民族的情况,历来是研究者特别感兴趣的。

这两份报告观察细致,记载翔实,在当时是为了向教皇和法国国王提供可靠的情报,但在后代却成了研究蒙古历史的珍贵资料。当然,由于语言的隔阂和时间的短促,他们的见闻难免有失误之处。这两种行纪有过多种抄本和刊本传世,目前比较常见的英文本是道森(Dawson)编的《出使蒙古记》(1955年伦敦版,1966年纽约版)。此书吕浦译成中文,周良霄注,中国社会科学出版社1983年版。1985年,中华书局出版了耿昇、何高济译的《柏朗嘉宾蒙古行纪》(韩伯诗译注的法文本)和《鲁布鲁克东行纪》(柔克义译注的英文本),两者合为一书。

　　在柏兰诺·加宾尼和鲁不鲁乞之后,不断有欧洲人到中国来,有的经营商业,有的传播基督教。他们中最有名的是马可·波罗(Marco Polo)。他是意大利威尼斯人,年轻时随父亲和叔父来中国,受忽必烈赏识,在元朝政府中任职十余年,足迹遍及中国各地。后来,他奉命护送元朝公主到伊利汗国,1291年由泉州启航,1293年到达伊利汗国,然后返回家乡。13世纪末,威尼斯与热那亚交战,马可·波罗被俘,在狱中口述自己在东方的见闻,由他人笔录,这便是世界闻名的《马可·波罗行纪》。此书共分四卷,第一卷记马可·波罗前往中国途中的见闻,成吉思汗的兴起和建立大蒙古国的经过;第二卷记忽必烈的活动,大都、上都以及中国其他地区的情况;第三卷记日本和东、西洋各国的情况;第四卷记诸汗国之间的战争。马可·波罗的行记为研究元史、亚洲史以及这一时期世界历史的许多问题,提供了宝贵的资料。例如,轰动一时的王著杀阿合马事件,马可·波罗行纪中便有详细的记载,可以和汉文文献相印证。又如,关于忽必烈建造的大都和上都,马可·波罗都有细致生动的记述,可以补中国史料之不足。行纪中有关亚非各国的叙述,对研究这一时期中外文化交流,是很难得的资料。行纪写成后,人们争相传诵,风靡一时,有多种抄本传世,文字互有出入。后来整理刊行,有多种版本,而且译成各种文字。过去比较流行的是亨利·玉尔(H. Yule)译注本(第三版,1902 年)。法国著名东方学家伯希和(P. Pelliot)为行纪作注释,共三百八十六条。全书分三卷(第三卷为索引),在作者死后陆续出版。此书广征博引,对研究元史、蒙古史、中西交通史都有重要价值。我国过去出版过繁简不同的《马可·波罗行纪》五种版本,比较流行的是冯承钧翻译的沙海昂译注本,原书缺点较多。张星烺曾翻译玉尔译注本的一部分。

此外,基督教僧人鄂多立克、孟德高维努、马黎诺里等先后来过中国,写有游记或书信。关于他们对中国情况的报道,张星烺的《中西交通史料汇编》(朱杰勤校订,中华书局 1979 年版)第一册有所介绍。1981 年,中华书局出版了何高济翻译的《鄂多立克东游录》。

(三)非洲史料　14 世纪摩洛哥旅行家伊本·白图泰(Ibn. Battuta)曾游历亚非各国,留下一部游记,其中有关于中国的记载。他到过刺桐(泉州)、行在(杭州)、汗八里(大都)等地,对于中国的物产和风俗习惯,都有叙述。他特别称赞中国的瓷器,据他说中国瓷器向印度诸国输出,直至他的家乡摩洛哥。但是,白图泰在中国停留时间不长,所到地方有限,所述不免有夸大及信口开河之处。白图泰的行记常见有 1929 年出版的吉比(H. Gibb)英文节译本。后来吉比又将全书译成英文,自 1958 年起陆续出版。张星烺的《中西交通史料汇编》第二册中将此书有关中国部分作了节译。宁夏人民出版社于 1985 年出版了马金鹏的中文译本,2002 年出版校订本。2008 年,海洋出版社出版了李光斌的《异境奇观——伊本·白图泰游记》(全译本),是根据阿拉伯文权威版本翻译的,是目前最好的译本。

(四)高丽文献　　元朝与朝鲜半岛上的高丽关系密切,因此高丽的文献中有许多与元朝有关的资料。高丽王氏王朝(918—1392)灭亡后,继起的朝鲜李氏王朝编纂了《高丽史》,前后参与其事多人,郑麟趾总纂,成书于李朝文宗元年(1451)。此书对元丽关系有丰富的记载,对元朝政治、经济、文化、宗教、农民战争以及元朝灭亡后在漠北(北元)的活动等,也都有很多有价值的资料,可与中国史料互相参证。《高丽史》有多种版本,较早有明景泰二年朝鲜乙亥铜活字本。2014 年,西南师范大学出版社、人民出版社出版了孙晓主编的标点校勘本。

在 14 世纪上半期,高丽出现了两种汉语教科书,一种是《朴通事》,一种是《老乞大》。“通事”是翻译的称呼,“乞大”即“契丹”,指汉人。前者分许多段落,以对话的形式,叙述大都各方面生活的情景。后者则以高丽商人来大都贸易为线索,叙述经过路程、商业活动和种种见闻。两本书作者的本意,在于使高丽的读者熟悉中国社会的面貌,掌握交往有关的语言,却正好为我们了解元代社会特别是大都的城市生活提供了生动而真实的资料。这两种书在李朝时代曾根据社会生活和语言的变化作过修改,继续作为汉语教科书使用,但基本上保持了原来的面貌。一般能见到的是 1677 年边暹、朴世华等编辑整理的《朴通事谚解》和《老乞大谚解》。两书在日本殖民统治时期由京城帝国大学法文学部列入《奎章阁丛书》，正式出版。刘坚、蒋绍愚主编的《近代汉语语法资料汇编·元代明代卷》（商务印书馆1995年版）收录了两书的正文。近年韩国发现了未经修改的《老乞大》原本，2000年，韩国庆北大学出版了《元代汉语本〈老乞大〉》，中国外语教学与研究出版社出版了《［原刊］〈老乞大〉研究》，都刊布了原本的影印全文。日本学者金文京、玄幸子、佐藤晴彦译注的《老乞大》（平凡社2002年版），将原本《老乞大》译成日文，并加注释和解读。

　　高丽时代的文人习惯以汉字写作，不少人的诗文汇编成集。比较有名的如：李承休的《动安居士文集》、李齐贤的《益斋集》、李穀的《稼亭集》、李穑的《牧隐稿》等。这些高丽文士都来过中国，他们的诗文中有很多元朝史事的记载。例如，《动安居士文集》中有一篇《宾王录》，记至元十年（1273）高丽使臣出使元朝的见闻，其中有关于元朝庆典的叙述，他书未见。又如，《牧隐稿》中有一篇《海平君尹公墓志铭》，明确说权臣燕铁木儿以毒酒害死明宗，中国文献中大多对此事只是隐约其词。李齐贤的《益斋集》曾收入《粤雅堂丛书》。韩国的《韩国文集丛刊》将高丽时代的各种诗文集整理问世。

第六节　文物考古资料

　　20世纪50年代以后，不断有元代墓葬出土，有很多报告,散见于《考古》、《文物》等刊物。其中元大都考古队（中国科学院考古研究所和北京市文物管理处联合组成）发表的《元大都的勘查和发掘》（《考古》,1972 年第 1 期）,报道了 60 年代以后元大都遗址勘查和发掘的情况,引起社会各界的重视。元代考古发掘的专著有:李逸友编著的《黑城出土文书（汉文文书卷）》（科学出版社 1991 年版）,发表了 1983、1984 年在内蒙古额济纳旗的黑城遗址所得的汉文文书,主要是元代和北元时期的世俗文书,内容涉及社会生活的多方面,还有少量西夏和元代的佛经。魏坚著《元上都》,此书分两部分,前为"研究篇",后为"报告篇",对元上都及其周围地区元代遗址作了全面的总结（中国大百科全书出版社 2008 年版）。《西安韩森寨元代壁画墓》,西安市文物保护考古所编著,文物出版社 2004 年版。《徐水西黑山——金元时期墓地发掘报告》,此项工作由中国社科院考古所主持。本书是金元时期平民墓葬的考古报告（文物出版 2007 年版）。《元代刘黑马家族墓发掘报告》,陕西省考古研究院编著。这是元朝"汉人世侯"刘黑马家族的墓葬群,反映了元朝关中地区墓葬的区域特征（文物出版社 2018 年版）。《永丰库:元代仓储遗址发掘报告》,宁波市文物考古研究所编著,永丰库是元代庆元路一处仓库,遗址建筑规模宏大、布局相对完整,为元代城市布局和仓储制度提供了很好的资料（科学出版社 2013 年版）。王大方、张文芳编著的《草原金石录》收集了内蒙古地区的蒙元时期古城、碑刻和金石类文物等资料,并加以考证(文物出版社 2013 年版)。福建泉州在元代是一个国际贸易港,保存了许多与中外经济、文化交流有关的文物,其中尤以宗教石刻居多。吴文良的《泉州宗教石刻》(文物出版社 1957 年版)和陈达生的《泉州伊斯兰教石刻》(宁夏人民出版社、福建人民出版社联合出版,1984 年版)汇集了大批元代石刻,为中外关系史研究,提供了有价值的资料。2005 年,科学出版社出版了吴幼雄增订的《泉州宗教石刻》,内容更丰富。

　　元代有一种奇特的文体,即将蒙古语机械地翻译成汉语,语汇用的是汉语口语,语法是蒙古式的[①]。这种文体常用于皇帝的诏令、朝廷的公牍,人们称之为“元代白话”。20 世纪我国学术界最早研究元代白话碑的是冯承钧先生(《元代白话碑》,商务印书馆 1931 年)。50 年代后蔡美彪进一步搜集有关拓片,辑成《元代白话碑集录》一书,科学出版社 1955 年版。后来作者又对此书加以修订,重写碑文的注释,增补拓本图影,于 2017 年由中国社会科学出版社题为《元代白话碑集录(修订版)》出版。对于研究元代政治、经济、宗教和语言文字,都有重要的价值。元代流行一种八思巴字,常用于官方文书、碑刻、牌印等。蔡美彪长期从事八思巴字研究,2011 年中国社会科学出版社出版了他的《八思巴字碑刻文物集释》,分上、下编。上编“碑刻”,下编“文物”。全书对八思巴字有音译,

――――――――――

　　① 亦邻真《元代硬译公牍文体》,《元史论丛》第 1 辑,1982 年。

碑文有标点，涉及的人名、地名、制度、语法等都有详细的笺释，对研究元代政治、经济、宗教都有很高的价值。

近年纸背文书的研究正在兴起。南开大学王晓欣、郑旭东、魏亦乐编著的《元代湖州路户籍文书》已由中华书局出版，此项文书是上海图书馆所藏宋刻元印本《增修互注礼部韵略》的纸背公文资料。还有几项元代纸背公文文书的整理工作，也在进行中。纸背文书为元史史料开辟了新的途径，可以想见，必然会对元代政治、经济和社会生活研究有很大的促进。

近年出版了两种大型的资料书。一种是杨讷编的《元史研究资料汇编》，收书120余种，选择较好的版本影印，共100册，2014年由中华书局出版。另一种是李治安主编的《元史研究资料汇编补编》，收书105种，2020年由广西师范大学出版社出版。两书给研究者带来方便，本文中介绍的各种文献，大体都在其中。

后　记

　　1955 年,我进入北京大学历史系求学。当时北京大学实行五年制,1960 年毕业前夕,系里为我们这个年级中国古代史专业的学生开了一门课:"中国古代史史料学"。我们这批同学入学以后,参加运动、劳动和到民族地区调查,花费时间过多,基础很差。这门课实际上是为我们补课,分段讲授,授课的都是名师。例如讲元史史料的就是邵循正先生。邵先生自 20 世纪 30 年代从事元史研究和近代史研究,当时是近代史研究室主任。他在讲授中特别提到《元典章》,我听了以后,留下了深刻的印象。毕业以后,我到中国科学院哲学社会科学部(后改中国社会科学院)历史所工作,在翁独健先生教导下从事元史研究。翁先生经常强调史料对研究工作的重要性,研究一定要多方设法,穷尽资料,发现新材料。师长们的教导经常在我心头盘桓。

　　元代文献的研究,一直是我工作的一个重点。上个世纪 80 年代,我和陈智超同志(他也是北大历史系的学生)一起,联合历史所的几位研究人员,共同编写了《中国古代史史料学》一书。此书出版后颇得好评,几次重印。在不少学校被列为参考书。上个世纪 90 年代,我和张帆、刘晓、党宝海等在历史所举办了"《元典章》读书班",先后将近十年,最后完成了《元典章》点校本一书。与此同时,我还对元史各种文献做了一些探索。

本书所收文章,是我在元代文献领域中探索的一些成果。一是对元史史料的全面介绍,以及对钱大昕《元史艺文志》的研究。钱大昕是清朝最渊博的学者之一,此书对元代文献研究有很大贡献。二是对元史基本文献(《元史》《元典章》等)的探索;三是近年日本、韩国收藏、发现的与元代历史有关文献(《至正条格》《三场文选》《老乞大》《朴通事》、高丽文集等)的研究。日、韩两国发现的元代文献,如《三场文选》《至正条格》,可补中国收藏之不足;而《老》《朴》和高丽文集中的记载,亦可与中国文献相印证。四是中国收藏和新发现元代文献(《卫生宝鉴》《上虞县五乡水利本末》《述善集》、黑城文书和各种碑刻等)的研究。这些新文献有的过去未受重视,有的是新发现,都可以丰富元史史料。

随着《全元文》《全元诗》的整理,元代文献的研究正在蓬勃开展。我所做的工作不过是沧海一粟。限于见闻,肯定有许多不妥之处,衷心请读者予以教正。